여러분의 ~~을 ~하는
해커스군 ~~ ~별 혜택

2020년 군무원 7·9급 기출분석 무료특강

2020년 7월 18일 시행 군무원 7·9급 기출문제 및 해설

해커스공무원(gosi.Hackers.com) 접속 후 로그인 ▶ 상단의 [무료강좌 - 기출문제 해설특강] 클릭 ▶
[2020 군무원 공개채용] 선택하여 이용

반복 학습을 위한 무료 회독 학습 점검표 · 회독용 답안지

다회독에 최적화된 회독 학습 점검표·회독용 답안지

해커스공무원(gosi.Hackers.com)접속 후 로그인 ▶ 상단의 [교재 · 서점 → 무료 학습 자료] 클릭 ▶
무료 회독 학습 점검표 · 회독용 답안지 다운로드

온라인 단과강의 20% 할인쿠폰

EF3CA6BEEA638FP5

해커스공무원(gosi.Hackers.com) 접속 후 로그인 ▶ 상단의 [나의 강의실] 클릭 ▶ [쿠폰등록] ▶
쿠폰번호 입력 후 이용

* 쿠폰 이용 기한: 2022년 6월 30일까지(등록 후 7일간 사용 가능)

해커스 회독증강 콘텐츠 5만원 할인쿠폰

45A6B8D284682933

해커스공무원(gosi.Hackers.com) 접속 후 로그인 ▶ 상단의 [나의 강의실] 클릭 ▶ [쿠폰등록] ▶
쿠폰번호 입력 후 이용

* 쿠폰 이용 기한: 2022년 6월 30일까지(등록 후 7일간 사용 가능)
* 월간 학습지 회독증강 행정학/행정법총론 개별상품은 할인쿠폰 할인대상에서 제외

* 쿠폰 이용 안내
1. 쿠폰은 사이트 로그인 후 1회에 한해 등록이 가능하며, 최초로 쿠폰을 인증한 후에는 별도의 추가 인증이 필요하지 않습니다.
2. 쿠폰은 현금이나 포인트로 변환 혹은 환불되지 않습니다.
3. 기타 쿠폰 관련 문의는 고객센터(1588-4055)로 연락 주시거나 1:1 문의 게시판을 이용하시기 바랍니다.

2021 대비 최신판

해커스군무원

15개년 기출복원 문제집

쉬운 행정학

해커스공무원

조철현

약력

제52회 행정고시 합격
한양대학교 정책학과 박사과정

현 | 해커스공무원 행정학 강의
현 | 해커스공무원 면접 강의
전 | 법무부 보호법제과 사무관
전 | 법무부 법무연수원 교수요원
전 | 행정고등고시 출제 검토위원
전 | 국가직공무원 공채, 경채 면접위원

저서

해커스군무원 15개년 기출복원문제집 쉬운 행정학, 해커스패스
해커스공무원 쉬운 행정학, 해커스패스
해커스공무원 11개년 기출문제집 쉬운 행정학, 해커스패스
해커스공무원 면접마스터, 해커스패스

2021 대비 최신판

해커스군무원
15개년 기출복원 문제집
쉬운 행정학

초판 1쇄 발행 2020년 12월 30일

지은이	조철현
펴낸곳	해커스패스
펴낸이	해커스공무원 출판팀

주소	서울특별시 강남구 강남대로 428 해커스공무원
고객센터	02-598-5000
교재 관련 문의	gosi@hackerspass.com
	해커스공무원 사이트(gosi.Hackers.com) 교재 Q&A 게시판
	카카오톡 플러스 친구 [해커스공무원 강남역], [해커스공무원 노량진]
학원 강의 및 동영상강의	gosi.Hackers.com

ISBN	979-11-6454-987-0 (13350)
Serial Number	01-01-01

**최단기 합격 공무원학원 1위,
해커스공무원(gosi.Hackers.com)**

ᅟ해커스 공무원

- 해커스공무원 스타강사의 **기출분석 무료특강**
- 다회독에 최적화된 무료 회독 학습 점검표 · 회독용 답안지
- '회독'의 방법과 공부 습관을 제시하는 해커스 회독증강 콘텐츠 (교재 내 할인쿠폰 수록)
- 해커스공무원 학원 및 인강 (교재 내 인강 할인쿠폰 수록)

한경비즈니스 선정 2020 한국소비자만족지수 교육(공무원) 부문 1위

"기출문제" 그냥
풀어 보기만 하면 될까?

—

합격자들이 모두 강조하니까 풀어 봐야 할 것 같긴 한데
문제를 풀고 채점한 후 무엇을 더 해야 할지 모르겠어요.
틀린 문제를 다시 풀어 보면 또 틀리기까지 해요···

기출문제, 그냥 풀어 보기만 하면 되나요?

해커스는 자신 있게 대답합니다.
기출문제는 단순히 풀고 채점하는 것으로 끝나서는 안 됩니다. 기출문제 풀이를 통해 실제 시험의 유형과 출제 포인트를
파악하고, 취약한 부분을 파악 및 보완하여 실전에 대비할 수 있는 진짜 실력을 키워야 합니다.

**「2021 해커스군무원 15개년 기출복원문제집 쉬운 행정학」은
한 문제를 풀어도 완벽히 이해할 수 있도록 꼼꼼한 해설을 제공합니다.**
기출문제는 출제자의 의도를 분석하고, 정답을 정확하게 찾는 방법을 설명하는 해설로 학습해야 실력이 향상됩니다.
「2021 해커스군무원 15개년 기출복원문제집 쉬운 행정학」은 '출제포인트 + 난이도 + 정답 해설 + 오답 선지분석 +
이것도 알면 합격 + 관련 법령' 구성으로 한 문제를 풀더라도 여러 문제를 푼 것과 같은 효과를 얻을 수 있으며, 본인의
약점을 찾고 이를 극복하는 훈련이 가능합니다.

실전 대비 맞춤 학습을 위한 2020년 7·9급 기출문제를 별책부록으로 제공합니다.
최초로 공개된 2020년 7·9급 기출문제를 실제 시험지와 유사한 형태로 한 번 더 풀어보며 실전 감각을 한 단계 더
끌어올릴 수 있도록 별책부록으로 제공합니다. 이를 통해 실제 시험과 같은 생생한 긴장감을 느낄 수 있고, 가장 최신의
출제 경향을 파악하여 효과적인 학습 마무리가 가능합니다.

합격이 보이는 기출문제 풀이,
해커스가 여러분과 함께 합니다.

차례

기출문제집도 해커스가 만들면 다릅니다!

01 최신 출제 경향을 완벽하게 분석하여 **전략적 학습**이 가능합니다!

> 군무원 행정학 시험의 PART별·연도별 분석 자료를 통해 최신 출제 경향을 파악할 수 있습니다.
> PART별 주요 빈출포인트를 정리한 '군무원 행정학 PART별 수험 대책'을 통해 반드시 학습해야 할 중요 개념을 한 눈에 파악하고 전략적으로 시험에 대비할 수 있습니다.

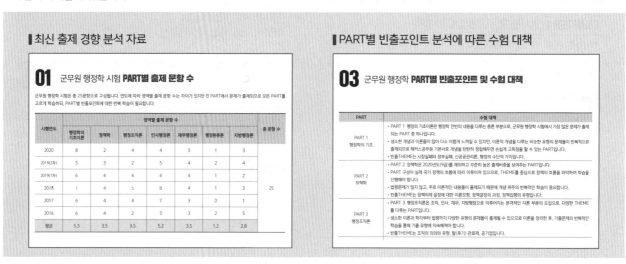

▌최신 출제 경향 분석 자료

▌PART별 빈출포인트 분석에 따른 수험 대책

02 기출문제의 유형을 확실히 파악하여 **실전 대비**가 가능합니다!

> 각 PART의 도입부에 15개년 기출복원문제의 출제 경향을 정확하게 분석한 '15개년 한눈에 보기'와 '2020년 더 알아보기'를 수록하여 본격적인 문제풀이 전에 학습의 방향을 설정할 수 있습니다.
> 해커스가 철저하게 분석·복원한 15개년 기출문제를 통해 문제풀이 학습 경험을 쌓아 실전에 대비할 수 있습니다.
> 문제가 PART별로 분류되어 있어 내용의 흐름에 따라 학습이 가능하고, 본인이 취약한 PART와 각 PART에서 자주 출제되는 기출문제의 유형을 확실히 파악할 수 있습니다.

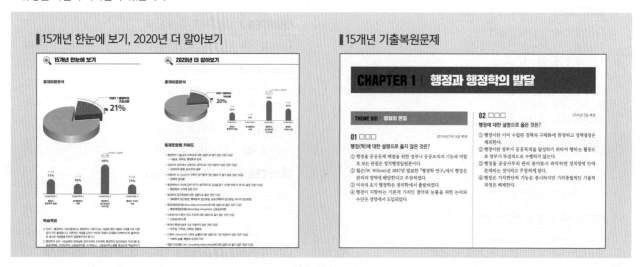

▌15개년 한눈에 보기, 2020년 더 알아보기

▌15개년 기출복원문제

03 꼼꼼한 해설로 기출문제에 대한 **완벽한 이해**가 가능합니다!

> 각 문항마다 문제의 핵심이 되는 '출제포인트'를 명시하여 각 문제가 묻고 있는 이론을 한눈에 파악할 수 있고, '난이도'를 통해 꼭 맞추어야 하는 쉬운 문제가 무엇인지 확인하여 본인이 취약한 부분을 빠르게 보완할 수 있습니다.

> '정답 해설＋오답 선지분석＋이것도 알면 합격＋관련 법령'까지, 꼼꼼한 해설을 통해 문제를 완벽히 이해하여 실력을 향상시킬 수 있습니다.

▌출제포인트, 난이도   ▌꼼꼼한 해설

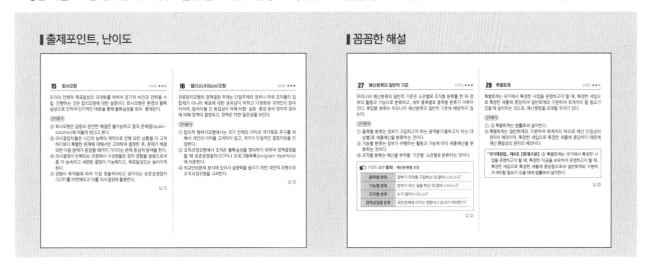

04 효율적인 실전 대비 학습을 위한 **별책부록 2020년 7·9급 기출문제**를 제공합니다!

> 최초로 공개된 2020년 7·9급 기출문제를 실제 시험지와 유사한 형태로 수록한 별책부록을 통해 한 번 더 실력을 점검하고 실전 감각을 극대화할 수 있습니다.

> 정답표와 해설찾기를 통해 답을 확인한 후 자세한 해설을 빠르게 찾아 학습할 수 있으며, QR 코드를 통해 해커스공무원 선생님의 무료 해설강의를 확인할 수 있습니다.

▌2020년 7·9급 기출문제   ▌정답표, 해설찾기, QR 코드

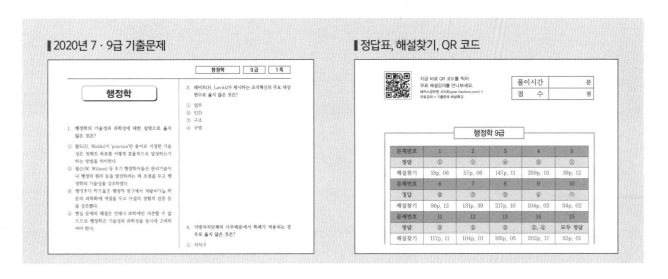

2021 군무원 시험 가이드

01 군무원 소개 및 **직렬별 주요 업무내용**

군무원이란?

군 부대에서 군인과 함께 근무하는 공무원으로서 신분은 「국가공무원법」상 특정직공무원으로 분류됩니다. 시험과목으로 행정학을 선택할 경우, 일반 군무원 공개경쟁채용 시험에서 행정 직군의 행정 직렬(5·7·9급)과 군수 직렬(5·7급)에 응시가 가능합니다.

군무원 행정·군수 직렬 주요 업무내용

직군	직렬	업무내용
행정	행정	• 국방정책, 군사전략, 체계분석, 평가, 제도, 계획, 연구업무 • 일반행정, 정훈, 심리업무 • 법제, 송무, 행정소송업무 • 세입·세출결산, 재정금융 조사분석, 계산증명, 급여업무 • 국유재산, 부동산 관리유지·처분에 관한 업무
	군수	• 군수품의 소요/조달, 보급/재고관리, 정비계획, 물자수불(청구, 불출)업무 • 물품의 생산·공정·품질·안전관리·지원활용 등 작업계획, 생산시설 유지·생산품 처리 업무

*행정 직군에는 행정학을 선택할 경우 응시 가능한 행정/군수 직렬 외에도 사서/군사/기술정보/수사 직렬이 있으며, 이외 직군별 직렬의 업무내용은 군무원 채용관리 시스템(http://recruit.mnd.go.kr)에서 확인 가능

02 최근 3개년 **군무원 필기 시험 합격선**

연도	직 렬	채용인원	합격선
2020	행정 7급	5명	78.00점
	행정 9급	59명	74.67점
	행정 9급 (장애)	12명	60.00점
2019 (2차)	행정 9급	10명	84.00점
	행정 9급 (장애)	13명	60.00점
2019 (1차)	행정 7급	1명	90.00점
	행정 9급	40명	86.00점
	행정 9급 (장애)	32명	60.00점
2018	행정 7급	1명	83.00점
	행정 9급	46명	85.33점
	행정 9급 (장애)	5명	68.00점

*2018~2020년 육군 군무원 7·9급 공개채용 시험 행정 직렬 기준
*출처: 군무원 채용관리 시스템(http://recruit.mnd.go.kr)

03 한국사 및 영어 과목 **대체 시험 기준**

한국사능력시험 응시 계급별 인증 등급

시험 종류	기준등급		
	5급 응시	7급 응시	9급 응시
한국사능력검정시험	2급 이상	3급 이상	4급 이상

영어능력시험 기준 점수

시험 종류	5급	7급	9급
토익 (TOEIC)	700점 이상	570점 이상	470점 이상
토플 (TOEFL)	PBT 530점 이상 CBT 197점 이상 IBT 71점 이상	PBT 480점 이상 CBT 157점 이상 IBT 54점 이상	PBT 440점 이상 CBT 123점 이상 IBT 41점 이상
펠트 (PELT)	PELT main 303점 이상	PELT main 224점 이상	PELT main 171점 이상
텝스 (TEPS) (2018. 5. 12. 전에 실시된 시험)	625점 이상	500점 이상	400점 이상
텝스 (TEPS) (2018. 5. 12. 이후에 실시된 시험)	340점 이상	268점 이상	211점 이상
지텔프 (G-TELP)	Level 2 65점 이상	Level 2 47점 이상	Level 2 32점 이상
플렉스 (FLEX)	625점 이상	500점 이상	400점 이상

*출처: 군무원 채용관리 시스템(http://recruit.mnd.go.kr)

군무원 행정학 이렇게 출제된다!

01 군무원 행정학 시험 PART별 출제 문항 수

군무원 행정학 시험은 총 25문항으로 구성됩니다. 연도에 따라 영역별 출제 문항 수는 차이가 있지만 모든 PART에서 문제가 출제되므로 전체 PART를 고르게 학습하되, PART별 빈출포인트에 대한 반복 학습이 필요합니다.

시행연도	영역별 출제 문항 수							총 문항 수
	행정학의 기초이론	정책학	행정조직론	인사행정론	재무행정론	행정환류론	지방행정론	
2020	8	2	4	4	3	1	3	
2019(2차)	5	3	2	5	4	2	4	
2019(1차)	6	4	4	4	4	1	2	
2018	1	4	5	8	4	1	2	25
2017	6	4	4	7	3	0	1	
2016	6	4	2	3	3	2	5	
평균	5.3	3.5	3.5	5.2	3.5	1.2	2.8	

* 2020년부터 시험 문제가 공개되어, 2019년까지의 문제는 복원 문제 기준
* 2020년 문제는 9급 문제 기준

02 최근 5개년 군무원 행정학 출제 경향

전반적 난이도 상승

최근 5개년 시험의 난이도를 분석해 보았을 때, 이전에 비해 행정학의 전반적인 난이도가 상승하는 추세입니다. 문제의 지문들이 길어지고, 단순 이론에 대한 질문을 넘어 깊이 있는 이해를 요구하는 문제가 늘고 있습니다. 그러므로 고득점을 위해 개념을 꼼꼼하게 정리하여 이해하고, THEME별 문제풀이를 통해 이론을 완벽하게 숙지해야 합니다.

지엽적 문제 출제

특히 2020년도 시험에서 지엽적인 이론과 학자를 묻는 문제들이 많이 출제되었습니다. 군무원 행정학 시험의 난이도가 상승하며 생소한 학자와 이론을 물어보거나, 법령에 대한 깊이 있는 이해를 요구하는 문제들이 출제되고 있습니다. 그러므로 기본 이론 학습을 탄탄히 한 뒤, 이론의 범위를 조금씩 확장시켜가는 학습이 필요합니다.

반복적으로 출제되는 기출

최근 출제 비중이 증가한 지엽적 문제를 제외하고 대부분의 문제들은 이미 출제되었던 포인트에서 반복 출제되는 문제들입니다. 그러므로 지엽적 키워드에 매달려 학습포인트를 한없이 넓히기 보다는 그 동안 출제되었던 빈출포인트를 중심으로 기본기를 튼튼하게 다지는 학습이 필요합니다.

03 군무원 행정학 **PART별 빈출포인트 및 수험 대책**

PART	수험 대책
PART 1 행정학의 기초	• PART 1 행정의 기초이론은 행정학 전반의 내용을 다루는 총론 부분으로, 군무원 행정학 시험에서 가장 많은 문제가 출제되는 PART 중 하나입니다. • 생소한 개념과 이론들이 많아 다소 어렵게 느껴질 수 있지만, 이론적 개념을 다루는 비슷한 유형의 문제들이 반복적으로 출제되므로 해커스공무원 기본서로 개념을 탄탄히 정립해두면 손쉽게 고득점을 할 수 있는 PART입니다. • 빈출THEME는 시장실패와 정부실패, 신공공관리론, 행정의 수단적 가치입니다.
PART 2 정책학	• PART 2 정책학은 2020년도(9급)를 제외하고 꾸준히 높은 출제비중을 보여주는 PART입니다. • PART 구성이 실제 국가 정책의 흐름에 따라 이루어져 있으므로, THEME를 중심으로 정책의 흐름을 파악하며 학습을 진행해야 합니다. • 법령문제가 많지 않고, 주로 이론적인 내용들이 출제되기 때문에 개념 위주의 반복적인 학습이 중요합니다. • 빈출THEME는 정책의제 설정에 대한 이론모형, 정책결정의 과정, 정책집행의 유형입니다.
PART 3 행정조직론	• PART 3 행정조직론은 조직, 인사, 재무, 지방행정으로 이루어지는 본격적인 각론 부분의 도입으로, 다양한 THEME를 다루는 PART입니다. • 생소한 이론과 학자부터 법령까지 다양한 유형의 문제들이 출제될 수 있으므로 이론을 정리한 후, 기출문제의 반복적인 학습을 통해 기출 유형에 익숙해져야 합니다. • 빈출THEME는 조직의 의의와 유형, 탈(후기) 관료제, 공기업입니다.
PART 4 인사행정론	• PART 4 인사행정론은 크게 인사행정의 이론 및 제도를 다루는 부분과, 실무적인 내용을 다루는 부분으로 구성되어 있습니다. • 실무와 관련이 있는 THEME는 현행 법령의 출제비중이 높으므로 이론, 제도와 함께 관련 법령을 꾸준히 공부하는 것이 중요합니다. • 인사행정론은 PART 1 행정학의 기초이론, PART 6 행정환류론과도 직접적으로 연관되는 PART이므로 행정학 전반에 걸쳐 유기적으로 학습을 진행해야 합니다. • 빈출THEME는 인사행정의 주요이론과 제도, 계급제와 직위분류제, 공무원의 행정윤리와 공직부패입니다.
PART 5 재무행정론	• PART 5 재무행정론은 예산제도를 다루는 이론 부분과 실무를 다루는 부분으로 구성되어 있으며, 법령과 연계된 실무적인 부분의 문제가 출제되므로 법령의 꼼꼼한 학습이 필요합니다. • 생소하고 전문적인 용어들이 등장하여 다소 어렵게 느껴질 수 있지만 단순하게 암기해야 할 사항이 많은 PART이므로, 회독을 늘려가면서 끊임없이 내용을 환기해야 합니다. • 빈출THEME는 예산의 원칙, 예산제도의 발달, 예산의 집행입니다.
PART 6 행정환류론	• PART 6 행정환류론은 크게 '행정개혁론'과 '정보화와 행정' 두 부분으로 구성되어 있습니다. • 행정학의 PART 중 가장 낮은 출제비중을 보이지만 꾸준히 출제되므로 고득점을 목표로 한다면 결코 학습을 소홀히 해서는 안 되는 PART입니다. 많은 문제가 출제되는 PART는 아니므로 확장된 학습보다는 기본서에 있는 이론들을 중심으로 학습을 진행해야 합니다. • 빈출THEME는 행정개혁의 본질, 정보사회와 행정입니다.
PART 7 지방행정론	• PART 7 지방행정론은 지방자치의 특수성과 우리나라 지방자치제도를 다루는 PART입니다. 지방행정의 중요성이 커지면서 그 출제비중이 점점 증가하고 있습니다. • 지방행정론에서는 실무 및 법령과 관련된 문제가 매우 빈번하게 출제되며, 관련 법령의 제·개정이 잦으므로 최신 법령에 주의하며 학습을 진행하는 것이 중요합니다. • 빈출THEME는 지방행정조직, 정부 간 관계론(IGR)입니다.

* 2006~2020년 군무원 행정학 9급 시험 기준

PART 1
행정학의 기초이론

PART 1

출제비중분석

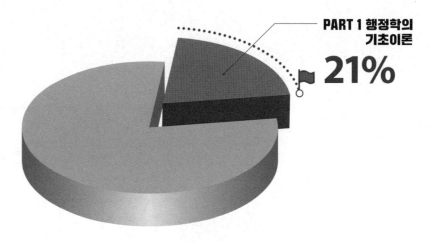

PART 1 행정학의
기초이론
21%

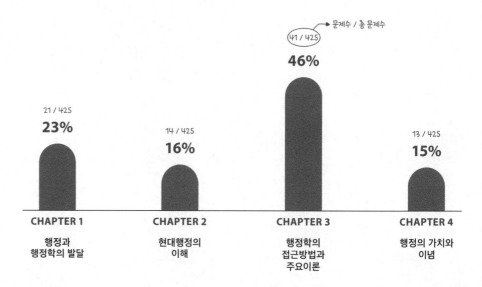

문제수 / 총 문제수

41 / 425

46%

21 / 425
23%

14 / 425
16%

13 / 425
15%

CHAPTER 1	CHAPTER 2	CHAPTER 3	CHAPTER 4
행정과 행정학의 발달	현대행정의 이해	행정학의 접근방법과 주요이론	행정의 가치와 이념

학습목표

☐ PART 1 행정학의 기초이론에서는 행정학의 기본이 되는 개념에 대한 내용과 시대별 주요 이론 등이 자주 출제됩니다. 이론적인 개념을 다루는 비슷한 유형의 문제들이 반복적으로 출제되므로 생소한 개념들을 탄탄히 정립해두어야 합니다.

☐ 행정학의 성격, 시장실패와 정부실패, 정부규제와 규제개혁, 행정학의 접근방법과 주요이론 중 공공선택론, 신제도주의, 신공공관리론, 뉴거버넌스, 신공공서비스론을 중심으로 학습하시기 바랍니다.

2020년 더 알아보기

출제비중분석

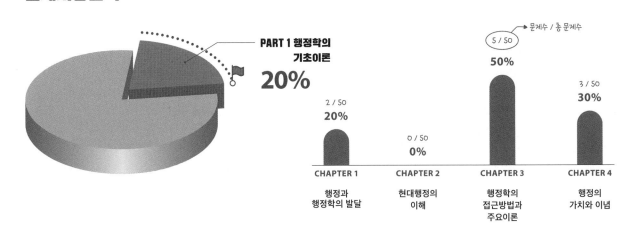

PART 1 행정학의
기초이론
20%

문제수 / 총 문제수

5 / 50

50%

3 / 50
30%

2 / 50
20%

0 / 50
0%

CHAPTER 1
행정과
행정학의 발달

CHAPTER 2
현대행정의
이해

CHAPTER 3
행정학의
접근방법과
주요이론

CHAPTER 4
행정의
가치와 이념

출제문항별 키워드

CHAPTER 1 | 행정과 행정학의 발달

THEME 001 | 행정의 본질

01 ☐☐☐

2019년(1차) 9급 복원

행정(학)에 대한 설명으로 옳지 않은 것은?

① 행정을 공공문제 해결을 위한 정부나 공공조직의 기능과 역할로 보는 관점은 정치행정일원론이다.
② 윌슨(W. Wilson)은 1887년 발표한 『행정학 연구』에서 행정은 관리의 영역에 해당한다고 주장하였다.
③ 미국의 초기 행정학은 정치학에서 출발하였다.
④ 행정이 지향하는 기본적 가치인 절약과 능률을 위한 논리와 수단은 경영에서 도입되었다.

02 ☐☐☐

2014년 9급 복원

행정에 대한 설명으로 옳은 것은?

① 행정이란 이미 수립된 정책의 구체화에 한정하고 정책결정은 제외한다.
② 행정이란 정부가 공공목적을 달성하기 위하여 행하는 활동으로 정부가 독점적으로 수행하지 않는다.
③ 행정을 공공사무의 관리 분야로서 파악하면 정치영역 안에 존재하는 것이라고 주장하게 된다.
④ 행정은 가치판단적 기능은 중시하지만 가치중립적인 기술적 과정은 배제한다.

---

01 행정과 행정학

난이도 ★★☆

미국의 초기 행정학은 정치학(정치)으로부터의 독립하여 경영학적 개념에서 출발하였다. 윌슨(W. Wilson)은 『행정학 연구』에서 행정이 정치로부터 독립되어야 하며, 행정이란 관리(경영)의 영역에 해당한다고 주장하였다.

(선지분석)

① 행정을 공공문제 해결을 위한 정부나 공공조직의 기능과 역할로 보는 관점은 행정의 처방성을 중시하는 관점이므로 경영과 행정은 다르다고 보는 공사행정이원론, 정치행정일원론적 입장이다.
④ 절약과 능률을 위한 논리와 수단은 최소투입으로 최대산출을 지향하는 경영(학)의 개념이다.

답 ③

02 행정

난이도 ★★★

행정이란 정부가 공공목적을 달성하기 위하여 행하는 활동이다. 현대행정은 정부만이 독점적으로 수행하지 않고, 거버넌스적 협치가 이루어진다고 본다.

(선지분석)

① 현대적 의미에서 행정이란 이미 수립된 정책의 구체화뿐만 아니라 정책이 구체화되고 집행되는 과정에서 정책이 결정되는 영역까지 포함한다.
③ 행정을 공공사무의 관리 분야로서 파악하면 정치영역 밖에 존재하는 것이라고 주장하게 된다.
④ 행정은 가치판단적 기능과 가치중립적인 기술적 과정 모두 포함한다.

답 ②

03 □□□

귤릭(Gulick)과 어윅(Urwick)이 최고 관리층의 7대 기능으로 제창한 POSDCoRB로 옳지 않은 것은?

① P: Planning(기획)
② O: Organizing(조직)
③ S: Staffing(충원)
④ C: Cooperation(협력)

04 □□□

행정학자와 그가 주장한 이론을 연결한 것으로 옳지 않은 것은?

① 가우스(Gaus): 생태론
② 버나드(Barnard): 행정행태론
③ 윌슨(Wilson): 정치행정이원론
④ 애플비(Appleby): 정치행정이원론

04 행정학의 주요이론

난이도 ★★★

애플비(Appleby)는 통치기능설을 대표하는 학자로서, 저서 『정책과 행정』에서 정치와 행정은 순환한다고 주장한 정치행정일원론자이다.

(선지분석)

① 가우스(Gaus)는 생태론을 행정학 연구에 도입한 학자이다.
② 버나드(Barnard)는 사이먼(Simon)과 함께 대표적인 행정행태론자이다.
③ 윌슨(Wilson)은 행정은 정치로부터 독립하여야 한다는 정치행정이원론적 시각에서 행정학을 설립하였다.

👍 이것도 알면 **합격!** 행정학의 주요이론

구분	행정관리론	통치기능론	행정행태론	발전행정론	신행정론	신공공관리론	신국정관리론
행정의 본질	사무관리(집행)	적극적 정책결정	합리적인 의사결정 행위	행정 주도의 국가발전	현실문제 해결	신관리주의와 시장주의	신뢰와 협력의 거버넌스
특징	엽관주의 폐단 극복	경제 대공황 극복	행정의 과학성 추구	개발 도상국 행정발전	선진국 문제해결	신자유주의, 행정의 시장화	공동체주의, 행정의 정치화
경영과 관계	공사행정 일원론	공사행정 이원론	공사행정 새이원론	공사행정 새이원론	공사행정 새이원론	경영우위 새이원론	공사행정 새이원론
정치와 관계	정치행정 이원론	정치행정 일원론	정치행정 새이원론	행정우위 새이원론	행정우위 새이원론	정치행정 새이원론	정치우위 새이원론
행정이념	(기계적) 능률성	민주성, (사회적) 능률성	합리성, 가치 중립성	효과성 (목표 달성도)	적실성, 사회적 형평성	생산성 (효율성)	신뢰, 투명성
주요학자	Wilson, White	Dimock, Appleby	Barnard, Simon	Esman, Weider	Waldo, Fredrickson	Osborne, Gaebler, Plastrik	Peters, Rhodes

03 POSDCoRB

난이도 ★☆☆

귤릭(Gulick)이 주장한 POSDCoRB는 최고 관리층이 수행하는 주요 업무의 첫 글자를 따서 만든 개념으로, POSDCoRB의 Co는 협력(Cooperation)이 아니라 조정(Coordinating)이다.

👍 이것도 알면 **합격!** POSDCoRB – 귤릭(Gulick)

Planning(기획)	정책의 형성 및 집행에 있어서의 준비행위
Organizing(조직)	인력과 자원을 세분하고 이들의 상호관계와 권한을 조정함
Staffing(충원, 인사)	채용, 승진, 전보, 훈련 등 인사행정의 전반
Directing(지휘)	명령을 내리고 책임 있는 지도자로서의 일을 하는 것
Coordinating(조정)	공동의 목표를 수행하기 위한 각 활동단위들의 통일화 과정
Reporting(보고)	업무를 보고하여 여러 가지 정보를 교환하는 일
Budgeting(예산)	예산을 편성하고 집행하는 등 재무행정에 관한 모든 일

답 ④

답 ④

05 ☐☐☐

2006년 9급 복원

자신의 저서 『정책과 행정(Policy and Administration)』에서 행정을 정책결정이라고 주장한 학자는?

① 예이츠(D. Yates)
② 디목(M. E. Dimock)
③ 애플비(P. H. Appleby)
④ 모셔(F. C. Mosher)

---

06 ☐☐☐

2020년 9급

행정학의 기술성과 과학성에 대한 설명으로 옳지 않은 것은?

① 왈도(D. Waldo)가 'practice'란 용어로 지칭한 기술성은 정해진 목표를 어떻게 효율적으로 달성하는가 하는 방법을 의미한다.
② 윌슨(W. Wilson) 등 초기 행정학자들은 관리기술이나 행정의 원리 등을 발견하려는 데 초점을 두고 행정학의 기술성을 강조하였다.
③ 행태주의 학자들은 행정학 연구에서 처방보다는 학문의 과학화에 역점을 두고 가설의 경험적 검증 등을 강조했다.
④ 현실 문제의 해결은 언제나 과학에만 의존할 수 없으므로 행정학은 기술성과 과학성을 동시에 고려하여야 한다.

---

05 행정학과 관련된 학자 난이도 ★★☆

애플비(P. H. Appleby)는 현실의 정부에서 정치와 행정의 관계는 정합·연속순환적이기 때문에 양자를 구별하는 것은 적절하지 않다고 주장한 정치행정일원론의 대표적 학자이다. 애플비(P. H. Appleby)는 자신의 저서 『정책과 행정(Policy and Administration)』에서 행정과 정치는 순환하므로, 행정이 곧 정책을 결정한다고 주장하였다.

(선지분석)
① 예이츠(D. Yates)는 관료제와 민주주의가 조화를 이룰 수 있다고 주장하였다.
② 디목(M. E. Dimock)은 사회적 능률을 강조하였다.
④ 모셔(F. C. Mosher)는 소극적 대표성이 적극적 대표성을 보장하지 않을 수 있다고 보아 대표관료제의 효용에 대하여 의문을 제기하였다.

답 ③

---

06 행정학의 기술성과 과학성 난이도 ★★☆

왈도(D. Waldo)가 'practice'란 용어로 지칭한 기술성은 'art'와 유사한 개념으로, 현실에 대한 가치판단이 개입되어 현실 문제를 어떻게 해결할 것인가를 의미한다. 정해진 목표를 어떻게 효율적으로 달성하는가 하는 방법에 관한 개념과 연관 있는 것은 과학성이다.

(선지분석)
② 윌슨(W. Wilson)의 사무관리론과 이에 영향을 받은 귤릭(Gulick)과 윌로비(Wiloughby) 등의 행정원리론은 관리기술이나 행정의 원리 등을 발견하려는 데 초점을 두고 행정학의 기술성을 강조하였다.
③ 행태주의 학자들은 자연과학의 영향을 받은 행태주의 혁명의 일환으로 행정학 연구에서 처방보다는 학문의 과학화에 역점을 두고 논리실증적인 가설의 경험적 검증 등을 강조하였다.

👍 이것도 알면 **합격!** 과학성(science)과 기술성(art) 비교

구분	과학성(science)	기술성(art)
연구방법	논리실증주의	문제해결 기법 탐구
목적	설명성·인과성·객관성	실제적 처방
이론	정치행정이원론 (공사행정일원론)	정치행정일원론 (공사행정이원론)
학자	사이먼(Simon), 란다우(Landau)	왈도(Waldo), 세이어(Sayre)

답 ①

07 ☐☐☐

정치행정이원론과 정치행정일원론에 대한 설명으로 옳지 않은 것은?

① 뉴딜정책의 실현으로 등장한 행정국가현상은 일원론과 연관된다.
② 정치행정이원론에서 행정은 '수단의 영역'으로 책임성·민주성·대표성과 관련된다고 보았다.
③ 정치행정일원론은 정치와 행정이 상호배타적이라기보다 서로 협조적 관계에 있다고 보았다.
④ 정치행정이원론에 따르면 행정은 사무(Business)의 분야이고 정치의 영역 밖에 존재한다고 보았다.

08 ☐☐☐

정치행정이원론과 관련된 내용으로 옳지 않은 것은?

① 행정의 능률성
② 뉴딜(New Deal) 정책
③ 엽관주의의 폐해
④ 사이먼(H. A. Simon)의 행정행태론

---

07 정치행정이원론과 정치행정일원론

난이도 ★★☆

정치행정이원론에서는 행정은 '수단의 영역'에 불과하기 때문에 책임성·민주성·대표성과의 관련성보다 능률성을 중시하였다.

선지분석

① 뉴딜정책의 실현으로 등장한 행정국가현상은 행정의 정책결정 영역을 강화하게 되어 정치행정일원론적 이론을 실현하게 되었다.
③ 정치행정일원론은 정책결정의 영역인 정치와 정책집행의 영역인 행정이 상호배타적이라기보다 서로 협조적 관계에 있으며, 상호영향을 준다고 보았다.
④ 정치행정이원론에 따르면 행정은 조직관리, 인사관리, 재무관리 등 경영적 사무관리에 불과하므로 정치의 영역 밖에 존재한다고 보았다.

답 ②

08 정치행정이원론

난이도 ★★☆

정치행정이원론은 정치의 영역인 입법부에서 법률의 형식으로 정책을 결정하면, 행정부는 이를 단순히 집행하는 것으로 인식한다. 뉴딜(New deal) 정책은 경제대공황을 극복하기 위한 정부의 적극적인 역할을 강조하는 정치행정일원론적 입장이다.

선지분석

① 정치행정이원론은 행정의 역할을 조직, 인사, 재무 등의 능률적 관리 활동으로 본다.
③ 엽관주의하에서 행정이 정치에 종속되어 있어서 발생하는 문제를 극복하기 위하여 정치행정이원론이 시작되었다.
④ 행정행태론은 가치와 사실을 구분하여 사실의 영역만을 연구대상으로 삼아야 한다는 정치행정이원론적 입장이다.

답 ②

09 ⬜⬜⬜

2006년 9급 복원

고객지향적 행정의 장점으로 가장 옳지 않은 것은?

① 공공서비스에 대한 고객의 선택기회 제공
② 표준화된 공공서비스 제공
③ 공공서비스 품질의 개선
④ 고객들에 대한 행정책임의 향상

---

10 ⬜⬜⬜

2020년 지방직 9급

작은 정부를 적극적으로 옹호하는 것은?

① 행정권 우월화를 인정하는 정치행정일원론
② 경제공황 극복을 위한 뉴딜정책
③ 사회복지 프로그램의 확대
④ 신공공관리론

---

09 고객지향적 행정

난이도 ★☆☆

고객지향적 행정이란 행정의 고객인 시민의 입장과 시각에 입각한 행정으로서, 고객에게 행정서비스에 대한 선택과 평가의 기회를 부여하는 것을 뜻한다. 따라서 고객지향적 행정은 표준화된 공공서비스 제공이 아닌 시민의 개개인의 욕구에 맞춤형 방식으로 대응한다.

(선지분석)
① 고객지향적 행정은 공공서비스에 대한 고객인 시민에게 서비스의 내용과 종류에 대한 선택기회를 제공한다.
③ 고객인 시민의 요구에 부응하기 위하여 공공서비스의 품질이 개선된다.
④ 고객들이 자신의 욕구를 표출하고 그에 부합하는 행정서비스를 요구하게 됨으로써 정부의 고객들에 대한 행정책임이 향상된다.

답 ②

---

10 작은 정부

난이도 ★★☆

신공공관리론은 오일쇼크, 스태그플레이션 등과 같은 정부실패에 대한 대책이다. 정부의 기능을 축소하고 행정에 경영의 이념을 도입하자고 주장하므로 작은 정부를 옹호한다.

(선지분석)
① 정치행정일원론은 행정의 적극적 개입을 중시하는 이론이므로 큰 정부를 옹호한다.
② 뉴딜정책은 경제공황 극복을 위해 정부가 적극적으로 개입한 수정자본주의 정책으로, 행정의 적극적 역할을 강조한다. 또한 테네시강 유역 개발공사, 실업자 구제활동 원조 등을 통해 재정지출을 확대하였으므로 큰 정부와 관련이 있다.
③ 사회복지 프로그램에 지출되는 비용으로 정부의 재정지출이 확대되므로 큰 정부와 관련이 있다.

답 ④

---

11 □□□

다음 정부의 기능들 중에서 성질에 따른 분류로 옳지 않은 것은?

① 중재행정
② 사회행정
③ 규제행정
④ 지원행정

12 □□□

진보주의 정부에서 선호하는 정책으로 가장 적절하지 않은 것은?

① 조세 감면 확대
② 정부규제 강화
③ 소득재분배 강조
④ 소수민족 기회 확보

---

11 정부의 기능

난이도 ★★★

정부의 기능을 활동과정의 성질로 분류하면, 규제기능, 지원 및 조장기능, 중재 및 조정기능으로 분류할 수 있다. 사회기능은 정부의 활동영역에 의한 분류에 해당한다.

(선지분석)

① 중재 및 조정기능은 사회 내에서 이해당사자들 간에 분쟁이 발생했을 때, 정부가 그 사이에서 이해관계를 조정하고 양 측의 합의를 이끌어낸다.
③ 규제기능은 법령에 근거하여 국민들의 생활을 일률적으로 금지하거나 제한하는 기능이다. 규제에는 협의의 경제적 규제, 독과점규제, 사회적 규제 등이 있다.
④ 지원기능은 민간의 특정 분야 사업이나 활동을 정부가 지원하는 기능이다. 특정 분야를 위해 지원 법령을 제정하고 재정 및 금융상의 지원을 하며, 정부 스스로 사업의 주체가 되는 경우도 있다.

답 ②

---

12 진보주의 정부

난이도 ★☆☆

진보주의 정부는 분배정책 및 재분배정책을 선호하므로 이의 재원이 되는 조세 확대를 선호한다.

(선지분석)

② 진보주의 정부는 정부의 적극적 역할을 주장하므로 정부규제 강화를 선호한다.
③ 진보주의 정부는 소득의 불평등을 시정하기 위하여 소득재분배를 강조한다.
④ 진보주의 정부는 국가 내의 소수민족의 권익을 옹호하고 기회를 확보하기 위해 노력한다.

👍 이것도 알면 **합격!** 진보주의 정부와 보수주의 정부 비교

구분	진보주의 정부	보수주의 정부
이데올로기	좌파	우파
인간관	경제인관 부정 (Rousseau의 인간관)	경제인관 인정 (Hobbes의 인간관)
자유	적극적 자유	소극적 자유
평등	결과의 평등 (실질적 평등)	기회의 평등 (형식적 평등)
시장	시장의 잠재력 인정, 문제 발생 시 정부 개입	자유시장의 자율성 강조, 정부 개입 반대
정책방향	소외집단을 위한 정부의 적극적 개입 선호	선호하지 않음
정부규제	시장실패 치료를 위한 정부규제 선호	자유시장을 신뢰하며 정부규제 선호하지 않음
재분배정책	선호	선호하지 않음
이념	공평성(수직적 공평)	효율성(수평적 공평)

답 ①

13 ▢▢▢
2008년 9급 복원

정부와 행정에 대한 설명으로 옳지 않은 것은?

① 행정과 경영은 능률성을 추구하는 관리기술, 관료제적 성격, 협동행위 등에서 유사점을 지니지만 목적, 법적 규제, 정치권력적 성격, 평등성, 독점성, 권한 및 영향범위 등에서는 차이가 존재한다.

② 보수주의 정부는 기회의 평등을 강조하는 반면, 진보주의 정부는 결과의 평등을 강조한다.

③ 현대 행정의 특징으로는 행정수요의 복잡·다양화, 정치와 행정의 일원화, 사회 변동에 적극 대응 등을 들 수 있다.

④ 자유방임사상가들은 정부의 역할을 국방, 공공토목사업, 환경규제 등의 최소한의 분야로 한정하고 있다.

14 ▢▢▢
2013년 9급 복원

행정과 경영의 차이점에 대한 설명으로 옳지 않은 것은?

① 관리기법과 의사결정방식이 다르다.
② 권력성과 법규적용성이 다르다.
③ 능률의 척도와 공개성이 다르다.
④ 활동주체와 목적이 다르다.

13　정부와 행정
난이도 ★★☆

자유방임사상가들은 정부의 역할을 국방, 공공토목사업, 공공재 생산, 치안 유지 등의 최소한의 분야로 한정하고 있다. 환경규제는 최근에 강조된 정부의 역할에 해당한다.

(선지분석)

① 행정과 경영은 목표 달성을 위한 협동적인 집단노력이라는 점 등에서 유사점이 있지만, 목적, 법적 규제, 정치권력적 성격, 평등성, 독점성, 권한 및 영향범위 등에서 차이가 있다.
　㉠ 행정의 목적은 공익 실현이지만 경영의 목적은 이윤추구이다.
　㉡ 행정은 강한 법적 규제를 받고 정치권력적인 성격이 강하지만 경영은 그렇지 않다.
　㉢ 행정은 경영보다 엄격한 평등성을 요구받으며, 행정이 경영에 비해 독점적 성격이 강하다.
　㉣ 행정은 일반적으로 경영보다 권한 및 영향범위가 더 크다.

② 보수주의 정부는 기회의 평등, 형식적 평등, 수평적 평등을 강조하는 반면, 진보주의 정부는 결과의 평등, 실질적 평등, 수직적 평등을 강조한다.

③ 현대 행정(국가)의 특징으로는 행정수요의 복잡·다양화, 정치행정 일원론적 입장, 사회 변동에 대한 행정(부)의 적극적 대응 등을 들 수 있다.

답 ④

14　행정과 경영
난이도 ★★☆

행정과 경영은 모두 목표 달성을 위해 최선의 대안으로 공동의 의사결정과 협동행위를 필요로 한다. 또한 인적·물적 자원을 효율적으로 활용하는 관리기술을 가진다.

(선지분석)

② 행정은 권력성이 강하고 엄격한 법규적용성을 요구받지만 경영은 그렇지 않다.

③ 경영은 계량화된 능률의 척도를 적용하기 용이하나, 행정은 상대적으로 곤란하다. 또한 행정은 공개성이 요구되나 경영은 기밀성의 영역이 행정에 비하여 크다.

④ 행정의 활동주체는 정부이며, 추구하는 목적은 공익이다. 경영의 활동주체는 기업이며, 추구하는 목적은 이윤이다.

👍 이것도 알면 **합격!**　행정과 경영 비교

구분	행정(공행정)	경영(사행정)
주체	정부, 국가	민간기업, 사기업
목적	국민의 복리증진, 다원적	이윤극대화, 일원적
합리성	정치적 합리성	경제적 합리성
권력성 여부	권력적	비권력적
독점성 유무	강함	약함
법적 규제 정도	강함	완화
평등원칙 적용 정도	강함(응능주의)	약함(응익주의)
능률성 척도	일률적 계량화 곤란	계량화 가능
경쟁성 정도	경쟁 약함	경쟁 강함

답 ①

15 □□□

행정과 경영의 차이점으로 옳지 않은 것은?

① 관료제적 성격 면에서의 차이
② 법적 금지면에서의 상이
③ 추구하는 목적과 능률의 산출 기준의 차이
④ 평등원칙 적용 범위에서의 차이

16 □□□

정부조직과 기업조직의 유사점으로 옳은 것은?

① 능률의 척도
② 관료제적 성격
③ 법적 규제의 정도
④ 정치적 성격

---

15 행정과 경영 난이도 ★☆☆

관료제적 성격 즉, 관료제의 장·단점을 가진다는 것은 행정과 경영의 유사점이다.

(선지분석)
② 행정은 경영보다 법적 금지를 강하게 받는다.
③ 행정이 추구하는 목적은 공익이고 경영이 추구하는 목적은 사익이다. 또한 경영은 능률의 산출 기준을 계량화하기 쉬우나, 행정은 곤란하다.
④ 행정은 평등원칙의 적용 범위가 넓으나, 경영은 행정에 비하여 상대적으로 좁다.

답 ①

16 행정과 경영 난이도 ★☆☆

정부조직(공행정)과 기업조직(사행정)은 모두 관료제적 성격을 가진다. 또한 정부조직과 기업조직은 합리적 의사결정을 추구하고, 목적달성을 위한 협동행위를 하는 등의 공통점이 존재한다.

(선지분석)
① 기업조직은 정부조직에 비해 계량화가 용이하므로 능률의 척도를 적용하기가 용이하다.
③ 정부조직은 기업조직에 비하여 법적 규제를 강하게 받는다.
④ 정부조직은 기업조직에 비하여 정치적 성격이 강하게 나타난다.

답 ②

17 □□□

공공행정과 사기업의 공통점으로 옳지 않은 것은?

① 수단으로서의 관료조직
② 협동행위
③ 공공복지에의 직접적 공헌
④ 의사결정

18 □□□

공행정과 사행정을 구별하는 기준으로 옳지 않은 것은?

① 평등성
② 관할 범위
③ 관료제적 성격
④ 법적 규제

---

17 행정과 경영

난이도 ★☆☆

공공복지에의 직접적 공헌은 사기업(경영)의 특징이라고 볼 수 없다. 공공복지에 직접적으로 공헌하는 것은 공공행정의 특징이다.

(선지분석)

① 공공행정과 사기업 모두 목적을 달성하기 위한 조직구조로 관료조직을 채택하고 있다.
② 공공행정과 사기업 모두 구성원의 협동행위가 이루어진다.
④ 공공행정과 사기업은 목적 달성을 위하여 의사결정을 하게 된다.

답 ③

18 행정과 경영

난이도 ★☆☆

공행정(행정)과 사행정(경영) 모두 전문화, 분업, 계층제, 일반적인 법규체제 등을 구조적 특성으로 하는 관료제적 성격을 가지고 있다.

(선지분석)

① 공행정은 엄격한 평등성을 요구받지만 사행정은 응익주의 원칙으로 엄격한 평등성을 요구받지 않는다.
② 공행정은 사행정에 비하여 관할 범위가 넓다.
④ 공행정은 사행정에 비하여 엄격한 법적 규제를 받는다.

답 ③

19 □□□

NGO에 대한 설명으로 옳지 않은 것은?

① 정책과정의 각 과정에서 다양한 방법을 통해 참여하게 된다.
② 시장실패, 정부실패, 세계화, 민간화 등으로 인하여 등장하게 되었다.
③ 의회, 정당 또는 행정부의 기능을 일부 보완할 수 있다.
④ 공익추구의 자발적 조직으로 공적 조직이다.

---

20 □□□

미국 민주주의의 규범적 관료제모형에 대한 설명으로 옳은 것은?

① 매디슨(Madison)은 지방자치와 지방분권에 의한 민주적 행정이 최선임을 주장하였다.
② 제퍼슨(Jefferson)은 정부의 적극적 역할을 통해 행정의 유효성 지향을 주장하였다.
③ 해밀턴(Hamilton)은 중앙집권화에 의한 능률적 행정이 최선임을 주장하였다.
④ 잭슨(Jackson)은 사회 내 다양한 이익집단의 존재를 중요시하고 이들 간의 견제와 균형의 유지가 중요함을 주장하였다.

---

19 NGO

난이도 ★☆☆

NGO는 공익을 추구하는 비영리적·자발적인 조직으로, 시민들로 구성된 사적 조직이다.

(선지분석)

① NGO는 정책의제설정단계, 정책결정단계, 정책집행단계, 정책평가단계 등 정책과정의 각 과정에서 다양한 방법을 통해 정책에 참여하게 된다.
② NGO는 시장실패와 정부실패에 대응하기 위하여 등장하였고 세계화, 민간화, 지방화의 흐름에 따른 정부의 협력 대상으로 등장하였다.
③ NGO는 입법부나 행정부의 기능을 보완하는 역할을 수행한다.

👍 이것도 알면 **합격!** NGO의 기능과 한계	
기능	한계
• 정부실패 및 시장실패 보완 • 공공서비스의 공급주체 • 정책과정에서 파트너 역할 • 부패에 대한 견제 • 갈등의 조정 • 교육적 기능(시민교육)	• 재정적·정치적 독립성이 약함 • 지역차원의 NGO가 미약 • 공공재의 무임승차성 • 역할분담 미약 (백화점식 운동전개방식) • 구속력 미흡 • NGO의 관변단체화

답 ④

---

20 미국 행정학의 발달

난이도 ★★☆

해밀턴(Hamilton)은 미국 초대 대통령인 워싱턴(Washington) 대통령 정권의 연방의 초대 재무장관이다. 그는 강력한 연방정부(중앙정부)가 수립되어야 하며, 집권화된 연방의 적극적인 역할로 능률적 행정을 구현하여야 한다고 주장하였다.

(선지분석)

① 지방자치와 지방분권에 의한 민주적 행정을 강조한 것은 제퍼슨(Jefferson)이다.
④ 사회 내 다양한 이익집단의 존재를 중요시하고 이들 간의 견제와 균형의 유지가 중요함을 주장한 것은 매디슨(Madison)이다. 잭슨(Jackson)은 대표적인 엽관주의자이다.

답 ③

정부와 행정에 대한 정치가 또는 학자들의 설명으로 옳지 않은 것은?

① 하이에크(F. Hayek)는 시장에 대한 정부 개입의 필요성을 주장하며 큰 정부를 지지하였다.

② 해밀턴(Hamilton)은 중앙집권화에 의한 능률적 행정방식이 최선임을 주장하였다.

③ 제퍼슨(Jefferson)은 지방자치와 지방분권에 의한 민주적 행정이 최선임을 주장하였다.

④ 잭슨(Jackson)은 공직경질과 엽관주의에 의한 민주주의 행정을 주장하였다.

우리나라 행정학의 변천과 전개과정에 대한 설명으로 옳지 않은 것은?

① 1940년대 말부터 현대사회과학으로서의 행정학이 강의되기 시작했다.

② 1950년대 미국의 행정학이 본격 도입되기 시작한 것은 젊은 행정학 교수들이 미국에 유학하면서부터였다.

③ 대륙계 또는 일본 행정학의 영향을 받아서 슈타인(Stein)의 관방학 위주로 연구가 시작되었다.

④ 1959년 서울대 행정대학원이 설립되면서부터 본격적인 행정학 연구가 시작되었다.

---

21   **정부와 행정**   난이도 ★★☆

하이에크(F. Hayek)는 신자유주의의 입장에서 시장에 대한 정부의 간섭을 비판했던 경제학자이다. 저서 『노예로의 길(The Road to Serfdom)』에서 국가기획과 개인의 자유는 상충되고 시장에 대한 정부의 개입은 개인을 노예로 만드는 길이라고 주장하며 작은 정부를 지지하였다.

(선지분석)

② 해밀턴(Hamilton)은 연방정부 중심의 중앙집권화에 의한 능률적 행정이 최선임을 주장하였다.

③ 제퍼슨(Jefferson)은 지방자치와 지방분권에 의한 민주적 행정이 최선임을 주장하였다.

④ 제퍼슨(Jefferson)은 정권교체에 따른 주기적 공직경질과 엽관주의에 의한 민주주의 행정을 주장하였다.

답 ①

---

22   **우리나라 행정학의 발달**   난이도 ★★☆

우리나라의 행정학은 초기부터 미국 행정학을 도입하였다.

(선지분석)

① 종합대학에서 행정학 강의는 1940년대 말부터 시작하였다. 행정학과는 해방 이후 1954년 국립대학교에서는 부산대학교가 최초로, 1955년 사립대학교에서는 고려대학교가 설립하면서 등장하였다.

② 1950년대 각 대학의 젊은 교수들이 미국 유학을 다녀오면서 미국의 행정학이 본격적으로 우리나라 학계에 도입되었다.

④ 서울대 행정대학원은 1959년 설립되었고 이때부터 본격적인 행정학 연구가 시작되었다.

답 ③

CHAPTER 2 | 현대행정의 이해

01 ☐☐☐

2019년(2차) 9급 복원

현대행정의 기능적·질적 특징으로 옳지 않은 것은?

① 행정조직의 동태화
② 행정기구의 확대 및 공무원 수의 증가
③ 행정의 전문화·기술화
④ 행정평가의 강화

02 ☐☐☐

2016년 9급 복원

경합성과 배제성의 특징을 모두 가지고 있는 재화로 옳은 것은?

① 요금재
② 공공재
③ 공유재
④ 시장재

---

01 현대행정

난이도 ★★★

행정기구의 확대 및 공무원 수의 증가는 현대행정의 질적 특징이 아닌 양적 특징이다.

👍 **이것도 알면 합격!** 현대행정국가의 양적·질적 특징

양적 특징	질적 특징
• 사실적·구체적·가시적	• 가치적·추상적·비가시적
• 행정기능과 행정기구의 확대	• 행정의 전문화·기술화·과학화
• 공무원 수의 증가(파킨슨 법칙)	• 발전기획의 중시
• 공기업 수의 증가	• 위임입법의 활성화
• 막료(참모)의 증가	• 광역행정
• 재정규모의 팽창	• 신중앙집권화
	• 행정책임과 통제의 중요성 강조

답 ②

02 재화의 유형

난이도 ★★☆

경합성과 배제성의 특징을 모두 가지고 있는 재화는 시장재이다. 경합성은 어떤 재화에 있어서 한 사람의 소비가 다른 사람의 소비를 감소시키는 성질을 의미하고, 배제성은 재화의 소비에 있어서 그 대가를 지불하지 않는 사람은 사용하는 것을 배제할 수 있는 속성을 의미한다.

(선지분석)
① 요금재는 배제성은 있으나 경합성은 갖지 못하는 재화이다.
② 공공재는 배제성과 경합성 모두를 갖지 못하는 재화이다.
③ 공유재는 경합성은 있으나 배제성은 갖지 못하는 재화이다.

👍 **이것도 알면 합격!** 배제성과 경합성에 따른 재화의 유형

구분		배제성	
		비배제성	배제성
경합성	비경합성	공공재	요금재(유료재)
	경합성	공유재	사적재(시장재)

답 ④

비경합성과 배제성을 동시에 갖는 재화의 유형으로 옳은 것은?

① 요금재
② 집합재
③ 공유재
④ 시장재

각 재화의 공급주체가 시장일 경우 발생할 수 있는 현상으로 옳지 않은 것은?

① 공공재: 과소공급
② 공유재: 외부불경제
③ 요금재: 자연독점
④ 가치재: 무임승차

---

03 재화의 유형 난이도 ★☆☆

경합성은 없으나 배제성을 갖는 재화의 유형은 요금재(유료재)이다. 대표적인 사례로 유료 고속도로, 전기, 가스 등이 있다.

(선지분석)
② 집합재(공공재)는 비경합성과 비배제성을 동시에 갖는 재화이다.
③ 공유재는 경합성과 비배재성을 동시에 갖는 재화이다.
④ 시장재(사적재)는 경합성과 배재성을 동시에 갖는 재화이다.

답 ①

04 재화의 유형 난이도 ★★★

가치재란 의료, 교육, 문화 등 일정 수준 이상 소비하는 것이 바람직한 재화나 서비스를 의미한다. 가치재는 시장을 통해 공급이 가능하지만, 정부가 공급하는 경우도 발생한다. 낙도의 보건소를 통한 의료 서비스 제공, 농어촌 무료 마을버스 등이 그 예이다. 가치재는 그 성격상 민간재를 정부가 공급하는 것이므로 무임승차가 발생한다고 볼 수는 없다.

(선지분석)
① 공공재는 과소공급과 무임승차의 문제가 발생한다.
② 공유재는 소비에 대한 정당한 대가를 치르지 않는 외부불경제 문제가 발생한다.
③ 요금재는 초기 설비비용이 과다하게 들고 생산량이 증가할수록 단위당 생산단가는 감소하기 때문에 자연독점 현상이 발생한다.

답 ④

05 ☐☐☐

2019년(2차) 9급 복원

시장실패의 원인과 그 대응방안으로 옳지 않은 것은?

① 공공재는 비배제성에 의한 무임승차로 인해 부족해지는데, 이 문제의 해결방안은 조세로 재원을 마련하여 국가가 제공하는 것이다.
② 규모의 경제로 인한 자연독점은 공기업의 공급으로 해결한다.
③ 공유자원의 문제는 소유권의 설정으로 문제해결이 가능하다.
④ X-비효율성이 발생할 경우 민영화와 규제완화로 문제해결이 가능하다.

06 ☐☐☐

2017년 9급 복원

시장실패의 원인으로 옳지 않은 것은?

① 공공재
② 내부성
③ 자연독점
④ 정보의 비대칭성

---

05 시장실패의 원인과 대응방안

난이도 ★★★

X-비효율성은 정부의 활동은 대부분 독점적으로 이루어지기 때문에 발생하는 구성원의 심리적·행태적 요인으로 인한 비효율성으로, 정부실패의 원인이다. X-비효율성은 민영화, 정부보조 삭감, 규제완화 등의 방식으로 대응할 수 있다.

(선지분석)
③ 공유자원의 소유권이 불분명하여 발생하는 부정적 외부효과에 의한 시장실패 현상은 정부규제 이전에 사적 소유권을 명확히 하는 방법으로 해결이 가능하다.

👍 이것도 알면 **합격!** 시장실패의 원인과 정부의 대응방안

구분	공적 공급	공적 유도	정부규제
공공재의 존재	○		
외부효과의 발생		○	○
자연독점(규모의 경제)	○		○
불완전경쟁			○
정보의 비대칭		○	○

답 ④

06 시장실패의 원인

난이도 ★★☆

내부성은 외부목표(사회목표, 공익 실현을 위한 목표)와 내부목표(사적 목표)와의 괴리를 의미하는 것으로 정부실패의 원인에 해당한다.

(선지분석)
① 공공재는 비배제성, 비경합성으로 인하여 무임승차와 과소생산 등의 속성을 지니는 재화이다. 공공재의 존재는 대표적인 시장실패의 원인에 해당한다.
③ 재화의 성격상 자연독점 상태에 빠져 소수 생산주체만이 재화나 서비스를 생산할 경우, 이들에 의하여 상품가격이 좌우될 수 있으므로 시장실패의 원인에 해당한다.
④ 거래를 하는 일방은 정보를 지니고 상대방은 정보를 가지고 있지 않을 경우 정보의 비대칭(불균형)으로 인해 시장이 효율적으로 작동하지 못하여 시장실패를 초래한다.

답 ②

07 □□□

다음 중 시장실패의 원인에 대한 설명으로 옳은 것만을 모두 고르면?

> ㄱ. 공공재
> ㄴ. 외부효과
> ㄷ. 불완전한 경쟁

① ㄱ, ㄴ
② ㄱ, ㄷ
③ ㄴ, ㄷ
④ ㄱ, ㄴ, ㄷ

08 □□□

정부실패의 원인으로 가장 옳지 않은 것은?

① 파생적 외부효과
② 비용과 수익의 절연
③ 정보의 불완전성
④ 권력의 편재로 인한 불공평한 분배

---

07 시장실패의 원인   난이도 ★★☆

ㄱ~ㄷ 모두 시장실패의 원인에 해당한다. 시장실패의 원인으로는 공공재의 존재, 외부효과의 발생, 불완전한 경쟁, 자연독점, 정보의 비대칭 등이 있다.

답 ④

08 정부실패의 원인   난이도 ★★☆

정보의 불완전성은 시장실패의 원인에 해당한다.

선지분석

① 파생적 외부효과는 정부개입으로 인하여 예상치 못한 효과가 발생하는 것이다. 예를 들면 부동산 가격을 안정시키려는 정부의 정책이 오히려 부동산 값 상승을 초래하는 것이다.
② 비용과 수익의 절연은 조세의 응능적 성격으로 인해 비용을 부담하는 집단과 수익을 향유하는 집단이 절연되는 현상으로, 정부실패의 원인이다.
④ 정부만이 권력을 독점(권력의 편재)하고, 그러한 권력을 이용하여 특정 집단에 이득이 되도록 분배하는 현상은 정부실패의 원인이다.

👍 이것도 알면 합격! 정부실패의 원인과 대응방안

구분	민영화	정부보조 삭감	규제 완화
사적 목표 설정	○		
X-비효율성·비용체증	○	○	○
파생적 외부효과		○	○
권력의 독점	○		○

답 ③

09 ☐☐☐

정부실패의 원인으로 옳지 않은 것은?

① 규제의 철폐
② 권력과 특혜에 따른 분배의 불평등
③ 정치인의 단기적 결정
④ 행정의 내부성

10 ☐☐☐

X-비효율성에 대한 설명으로 옳지 않은 것은?

① 정부실패의 원인으로 볼 수 있다.
② 법제적 비효율을 의미한다.
③ X-비효율성이 발생할 경우 민영화나 규제완화가 필요하다.
④ 배분적 효율성과는 상반되는 개념이다.

---

09   정부실패의 원인   난이도 ★★☆

기업의 성장과 시장의 효율성을 저해하는 과도하거나 근시안적인 규제가 발생하면서 정부실패가 발생하게 된다. 이러한 정부실패의 원인을 해결하기 위한 방법으로, 과도하고 불필요한 규제를 철폐·완화하는 방법이 있다. 따라서 규제의 철폐는 정부실패의 원인이 아니라 정부실패에 대한 해결책이다.

(선지분석)
② 정부만이 권력을 독점하고 있으며 그러한 권력의 특혜에 따른 분배의 불평등은 정부실패의 원인이다.
③ 시간이 매우 중요한 선출직 정치인의 단기적 결정은 정부실패의 원인이다.
④ 행정조직이 공적(외부적) 목표를 추구하지 않고 사적(내부적) 목표를 추구하여 발생하는 정부실패 현상을 행정의 내부성이라고 한다.

답 ①

10   정부실패의 원인   난이도 ★★☆

X-비효율성은 행정서비스의 경우 대부분 정부가 독점적으로 생산하고, 경쟁에 노출되지 않기 때문에 이로 인하여 나타나는 조직 관리상의 비효율성을 의미하며, 법제적 비효율이 아니다. 근무태만, 방만한 경영, 무사안일 등이 X-비효율성의 예이다.

(선지분석)
① X-비효율성은 정부실패의 원인에 해당한다.
③ X-비효율성이 발생할 경우에는 민영화, 정부보조 삭감, 규제완화 등으로 대응한다.
④ X-비효율성은 정부의 개입이 있을 경우 배분적 효율을 달성할 것이라고 예상하였던 정부개입론자들이 예상과 상반된 결과가 발생하자, 비효율성이 발생한 원인을 모르겠다는 이유로 미지수 X를 붙여 명명한 비효율성이다.

답 ②

11 ☐☐☐

행정관료의 재량권이 늘어난 이유로 옳지 않은 것은?

① 의회에 대한 지원기능을 통한 의회민주주의의 활성화
② 현대행정 문제의 복잡·다양화 및 전문성의 요구
③ 경제대공황 이후 등장한 복잡한 사회문제
④ 정책집행자인 일선공무원의 현실성과 즉시성 고려

12 ☐☐☐

다음에서 윌슨(Wilson)의 규제정치모형 중 기업가적 정치에 대한 설명으로 옳은 것만을 모두 고르면?

> ㄱ. 비용이 소수의 동질적 집단에 집중된다.
> ㄴ. 환경오염규제, 자동차 안전규제, 위해물품규제 등이 좋은 예이다.
> ㄷ. 규제의 수혜자들이 잘 조직화 되어 있다.
> ㄹ. 해당 사업에 대한 신규사업자의 진입이 제한된다.
> ㅁ. 편익을 기대할 수 있는 측은 집단행동의 딜레마에 빠진다.

① ㄱ, ㄴ, ㄹ
② ㄱ, ㄴ, ㅁ
③ ㄱ, ㄷ, ㄹ
④ ㄴ, ㄷ, ㅁ

---

11 행정관료의 재량권

난이도 ★★☆

행정관료의 재량권은 행정국가화 현상과 관련이 있다. 즉, 의회의 역할이 상대적으로 축소되고 행정부의 역할이 증대되면서 행정관료의 재량권이 확대된 것이다. 의회민주주의가 활성화될 경우 오히려 행정관료에 대한 의회의 통제가 강화된다.

선지분석

② 현대행정 문제가 복잡·다양해짐에 따라 행정에 대한 전문성의 요구가 증대되고 이로 인하여 실질적인 행정을 수행하는 행정관료에게 더 많은 재량권을 부여하게 된다.
③ 경제대공황 이후 등장한 복잡한 사회문제를 해결하기 위하여 행정관료의 재량권을 확대한 현대행정국가가 등장하였다.
④ 정책집행자인 일선공무원(행정관료)이 실제 정책의 집행현장에서 재량을 발휘하여 정책집행의 현실성과 즉시성을 제고하기 위하여 재량권이 확대되었다.

답 ①

12 윌슨(Wilson)의 규제정치모형

난이도 ★★☆

ㄱ. 기업가적(운동가적) 정치에서 비용은 소수의 동질적 집단에 집중되어 있으나 편익은 불특정 다수에게 분산되어 있다.
ㄴ. 환경오염규제, 안전규제, 위해물품규제, 위생규제 등 사회적 규제는 기업가적 정치의 사례이며, 편익수혜자가 집단행동의 딜레마에 빠져있기 때문에 의제채택이 어렵고 극적인 사건이나 재난, 위기발생 시 채택이 이루어진다.
ㅁ. 소수의 비용부담자는 막강한 정치적 영향력을 발휘하는 한편, 다수의 수혜자들은 집단행동의 딜레마에 빠져 조직화되지 못하고 적극적인 지지를 보내지 못한다.

선지분석

ㄷ. 다수의 수혜자들은 집단행동의 딜레마에 빠져 조직화되지 못하고 적극적인 지지에 한계를 갖는다. 반면, 소수의 비용부담자는 잘 조직화 되어 있다.
ㄹ. 신규사업자의 진입을 제한하는 것은 고객 정치이다. 즉, 조직화된 소수 수혜자집단이 정부를 포획함으로써 정부는 소수집단의 이익을 대변하게 되고 신규사업자의 진입이 어렵게 된다. 그 과정에서 소수 수혜자집단은 지대를 추구하게 된다.

👍 이것도 알면 **합격!** 윌슨(Wilson)의 규제정치모형

구분		감지된 편익	
		넓게 분산	좁게 집중
감지된 비용	넓게 분산	대중적 정치	고객 정치
	좁게 집중	기업가적(운동가적) 정치	이익집단 정치

답 ②

윌슨(J. Q. Wilson)의 규제정치모형의 유형으로 옳지 않은 것은?

① 정당 정치
② 이익집단 정치
③ 고객 정치
④ 기업가적 정치

다음 개념에 가장 가까운 이론으로 옳은 것은?

> 규제를 줄이기란 쉽지가 않다. 규제란 한번 생기면 그 필요성이나 원인이 사라진 뒤에도 쉽게 없어지지 않고 규제가 규제를 낳는 악순환이 계속되기 쉽기 때문이다.

① 파킨슨의 법칙(Parkinson's Law)
② 피터의 법칙(Peter's Principle)
③ 피터슨 효과(Peterson Effect)
④ 끈끈이 인형효과(Tar Baby Effect)

---

13   윌슨(Wilson)의 규제정치모형   난이도 ★★★

윌슨(Wilson)은 정부규제로부터 감지되는 비용과 편익의 분포에 따라 이익집단 정치, 고객 정치, 기업가적(운동가적) 정치, 대중적 정치 등으로 규제정치의 유형을 구분하였다. 정당 정치는 윌슨(Wilson)의 규제정치모형에 해당하지 않는다.

(선지분석)
② 이익집단 정치는 비용과 편익이 모두 집중되는 유형이다.
③ 고객 정치는 편익은 소수의 동질적 집단에게 좁게 집중되고, 비용은 불특정 다수에게 넓게 분산되는 유형이다.
④ 기업가적 정치는 비용은 소수가 부담하고 편익은 다수가 향유하는 유형이다.

답 ①

14   끈끈이 인형효과   난이도 ★☆☆

끈끈이 인형효과(Tar Baby Effect)는 잘못 형성된 정부규제가 또 다른 정부규제를 낳는 현상을 의미한다.

(선지분석)
① 파킨슨의 법칙(Parkinson's Law)은 공무원의 수는 업무의 경중이나 업무의 유무에 상관없이 일정 비율로 증가한다는 법칙이다. 부하 배증의 법칙(공무원은 업무 시에 동료보다는 부하를 보충받기를 원함)과 업무배증의 법칙(부하가 배증되면 과거와 달리 지시, 감독 등 파생적 업무가 생겨서 기존의 업무량보다 배증됨)이 악순환하면서 공무원 수는 계속 증가한다는 법칙이다.
② 피터의 법칙(Peter's Principle)은 연공서열에 따른 관료의 승진으로 인한 관료의 무능화 현상에 관한 법칙이다. 특정 분야의 업무를 잘 해낼 경우 그 능력을 인정받아 승진하게 되는데, 승진한 지위에 오른 그 사람은 새로운 업무에 대해서는 전혀 경험이 없는 신입이 된다. 이 과정이 계속 반복되며 조직의 상위 직급은 무능한 인물로 채워질 수밖에 없다는 이론으로, 관료제의 병리현상과 관련이 있다.

답 ④

CHAPTER 3 | 행정학의 접근방법과 주요이론

THEME 009 | 행정학의 접근방법

01 ☐☐☐

2006년 9급 복원

다음 중 조직이론의 시대적 발달순서를 옳게 나열한 것은?

- ㄱ. 인간관계론
- ㄴ. 행정행태론
- ㄷ. 과학적 관리론
- ㄹ. 발전행정론
- ㅁ. 신행정론

① ㄱ → ㄴ → ㄷ → ㄹ → ㅁ
② ㄴ → ㄹ → ㄷ → ㄱ → ㅁ
③ ㄷ → ㄱ → ㄴ → ㄹ → ㅁ
④ ㄷ → ㄴ → ㄱ → ㅁ → ㄹ

---

01 행정학의 조직이론

난이도 ★☆☆

과학적 관리론(20세기 초) → 인간관계론(1930년대) → 행정행태론(1940년대 중반~1960년대 중반) → 발전행정론(1950년대) → 신행정론(1960년대 말~ 1970년대)의 순서로 발달하였다.

답 ③

THEME 010 | 과학적 관리론과 인간관계론

02 ☐☐☐

2020년 9급

테일러(F. W. Taylor)의 과학적 관리론에 대한 설명으로 옳지 않은 것은?

① 테일러(F. W. Taylor)는 과학적 관리의 핵심을 개인적 기술에 두고, 노동자가 발전된 과학적 방법에 따라 작업이 되도록 한다.
② 어림식 방법을 지양하고 작업의 기본 요소 발견과 수행방법에 대해 과학적 방법을 발전시킨다.
③ 과업은 일류의 노동자만이 달성할 수 있는 충분한 것이어야 한다.
④ 노동자가 과업을 완수하는 경우 높은 보상, 실패하는 경우 손실을 받게 된다.

---

02 과학적 관리론

난이도 ★★★

테일러(F. W. Taylor)는 과학적 관리의 핵심을 조직구조에 두고, 노동자가 가장 과학적이고 능률적인 방법을 발견하여 이에 따라 작업이 되도록 한다.

선지분석

② 과학적 관리론은 어림식 방법을 지양하고 작업의 기본 요소를 발견한 뒤 동작과 시간의 연구를 통하여 작업의 과학적 수행방법을 발전시킨다.
③ 과업은 가장 능률적으로 과업을 수행하는 일류의 노동자만이 달성할 수 있을 정도로 충분하여야 한다.
④ 노동자가 과업을 완수하는 경우 경제적으로 높은 보상을 받고 실패하는 경우 경제적 손실을 받게 된다.

👍 이것도 알면 **합격!** 과학적 관리론과 인간관계론 비교

구분	과학적 관리론	인간관계론
중시 요소	직무중심	인간중심
동기	경제적 동기	비경제적·인간적 동기
조직관	공식적 조직관, 조직중심	비공식적 조직관, 개인중심
인간관	합리적·경제적 인간관(X이론), 인간을 기계의 부품으로 취급	사회적 인간관(Y이론), 인간을 사회·심리적 존재로 인식
능률관	기계적 능률관	사회적 능률관
예	동작과 시간의 연구 등	호손(Hawthorne) 실험

답 ①

03 ☐☐☐

2007년 9급 복원

호손(Hawthorne) 실험의 결론으로 옳은 것은?

① 조직의 기계적 능률의 중요성
② 조직구성원의 경제적 보상의 중요성
③ 조직구성원의 사회적·심리적 요인의 중요성
④ 공식조직에서의 의사소통관계의 중요성

04 ☐☐☐

2019년(2차) 9급 복원

행태론적 접근방법의 특징으로 옳지 않은 것은?

① 논리실증주의
② 계량분석법
③ 가치개입
④ 인간 행태의 규칙성 가정

03　호손(Hawthorne) 실험

난이도 ★★☆

1920년대 메이요(Mayo) 등이 진행하였던 호손(Hawthorne) 실험은 실험의 결과 근로자의 생산성에 작업 조건보다는 비공식집단, 조직 내 인간관계 등의 사회적 요인이 영향을 더 큰 영향을 미친다는 점을 발견하였다. 그 결과 조직구성원의 사회적·심리적 요인의 중요성을 알게 되었으며, 이는 인간관계론이 성립하는 배경이 되었다.

⟮선지분석⟯

① 호손(Hawthorne) 실험은 사회적 능률의 중요성의 근거가 된다.
② 호손(Hawthorne) 실험은 기존 과학적 관리론이 제시하였던 경제적 보상이 생산성 향상에 중요한 요인이 아니라고 주장하였다.
④ 호손(Hawthorne) 실험의 결과 인간관계론은 비공식조직에서의 의사소통관계를 중시하였다.

답 ③

04　행태론

난이도 ★★☆

사이먼(Simon)의 행태론은 사회과학에도 자연과학적 연구방법을 도입하여 사실과 가치를 분리한 뒤 사실만을 연구 대상으로 한정할 것을 주장하였다.

⟮선지분석⟯

① 행태론은 가치중립적·계량적 분석을 통한 논리실증주의적 접근방법을 사용한다.
② 행태론은 과학적 연구를 위하여 계량분석법을 강조한다.
④ 행태론은 인간 행태의 규칙성, 인과성을 경험적으로 입증하고 설명할 수 있다고 보았다.

👍 **이것도 알면 합격!** 행태론의 특징

인간의 행태 연구	• 미시적 접근: 개별행위자의 의견, 태도, 개성, 물리적 행동 등 구체적인 행태 연구에 초점을 두었음 • 방법론적 개체주의: 인간의 사고나 의식이 집단의 속성에 의하여 규정되는 것이 아니라 각자에 따라 서로 다르다고 인식함 • 경험적·연역적 접근: 자연과학적 방법을 이용하여 법칙을 정립하기 위해서 가설을 세우고 경험적 자료를 수집하여 이를 관찰하고 실증적으로 검증하는 연역적 논리를 따름
가치와 사실의 분리	가치와 사실을 분리하여 가치중립적으로 검증이 불가능한 주관적 가치는 연구대상에서 배제하고, 검증이 가능한 객관적 사실만을 과학적으로 연구함
의사결정과정 중시	행정을 집단적·협동적 의사결정의 과정으로 보고 의사결정을 둘러싼 권위이론과 갈등이론을 중시함
논리실증주의	가치중립적·계량적 분석을 통한 논리실증주의적 접근방법을 사용함
종합학문적 성격	인간의 행태는 모든 사회과학의 공통된 연구대상이므로 다른 학문의 유용한 지식을 활용하고 공유함

답 ③

05 □□□

행태주의의 특징으로 옳지 않은 것은?

① 종합학문성
② 과학적 연구방법의 적용
③ 자율적 인간관
④ 가치와 사실의 분리

06 □□□

사이먼(Simon)이 생각하는 행정학의 중심개념으로 옳은 것은?

① 정의
② 관료제
③ 의사결정
④ 정책결정

---

05 행태주의

난이도 ★★★

행태주의는 인간의 적극성 및 자율성을 간과하고 지나치게 수동적인 인간관을 지닌다.

(선지분석)
① 인간의 행태는 모든 사회과학의 공통된 연구대상이므로 행태주의는 다른 학문의 유용한 지식을 활용하고 공유한다.
② 행태주의는 가치중립적·계량적·과학적인 분석을 통한 논리실증주의적 접근방법을 사용한다.
④ 행태주의는 가치와 사실을 분리하여 가치중립적으로 검증이 불가능한 주관적 가치는 연구대상에서 배제하고, 검증이 가능한 객관적 사실을 과학적으로 연구하고자 한다.

답 ③

06 행태론

난이도 ★★☆

사이먼(Simon)의 행태론은 실증적인 연구방법을 강조함에 따라 행정의 공공성보다는 공공부문과 사기업 간의 공통점을 강조하는 이론이다. 사이먼(Simon)은 행정현상의 핵심을 합리적 의사결정과정으로 파악하고 행정도 모두 합리적 의사결정과 연결되어 있다고 주장하였다. 따라서 사이먼(Simon)은 의사결정에 관한 과학적 연구가 행정학 연구의 핵심이라고 보았다.

(선지분석)
① 롤스(Rawls)는 공정한 배분을 정의로 파악하였다.
② 베버(Weber)는 근대 관료제를 형식적 합리성의 극치로 보았다.
④ 사이먼(Simon)은 행정이 정치적 판단 즉, 정책결정을 하지 않아야 한다고 본 정치행정이원론자이다.

답 ③

THEME 012 | 생태론과 체제론, 비교행정론

07 □□□

2015년 9급 복원

행정학의 접근방법 중 행태론과 생태론에 대한 설명으로 옳지 않은 것은?

① 행태론은 집단의 고유한 특성을 인정하지 않는 방법론적 개체주의 입장이다.

② 생태론은 후진국의 행정현상을 설명하는 데 크게 기여했으며 행정의 보편적 이론의 구축을 통한 행정의 과학화에 기여했다.

③ 행태론은 사회현상도 자연과학과 같이 과학적 연구가 가능하다고 주장하였다.

④ 리그스(Riggs)는 생태론적 접근방법을 통해 환경이 행정에 미치는 영향을 연구하였다.

08 □□□

2006년 9급 복원

생태론적 접근방법에 대한 설명으로 옳지 않은 것은?

① 행정은 그를 둘러싸고 있는 환경적 요소들을 파악하지 않고는 이해할 수 없다는 입장이다.

② 생태론은 유기체와 환경의 상호관계를 다루는 생물학의 분야이다.

③ 전통적 접근방법이나 인간관계론적 접근방법과는 달리 행정체제와 그를 둘러싸고 있는 환경적 세력들 간의 관계에 연구의 초점을 둔다.

④ 생태론은 폐쇄체제론적 접근방법을 선호한다.

---

07 행태론과 생태론

난이도 ★★☆

리그스(Riggs)의 생태론은 후진국의 행정현상을 설명하는 데 크게 기여했으며, 행정의 보편적 이론보다는 중범위 이론의 구축에 자극을 주어 행정의 과학화에 기여했다.

(선지분석)

① 행태론은 인간의 사고나 의식이 집단의 속성에 의하여 규정되는 것이 아니라 각자에 따라 서로 다르다고 인식하는 방법론적 개체주의 입장이다.

③ 행태론적 접근방법은 사회현상도 자연과학과 마찬가지로 엄밀한 과학연구가 가능하다고 보므로 사회현상을 관찰 가능한 객관적 대상으로 파악한다.

④ 리그스(Riggs)와 가우스(Gaus)는 대표적인 생태론자이다.

답 ②

08 생태론

난이도 ★☆☆

생태론적 접근방법은 행정을 둘러싸고 있는 외부환경의 변화가 행정현상에 어떠한 영향을 주는가를 분석하는 접근방법으로, 생물학의 한 분야인 생태론을 행정현상의 규명에 활용한 것이다. 따라서 생태론적 접근방법은 행정을 둘러싸고 있는 환경을 인식하고 있으므로 개방체제론적 접근방법을 선호한다.

(선지분석)

① 생태론적 접근방법에서 행정 외부의 환경적 요소들은 행정을 결정하게 되므로 환경적 요소들에 대한 파악은 필연적이다.

② 본래 의미의 생태론은 살아있는 유기체와 환경의 상호관계를 다루는 생물학의 분야이다.

③ 생태론 이전의 행정관리설적 입장인 전통적 접근방법과 인간관계론적 접근방법은 환경에 대한 인식이 미약하였다.

답 ④

09 ☐☐☐

2007년 9급 복원

비교행정론에 대한 설명 중 옳지 않은 것은?

① 미국의 신생국에 대한 경제원조 실패가 발달요인이다.
② 행정의 과학화에 대한 요구로 등장하였다.
③ 환경을 지나치게 강조하여 신생국의 발전에 비관적이다.
④ 발전행정론에 반박하면서 이론을 전개해 나갔다.

THEME 013 | 발전행정론과 신행정론

10 ☐☐☐

2011년 국가직 7급

이스턴(Easton)이 정치체제(political system)모형에서 주장하는 '가치의 권위적 배분'과 가장 관련이 깊은 것은?

① 투입(input)
② 산출(output)
③ 전환(conversion)
④ 요구와 지지(demand & support)

---

09 비교행정론

난이도 ★★★

1950년대부터 실용주의에 입각하여 목표지향적·규범적·동태적인 행정이론의 필요성이 강조되면서 발전행정론이 비교행정론의 한 영역으로서 출발한 뒤, 이를 반박하면서 이론을 전개해 나갔다.

(선지분석)

① 비교행정론의 성립 배경은 2차 세계대전 이후 신생독립국에 대한 미국의 기술적·경제적 원조 실패이다.
② 비교행정론은 행정의 과학화에 대한 요구로 일반이론을 정립하기 위하여 전개되었다.
③ 비교행정론은 생태론에 기반하여 환경을 지나치게 강조하여 신생국의 발전에 대하여 비관적인 입장이다.

답 ④

---

10 정치체제(political system)모형

난이도 ★★★

가치의 권위적 배분은 정책을 의미하는데, 이는 곧 산출(output)을 의미한다. 정치체제의 산출로서의 정책은 사회집단 간의 정치적 상호작용의 결과물이다. 산출은 행정활동에 대한 결과인 정책을 집행하여 다른 체제나 국민의 생활에 영향을 주는 과정이다.

👍 이것도 알면 **합격!** 이스턴(Easton)의 정치체제론

환경 (environment)	행정에 영향을 미치는 정치·경제·사회·문화적 모든 환경, 행정체제 밖의 모든 영역을 총칭함
투입 (input)	• 환경으로부터 받는 자극을 행정에 전달하는 것 • 정책에 대한 지지나 요구, 반대 등이 이에 해당함
전환 (conversion)	• 투입을 산출로 바꾸는 의사결정 및 문제해결과정 • 행정체제 내의 모든 구성요소의 유기적인 의존작용이 전개되어 이루어짐
산출 (output)	• 전환과정의 결과를 다시 환경으로 내보내는 것 • 환경에 응답하는 결과를 의미함
환류 (feedback)	• 산출의 영향이 다시 행정체제에 투입되는 과정 • 정책의 평가나 시정조치 등이 이에 해당함

답 ②

11 □□□

일반적으로 발전도상국의 행정기능과 규모는 선진국보다 더 큰 것이 보통이다. 다음 중 그 원인으로 옳지 않은 것은?

① 민간부문의 취약
② 급속한 경제발전의 기대
③ 높은 인구증가율
④ 사회복지의 확충

11　발전도상국의 행정
난이도 ★☆☆

발전도상국은 행정이 경제발전기능을 우선적으로 수행하여야 한다고 보아 사회복지 확충의 역할을 수행할 여력은 부족하다.

(선지분석)
① 발전도상국은 민간부문의 재정 등이 취약한 상태로 민간부문의 역할을 행정이 대신 수행하는 경우가 많아 행정기능과 규모가 커진다.
② 발전도상국의 행정(행정부)은 국민들의 급속한 경제발전의 기대에 부응하기 위하여 그 기능과 규모가 커지게 된다.
③ 발전도상국은 선진국보다 인구증가율이 높고 이에 대응하여 행정기능과 규모도 커진다.

답 ④

---

12 □□□

행정학에서 가치에 관한 연구가 본격적으로 관심을 끌기 시작한 학문적 계기로 옳은 것은?

① 신행정론의 시작
② 발전행정론의 대두
③ 뉴거버넌스 이론의 등장
④ 공공선택론의 태동

12　신행정론
난이도 ★★☆

행정학에서 가치에 관한 연구가 본격적으로 관심을 끌기 시작한 학문적 계기는 왈도(D. Waldo)가 미노부르크회의(1968)를 통해 행정학의 새로운 이론으로 신행정론을 제시하면서부터이다.

(선지분석)
② 발전행정론도 개발도상국의 행정이론으로 국가발전이라는 행정가치를 효과적으로 추구하기 위한 행정(행정부)의 역할을 강조하였지만, 행정학에서 가치에 관한 연구가 본격적으로 관심을 끌기 시작한 학문적 계기라고 할 수는 없다.
③ 뉴거버넌스 이론은 1980년대 이후 신공공관리론에 대한 비판으로 신뢰와 협력을 강조한 이론이다.
④ 공공선택론은 정치행정 분야를 시장경제학적 입장에서 접근하는 이론이다.

답 ①

13 □□□

공공선택론의 특징으로 가장 적절하지 않은 것은?

① 뷰캐넌(J. Buchanan)이 창시하고 오스트롬(V. Ostrom)이 발전시킨 이론이다.
② 방법론적 개인주의에 입각하고 있다.
③ 인간은 철저하게 자기이익을 추구한다고 가정한다.
④ 정부실패를 고려하지 않았다.

---

14 □□□

공공선택론적 접근방법에 대한 설명으로 옳지 않은 것은?

① 정부는 공공재의 생산자이며, 시민들은 공공재의 소비자라고 규정한다.
② 시민의 편익을 극대화할 수 있는 서비스의 공급과 생산은 공공부문의 시장경제화를 통해 가능하다.
③ 공공서비스를 공급하는 전통적인 관료제는 시민의 요구에 민감하게 반응하는 제도적 장치이다.
④ 방법론적 개체주의에 입각하여 의사결정의 주체를 개인으로 본다.

---

13 공공선택론

난이도 ★★☆

공공선택론은 시장실패를 극복하기 위한 정부의 시장개입이 오히려 자원배분을 왜곡하여 정부실패를 유발하였다고 보는 이론이다. 즉, 정부실패현상에 대한 대응적 차원의 이론이다.

(선지분석)

②, ③ 공공선택론은 경제학적 이론을 바탕으로 인간을 합리적·이기적인 개체라고 본다.

👍 이것도 알면 **합격!** 공공선택론의 기본 가정

인간관	인간을 사익을 추구하는 합리적·이기적 경제인으로 봄
연역적 접근방법	제반 가정을 토대로 논리적인 이론 전개 후, 이론으로부터 도출된 가설을 검증하는 접근방법을 사용함
방법론적 개체주의	개인을 분석단위로 하며 사회적 효용 극대화를 중시하여 정부나 국가를 유기체적 관점으로 보지 않고 개인 선호의 집합체로 인식함 (미시적 접근)
공공재에 관한 연구 (공공부문의 시장경제화)	• 정부를 공공재의 생산자로 시민을 공공재의 소비자로 규정함 • 공공재의 효율적인 공급과 생산은 제도적인 장치(규칙)를 마련함으로써 가능함 • 전통적인 관료제 조직은 공공서비스의 공급과 생산에 바람직한 제도적 장치가 되지 못하며, 분권적이고 중첩적인 제도적 장치가 필요함
교환으로서의 정치	정치(행정)의 본질은 시장거래와 같은 교환의 과정임

답 ④

---

14 공공선택론

난이도 ★★☆

공공선택론적 접근방법은 전통적인 관료제 구조가 고객의 요구에 즉각적으로 반응할 수 없는 구조로 바람직하지 못하다고 본다. 즉, 전통적인 관료제 구조는 공공서비스의 공급과 생산에 바람직한 제도적 장치가 되지 못하므로 새로운 대안적 장치로 관할권의 중첩과 권한이 분산된 조직이 필요하다고 주장한다.

(선지분석)

① 공공선택론적 접근방법에서 정부는 공공재의 생산자이고 시민은 공공재의 소비자이기 때문에, 생산은 소비자의 선호가 반영되어 이루어져야 한다고 본다.
② 공공선택론적 접근방법은 정부실패에 대응하기 위하여 공공서비스와 재화의 공급과 생산도 시장경제학적으로 접근하여야 한다고 주장한다.
④ 시장경제학적 접근은 합리적·이기적인 개인을 기초로 한 방법론적 개체주의에 입각한다.

답 ③

15 □□□

'발에 의한 투표'로 지역주민들이 지방정부를 선택한다고 가정하는 이론으로 옳은 것은?

① 달(Dahl)모델
② 티부(Tiebout)모델
③ 피터슨(Peterson)모델
④ 허쉬만(Hirshman)모델

---

15 티부(Tiebout)의 발에 의한 투표

난이도 ★☆☆

티부(Tiebout)는 '발에 의한 투표'에 의해 효율적인 지방공공재의 배분이 가능하기 때문에 분권화된 체제에 의한 공공재의 공급이 효율적이라고 주장한다. 즉, 티부(Tiebout)는 지방자치 실시로 인한 지방정부의 공공재 공급의 비효율성을 주장하는 이론에 대한 반대 입장으로, 주민의 이동성을 전제로 지방정부 서비스에 대한 주민들의 선택을 통해 그들의 선호를 표명함으로써 시장과 유사한 방법으로 주민들의 공공서비스에 대한 수요를 파악할 수 있다고 본다. 따라서 티부(Tiebout)모델은 지방자치의 당위성을 이론적으로 뒷받침하고 있는 이론이다.

(선지분석)

① 달(Dahl)모델은 점증모형이다.
④ 허쉬만(Hirshman)은 정책의제설정모형에서 외부주도형을 '강요된 정책문제'라고 명명하였고 동원형을 '채택된 정책문제'라고 명명하였다.

👍 이것도 알면 **합격!** 티부(Tiebout)모델의 전제조건	
완전한 정보	지방정부가 제공하는 정책에 대한 모든 정보가 주민에게 공개되어 주민이 그 내용을 알 수 있어야 함
완전한 이동성	시민들은 자신의 선호에 맞는 지방정부로 자유롭게 이동할 수 있어야 함
외부효과 부존재	외부경제나 외부불경제가 존재하지 않아, 한 지방의 정부가 제공하는 서비스는 다른 지역이 아닌 그 지역주민의 후생에만 영향을 미쳐야 함
규모의 경제 부존재	규모의 경제가 존재하게 되면 지방정부의 규모에 따라 경쟁체제가 성립될 수 없으므로 규모의 경제가 존재하지 않아야 함
다수의 지방정부	서로 다른 정책을 추구하고, 서비스를 제공하는 많은 수의 지방정부가 존재해야 함
최적규모의 추구	모든 지방정부는 인구의 최적규모를 추구해야 함
재산세로 지방정부의 재원 충당	지방정부의 재원은 주택을 소유한 그 지역의 주민들이 납부하는 재산세로 충당하는 것이 바람직함
각 지방별 고정적 생산요소의 존재	최소한 한 가지 이상의 고정적 생산요소를 가짐

답 ②

16 □□□

행정이론에 대한 설명으로 옳지 않은 것은?

① 윌슨-베버리안(Wilson-Weberian)의 집권적 능률성 패러다임에 대항하여 공공서비스 공급에서 관할권의 중첩을 통한 경쟁원리를 도입하여 민주행정의 패러다임을 제시한 학자는 왈도(Waldo)이다.
② 하몬(Harmon) 등의 현상학적 행정이론은 상징적 상호주의를 배경으로 한다.
③ 비교행정론의 리그스(Riggs)는 사회를 융합사회(농업사회), 분화사회(산업사회), 프리즘사회(신생국)로 구분하였다.
④ 공공선택이론은 정치철학에서는 홉스(Hobbes)와 스피노자(Spinoza)와 사상적 배경을 같이하며 정치학에서는 메디슨(Madison), 토크빌(Tooqueville)의 사상과 맥을 같이한다.

---

16 행정이론

난이도 ★★★

윌슨-베버리안(Wilson-Weberian)의 집권적 능률성 패러다임에 대항하여 공공서비스 공급에서 관할권의 중첩을 통한 경쟁원리를 도입하여 민주행정의 패러다임을 제시한 학자는 오스트롬(Ostrom)이다. 오스트롬(Ostrom)은 저서 『미국 행정의 지적 위기』(1973)에서, 윌슨(Wilson)의 계층제적인 관료제이론이 고전적 모형이라고 하면서 자신의 패러다임이 민주행정 패러다임이라고 주장하였다.

(선지분석)

② 하몬(Harmon) 등의 현상학적 행정이론은 구성원 간의 상호주관성을 강조한다.
③ 리그스(Riggs)는 전통적인 농업사회를 융합(미분화)사회, 신생 개발도상국사회를 프리즘(전이)사회, 산업사회를 분화사회로 구분하였다.
④ 공공선택이론은 인간을 합리적 존재로 상정한 홉스(Hobbes)와 스피노자(Spinoza)와 사상적 배경을 같이하며, 정치학에서는 효율적 정부운영을 목표로 하는 메디슨(Madison), 토크빌(Tooqueville)의 사상과 맥을 같이한다.

답 ①

17 ☐☐☐

2019년(1차) 9급 복원

신제도주의에 대한 설명으로 가장 옳지 않은 것은?

① 동형화에는 강압적 동형화, 모방적 동형화, 규범적 동형화가 있다.
② 공식적인 법과 제도만을 제도의 범주에 포함한다.
③ 역사적 신제도주의는 경로의존성을 강조한다.
④ 구제도론보다 더 동적이라고 할 수 있다.

18 ☐☐☐

2013년 9급 복원

행태주의와 제도주의에 대한 설명으로 옳지 않은 것은?

① 1950년대까지 정치와 정부연구의 주류를 이루었던 전통적 제도주의는 정부의 공식적 구조에만 관심을 가졌다.
② 행태주의 접근방법은 정치와 행정현상에서 개별 국가의 특수성을 중시하였다.
③ 행태주의 접근방법은 사회로부터 정치체제에 대한 투입을 중시하였다.
④ 1970년 이후 부활한 신제도주의에서는 제도를 개별 행위자들의 행태를 지배하고 그에 제약을 가하는 규칙의 집합으로 본다.

---

17 신제도주의

난이도 ★☆☆

공식적인 법과 제도만을 제도의 범주에 포함하는 것은 구제도주의이다. 신제도주의는 비공식적인 절차나 규범, 관습 등을 모두 제도에 포함한다.

(선지분석)

① 사회학적 신제도주의에는 동형화가 나타나는데, 에치오니(Etzioni)에 따르면 동형화에는 강압적 동형화, 모방적 동형화, 규범적 동형화 등이 있다.
③ 역사적 신제도주의는 제도 변화를 종적으로 접근하며, 제도의 경로의존성을 강조한다.
④ 제도를 폭넓게 이해하는 신제도주의는 공식적인 법과 제도만을 제도로 보는 구제도주의보다 동적이다.

👍 이것도 알면 **합격!** 구제도주의와 신제도주의 비교

구분	구제도주의	신제도주의
제도의 개념	법, 통치체제, 행정조직 등 공식적인 측면을 제도로 봄	공식적 측면뿐만 아니라 규범이나 관습 등 비공식적 측면까지도 제도로 봄
분석방법	개별 제도의 정태적 분석	다양한 제도적 요소들에 대한 동태적 분석
연구방법	거시	거시와 미시의 연계
제도의 특징	제도는 외생적이고, 행위자에 일방적 영향을 미친다고 인식함 (제도만의 연구)	제도와 행위자 간의 상호 영향력을 인정함 (제도와 행위자의 동시연구)

답 ②

18 행태주의와 제도주의

난이도 ★★★

행태주의 접근방법은 개별 국가의 특수성이 아닌 정치와 행정현상에서 어디에서도 적용 가능한 과학적·보편적 법칙을 찾아내기 위하여 논리실증적인 연구를 진행하였다.

(선지분석)

① 전통적 제도주의는 구제도주의적 입장으로 정부의 공식적 구조에만 관심을 가졌다.
③ 행태주의 접근방법은 사회나 사회의 구성원으로부터 정치체제에 대한 투입을 중시하였으므로 개체주의적 접근방법을 기본으로 한다.
④ 신제도주의는 구제도주의보다 제도를 폭넓게 이해하며 행태주의의 개체적 접근을 비판하는 입장이다. 즉, 제도가 개별 행위자들의 행태를 지배하고 그에 대하여 제약을 가할 수 있다고 본다.

답 ②

19 ☐☐☐

행정학의 접근방법에 대한 설명으로 옳은 것은?

① 생태론적 접근방법은 행정조직을 개방체제로서 파악하는 입장이며, 발전도상국의 행정현상을 설명하는 데 유용하게 도입되었다.

② 행태론적 접근방법은 인접과학의 협동연구를 중시하는 입장에서 인간행태의 의도에 관심을 가진다.

③ 공공선택론적 접근방법은 방법론적 개체주의 입장에서 공공재의 수요자들 간의 공평한 자원 배분에 관심을 가진다.

④ 역사적 접근방법은 각종 행정제도의 성격과 그 형성에 있어서 보편적인 방법을 인식하는 수단을 제공한다.

20 ·☐☐☐

행정학의 접근방법에 대한 설명으로 옳지 않은 것은?

① 제도론적 접근방법은 행정학 분야에서 각종 제도나 직제에 대한 자세한 기술에 관심을 갖는다.

② 역사적 접근방법은 제도나 정책의 발생 및 기원을 연대기적으로 기술한다.

③ 생태학적 접근방법은 행정의 독립변수성을 중시한 접근방법이다.

④ 사회학적 접근방법은 행정 내부의 관리현상뿐만 아니라 환경과 외부요인 등과의 상호작용 관계를 중심으로 연구한다.

---

19 행정학의 접근방법

난이도 ★★★

생태론적 접근방법은 생물학적 인식 토대를 행정학에 접목시켜 환경을 인식함으로써 행정조직을 개방체제로 파악하는 입장이며, 발전도상국의 행정현상이 선진국과 다른 원인을 행정을 둘러싼 환경의 차이로 인식함으로써 발전도상국의 행정현상을 설명하는 데 유용하게 도입되었다.

선지분석

② 행태론적 접근방법은 인접 사회과학의 '행태주의 혁명'의 영향을 받아 인간 내면의 의도는 연구대상에서 배제하고 외부로 드러나 파악이 가능한 인간행태에 대한 객관적이고 실증적인 연구에 관심을 가진다.

③ 공공선택론적 접근방법은 방법론적 개체주의 입장에서 공공재의 수요자들 간의 효율적 자원 배분에 관심을 가진다.

④ 신제도주의의 역사적 접근방법은 각종 행정제도의 성격과 그 형성에 있어서 종적 연구를 진행함으로써 특수성을 인식하는 수단을 제공한다.

답 ①

20 행정학의 접근방법

난이도 ★★☆

생태학적 접근방법은 환경에 대한 인식을 하기 시작한 초기의 이론으로, 환경에 대한 행정의 종속변수성을 중시한 접근방법이다.

선지분석

① 제도론적 접근방법은 행정학 분야에서 여러 가지 제도나 제도가 표현되는 직제에 대한 자세한 기술에 관심을 갖는다.

② 역사적 접근방법은 제도나 정책의 발생 및 기원을 연대기적으로 기술하는 종단적 연구방법을 취한다.

④ 사회학적 접근방법은 행정 내부의 관료제 등 관리현상뿐만 아니라 행정을 둘러싸고 있는 외부요인 등과의 상호작용 관계를 중심으로 행정학을 연구한다.

답 ③

21 ☐☐☐

2016년 9급 복원

후기 행태주의의 특징에 대한 설명으로 옳은 것은?

① 민주적 가치규범에 입각하여 가치평가적인 정책연구를 지향한다.

② 집단의 고유한 특성을 인정하지 않는 방법론적 개체주의적 입장을 취한다.

③ 객관적인 현상만을 연구 대상으로 삼아 개인적인 경험은 의식적으로 제외된다.

④ 개념의 조작적 정의를 통해 객관적인 측정방법을 사용하여 자료의 계량적 분석이 이루어진다.

22 ☐☐☐

2015년 9급 복원

포스트모더니즘의 행정이론에 대한 설명으로 옳지 않은 것은?

① 타자성이란 다른 사람을 도덕적 타자가 아닌 인식적 타자로 인정하는 것이다.

② 상상이란 규칙에 얽매이지 않는 행정의 운영과 문제의 특수성에 대한 인정 그리고 새로운 사고와 판단을 강조하는 것이다.

③ 탈영역화란 모든 지식은 그 성격과 조직에 있어서 고유 영역이 해체되어 지식의 경계가 사라진다는 것이다.

④ 해체는 언어, 몸짓, 이야기, 설화, 이론 등 텍스트의 근거를 파헤쳐보는 것이다.

---

21 후기 행태주의

난이도 ★☆☆

후기 행태주의는 행태주의의 비적실성과 처방성 부족에 대한 비판으로 민주적 가치규범에 입각하여 가치평가적 정책연구를 지향하여 행정학의 적실성과 처방성을 제고하고자 한다.

(선지분석)

② 후기 행태주의는 행태주의와 같이 연구방법론적으로 개체주의적 입장을 취하는 경우도 있으나, 대체로 행태주의의 개체주의적 접근에 비판적이며 전체적 접근방법을 취한다.

③ 후기 행태주의는 행태주의의 논리실증적인 객관적 현상만을 연구 대상으로 삼는 점을 비판한다.

④ 개념의 조작적 정의를 통해 객관적인 측정방법을 사용하여 자료의 계량적 분석을 행하는 것은 행태주의이다. 후기 행태주의는 행태주의의 이러한 속성을 비판한다.

답 ①

22 포스트모더니즘

난이도 ★★☆

타자성은 다른 사람을 인식적 타자가 아닌 도덕적 타자로 인정한다는 것을 말한다. 행정에서 '타자'를 인정하는 것은 '반행정'의 성격을 가지고 있다. 타자성에 대한 포스트모더니즘적 태도의 네 가지 특징으로는 타인에 대한 개방성, 다양성의 선호, 상위 설화에 대한 반대, 그리고 기존 질서에 대한 반대가 있다.

(선지분석)

③ 탈영역화란 영역 구별의 해체로 모든 지식은 그 성격과 조직에 있어서 고유한 영역이 해체되어 지식의 경계가 사라진다는 것으로 융복합의 학문을 지향하게 된다.

④ 해체는 고정되어 있는 텍스트의 정형성을 극복하고자 텍스트의 근거를 파헤쳐보는 것이다.

답 ①

THEME 017 | 신공공관리론(NPM)

23 ☐☐☐

2019년(2차) 9급 복원

신공공관리론(NPM)에 대한 설명으로 옳지 않은 것은?

① 신고전학파 경제학에 이론적 근거를 두고 있다.
② 개인의 이익 증진을 공익으로 본다.
③ 공무원을 공공기업가로 본다.
④ 내부 규제를 강화한다.

24 ☐☐☐

2018년 9급 복원

신공공관리론(NPM)에 대한 설명으로 옳지 않은 것은?

① 정부 역할을 방향잡기(steering)로 인식한다.
② 고객 중심의 논리는 국민을 능동적 존재가 아닌 수동적인 존재로 만들 수 있다는 비판을 받는다.
③ 계층제의 완화 및 탈관료제를 강조한다.
④ 수익자 부담 원칙 강화, 민영화 확대, 규제 강화 등을 제시한다.

---

23 신공공관리론

난이도 ★☆☆

신공공관리론은 신자유주의를 기반으로 시장주의와 신관리주의를 결합한 이론으로, 성과 지향적이며 정부 내부의 규제 완화를 특징으로 한다.

답 ④

24 신공공관리론

난이도 ★☆☆

신공공관리론은 규제 강화가 아닌 규제 완화를 제시한다.

선지분석

① 신공공관리론은 정부의 역할을 노젓기(rowing)가 아닌 방향잡기(steering)로 인식한다.
② 신공공관리론은 국민을 고객으로 보는데, 국민을 행정의 주체가 아닌 고객으로 인식할 경우 국민을 수동적 존재로 전락시킬 수 있다는 비판을 받는다.
③ 신공공관리론은 후기 관료제 모형을 제시하며 기존 관료제 조직구조의 계층제 완화를 강조한다.

👍 **이것도 알면 합격!** 전통적 정부와 기업가적 정부 비교

구분	전통적 정부	기업가적 정부
정부의 역할	노젓기(rowing)	방향잡기(steering)
정부의 활동	정책집행(직접 서비스)	정책결정(유도와 지원)
서비스 공급	독점적	경쟁적
지도적 관리기제	행정기제	시장기제
관리방식	규칙중심(통제주의)	성과중심(사명주의)
행정주도 주체	관료중심	고객중심

답 ④

25 ☐☐☐

신공공관리론의 특징으로 옳은 것은?

① 고객지향
② 과정지향
③ 정부의 노젓기 역할 강조
④ 중앙정부의 권력 행사

26 ☐☐☐

신공공관리론에 대한 설명으로 옳지 않은 것은?

① 공유지의 비극이란 공유재의 과도한 사용으로 인해 사회 전체적으로 비효율적인 결과가 초래되는 현상이다.
② 신공공관리론은 개인의 이익보다 집단의 이익을 중시하므로, 도덕적 해이, 역선택의 문제를 야기할 수 있다.
③ 신공공관리론은 개인의 이익을 우선하기 때문에 민간기업 등과의 계약에 따라 민간기업에 서비스를 제공하는 것이 능률적이다.
④ 신공공관리론에서는 행정의 효율성과 전문성을 강조한다.

---

25 신공공관리론

난이도 ★★☆

신공공관리론은 거대 정부에 근거한 정부실패현상을 치유하기 위하여 작고 효율적인 정부 운영을 중시한다. 즉, 행정의 경영화와 시민을 고객으로 생각하는 고객지향성을 특징으로 한다.

（선지분석）
② 신공공관리론은 과정이 아닌 결과를 지향한다.
③ 신공공관리론은 정부의 역할을 노젓기(rowing)가 아닌 방향잡기(steering)로 본다.
④ 신공공관리론은 작은 정부를 지향하므로 중앙정부의 권력은 축소되고 오히려 지방분권이 진행된다.

답 ①

26 신공공관리론

난이도 ★☆☆

신공공관리론은 시장주의적 접근을 기본으로 하기 때문에 개인의 이익보다 집단의 이익을 중시하지 않는다. 신공공관리론적 입장에서는 개인의 이익의 합이 곧 집단의 이익이다.

（선지분석）
① 공유지의 비극이란 비배제성을 갖는 공유재를 공유자들이 과도하게 사용함으로써 집단 전체적으로 비효율적인 결과가 초래되는 현상을 말한다.
③ 신공공관리론은 민영화와 민간위탁 등을 능률적인 관리방법으로 본다.
④ 신공공관리론은 행정의 효율성과 전문성을 지나치게 강조한 나머지 책임성과 민주성을 저하시키기도 한다.

답 ②

27 □□□

신공공관리론에 대한 설명으로 옳지 않은 것은?

① 수익자부담원칙의 강조
② 기업가적 정부의 실현
③ 성과에 따른 책임성의 약화
④ 정치행정이원론

28 □□□

신공공관리론(NPM)의 정부혁신전략으로 옳지 않은 것은?

① 시장성 검증(market testing) - 공공부문의 사업에 대한 민영화 검토
② 총체적 품질관리(TQM) - 장기적·전략적인 품질관리
③ 시민헌장제도 - 공공서비스를 시민의 권리로 공표
④ 다운사이징(downsizing) - 업무프로세스를 근본적으로 재설계 하는 기법

---

27 신공공관리론

난이도 ★☆☆

신공공관리론(NPM)은 기업가적 정부의 구현을 강조하는데, 기업가적 정부는 성과제고를 위해 재량권을 부여하는 대신 그에 따른 책임성을 강화한다.

(선지분석)

① 신공공관리론은 시장기제를 기반으로 하여 수익을 향유하는 자가 부담을 져야 한다는 수익자부담원칙을 강조한다.
② 신공공관리론자인 오스본(Osborne)과 개블러(Gaebler)는 『정부 재창조론』에서 정부는 기업가적 정부의 실현을 목적으로 하여야 한 다고 주장하였다.
④ 신공공관리론은 행정이 정치와는 다르고 경영과는 유사하다고 보 는 정치행정이원론, 공사행정일원론적 입장이다.

답 ③

28 신공공관리론

난이도 ★★☆

다운사이징(downsizing)은 조직의 규모를 축소하는 것으로 신공공관리 론에서는 정부의 조직을 축소하는 것을 말한다. 업무프로세스를 근본적 으로 재설계하는 기법은 리엔지니어링(re-engineering)이다.

(선지분석)

① 시장성 검증(market testing)은 영국의 메이저(Major) 행정부의 신공공관리론에 따른 정부혁신전략으로 정부기능을 원점에서부터 재검토하고, 경쟁절차를 거쳐 공공서비스의 적정 공급주체를 결정 하는 제도이다.
② 총체적 품질관리(TQM)는 조직구성원 전체가 전 과정에 참여하는 장기적·전략적인 품질관리 방식이다.
③ 시민헌장제도는 영국의 메이저(Major) 행정부의 행정개혁의 일환 으로, 행정서비스의 기준을 설정·공표하고 그에 따른 평가를 통해 서 보상 및 시정조치를 취하는 고객지향적 행정제도이다.

답 ④

신공공관리론(NPM)의 특징으로 옳지 않은 것은?

① 정부뿐만 아니라 개인도 공동생산자로서 인식한다.
② 행정조직을 비롯한 인사·재정의 신축성을 추구한다.
③ 경력직공무원 확대로 유능한 인재 확보를 추구한다.
④ 예산 회계 규정을 완화한다.

행정학의 접근방법에 대한 설명으로 옳지 않은 것은?

① 현상학적 접근방법에서는 인간의 의도된 행위와 표출된 행태를 구별하고, 그중 관심을 기울여야 할 분야는 의도된 행위라고 본다.
② 신제도론적 접근방법은 미시-거시 간의 매개과정을 규명할 수 있는 중범위이론이다.
③ 신행정론은 반실증주의적 입장이다.
④ 신공공관리론은 참여, 형평성, 적실성 등 사회적 문제에 대한 정부의 공적 역할을 중시한다.

---

29 신공공관리론   난이도 ★★★

신공공관리론은 인사행정의 신축성 강화를 위하여 신분이 보장되는 경력직공무원을 축소하고자 한다.

(선지분석)
① 신공공관리론은 공공재의 생산에 있어 정부는 방향잡기 역할을 수행하고 개인이나 기업 등이 노젓기 역할을 담당한다고 본다.
② 신공공관리론은 행정조직·인사·재정의 신축성을 추구한다.
④ 신공공관리론은 경직적인 예산 회계 규정을 완화하고자 한다.

답 ③

30 행정학의 접근방법   난이도 ★☆☆

참여, 형평성, 적실성 등 사회적 문제에 대한 정부의 공적 역할을 중시한 것은 신공공관리론이 아니라 신행정론이다. 신공공관리론은 사회적 문제에 대한 정부의 공적 역할보다 시장의 원리를 강조하여, 사회적 문제에 대한 정부의 공적 역할을 간과하였다는 비판을 받는다.

(선지분석)
① 현상학적 접근방법은 후기행태주의의 일환으로, 인간의 의도된 행위와 표출된 행태를 구별하고 그중 관심을 기울여야 할 분야는 내면의 의도된 행위라고 본다.
② 신제도론적 접근방법은 거시적인 구제도주의와 미시적인 행태주의를 극복한 미시와 거시 간의 매개과정을 규명할 수 있는 중범위이론이다.
③ 신행정론은 가치중립적·현상유지적인 행태론과 논리실증주의를 비판하면서, 행정학은 현실 사회문제의 해결을 위한 가치지향적·규범적인 성격을 가져야 한다고 주장한다.

답 ④

31 □□□

행정재정립운동(refounding movement)에 대한 설명으로 옳은 것은?

① 직업공무원의 재량권을 축소하고 정치적으로 임명하는 공무원의 수를 상대적으로 증가시키는 것이다.
② 기존의 정치행정이원론을 재해석하여 정책과정에서 공무원의 적극적인 역할을 옹호하였다.
③ 정부를 재구축하고 민간부문이 공공서비스 공급에 참여할 필요가 있다고 강조하였다.
④ 고객중심적 행정을 주요 대상으로 하는 새로운 연구경향이다.

THEME 018 | 뉴거버넌스

32 □□□

법규보다는 서비스, 서비스보다는 시민이 중심이 되는 것으로, 공공기관보다 시민을 더 중시하는 이론으로 옳은 것은?

① 신행정론
② 뉴거버넌스론
③ 공공선택론
④ 신공공관리론

---

31 행정재정립운동

난이도 ★★★

행정재정립운동(refounding movement)은 1980년대 이후 행정과 직업공무원제에 대한 불신이 증가하면서 엽관주의적 요소가 확대되자, 이에 대한 반작용으로 스바라(J. H. Svara)를 중심으로 1990년 초반 미국에서 발생한 운동이다. 기존의 정치행정이원론을 재해석하여 정책과정에서 직업공무원의 적극적인 역할을 옹호한다. 웜슬리(Wamsley)는 『행정재정립론』(1990)을 통해 행정재정립운동을 뒷받침하였다.

(선지분석)

① 행정재정립운동은 직업공무원의 적극적 역할을 주장하였다.
③ 정부를 재구축하고 민간부문이 공공서비스 공급에 참여할 필요가 있다고 강조한 것은 오스본(Osborne)과 개블러(Gaebler)의 『정부재창조론』이다.
④ 관료제가 아니라 고객중심적 행정을 중요시하는 입장은 오스본(Osborne)과 개블러(Gaebler)의 『정부재창조론』이다.

👍 이것도 알면 **합격!** 『정부재창조론』의 기업가적 정부 운영의 10대 원리 – 오스본(Osborne)과 개블러(Gaebler)

촉매적 정부	노젓기보다는 방향잡기 기능을 강조함
지역사회소유 정부	중앙정부보다는 지역사회에 권한을 부여함
경쟁적 정부	서비스 제공에 경쟁을 도입함
임무위주 정부	권한부여를 통한 임무에 초점
결과지향적 정부	투입이 아닌 성과와 연계한 예산분배
고객위주 정부	관료제가 아닌 고객의 요구를 충족함
기업가적 정부	지출보다는 수익창출로서 탈규제정부모형과 관련됨
예견적 정부	사후문제해결이 아닌 사전예방을 중시함
분권적 정부	위계조직에서 참여와 팀워크로 권한을 분산시킴
시장지향적 정부	시장중심의 경쟁원리를 도입함

답 ②

---

32 뉴거버넌스론

난이도 ★☆☆

뉴거버넌스론은 시민사회를 정부의 활동영역에 포함시켜 새로운 파트너로 인정함으로써 정부조직, 기업, 시민사회, 세계체제 등 모두가 공공서비스와 관련하여 신뢰를 통한 네트워크(연계, 상호작용)를 구축하는 것을 강조하고, 공공기관 단독의 행정수행이 아닌 시민사회와의 협치를 강조하는 이론이다.

(선지분석)

① 신행정론은 1960년대 말 미국 사회의 혼란기를 해결하기 위하여 등장한 이론으로 사회적 형평성 실현 및 처방성 등을 주요 행정이념으로 하는 이론이다.
③ 공공선택론은 신공공관리론의 기반이 된 이론으로, 비시장 부문(정치, 행정)에서의 시장경제학적 접근을 취하는 이론이다.
④ 신공공관리론은 신자유주의와 관리주의를 이념적 배경으로 하고 정부실패를 해결하기 위하여 1980년대 등장한 새로운 정치행정이원론이다.

답 ②

신공공관리론과 뉴거버넌스론에 대한 설명으로 옳지 않은 것은?

① 신공공관리론이 결과에 초점을 두고 있는데 비해 뉴거버넌스론은 과정에 초점을 두고 있다.
② 신공공관리론이 소통과 참여에 초점을 두고 있는데 비해 뉴거버넌스론은 시장과 경쟁원리에 초점을 두고 있다.
③ 신공공관리론이 시장과 경쟁 및 소비자들의 개별적 선택에 의한 조정에 초점을 두고 있는데 비해 뉴거버넌스론은 신뢰, 협조, 상호의존 등에 의한 조정에 초점을 두고 있다.
④ 신공공관리론이 부문 간 경쟁에 초점을 두고 있는데 비해 뉴거버넌스론은 부문 간 협력에 초점을 두고 있다.

신공공관리론과 뉴거버넌스론에 대한 설명으로 옳지 않은 것은?

① 신공공관리론이 결과에 초점을 두고 있는데 비해, 뉴거버넌스론은 과정에 초점을 두고 있다.
② 신공공관리론이 조직 간 관계에 초점을 두고 있는데 비해, 뉴거버넌스론은 조직 내 관계에 초점을 두고 있다.
③ 신공공관리론이 신자유주의에 기초하는데 비해, 뉴거버넌스론은 공동체주의에 기초하고 있다.
④ 신공공관리론이 부문 간 경쟁에 초점을 두고 있는데 비해, 뉴거버넌스론은 부문 간 협력에 초점을 두고 있다.

---

33 신공공관리론과 뉴거버넌스론　　　　　난이도 ★★☆

시장과 경쟁원리에 초점을 두는 것은 신공공관리론이고, 소통과 참여에 초점을 두는 것은 뉴거버넌스론이다.

선지분석
① 신공공관리론은 성과달성이라는 결과에 초점을 두고 있는데 비해 뉴거버넌스론은 다양한 주체들의 협력이라는 과정에 초점을 두고 있다.
③ 신공공관리론은 시장주의적 관점을 기본으로 하는데 비해 뉴거버넌스론은 협치적 관점을 중시한다.
④ 신공공관리론은 시장기제를 바탕으로 부문 간 경쟁에 초점을 두고 있는데 비해 뉴거버넌스론은 다양한 주체들 간 협력에 초점을 두고 있다.

👍 이것도 알면 합격! 신공공관리론과 뉴거버넌스 비교

구분		신공공관리론	뉴거버넌스
공통점	정부역할	• 노젓기(rowing) → 방향잡기(steering) • 투입보다는 산출통제를 강조함	
차이점	인식론적 기초	신자유주의	공동체주의
	관리기구	시장	연계망
	통제의 중점	산출통제	과정통제
	관료의 역할	공공기업가	조정자, 네트워크 촉매자
	국민에 대한 인식	고객	주인
	작동원리	경쟁(시장메커니즘)	협력
	분석수준	조직내부 문제	조직 간 문제
	서비스	민영화, 민간위탁	공동공급
	관리방식	고객지향	임무중심

답 ②

34 신공공관리론과 뉴거버넌스론　　　　　난이도 ★☆☆

신공공관리론은 조직 내 관계에 초점을 두고 있는데 비해, 뉴거버넌스론은 조직 간 관계에 초점을 두고 있다.

선지분석
① 신공공관리론은 결과(성과, 산출) 통제에 중점을 두며, 뉴거버넌스론은 과정 통제에 중점을 둔다.
③ 신공공관리론의 이념적 기반은 신자유주의, 신관리주의이며 뉴거버넌스론은 신뢰와 협력에 기반한 공동체주의이다.
④ 신공공관리론은 시장기제를 활용한 경쟁에 초점을 두고, 뉴거버넌스론은 신뢰를 기반으로 한 협력에 초점을 둔다.

답 ②

35 ☐☐☐

피터스(Peters)가 제시한 국정관리모형에 대한 설명으로 가장 옳지 않은 것은?

① 시장적 정부모형은 공공서비스가 얼마나 저렴하게 공급되느냐를 주된 공익의 판단 기준으로 삼으며, 서비스 이용권 등 소비자의 선택권을 중시한다.

② 참여적 정부모형에서는 조직 하층부의 일선공무원이나 시민들의 의사결정 참여기회가 최대한 보장될 때 공익이 확보된다고 가정한다.

③ 탈규제적 정부모형에서는 시장규제 완화를 통한 시장 활성화를 추구하기 위하여 정부의 권한을 축소해야 한다고 본다.

④ 신축적 정부모형에서는 정부조직의 항구성을 타파하여 비용을 절감하고 공익을 증진시킬 수 있다고 본다.

36 ☐☐☐

피터스(Peters)가 제시한 뉴거버넌스에 기초한 정부개혁모형에 대한 설명으로 옳지 않은 것은?

① 시장적 정부모형은 전통적 행정모형의 계층제의 권위주의적 성격을 문제시한다.

② 신축적 정부모형은 환경변화에 적극적인 정책대응 능력인 신축성을 제고하기 위해서 관료제모형의 종신고용과 조직의 영속성을 해체하는 임시국가를 주장한다.

③ 참여적 정부모형은 조직구조보다는 조직과정의 개혁에 관심이 있어 사회구성원 간 협의와 협상에 의하여 정책결정이 이루어져야 한다고 본다.

④ 탈내부규제 정부모형은 공공부문이 점차 관료화되면서 규정과 번문욕례의 폐해를 지적하고 공공관리자의 행정행위에 대한 내부규제를 완화함으로써, 공무원의 잠재력과 혁신가적 에너지를 표출시켜 조직효과성을 제고할 수 있다고 본다.

---

35 피터스(Peters)의 국정관리모형   난이도 ★★★

탈규제적 정부모형에서는 정부 내부 규제의 완화를 통하여 정부조직을 개혁할 수 있다고 본다.

👍 **이것도 알면 합격!** 피터스(Peters)의 국정관리모형

구분	전통적 정부모형	뉴거버넌스			
		시장적 정부모형	참여적 정부모형	신축적 정부모형	탈내부규제 정부모형
문제의 진단기준	전근대적 지위	정부 독점	계층제	영속성	내부규제
구조의 개혁방안	계층제 (관료제)	분권화	평면조직	가상조직	–
관리의 개혁방안	직업 공무원제, 절차적 통제	성과급, 민간부문의 기법	TQM, 팀제	가변적 인사 관리, 고위 공무원단	관리의 재량권 확대
공무원 제도	계층제	시장기제	계층제 축소	임시고용제	내부규제 철폐
정책결정의 개혁방안	정치와 행정의 구분	내부시장, 시장적 유인	협의, 협상	실험	기업가적 정부
공익의 기준	안정성, 평등	저비용	참여, 협의	저비용, 조정	창의성, 활동주의
조정	상의하달	보이지 않는 손	하의상달	조직 개편	관리자의 자기이익
오류 발견 및 수정	통제	시장적 신호	정치적 신호	오류의 제도화 방지	더 많은 오류 허용

답 ③

---

36 피터스(Peters)의 정부개혁모형   난이도 ★★★

시장적 정부모형은 전통적 행정모형의 정부 독점성의 성격을 문제시한다. 전통적 행정모형의 계층제의 권위주의적 성격을 문제시하는 모형은 참여적 정부모형이다.

(선지분석)

② 신축적 정부모형은 환경변화에 적극적인 정책대응 능력인 신축성을 제고하기 위해서 관료제모형의 종신고용과 조직의 영속성을 해체하는 임시국가를 주장한다. 신축적 정부모형의 공익의 기준은 저비용과 원활한 조정이다.

③ 참여적 정부모형은 조직구조보다는 조직과정의 개혁에 관심이 있어 사회구성원 간 협의와 협상에 의하여 정책결정이 이루어져야 한다고 본다. 따라서 TQM과 팀제의 도입을 관리의 개혁방안으로 제시한다.

④ 탈내부규제 정부모형은 공공부문이 점차 관료화되면서 규정과 번문욕례의 폐해를 지적하고 공공관리자의 행정행위에 대한 내부규제를 완화함으로써, 공무원의 잠재력과 혁신가적 에너지를 표출시켜 조직효과성을 제고할 수 있다고 본다. 따라서 이를 위해 더 많은 오류를 허용하고 기업가적 정부를 지향해야 한다고 본다.

답 ①

37 ☐☐☐
2020년 7급

신공공서비스론의 주요 주장에 대한 설명으로 옳지 않은 것은?

① 책임성은 단순한 것이 아니라는 점을 인식해야 한다.
② 집합적이고 공유된 공익개념을 구축하려는 노력이 필요하다.
③ 전략적으로 생각하고 민주적으로 행동해야 한다.
④ 관료역할의 중요성은 사회의 새로운 방향을 잡고 시민을 지원하는 데 있다.

38 ☐☐☐
2019년(1차) 9급 복원

신공공서비스론(NPS)에 대한 설명으로 옳지 않은 것은?

① 신공공서비스론에서 관료의 역할은 공공기업가이다.
② 협력적 거버넌스에서 정부는 조정자 역할을 수행한다.
③ 정부의 역할은 방향잡기가 아니라 봉사이다.
④ 전략적 사고와 더불어 민주적 행동의 중요성을 강조한다.

---

37 신공공서비스론
난이도 ★★★

관료의 역할을 방향을 잡고(steering) 시민을 지원하는 데 있다고 보는 이론은 신공공관리론이다. 신공공서비스론은 관료의 역할을 시민에게 봉사하는 것이라고 본다.

선지분석

① 신공공서비스론은 책임성은 단순한 것이 아니라 다면적이고 복합적인 것이라고 본다.
② 신공공서비스론에서 공익은 구성원의 공유된 인식에서 발생한다고 본다.
③ 신공공서비스론자인 덴하트(Denhardt)는 전략적으로 생각하고 민주적으로 행동하는 것이 신공공서비스론의 원칙이라고 주장하였다.

👍 이것도 알면 **합격!** 신공공관리론(NPM)과 신공공서비스론(NPS) 비교

구분	신공공관리론(NPM)	신공공서비스론(NPS)
이론적 토대	경제이론에 기초한 분석적 토의	민주적 시민이론, 조직인본주의, 공동체 및 시민사회모델, 포스트모더니즘 행정학
공익에 대한 입장	개인들의 총이익	공유 가치에 대한 담론의 결과
합리성	기술적·경제적 합리성	전략적 합리성
정부의 역할	방향잡기(steering)	봉사(service)
관료의 반응대상	고객(customer)	시민(citizen), 주인
책임에 대한 접근양식	시장지향적	다면적, 복잡성
행정재량	기업적 목적을 달성하기 위해 넓은 재량 허용	재량이 필요하지만 그에 따른 제약과 책임 수반
기대하는 조직구조	기본적 통제를 수행하는 분권화된 조직	조직 내외적으로 공유된 리더십을 갖는 협동적 조직
관료의 동기유발	기업가정신, 작은 정부를 추구하려는 신자유주의적 욕구	공공서비스, 시민에 봉사하고 사회에 기여하려는 욕구

답 ④

---

38 신공공서비스론
난이도 ★☆☆

관료의 역할을 공공기업가로 보는 것은 신공공관리론이다.

👍 이것도 알면 **합격!** 전통적 행정, 신공공관리론, 신공공서비스론 비교

구분	전통적 행정	신공공관리론	신공공서비스론
공익에 대한 입장	법률로 표현된 정치적 결정	개인들의 총이익	공유가치에 대한 담론의 결과
합리성	개괄적 합리성	기술적·경제적 합리성	전략적 합리성
정부의 역할	노젓기(rowing)	방향잡기(steering)	봉사(service)
관료의 반응대상	고객·유권자	고객	시민
책임에 대한 접근양식	계층제적	시장지향적	다면적, 복잡성
기대하는 조직구조	계층제의 구조를 가진 관료적 조직	기본적 통제를 수행하는 분권화된 조직	조직 내외적으로 공유된 리더십을 갖는 협동적 조직

답 ①

39 □□□

신공공서비스론에 대한 설명으로 옳지 않은 것은?

① 공익과 공유가치 간의 관계를 강조하여, 행정가의 역할을 공익을 추구할 수 있도록 촉진하는 것이라 본다.

② 정책과정에서의 궁극적인 책임성 시스템이 가지는 목적은 시민의 선호와 필요에 대해 정부의 대응성을 보장하는 것이라고 본다.

③ 시민을 하나의 자율적인 고객으로 이해하고 공공서비스의 질을 향상시켜 시민의 만족도를 높이고자 하며, 이의 구체적인 구현방식은 서비스헌장 또는 시민헌장 등이다.

④ 공공서비스의 이상을 인간에게 가장 높은 가치와 초점을 부여하는 것으로 설정하여 조직은 인간을 존경하는 가운데 협동과 공유된 리더십으로 운영할 때만이 성공할 수 있다고 본다.

---

39 신공공서비스론
난이도 ★★★

시민을 고객으로 이해하고 서비스헌장 또는 시민헌장을 통해 시민의 만족도 제고를 구현하는 방식은 신공공관리론이다.

선지분석

① 신공공서비스론은 공익과 구성원들이 공유하는 가치 간의 관계를 강조하며, 행정가의 역할은 시민들이 공유가치에 대한 표현 결과인 공익을 추구할 수 있도록 촉진하는 것이라 본다.

② 정책과정에서 정부관료의 책임성을 구현하고자 하는 이유는 시민에 대한 정부의 대응성을 보장하기 위해서이다.

④ 공공서비스론은 구성원의 협동과 공유된 리더십을 중시한다.

답 ③

THEME 020 | 사회적 자본과 신뢰 및 투명성

40 □□□

사회적 자본의 특징으로 옳지 않은 것은?

① 사회적 자본은 사용할수록 감소한다.

② 신뢰를 통해 거래비용을 감소시키는 기능이 있다.

③ 사회적 상호관계 속에서 생성되며, 공동체주의를 지향한다.

④ 형성과정이 불명확하고 불확실하다는 한계를 지닌다.

---

40 사회적 자본
난이도 ★☆☆

사회적 자본은 교환과정을 통하여 지속적으로 유지, 확대 재생산되기 때문에 사용할수록 증가한다.

선지분석

② 신뢰는 사회적 자본의 핵심으로, 구성원 간 신뢰는 정보탐색 비용 등 거래비용을 감소시키는 기능이 있다.

👍 이것도 알면 **합격!** 사회적 자본의 특징

사회적 관계	사회적 관계에 필요한 정보를 획득하여, 정보획득에 소요되는 비용의 감소를 가져옴
조직발전	풍부한 사회적 자본은 결속력의 증대를 통하여 조직발전을 가능하게 함
이익의 공유	사회적 자본은 공공재로서 이익이 공유되는 특성을 가짐
포지티브 섬 (positive sum) 게임	사회적 자본을 매개로 한 사회적 교환관계는 다른 경제적 거래처럼 동등한 가치를 지니는 등가물의 교환이 아님
시간적 비동시성	물적 자본의 교환과는 다르게 사회적 자본은 시간적으로 동시에 교환이 이루어지지 않음
공공재	사회적 자본은 공공재이므로 한 개인이 배타적으로 소유할 수 없음
지속적 노력	사회적 자본을 소유하고 있는 주체들이 지속적으로 유지하려는 노력을 투입해야 함

답 ①

41 □□□

사회자본의 특징에 대한 설명으로 옳지 않은 것은?

① 사회자본의 사회적 교환관계는 동등한 가치의 등가교환 관계이다.
② 사회자본은 신뢰를 바탕으로 거래관계가 이루어지므로, 거래비용을 감소시켜 주는 기능을 한다.
③ 사회자본은 지속적인 교환과정을 거쳐 유지·재생산된다.
④ 사회자본은 국가 간 이동성과 대체성이 낮아 한번 형성되면 그 사회적 영향이 장기간 지속된다.

42 □□□

사회적 자본에 대한 설명으로 옳지 않은 것은?

① 행위자에게 이익이 배타적으로 돌아간다.
② 국가 간 이동성과 대체성이 낮다.
③ 사회적 공동체주의를 지향한다.
④ 사람과 사람 사이의 협력, 규범 등의 사회적 자산을 포괄한다.

---

41 사회자본
난이도 ★★☆

사회자본은 경제자본처럼 주는 만큼 줄고 받는 만큼 느는 등가물의 교환이 아니다. 사회자본은 신뢰를 기본으로 하여 사회구성원의 상호혜성, 규율, 참여, 연계망 그리고 협력 등을 특징으로 하므로 비동시성과 비등가성의 성격을 갖는다.

(선지분석)
② 후쿠야마(Fukuyama)에 따르면 사회자본은 신뢰를 바탕으로 생성되며, 거래관계에 있어 상대방에 대한 탐색비용 등 거래비용을 감소시켜 주는 기능을 한다.
③ 사회자본은 지속적인 교환과정을 거쳐 유지·재생산되므로 이를 위해 끊임없는 노력을 필요로 한다.
④ 사회자본은 경제자본과 달리 국가 간 이동성과 대체성이 낮고, 한번 형성되면 형성된 사회 내에서의 영향이 장기간 지속된다.

답 ①

42 사회적 자본
난이도 ★☆☆

사회적 자본은 사회적 상호관계 속에서 생성되며, 다른 형태의 자본과 달리 일정한 네트워크에 참여하는 당사자들이 공동으로 소유하는 자산이다. 따라서 사회적 자본은 이익이 공유되는 특징이 있고, 행위자에게 이익이 배타적으로 돌아가지 않는다.

(선지분석)
② 사회적 자본은 국가(사회) 내의 신뢰, 호혜성의 규범 등을 의미하므로 국가 간 이동성과 대체성이 낮다.
③ 사회적 자본은 공동체의 신뢰, 상호호혜성, 믿음, 공동체가 공유하는 가치를 기반으로 한 규율 등으로 사회적 공동체주의를 지향한다.
④ 사회적 자본은 사회구성원 간의 신뢰, 협력, 규범, 또는 이를 기반으로 하는 네트워크 등이다.

👍 이것도 알면 **합격!** 경제적 자본과 사회적 자본 비교

경제적 자본	사회적 자본
• 개별소유와 양도 가능	• 개별소유와 양도 불가 (공공재적 성격)
• 사용할수록 감소	• 사용할수록 증가(선순환)
• 형성과정 명확·투명	• 형성과정 불명확·불투명
• 이익의 배타적 소유	• 이익의 공유
• 획득을 위한 일시적 노력 필요	• 유지를 위한 지속적 노력 필요
• 네거티브 섬(negative sum) 게임	• 포지티브 섬(positive sum) 게임
• 등가물의 교환	• 등가물의 교환이 아님
• 시간적 동시성	• 시간적 비동시성
• 개인의 사적 선택 촉진	• 시민으로서의 행태 촉진

답 ①

CHAPTER 4 | 행정의 가치와 이념

THEME 021 | 행정의 가치와 이념

01 ☐☐☐
2020년 9급

현대적 행정이념에 가장 적절하지 않은 것은?

① 민주성
② 가외성
③ 신뢰성
④ 성찰성

THEME 022 | 행정의 본질적 가치

02 ☐☐☐
2015년 9급 복원

행정을 통해 이루고자 하는 궁극적 가치인 본질적 가치로 옳은 것은?

① 형평성
② 민주성
③ 합리성
④ 합법성

---

01 현대적 행정이념
난이도 ★★★

민주성은 전통적 행정이념이다.

참고 가답안은 민주성이 현대적 행정이념에 가장 적절하지 않다고 발표되었으나, 학자들 간 의견의 대립이 있는 부분이라 최종답안은 민주성, 가외성, 신뢰성, 성찰성 모두 현대적 행정이념에 적절하지 않다고 보아 모두 정답처리 되었습니다.

👍 **이것도 알면 합격!** 행정이념의 변천

구분	19세기 초	19세기 말	1930년대	1940년대	1960년대	1970년대	1980년대 이후
행정 이론	구제도 주의, 구법률 주의	기술적 행정학, 과학적 관리론	기능적 행정학, 인간 관계론	행정 행태론	발전 행정론	신행정론	신공공 관리론, 뉴거버 넌스
행정 이념	합법성	기계적 능률성	사회적 능률성 (민주성)	합리성	효과성	사회적 형평성	생산성 (효율성), 신뢰, 투명성

답 모두 정답

---

02 행정의 본질적 가치
난이도 ★★☆

형평성은 본질적 가치에 해당한다. 액코프(Ackoff)에 따르면 행정의 본질적 가치는 공익, 정의, 복지, 형평(평등), 자유이다.

(선지분석)

② 민주성은 능률성과의 관계에서는 본질적 가치로 보기도 하나 일반적으로 민주성도 수단적 가치로 본다.

③, ④ 합리성, 합법성, 효과성, 투명성 등은 행정의 수단적 가치이다.

👍 **이것도 알면 합격!** 행정이 추구하는 가치 – 액코프(Ackoff)

본질적 가치 (목표적 의미)	• 행정을 통해 이룩하고자 하는 궁극적 가치 • 공익, 정의, 복지, 평등(형평성), 자유
비본질적 가치 (수단적 의미)	• 행정이 추구하는 본질적 가치를 달성하기 위한 수단이 되는 가치 • 실제적인 행정과정에서 구체적 지침이 되는 규범적 기준 • 능률성, 효과성, 합법성, 합리성, 민주성 등 (민주성과 능률성의 관계에서는 민주성을 본질적 가치로, 능률성을 수단적 가치로 보는 견해도 있음)

답 ①

03 □□□

공익에 대한 설명으로 옳지 않은 것은?

① 다수 이익이나 사회적 약자의 이익이 포함되어 있다.
② 본질적 가치에 해당한다.
③ 정치행정일원론의 등장과 관련이 있다.
④ 절대적이고 확정적 개념이다.

03 공익
난이도 ★☆☆

공익은 절대적·확정적 개념이 아니라 상대적·불확정적 개념이다. 따라서 공익의 개념을 한마디로 정의할 수는 없으며, 공익이 무엇인지 관하여는 정의, 형평, 자연법 등 학자들마다 입장이 상이하다.

선지분석

① 공익을 절차설적 입장으로 판단하면 다수의 이익으로 볼 수 있으며, 실체설적 입장으로 판단할 경우 사회적 약자의 이익이 포함될 수 있다.
② 액코프(Ackoff)의 분류에 따를 경우 공익은 정의, 복지, 형평, 자유와 함께 행정의 본질적 가치에 해당한다.
③ 공익은 가치판단이 내포된 개념이므로 정치행정일원론의 등장과 관련이 있다.

👍 **이것도 알면 합격! 공익의 실체설과 과정설 비교**

구분	실체설(적극설)	과정설(소극설)
경험의 선험성	• 공익은 선험적이며 사익을 초월하여 존재 • 공익과 사익은 갈등관계에 놓이지 않음	• 공익은 경험적이며, 선험적 공익을 부정 • 사익 간의 대립을 조정하는 과정에서 공익 도출
이념	전체주의(집단이나 전체의 이익을 강조)	개인주의
민주주의와의 관계	민주주의 측면에서 문제가 될 수 있음	공익을 민주주의를 실현하는 방법과 과정으로서 인식
관료의 역할	적극적인 관료의 역할 중시	• 절차적 합리성과 적법절차 중시 • 실체설에 비해 관료의 역할을 소극적으로 인식함
한계	• 통일된 공익개념을 도출할 수 없음 • 공익의 개념이 추상적임	대립적인 이익들을 평가할 수 있는 기준을 제시하지 못함
관련 모형	합리모형	점증모형
국가	개발도상국의 공익관	선진국의 공익관
학자	롤스(Rawls), 플라톤(Platon), 칸트(Kant), 루소(Rousseau)	린드블룸(Lindblom), 하몬(Harmon), 벤틀리(Bently), 슈버트(Schbert)

답 ④

04 □□□

롤스(Rawls)의 정의론에 대한 설명으로 옳지 않은 것은?

① 원초적 자연상태(state of nature)하에서 구성원들의 이성적 판단에 따른 사회형태는 극히 합리적일 것이라고 가정하는 사회계약론적 전통에 따른다.
② 현저한 불평등 위에서는 사회의 총체적 효용극대화를 추구하는 공리주의가 정당화될 수 없다고 본다.
③ 사회의 모든 가치는 평등하게 배분되어야 하며, 불평등한 배분은 그것이 사회의 최소수혜자에게도 유리한 경우에 정당하다고 본다.
④ 자유와 평등의 조화를 추구하는 중도적 입장보다는 자유방임주의에 의거한 전통적 자유주의 입장을 취하고 있다.

04 롤스(Rawls)의 정의론
난이도 ★★☆

롤스(Rawls)의 정의론은 우파(자유방임주의)로부터는 개인의 자유와 권리를 침해한다는 비판을, 좌파(사회주의자)로부터는 바람직한 불평등이 아닌 완전한 평등을 추구해야 한다는 비판을 받는다.

선지분석

① 특정 사실의 결과가 자기에게 유·불리한지에 대한 판단이 불확실한 원초적 상황에서 구성원들이 합의하는 규칙이나 원칙은 공정할 것이라고 전제한다.
②, ③ 사회정의란 분배적 정의를 의미하며, 공정성으로서의 정의를 파악하여 평등원칙에 따라 사회구성원들에게 공정하게 배분되어야 한다고 본다. 즉, 정의란 공정한 배경 속에서 합리적 계약자들 간의 합의를 통해 도출되는 것이며, 그렇게 도출된 원칙을 바탕으로 사회적·경제적 불평등은 공정한 기회균등의 조건 아래 최소수혜자에게 최대이득이 될 때만 허용할 수 있다.

👍 **이것도 알면 합격! 롤스(Rawls)의 정의론**

제1원리 동등한 자유의 원리		개인은 다른 사람의 유사한 자유와 상충되지 않는 한도 내에서 최대한의 기본적 자유에의 동등한 권리가 인정되어야 함
제2원리 정당한 불평등의 원리	기회 균등의 원리	모든 사람에게 기회는 균등하게 주어져야 하고, 공평한 기회가 보장된 상태에서 실현된 불평등은 허용 가능함
	차등원리	기회균등의 원리가 전제되고 저축원리와 양립하는 범위 내에서 불평등에 대한 시정은 가장 불리한 위치에 있는 사람에게 최대의 이득이 가도록 조정되어야 함

답 ④

05 □□□

2011년 9급 복원

사회적 형평성에 대한 설명으로 옳은 것은?

① 동일한 것은 동일하게, 동일하지 않은 것은 동일하지 않게 대우하는 것이다.

② 사회적 형평성을 강조할 경우 경제적 약자를 최우선적으로 고려해야 한다.

③ 형평성과 공정성은 엄격하게 구분하여 사용되고 있다.

④ 신행정론에서 적극 수용되지 못하였다.

THEME 023 | 행정의 수단적 가치

06 □□□

2020년 9급

디목(M. Dimock)의 사회적 능률에 대한 설명으로 가장 적절하지 않은 것은?

① 사회적 형평성을 보장하기 위한 개념이다.

② 행정의 사회 목적 실현과 관련이 있다.

③ 경제성과 연계될 수 있는 개념이다.

④ 최소의 투입으로 최대의 산출을 추구한다.

---

05 형평성

난이도 ★★☆

사회적 형평성은 결과의 형평, 실질적 형평이 반영된 개념으로 약자 보호의 이념이 반영된 형평이다. 따라서 동일한 것은 동일하게, 동일하지 않은 것은 동일하지 않게 대우한다.

선지분석

② 사회적 형평성을 강조할 경우 결과의 평등 개념을 반영하여 경제적 약자를 고려해야 하지만 가장 먼저 자유가 고려되어야 하고, 그 다음 기회의 평등이 고려된 후 마지막으로 결과의 평등을 반영하여 경제적 약자를 고려하여야 한다.

③ 형평성과 공정성은 엄격하게 구분되지 않고 유사한 의미로 사용되므로 형평성의 실현이 곧 공정성이라고 보았다.

④ 사회적 형평성은 신행정론에서 적극 주장된 개념이다.

👍 **이것도 알면 합격!** 형평성의 종류(수직적·수평적·절충적 형평성)

구분	이론	공평의 대상	내용	정책 예시
수직적 형평성	평등이론	결과	실질적·적극적 평등	누진세, 대표관료제, 종합부동산세 등
수평적 형평성	실적이론	기회	형식적·절차적 평등	비례세, 보통선거, 공개채용, 수익자부담주의 등
절충적 형평성	욕구이론	최저 수준	절충적 입장	의무교육, 최저임금제, 실업수당, 연금제도 등

답 ①

---

06 능률성

난이도 ★★☆

사회적 능률은 사회적 형평성이 아니라 사회적 능률성을 실현하기 위한 개념이다.

선지분석

② 사회적 능률은 기존의 고전적 이론에서의 인간성을 고려하지 않은 기계적 능률을 비판하면서, 인간의 사회적 관계 및 심리적 만족 등의 실현을 염두에 둔 능률성을 강조하였다.

③, ④ 사회적 능률은 사회·심리적 요인을 고려한 경제적 능률성과 관련 있는 개념이다.

👍 **이것도 알면 합격!** 기계적 능률과 사회적 능률 비교

기계적 능률	사회적 능률
• 투입 대 산출 비율의 극대화를 나타내는 능률 • 성과를 계량화하여 객관적인 기준에 의해 평가함 • 과학적 관리론, 정치행정이원론인 전통적 행정학에서 강조한 개념 • 행정목적의 다원성과 인간성 무시하고, 인간을 기계시한다는 비판받음	• 산출의 가치를 중시하는 능률 • 디목(Dimock), 메이요(Mayo) 등이 강조한 능률로서 인간관계론과 밀접한 관계가 있음 • 민주적 능률과 상대적 능률을 강조하고, 기계적 능률에서 포착하지 못하거나 계량화가 곤란한 행정활동 결과의 파급효과까지 고려함

답 ①

07 □□□

행정의 가치체계에 있어서 능률성이 제1의 공리라고 주장한 학자로 옳은 것은?

① 메이요(Mayo)
② 디목(Dimock)
③ 화이트(White)
④ 귤릭(Gulick)

08 □□□

목표의 달성도를 나타내는 결과지향적인 행정의 주요 이념으로 옳은 것은?

① 가외성
② 능률성
③ 효과성
④ 합리성

---

07 능률성

난이도 ★☆☆

행정의 가치체계에 있어 능률성이 제1의 공리라고 주장한 학자는 귤릭(Gulick)이다.

(선지분석)
① 메이요(Mayo)는 호손공장 실험을 통하여 인간을 행정의 주요 변수로 파악하는 인간관계론을 주장한 학자이다.
② 디목(Dimock)은 귤릭(Gulick)의 능률성을 기계적 능률성이라고 비판하고, 사회적 능률성을 주장하였다.
③ 화이트(White)는 최초의 행정학 교과서인 『행정학 입문』(1926)의 저자로 정치행정이원론자이다.

답 ④

08 효과성

난이도 ★☆☆

효과성은 목표의 달성도를 나타내며, 목표 대비 산출을 표현할 때 사용하는 행정의 주요 이념이다. 비용의 개념이 포함되어 있지 않은 것이 특징이다.

(선지분석)
① 가외성은 여부, 덤의 개념으로 행정의 신뢰성과 안정성을 제고하기 위한 행정이념이다.
② 능률성은 최소투입·최대산출과 관련된 행정이념이다.
④ 합리성은 목표를 달성하기 위한 적절한 수단을 선택하는 행정이념이다.

답 ③

09 ☐☐☐

경합가치모형(CVM: Competing Values Model)에 대한 설명으로 옳지 않은 것은?

① 내부과정모형은 안정성을 강조해 의사소통을 중시한다.
② 합리목표모형은 조직의 성장과 자원 확보를 목표로 정보관리와 능률성을 중시한다.
③ 인간관계모형은 조직구성원들의 응집력과 사기를 높이는 것을 중시한다.
④ 개방체제모형은 조직유연성과 환경적응성을 중시한다.

10 ☐☐☐

디징(P. Diesing)이 말하는 합리성의 유형에 대한 설명으로 옳지 않은 것은?

① 경제적 합리성 – 비용·효과의 비교개념에서 목표를 선정하고 평가할 때 나타난다.
② 기술적 합리성 – 하나의 목표를 성취하기 위해서 여러 가지 행위가 취해질 때에 나타난다.
③ 사회적 합리성 – 사회체제의 구성요소 간의 조화 있는 통합성을 말한다.
④ 정치적 합리성 – 인간과 인간 간의 권리·의무관계가 성립할 때에 나타난다.

10 합리성

난이도 ★★★

디징(Diesing)의 합리성 유형 중 인간과 인간 간의 권리·의무관계가 성립할 때에 나타나는 것은 정치적 합리성이 아니라 법적 합리성이다. 정치적 합리성은 디징(Diesing)이 가장 강조한 합리성으로, 정책결정구조 및 과정의 합리성을 뜻한다.

(선지분석)

① 경제적 합리성은 비용과 편익을 측정, 비교하여 목표를 효율적으로 달성하였는가와 관련된 합리성이다.
② 기술적 합리성은 하나의 목표를 성취하기 위하여 여러 가지 수단 중 가장 합리적인 수단을 찾는 것이다.
③ 사회적 합리성은 사회체제의 구성요소 간의 조화 있는 통합·조정을 말하며, 갈등해결장치의 보유정도를 의미한다.

09 경합가치모형

난이도 ★★★

조직의 성장과 자원 확보를 목표로 하는 모형은 개방체제모형이다. 합리목표모형의 목표는 생산성과 능률성 향상이다.

👍 이것도 알면 **합격!** 경합가치모형 – 퀸(Quinn)과 로보그(Rohrbaugh)

구분		조직(외부)	인간(내부)
통제		합리목표모형(합리문화)	내부과정모형(위계문화)
		• 목적: 생산성, 능률성 • 수단: 기획, 목표설정, 합리적 통제	• 목적: 안정성, 통제와 감독 • 수단: 의사소통, 정보관리
유연성 (신축성)		개방체제모형(발전문화)	인간관계모형(집단문화)
		• 목적: 성장, 자원획득, 환경적응 • 수단: 유연성, 용이함	• 목적: 인적자원 발달, 능력발휘, 팀워크, 구성원 만족 • 수단: 사기, 응집력

답 ②

👍 이것도 알면 **합격!** 디징(Diesing)의 합리성

정치적 합리성	• 정책결정구조 및 과정의 합리성, 다수결의 원리 등과 관련 • 디징(Diesing)은 정치적 합리성을 가장 강조함
경제적 합리성	비용과 편익을 측정·비교하여 대안의 우선순위를 결정하는 것
사회적 합리성	사회 구성요소 간 조화 있는 통합·조정, 갈등해결장치의 보유 정도를 의미함
기술적 합리성	• 최소의 노력으로 최대의 목표달성이 가능한 수단의 채택 여부(목표와 수단 사이의 인과관계의 적절성) • 하나의 목표를 성취하기 위한 적합한 수단들을 찾는 것
법적 합리성	• 법적 논리에 적합한 의사결정과 행위 • 법률적합성과 관련(대안들의 합법성 정도)

답 ④

11

합리성에 대한 설명으로 옳지 않은 것은?

① 실제적 합리성은 개인의 이익을 증진하기 위해 실용적이며, 이기적인 관점에서 그들의 활동을 판단하려고 할 때에 나타난다.
② 정치적 합리성은 보다 나은 정책을 추진할 수 있는 정책결정구조의 합리성을 의미한다.
③ 기술적 합리성은 하나의 목표를 성취하기 위해서 여러 가지 행위가 취해질 때에 나타난다.
④ 절차적 합리성은 목표에 비추어 적합한 행동이 선택되는 정도를 의미한다.

12

가외성에 대한 설명으로 옳지 않은 것은?

① 동일한 기능이 여러 기관에서 혼합적으로 수행되는 상태이다.
② 불확실한 상황하에서 행정의 신뢰성을 높인다.
③ 불확실성에 대한 적응력을 높인다.
④ 경제성과 능률성, 효율성을 제고한다.

---

11 합리성
난이도 ★★☆

사이먼(Simon)은 합리성의 개념을 내용적(실질적) 합리성과 절차적 합리성으로 구분하였다. 질차적 합리싱은 의사결징과징이 고도의 이성적 활동인 추론에 따라 이루어졌을 때 존재한다고 보았으며, 그러한 추론을 행하는 과정을 중시하였다. 반면 내용적 합리성은 목표에 비추어 적합한 행동이 선택되는 정도, 즉 효용의 극대화를 가져오는 가장 능률적인 행위를 말한다.

(선지분석)

① 실제적 합리성은 개인이 자신의 이익을 증진하기 위한 실용적이고 이기적인 관점에서 그들의 활동을 판단하려고 할 때 나타난다.
② 정치적 합리성은 보다 나은 정책을 추진할 수 있는 정책결정구조의 합리성을 의미하며, 디징(Diesing)은 정치적 합리성을 중시하였다.
③ 기술적 합리성은 하나의 목표를 성취하기 위하여 여러 가지 행위가 취해질 때 발생하는 합리성을 의미한다.

👍 이것도 알면 **합격!** 사이먼(Simon)의 합리성	
내용적 합리성	• 완전 분석적 합리성으로 '주어진 목표와 제약조건하에서 목표달성을 위한 최적수단을 선택하는 정도'로서 선택의 과정보다는 결과에 초점을 맞춤 • 행위자는 효용극대화 또는 이윤극대화 등의 특정한 목표를 가지고 있으며, 행위자는 합리적인 선택을 할 수 있는 모든 지식과 능력을 소유하고 있다는 가정을 전제함
절차적 합리성	• 추론이라고 불리는 특별한 사유과정으로서 행동대안을 선택하기 위하여 사용된 절차가 인간의 인지능력과 한계에 비추어 보았을 때 얼마만큼 효과적이었는지의 정도 • 결과적으로 선택된 대안이 최선인지 아닌지와는 관계없이 그 대안을 선택하기 위하여 밟은 절차가 적합한 것이면 절차적 합리성은 확보된 것 • 비합리적인 행동이란 이성적인 사유과정을 거치지 않고 감정·충동·본능 등에 근거한 행동 • 사이먼(Simon)은 절차적 합리성을 중시함

답 ④

12 가외성
난이도 ★☆☆

가외성은 여분, 덤의 개념으로 최소투입·최대산출을 중시하는 능률성과 가장 대치되는 개념이다.

(선지분석)

① 동일한 기능이 여러 기관에서 혼합적으로 수행되는 상태는 가외성 중 중첩성이다.
②, ③ 란다우(Landau)에 따르면 가외성은 불확실한 상황하에서 행정의 신뢰성을 높이고 불확실성에 대한 적응력을 제고하는 기능을 수행한다.

👍 이것도 알면 **합격!** 가외성의 구성요소	
중첩성 (overlapping)	여러 기관들이 상호의존성을 가지고 한가지 업무를 중첩적으로 공동관리하며 함께 협력하여 수행하는 것 例 재난발생 시 여러 부처가 협력하여 업무를 수행하는 것 등
반복성 (중복성, duplication)	동일한 기능을 여러 기관들이 독립적인 상태에서 경쟁적으로 수행하는 것 例 자동차의 이중브레이크, 다수의 정보기관을 두는 것 등
동등잠재력 (equipotentiality)	주된 조직단위의 기능이 작동하지 않을 때 다른 지엽적·보조적 단위기관들이 주된 단위의 기능을 인수해서 수행하는 것 例 주엔진이 고장났을 때 보조엔진이 기능하는 것, 스페어타이어 등

답 ④

13 □□□

가외성(redundancy)의 효용으로 옳지 않은 것은?

① 적응성
② 신축성
③ 안정성
④ 능률성

14 □□□

행정이념에 대한 설명으로 옳지 않은 것은?

① 합법성은 법치행정을 추구하여 국민의 자유와 권리를 보호해야 한다는 이념이다.
② 민주성은 국민에 대한 대응성을 강조하여 국민이 주인이라는 의식을 고양시키고자 하는 이념이다.
③ 능률성은 행정목표의 달성도를 말하므로 수단적이고 과정적이 아니라 목적적이고 기능적인 이념이다.
④ 사회적 형평성은 가치배분의 공정성을 높여 모든 국민이 균등하게 잘 살게 해야 한다는 이념이다.

---

13 가외성

난이도 ★☆☆

가외적 장치의 설치는 조직의 신뢰성 증진, 불확실성에 대한 적응성 제고, 상호작용으로 인한 창조성 제고, 정보의 정확성 확보, 목표전환 현상의 완화, 수용범위의 한계 극복, 복잡한 행정현상의 단순화 등의 장점이 있다. 반면, 가외적 장치의 설치가 지나칠 경우 조직의 능률성과 경제성을 저하시킬 수 있다.

선지분석

① 가외성은 불확실한 상황에의 적응성을 제고한다.
② 가외성은 외부환경 변화에 대한 신축성을 증진시킨다.
③ 가외적 장치를 통하여 행정의 안정성을 제고할 수 있다.

답 ④

14 행정이념

난이도 ★★☆

행정목표의 달성도는 능률성이 아닌 효과성을 말한다. 즉, 수단적·과정적인 개념이 능률성 이념이고, 목적적·기능적인 개념은 결과 중심의 효과성 이념이다.

선지분석

① 합법성은 법치행정을 추구하여 정부의 행정도 모두 법의 통제를 받아야 한다는 이념으로, 행정이 국민의 자유와 권리를 함부로 침해하지 못하도록 한다.
② 대내적 민주성은 행정 조직 내부의 민주성을 뜻하며, 대외적 민주성은 국민에 대한 대응성의 개념이다.
④ 사회적 형평성은 '같은 것은 같게, 다른 것은 다르게'의 개념이 반영된 형평으로 정당한 불평등의 개념이 내포되어 있다. 따라서 가치 배분의 공정성을 높여 모든 국민이 균등하게 잘 살게 하여야 한다는 이념이다.

답 ③

PART 2

정책학

PART 2

출제비중분석

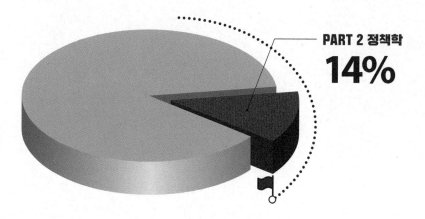

PART 2 정책학
14%

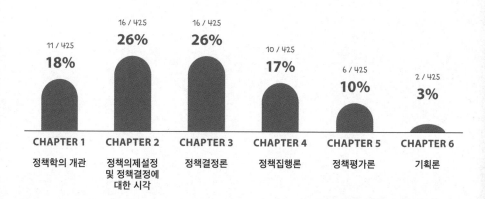

11 / 425	16 / 425	16 / 425	10 / 425	6 / 425	2 / 425
18%	**26%**	**26%**	**17%**	**10%**	**3%**
CHAPTER 1	CHAPTER 2	CHAPTER 3	CHAPTER 4	CHAPTER 5	CHAPTER 6
정책학의 개관	정책의제설정 및 정책결정에 대한 시각	정책결정론	정책집행론	정책평가론	기획론

학습목표

☐ PART 2 정책학은 실제 국가 정책의 흐름인 정책의제설정, 정책결정, 정책집행, 정책평가의 순서에 따라 구성되어 있습니다. 각 흐름에 해당하는 이론과 모형의 내용을 묻는 문제들이 자주 출제되므로 개념 위주로 학습하는 것이 중요합니다.

☐ 정책의 유형, 정책의제설정모형, 정책네트워크모형, 정책분석기법 중 비용편익분석, 정책결정모형, 정책집행의 상향적 집행방법과 하향적 집행방법, 정책평가의 타당성과 신뢰성을 중심으로 학습하시기 바랍니다.

2020년 더 알아보기

출제비중분석

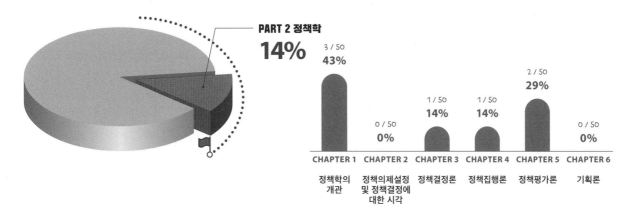

PART 2 정책학
14%

CHAPTER 1 정책학의 개관	3 / 50 / 43%
CHAPTER 2 정책의제설정 및 정책결정에 대한 시각	0 / 50 / 0%
CHAPTER 3 정책결정론	1 / 50 / 14%
CHAPTER 4 정책집행론	1 / 50 / 14%
CHAPTER 5 정책평가론	2 / 50 / 29%
CHAPTER 6 기획론	0 / 50 / 0%

출제문항별 키워드

CHAPTER 1 | 정책과 정책학의 의의

01 ☐☐☐
2011년 9급 복원

정책문제의 특성으로 옳지 않은 것은?

① 객관적이며 인공적 성격을 띤다.
② 공공성을 띤다.
③ 복잡다양하며 상호의존적이다.
④ 역사적 산물인 경우가 많다.

02 ☐☐☐
2010년 9급 복원

정책문제의 특성으로 옳지 않은 것은?

① 하나의 정책문제는 다른 정책문제에 영향을 미친다.
② 정책문제는 인간의 주관적인 성격이 강하다.
③ 정책문제는 정태적인 성격이 강하다.
④ 정책문제는 정치적인 영향을 받으며, 공공성이 강하다.

---

01 정책문제의 특성
난이도 ★☆☆

정책문제는 객관적이라고 볼 수 없다. 정책문제를 인지하는 정책의제설정자의 가치판단이 개입되므로 주관적이다.

(선지분석)

② 사회문제가 공공성을 띠는 경우 정책문제화 된다.
③ 정책문제는 다양한 문제들이 상호의존적인 성격을 보인다.
④ 정책문제는 역사적 산물인 경우가 많으므로 종단적 분석이 진행되어야 한다.

> 👍 이것도 알면 **합격!** 정책문제의 의의와 특징
>
> | 의의 | 바람직하지 못한 상황, 바람직한 상태와 현재 상태의 차이, 차이 중에서도 극복 가능한 차이, 극복 가능한 차이 중에서 개선을 위한 기회가 가미된 것 등으로 정책문제를 보는 견해가 있음 |
> | --- | --- |
> | 특징 | • 역사성, 주관성, 인공성, 복잡성, 다양성, 상호의존성, 공공성, 정치성, 동태성 등의 특성을 가짐
• 정책결정자의 가치관과 태도가 큰 영향을 미치므로 갈등발생의 가능성이 높음 |

답 ①

02 정책문제의 특성
난이도 ★☆☆

정책문제는 정부의 공식적 논의 대상이 되는 사회문제이며, 그 대상이 고정되어 있지 않고 시대나 상황, 환경 등의 영향에 따라 변화하는 동태적인 성격이 있다.

(선지분석)

① 하나의 정책문제는 다른 정책문제에 영향을 미치는 등 정책문제는 매우 복잡하고 상호의존적 성격을 보인다.
② 정책문제는 주관적·인공적 성격을 띤다. 동일한 상황이라도 이에 대하여 인식하는 인간에 의하여 정책문제가 되기도 하고 그렇지 않기도 한다.
④ 정책문제는 정치적 가치판단의 영역인 만큼 정치적인 영향을 강하게 받으며, 집단 전체와 관련되어 공공적 성격이 강하다.

답 ③

03 ☐☐☐

정책과정의 특성에 대한 설명으로 옳지 않은 것은?

① 정책과정은 계속적이고 순환적인 과정이다.
② 정책과정은 참여자들 간에 갈등과 타협이 존재하는 정치과정이다.
③ 정책과정에서는 상이한 성격의 집단 간의 연대가 어렵다.
④ 정책과정은 예측하기 힘든 매우 역동적인 과정이다.

04 ☐☐☐

정책과정의 참여자 중 공식적 참여자로 옳은 것은?

① 언론기관
② 비정부기구
③ 정당
④ 사법부

---

03 정책과정의 특성

난이도 ★★☆

정책과정은 기계적인 과정이 아니라 여러 가지 변수가 작용하는 역동적이고 계속적인 과정이다. 또한 정책에 관련된 대상 집단 간에 고도의 정치적 협상, 투쟁, 갈등과 타협이 수반되므로 상이한 성격의 집단 간 연대가 나타날 수 있다.

(선지분석)

① 정책과정은 계속적이며 정책결정과 정책집행이 상호영향을 주는 순환적인 과정이다.
② 정책과정은 정책의 이해관계자들이 참여하며, 이러한 참여자들 간에 흥정, 갈등, 협상, 타협 등이 존재하는 정치과정이다.
④ 정책과정은 정책의제설정단계, 정책결정단계, 정책집행단계, 정책평가단계로 구성되며, 정책과정의 내용은 예측하기 힘든 매우 역동적인 과정이다.

답 ③

04 정책과정의 참여자

난이도 ★☆☆

정책과정의 참여자는 크게 공식적 참여자와 비공식적 참여자로 나눌 수 있다. 그중 공식적 참여자에는 행정부, 입법부, 사법부 등이 있다. 즉, 공무원이나 공무원 조직은 공식적 참여자이다.

(선지분석)

①, ②, ③ 언론기관, 비정부기구, 정당 등은 공무원이나 공무원 조직이 아니므로 비공식적 참여자이다.

👍🏻 이것도 알면 **합격!** 정책과정의 참여자

공식적 참여자	중앙	행정부, 입법부(의회), 사법부(법원)
	지방	지방자치단체장, 지방의회, 지방공무원, 일선행정기관
비공식적 참여자		이익집단(압력단체), 정당, 전문가집단(정책공동체), 시민단체(NGO), 언론기관(대중매체), 일반국민 등

답 ④

PART 2

05 ☐☐☐
2018년 9급 복원

목표의 변동에 대한 설명으로 옳지 않은 것은?

① 목표의 전환은 조직의 항구성 형성에 기여한다.
② 본래의 목표에 동종 목표의 추가는 목표의 확대를 가져온다.
③ 복수목표 간 우선순위나 비중이 바뀌는 것은 목표의 비중 변동이다.
④ 유형적 목표의 추구는 목표의 전환을 야기할 수 있다.

06 ☐☐☐
2020년 7급

슈나이더와 잉그램(Schneider & Ingram)의 사회구성주의(Social Consturction)에서 정책대상집단에 대한 설명으로 옳은 것을 모두 고르면?

> ㄱ. 수혜집단(Advantaged) – 과학자, 퇴역한 군인, 중산층이 대표적이다.
> ㄴ. 경쟁집단(Contender) – 권력은 상대적으로 많지만 이미지는 부정적이다.
> ㄷ. 의존집단(Dependents) – 권력은 상대적으로 적지만 이미지는 긍정적이다.
> ㄹ. 이탈집단(Deviants) – 강력한 제제가 허용되지만 제제에 대하여 강력히 저항한다.

① ㄱ, ㄴ
② ㄴ, ㄷ
③ ㄱ, ㄴ, ㄷ
④ ㄴ, ㄷ, ㄹ

05 정책목표의 변동
난이도 ★★☆

조직의 항구성 형성에 기여하는 것은 목표의 승계이다. 목표의 승계란 조직이 목표를 이미 달성하였거나, 완전히 달성이 불가능해졌을 경우 새로운 목표를 내세워 조직의 정당성을 확보하는 것이다. 목표의 전환이란 수단과 목표가 뒤바뀌는 목표의 왜곡 현상을 말한다.

(선지분석)
② 본래의 목표에 동종 목표의 추가는 목표의 확대를, 이종 목표의 추가는 목표의 다원화를 가져온다.
③ 복수목표 간 목표의 우선순위나 비중이 바뀌는 것은 목표의 비중 변동이다.
④ 유형적 목표는 대체로 수단적 목표에 불과하므로, 유형적 목표의 추구가 심화될 경우 본질적 목표와 수단적 목표가 뒤바뀌는 목표의 전환이 야기되기도 한다.

👍 이것도 알면 **합격!** 정책목표의 변동 유형

목표의 전환	수단과 목표가 뒤바뀌는 목표의 대치, 전도
목표의 승계	목표 미달성 또는 불가능 시 새로운 목표의 설정
목표의 다원화	새로운 목표의 추가
목표의 확대	목표 달성이 낙관적일 때 목표를 높이는 것
목표의 비중 변동	목표 간 우선순위 변경
목표의 종결	목표 달성 후 목표의 폐지

답 ①

06 사회구성주의에 따른 정책대상집단
난이도 ★★★

ㄱ. 수혜집단(Advantaged)은 투표에 있어서 강한 영향력을 행사할 수 있기 때문에 정책목표달성과 큰 연관이 없더라도 혜택 위주의 정책이 부여된다. 과학자, 퇴역한 군인, 중산층, 노인 등이 대표적이다.
ㄴ. 경쟁집단(Contender)은 정치적 권력은 상대적으로 많지만 사회적 인식은 부정적인 집단으로, 부자, 노동조합, 소수민족 등이 대표적이다.
ㄷ. 의존집단(Dependents)은 정치적 권력은 상대적으로 약하지만 사회적 인식은 긍정적인 집단으로, 어린이, 어머니들, 장애인 등이 대표적이다.

(선지분석)
ㄹ. 이탈집단(Deviants)은 선거로 인한 보복의 위험이 적으며, 일반대중도 처벌에 대해 용인하기 때문에 특별한 효과가 없더라도 부담위주의 정책이 부여된다. 이탈집단의 정치적 권력은 상대적으로 약하며 사회적 인식도 부정적이다. 따라서 이들에게는 강력한 제제가 허용되며, 이들은 저항도 크지 않다. 범죄자, 테러리스트 등이 대표적이다.

👍 이것도 알면 **합격!** 사회구성주의에 따른 정책대상집단
　　　　　　　　　 – 슈나이더와 잉그램(Schneider & Ingram)

구분		사회적 인식	
		긍정적	부정적
정치적 권력	강	<수혜집단> 과학자, 퇴역 군인, 중산층, 노인 등	<경쟁(주장)집단> 부자, 노동조합, 소수민족 등
	약	<의존집단> 어린이, 어머니들, 장애인 등	<이탈집단> 범죄자, 테러리스트 등

답 ③

THEME 026 | 정책의 유형

07 ☐☐☐

2019년(2차) 9급 복원

로위(Lowi)의 정책분류에 대한 설명으로 옳지 않은 것은?

① 누진세제도는 재분배정책에 해당한다.
② 정부의 조직개편과 기구의 설치는 구성정책에 해당한다.
③ 연구보조금의 지급은 분배정책에 해당한다.
④ 분배정책은 재분배정책보다 반발이 심하다.

08 ☐☐☐

2017년 9급 복원

로위(Lowi)가 분류한 정책유형으로 옳지 않은 것은?

① 분배정책
② 규제정책
③ 상징정책
④ 재분배정책

---

07 로위(Lowi)의 정책분류

난이도 ★☆☆

재분배정책은 비용부담집단이 특정되기 때문에 반발이 매우 심한 반면, 분배정책은 정부가 개인, 집단, 지역에게 비용부담자가 특정되지 않은 응능주의적 조세 등을 기반으로 하여 권리나 이익, 서비스 등을 분배하는 정책이기 때문에 반발이 적고 정책집행이 용이하다.

👍 이것도 알면 **합격!** 로위(Lowi)의 정책분류

구분		강제력의 적용영역	
		개별적 행위	행위의 환경
강제력의 행사방법	간접적	분배정책	구성정책
	직접적	규제정책	재분배정책

답 ④

08 로위(Lowi)의 정책분류

난이도 ★☆☆

상징정책은 로위(Lowi)가 아닌 알몬드와 파엘(Almond & Powell)이 제시한 정책유형 중의 하나로, 국경일 지정, 광화문 동상 건립 등이 상징정책의 사례이다.

(선지분석)

① 분배정책은 사회간접자본 건설, 국유지 불하 등 불특정 다수가 부담하는 재원을 기반으로 다양한 재화를 사회의 집단, 개인 등에게 분배하는 정책이다.
② 규제정책은 정책대상집단의 권리를 제한하거나 의무를 부과하는 정책이다.
④ 재분배정책은 고소득층으로부터 저소득층으로 재산을 이전하고자 하는 정책이다.

👍 이것도 알면 **합격!** 학자별 정책분류

로위(Lowi)	분배정책, 규제정책, 재분배정책, 구성정책
알몬드(Almond)와 파웰(Powell)	분배정책, 규제정책, 상징정책, 추출정책
샐리스버리(Salisbury)	분배정책, 규제정책, 재분배정책, 자율규제정책
리플리(Ripley)와 프랭클린(Franklin)	분배정책, 경쟁적 규제정책, 보호적 규제정책, 재분배정책, 외교·국방정책

답 ③

PART 2

2021 해커스군무원 15개년 기출복원문제집 쉬운 행정학

09 □□□

로위(Lowi) 등의 정책분류에 대한 설명으로 옳지 않은 것은?

① 배분정책의 비용부담자는 자신이 누구를 위해 얼마나 비용부담을 하고 있는지 인지하지 못한다.

② 규제정책은 정책결정 시에 정책으로부터 혜택을 보는 자와 피해를 보는 자를 선택한다.

③ 보호적 규제정책의 경우 다수의 수혜집단이 적극적인 지지활동을 전개하는 경향을 보인다.

④ 재분배정책은 재산권의 행사에 관련된 것이 아니라 재산자체를 문제로 삼는다.

10 □□□

정책유형별 사례의 연결이 옳지 않은 것은?

① 구성정책 - 국경일의 제정, 정부기관 개편
② 보호적 규제정책 - 최저임금제, 장시간 근로제한
③ 추출정책 - 조세, 병역
④ 분배정책 - 보조금, 사회간접자본

---

09 로위(Lowi)의 정책분류

난이도 ★★☆

보호적 규제정책은 소수의 비용부담집단이 적극적으로 반대활동을 전개하고, 다수의 수혜집단은 집단행농의 딜레마가 나타나면서 적극적인 지지활동을 전개하는 데 한계가 있다. 또한 보호적 규제정책은 로위(Lowi)의 정책분류가 아닌 리플리와 프랭클린(Ripley & Franklin)의 정책분류에 해당한다.

(선지분석)

① 배분(분배)정책은 정부가 국민이 필요로 하는 각종 재화와 용역 등을 바람직하게 배분하는 정책으로, 배분정책의 비용은 대체로 조세로 마련되기 때문에 비용부담자는 자신이 누구를 위해 얼마나 비용부담을 하고 있는지 인지하지 못한다. 따라서 배분정책은 비용부담자의 반발이 약하므로 집행이 용이하다.

② 규제정책은 정책결정 시에 정책의 수혜자와 비용부담자가 선택됨으로써, 관련 집단 간의 갈등이 발생하게 된다.

④ 재분배정책은 재산권 행사가 아닌 재산 자체를, 평등한 대우의 문제가 아닌 평등한 소유를 문제로 삼는다.

👍 이것도 알면 **합격!** 분배정책, 규제정책, 재분배정책 비교

구분	분배정책	규제정책	재분배정책
수혜자	사후 특정	사후 특정	사전 특정
비용부담자	불특정 다수	사후 특정	사전 특정
갈등·대립	약함	심함	가장 심함
집행 용이성	용이	곤란	가장 곤란
특성	구유통 정치, 담합	갈등과 타협 및 포획	엘리트 정치
정치 단위	개인·기업	이익집단	계층(제휴)
권력 구조	안정적	불안정적 (다원주의)	안정적

답 ③

10 정책유형

난이도 ★★☆

구성정책은 헌정수행에 필요한 운영규칙에 관련된 정책으로, 정치체제에서 투입을 조직화하고 체제의 구조와 운영에 관련되어 있다. 정부기관 개편은 구성정책에 해당하지만, 국경일의 제정은 상징정책에 해당한다. 상징정책은 정책의 대상집단인 국민으로 하여금 국가의 여러 가지 정책에 보다 잘 순응하고 정치체제를 신뢰하도록 국가 이미지 등을 홍보하는 정책으로, 주로 정치적 목적으로 이용하는 정책이다.

답 ①

11 □□□

분배정책과 재분배정책에 대한 설명으로 옳지 않은 것은?

① 분배정책이 효율성을 추구한다면 재분배정책은 형평성을 추구한다.

② 분배정책은 정책순응도가 높은 반면에 재분배정책은 정책순응도가 낮다.

③ 분배정책은 불특정 다수가 비용부담자라면 재분배정책은 고소득층이 비용부담자다.

④ 분배정책은 대통령이 주요행위자라면 재분배정책은 관료나 하위정부가 주요행위자다.

12 □□□

리플리와 프랭클린(Ripley & Franklin)이 구분한 네 가지 정책유형에 대한 설명으로 옳지 않은 것은?

① 배분정책(distributive policy) - 정책 과정에서 이해당사자들 간에 로그롤링(log rolling) 또는 포크배럴(pork barrel)과 같은 정치적 현상이 나타나기도 한다.

② 재분배정책(redistributive policy) - 이념적 논쟁과 소득계층 간 갈등이 첨예하게 대립되어 표준운영절차(SOP)나 일상적 절차의 확립이 비교적 어렵다.

③ 경쟁적 규제정책(competitive regulatory policy) - 배분정책적 성격과 규제정책적 성격을 동시에 지니고 있고 규제정책은 거의 대부분 이러한 경쟁적 규제정책에 해당된다.

④ 보호적 규제정책(protective regulatory policy) - 소비자나 일반 대중을 보호하기 위해 특정 집단을 규제하므로 규제 집행조직과 피규제집단 간 갈등의 가능성이 높다.

---

11 분배정책과 재분배정책 난이도 ★★★

재분배정책은 집행의 난이도가 높고 저항이 발생하기 쉽기 때문에 대통령 등 최고 의사결정권자가 주요행위자가 되는 반면, 분배정책은 집행이 용이하고 갈라먹기식 결정이 발생하므로 관료나 하위정부가 주요행위자이다.

(선지분석)

① 분배정책은 자원의 효율적 분배를 추구하는 반면, 재분배정책은 자원의 재분배를 통한 계층 간 형평성을 추구한다.

②, ③ 분배정책은 불특정 다수가 비용부담자이기 때문에 비용부담집단의 저항이 약하고 정책순응도가 높은 반면, 재분배정책은 특정의 고소득층이 비용을 부담하기 때문에 정책에 대한 저항이 강하고 정책순응도가 낮다.

답 ④

---

12 리플리(Ripley)와 프랭클린(Franklin)의 정책분류 난이도 ★★☆

경쟁적 규제정책은 배분정책적 성격과 규제정책적 성격을 동시에 지니고 있다. 경쟁적 규제정책은 진입규제, 생산량규제, 가격규제 등 모두를 포함하는 경제적 규제 중에서 진입규제와 특히 관련되며, 진입규제는 행정법상 특허를 의미하기 때문에 그 범위가 매우 협소하다. 따라서 대부분의 규제정책은 경쟁적 규제정책이 아니라 보호적 규제정책에 해당한다.

(선지분석)

① 배분정책은 정책 과정에서 수혜자들의 표의 담합 현상인 로그롤링이나, 수혜자들 간 더 많은 수혜를 받기 위해 경쟁하는 포크배럴과 같은 정치적 현상이 나타나기도 한다.

② 재분배정책은 정책의 수혜자와 비용부담자가 가장 확실하게 특정되므로 이념적 논쟁과 계층 간 갈등이 첨예하게 대립되어 표준운영절차(SOP)나 일상적 절차의 확립이 어렵고, 정책집행의 난이도가 높다.

④ 보호적 규제정책은 소비자나 일반 대중을 보호하기 위해 특정 집단을 규제하므로 규제집행조직과 피규제집단 간 갈등이 발생하며, 경쟁적 규제정책보다 집행의 난이도가 높다.

답 ③

CHAPTER 2 | 정책의제설정 및 정책결정에 대한 시각

THEME 027 | 정책의제설정

01 ☐☐☐
2013년 9급 복원

정책의제설정에 대한 설명으로 옳지 않은 것은?

① 사회 모든 문제가 다 정책의제가 되는 것은 아니다.
② 정책의제 중 제도의제는 정부에 의하여 구체적으로 정의(언명)된 문제를 말한다.
③ 정책의제 중 체제의제는 일반국민이 정부의 소관사항이라고 믿는 문제를 말한다.
④ 무의사결정은 정책의제설정단계에서만 이루어진다.

02 ☐☐☐
2019년(1차) 9급 복원

다음 <보기>에 해당하는 의제설정모형은?

> **<보기>**
>
> 정부 내의 관료집단이나 정책결정자에게 쉽게 접근할 수 있는 외부집단에 의하여 주도되어 최고정책결정권자에게 접근하여 문제를 정부의제화하는 경우로 주도집단이 정책의 내용을 미리 결정하고 이 결정된 내용을 그대로, 또는 최소한의 수정만으로 집행하려고 시도한다. 그래서 자신들이 준비한 정책내용을 그대로 결정하거나 집행하는데 꼭 필요한 집단에게만 내용을 알리고 반대할 가능성이 있는 집단에게는 이를 숨기려고 한다. 일반대중에게 알리지 않으려고 하므로 일종의 음모형에 속한다. 일반적으로 보면 부와 권력 등이 집중된 나라에서 흔히 나타나는 유형이다.

① 외부주도형
② 동원형
③ 내부접근형
④ 굳히기형

---

01   정책의제설정
난이도 ★★☆

무의사결정이란 지배집단의 가치나 이익에 대한 잠재적 도전 가능성이 있는 정책문제가 의제의 지위에 도달하기 전에 정책 관련자들이 의도적으로 억압하여 집행단계에서 좌절시키는 것을 말한다. 초기에는 무의사결정에 대한 이론이 정책의제설정단계를 중심으로 진행되었으나, 이후 정책결정단계, 정책집행단계, 정책평가단계 등 정책단계 전반에 걸쳐 나타난다고 보았다.

(선지분석)

① 사회의 모든 문제가 다 정책의제가 되는 것은 아니며, 이로 인하여 어떠한 문제가 정책의제로 설정되는지에 대한 정책의제설정 연구가 진행되었다.
② 정책의제 중 제도의제는 정부가 공식적으로 의사결정을 통해 그 해결을 심각하게 고려하기로 명백히 밝힌 문제로 정부에 의하여 채택된 의제이다.
③ 정책의제 중 체제의제는 일반대중이 정부의 권한에 속하며 정부가 문제해결을 하는 것이 정당하다고 인정하지만 정부가 아직 채택하기 전 의제이다.

답 ④

02   정책의제설정모형
난이도 ★★☆

<보기>는 콥(Cobb)과 로스(Ross)의 의제설정모형 중 내부접근형, 메이(May)의 의제설정모형 중 내부주도형(음모형)에 대한 설명이다.

(선지분석)

① 외부주도형은 선진국에서 주로 나타난다. 외부집단(고객, 환경 등)의 주도로 문제가 제기되고 확대되어 정부의제로 채택되는 과정으로 허쉬만(Hirshman)은 이를 '강요된 정책문제'라고 명명하였다.
② 동원형은 정부조직 내의 정책결정자들의 주도로 자동으로 공식의제화되고 행정PR을 통하여 공중의제화 되는 형태이다. 허쉬만(Hirshman)은 이를 '채택된 정책문제'라고 명명하였다. 동원형은 정부의 힘이 강하고 이익집단이 미발달한 후진국 혹은 계층사회, 권위주의사회 등에서 주로 볼 수 있는 유형이다.
④ 굳히기형은 메이(May)의 정책의제설정모형 중 하나로 사회적으로 대중의 지지가 높아 정부 내 결정권자가 의제설정을 주도하여 채택하는 모형이다. 학교폭력문제, 왕따문제 등이 대표적 사례이다.

👍 이것도 알면 **합격!** 정책의제설정모형 비교 – 콥(Cobb)과 로스(Ross)

구분	외부주도형 (배양형)	동원형 (속결형)	내부주도형 (음모형)
전개 방향	외부 → 내부	내부 → 외부	내부 → 내부
공개성, 참여도	높음	중간	낮음
사회	평등사회	계층사회	불평등사회

답 ③

03 ☐☐☐
2018년 9급 복원

다음 내용에 해당하는 콥(Cobb)의 정책의제설명모형으로 옳은 것은?

> 정부기관 내에서 제기되거나 정책결정자에게 쉽게 접근할 수 있는 특정 외부집단의 주도로 문제가 제기되고 공식의제가 되도록 설득, 로비 등 충분한 압력을 가한다.

① 내부접근형
② 외부주도형
③ 동원형
④ 굳히기형

04 ☐☐☐
2016년 9급 복원

정책의제설정모형에 대한 설명으로 옳지 않은 것은?

① 동원형은 이익집단과 국가가 주도하여 정책의제를 채택한다.
② 내부접근형은 동원형에 비해 낮은 지위의 고위관료가 주도한다.
③ 굳히기형은 대중의 지지가 높은 정책문제에 대하여 정부가 그 과정을 주도하여 해결을 시도한다.
④ 외부주도형은 정책의제를 '강요된 정책문제'로 여긴다.

03　정책의제설정모형　　　　　　난이도 ★★☆

내부접근형은 정부조직 내의 집단 또는 정책결정자에게 쉽게 접근할 수 있는 외부집단에 의하여 문제가 제기되고 공식의제가 되도록 압력을 가하는 경우로 일종의 음모형이다.

선지분석

② 외부주도형은 일반대중이 정책의제설정을 주도하는 형태이다.
③ 동원형은 정부의 최종의사결정권자가 정책의제설정을 한 뒤 실제 정책실행을 위하여 행정PR 과정을 거쳐 대중을 동원하는 형태이다.
④ 굳히기형은 메이(May)의 모형으로, 정책의제설정은 정부가 주도하며 대중적 지지도 높은 모형이다.

👍 이것도 알면 합격!　정책의제설정모형 – 메이(May)

구분		대중적 지지	
		높음	낮음
논쟁의 주도자	사회적 행위자	외부주도형	내부주도형
	국가	굳히기형	동원형

답 ①

04　정책의제설정모형　　　　　　난이도 ★★☆

동원형은 국가가 주도하여 정책의제를 채택하고 행정PR 과정을 거쳐 민간을 동원하는 형태의 정책의제설정모형이다.

선지분석

② 내부접근형은 정부기관 내의 고위관료집단이나 최고 정책결정자에게 바로 접근할 수 있는 이익집단들이 주도하여 이들이 최고 정책결정자에게 접근하여 정책의제로 채택되는 경우를 말한다. 이 때의 고위관료집단은 동원형에서 정책결정을 주도하는 최고 정책결정자보다는 낮은 지위의 집단이다.
③ 굳히기형은 대중의 지지가 높은 정책문제에 대하여 정부가 그 과정을 주도하는 과정에서 정책의제설정을 공고히 한다고 하여 굳히기형이라고 한다.
④ 허쉬만(Hirshman)은 외부주도형은 외부집단인 대중이 주도하여 정책의제를 설정하므로 대중이 정부에게 정책의제의 채택을 강요한다고 하여 '강요된 정책문제'라고 하였다.

답 ①

05 ☐☐☐

정책의제설정모형에 대한 설명으로 옳지 않은 것은?

① 음모형에서는 공중의제화의 과정을 의식적으로 막고 정책내용을 대중에게 알리지 않으려고 한다.

② 외부주도형은 정책담당자가 아닌 외부 사람들의 주도에 의해 특정 문제를 정부가 해결해야 할 문제로 받아들이게 되는 경우를 말한다.

③ 외부주도형은 관료집단이나 외부집단에 의하여 주도되어 이들이 최고 정책결정자에게 접근하여 정책의제로 채택되는 경우를 말한다.

④ 동원형은 정부 내의 정책결정자들이 주도하여 정책의제를 채택하는 경우로 정부가 동원하여 의제를 설정하는 것이다.

06 ☐☐☐

정책의제설정모형 중 외부주도형의 과정으로 옳은 것은?

① 사회문제 → 정부의제

② 사회문제 → 정부의제 → 공중의제

③ 사회문제 → 사회이슈 → 공중의제 → 정부의제

④ 사회문제 → 사회이슈 → 정부의제 → 공중의제

---

05 정책의제설정모형

난이도 ★★☆

외부주도형은 정책담당자가 아닌 외부 사람들의 주도에 의해 특정문제를 정부가 해결해야 할 문제로 받아들이게 되는 경우이다. 관료집단이나, 불특정 다수의 대중이 아닌 소수 이익에 관련된 특정 집단인 외부집단에 의하여 주도되어 이들이 최고 정책결정자에게 접근하여 정책의제로 채택되는 경우는 외부주도형이 아니라 내부접근형이다.

선지분석

① 음모형은 내부접근형이라고도 하며, 관료집단 또는 정책결정자에게 접근이 용이한 외부집단이 최고 정책결정자에게 접근하여 문제를 은밀하게 정책의제로 채택하는 유형이다.

② 외부주도형은 정책담당자가 아닌 외부사람 즉, 일반대중의 주도에 의해 특정 문제를 정부가 해결해야 할 문제로 받아들이게 되는 경우로, 허쉬만(Hirshman)은 이를 강요된 정책문제라고 명명 하였다.

④ 동원형은 정부 내의 정책결정자들이 주도하여 사회문제를 정책의제로 채택하는 경우로, 정부는 이후 국민의 지지를 얻기위하여 행정PR 등을 통해 동원 과정을 거친다.

답 ③

06 정책의제설정모형

난이도 ★★☆

콥(Cobb)과 로스(Ross)는 정책의제설정의 과정을 주도하는 집단에 따라 크게 외부주도형, 동원형, 내부접근형 세 가지로 분석하였다. 이 중 외부주도형은 정책담당자가 아닌 외부집단이 주도하여 정책의제화가 이루어지는 모형으로, 사회문제 → 사회이슈 → 공중의제 → 정부의제의 순서로 정책의제설정이 이루어진다.

선지분석

① 사회문제가 바로 정부의제로 채택되는 것은 내부접근형에 해당한다. 내부접근형은 관료집단 내부 또는 외부집단에 의하여 문제가 제기되어 이들이 최고 정책결정자나 그 측근에 접근하여 정책의제로 채택되는 것을 말하며, 음모형이라고도 한다.

② 사회문제 → 정부의제 → 공중의제의 순서로 정책의제설정이 이루어지는 것은 동원형이다. 동원형은 내부접근형과 유사하게 정부에서 사회문제를 채택하여 정책의제로 형성하지만, 효율적인 집행을 위해 외부(대중)의 지지를 얻기 위한 과정을 거치게 된다. 즉, 정부의제로 채택된 의제를 행정PR을 통해 공중의제화하여 확산시키는 과정을 가지는 것이 내부접근형과의 차이점이다.

답 ③

07 ☐☐☐

2014년 9급 복원

정책과정에 참여하는 세력들이 특정 소수에 국한되고 이들에 의해 국가의 정책이 좌우되는 것으로 보는 이념은?

① 다원주의
② 조합주의
③ 엘리트주의
④ 베버주의

08 ☐☐☐

2009년 9급 복원

엘리트이론에 대한 설명으로 옳은 것은?

① 공식적 참여자와 비공식적 참여자 간의 상호작용 관계를 포괄적으로 분석한다.
② 국가는 스스로 결정하는 힘을 지닌 실체라고 주장한다.
③ 다양한 이익집단 간의 균형과 조절을 중시한다.
④ 엘리트의 가치와 선호에 의해 의사결정이 이루어진다.

---

07 엘리트주의

난이도 ★☆☆

엘리트주의는 정책과정에 참여하는 세력들이 특정 소수에 국한되고 이들에 의해 국가의 정책이 좌우되는 것으로 본다.

[선지분석]

① 다원주의는 권력이 소수에게 집중되지 않고 분산되어 있어 다양한 집단 간 상호작용을 통해 정책이 결정된다고 보는 이념이다.
② 조합주의는 정책결정과정에서 정부와 이익집단이 공식화된 제도하에서 합의를 형성하는 방식이 이루어진다고 보는 이념이다.
④ 베버주의는 근대 관료제도를 뜻한다. 베버주의는 국가를 '법과 합리성을 정당성의 근거로 수립된 관료제'를 중심으로 이해하고 관료제를 공동체의 번영을 이루기 위한 국가권력의 합리적 행사주체로 인식한다.

답 ③

08 엘리트이론

난이도 ★☆☆

엘리트이론에서 정책은 그 사회의 지배 엘리트의 가치와 선호를 반영하며, 지배적 위치를 차지한 소수의 엘리트에 의해 일반적으로 정책문제가 채택된다고 본다. 엘리트이론은 연구된 시대에 따라서 크게 엘리트 순환론, 과두제의 철칙 등의 고전적 엘리트이론, 1950~1960년대 미국의 엘리트이론, 무의사결정론으로 대표되는 신엘리트이론 등이 있다.

[선지분석]

① 공식적 참여자와 비공식적 참여자 간의 상호작용 관계를 포괄적으로 분석하는 것은 정책네트워크이다. 정책네트워크는 다원주의, 조합주의, 엘리트주의를 극복하고자 하는 이론이다.
② 국가를 스스로 결정하는 힘을 지닌 실체로 파악하는 이론은 신베버주의이다. 신베버주의는 국가의 상대적 자율성을 강조하는 국가중심적 이론이다.
③ 다양한 이익집단 간의 균형과 조절을 중시하는 이론은 다원론이다.

답 ④

09 ☐☐☐

신엘리트이론의 무의사결정론에 대한 설명으로 옳지 않은 것은?

① 무의사결정은 정책결정자의 무관심, 무능력 때문에 발생한다.
② 정책의제설정단계에서 주로 나타나며, 정책과정 전반에서도 나타난다.
③ 지배계층의 기득권을 침해할 경우 등장하기도 한다.
④ 다원주의에 대한 반발로서 엘리트주의의 일환으로 등장하였다.

10 ☐☐☐

바흐라흐(Bachrach)와 바라츠(Baratz)에 의한 무의사결정 (non-decision making)의 발생원인으로 옳지 않은 것은?

① 지배적 가치와 신념에의 집착
② 특정 문제에 대한 정치적 편견
③ 상급자들에 대한 하급자들의 반발
④ 기득권 옹호

---

09 무의사결정론

난이도 ★☆☆

정책결정자의 무관심과 무능력에 근거한 것은 의사결정의 소극적 측면을 말한다. 무의사결정은 정책결정자의 무관심이나 무능력 때문에 발생하는 것이 아니라 정책결정자인 엘리트의 이익에 반하는 정책결정이 이루어지지 못하도록 은밀하지만 의도적으로 발생한다.

선지분석

② 무의사결정은 주로 정책의제설정단계에서 나타나지만, 정책의제설정단계 이후의 정책결정단계, 정책집행단계, 정책평가단계 등 정책의 진행과정 전반에서 나타난다.
③ 무의사결정은 엘리트인 권력계층의 기득권을 침해할 경우 등장하기도 한다.
④ 무의사결정론은 바흐라흐(Bachrach)와 바라츠(Baratz) 등이 다원주의인 달(Dahl)의 연구를 비판하면서 등장한 이론이며 엘리트주의의 일환으로 등장한 신엘리트이론이다.

👍 이것도 알면 **합격!** 정책과정 속의 무의사결정

정책의제설정	엘리트에게 불리한 문제는 거론조차 불가능함
정책결정	엘리트에게 유리하게 결정함
정책집행	집행을 연기하여 취소시키거나, 겉으로 척만 함
정책평가	사회에 오히려 부작용만 초래하였다는 식으로 평가를 하여 정책수정이나 정책변화를 가져오는 중요한 요인으로 작용시킴

답 ①

---

10 무의사결정론

난이도 ★★☆

무의사결정은 상급자들에 대한 하급자들의 과잉충성이 진행될 때 유발될 수 있다. 무의사결정은 의사결정자인 엘리트의 이익에 반하는 주장을 의도적으로 방치하여 논의의 의제로 설정되지 못하게 막는 경우를 뜻한다.

선지분석

① 무의사결정은 사회의 지배적 가치 및 신념에의 집착으로 현 사회의 가치에 반발하는 이슈는 논제에서 제외할 경우 발생한다.
②, ④ 무의사결정은 특정 문제가 기득 엘리트들의 이익에 반한다는 편견이 개입되면 엘리트들의 기득권을 옹호하기 위하여 진행된다.

답 ③

다원론(pluralism)의 특징에 대한 설명으로 옳지 않은 것은?

① 소수의 엘리트들이 정책을 주도하는 이론이다.
② 모든 사회문제는 거의 무작위적으로 정치체제로 투입된다는 이론이다.
③ 특정세력이 정책을 주도하지 못한다.
④ 정책의제설정의 외부주도형과 연관된다.

조합주의에 대한 설명으로 옳지 않은 것은?

① 조합주의는 다양한 이익집단 간 경쟁성을 특징으로 한다.
② 국가조합주의는 국가의 우월한 권력을 인정한다.
③ 사회조합주의는 사회경제체제 변화에 순응하려는 이익집단의 자발적 시도로부터 생성되었다.
④ 신조합주의는 다국적 기업이 국가와 동맹관계를 유지하면서 정책에 참여한다고 본다.

---

11 다원론 난이도 ★☆☆

소수의 엘리트들이 정책을 주도한다고 보는 이론은 엘리트론이다.

선지분석

② 다원론은 모든 사회문제가 정치체제로 투입될 수 있다고 본다.
③ 다원론에 따르면 사회의 다양한 집단이 정책과정에 접근할 동등한 기회를 보유하고 있기 때문에 특정한 세력이 정책을 주도하지 못한다.
④ 다원론은 정책의제설정이론 중 사회의 다양한 구성원이 문제로 생각하는 이슈가 정부의 정책의제로 채택된다고 보는 외부주도형과 연관된다.

답 ①

12 조합주의 난이도 ★★☆

다양한 이익집단 간 경쟁성을 특징으로 하는 것은 다원주의 관점이다. 조합주의에서 이익집단은 단일적·강제적·비경쟁적·위계적인 특징을 갖는다.

선지분석

② 국가조합주의는 이익집단에 대한 국가의 우월한 권력을 인정하며, 이익집단의 의사결정도 국가의 개입이 상당히 이루어진다고 본다.
③ 사회조합주의는 북유럽의 조합주의로, 국가에 의한 강제가 아닌 이익집단의 자발적 시도로 생성되었다.
④ 신조합주의는 사회조합주의의 일종으로, 다국적 기업이 국가와 동맹관계를 유지하면서 정책에 참여한다고 본다.

답 ①

정책의제설정에 대한 설명으로 옳지 않은 것은?

① 무의사결정은 다원주의를 비판하며 등장한 이론으로, 신엘리트론이라고 불린다.

② 체제이론은 정치체제 내부의 능력상 한계보다는 외부 환경으로부터 발생한 요구의 다양성 때문에 선택의 문제가 발생한다고 주장한다.

③ 엘리트론자들은 엘리트들이 정책과정의 전(全) 과정을 압도할 뿐 아니라, 특히 정책의제의 채택과정에서 그들의 권력을 행사한다고 주장한다.

④ 다원주의에서는 어떠한 사회문제도 정치체제로 진입할 수 있다고 주장한다.

정책결정의 장(또는 정책하위시스템)에 대한 이론과 주장하는 내용을 짝지은 것으로 가장 옳지 않은 것은?

① 다원주의 – 정부는 조정자 역할에 머물거나 게임의 법칙을 진행하는 심판자 역할을 할 것으로 기대된다.

② 조합주의 – 정부는 이익집단 간 이익의 중재에 머물지 않고 국가이익이나 사회의 공공선을 달성하기 위한 주도적인 역할을 할 것으로 기대한다.

③ 엘리트주의 – 엘리트들은 사회의 다원화된 이익을 대변하는 것이 아니라 자신들의 이익을 추구한다.

④ 철의 삼각 – 입법부, 사법부 그리고 행정부 3자가 강철과 같은 장기적이고 안정적이며 우호적인 삼각관계의 역할을 형성하면서 정책결정을 지배하는 것으로 본다.

---

13   정책의제설정   난이도 ★★☆

체제이론에 의하면, 외부환경으로부터 발생한 요구의 다양성보다 정치체제 내부의 능력상 한계 때문에 의제선택의 문제가 일어난다고 본다. 즉, 체계를 지키는 문지기가 체제의 과부화를 방지하기 위하여 일부 사회문제만을 정책의제화하기 때문에 소수의 문제만이 의제로 채택된다고 본다.

(선지분석)

① 무의사결정론은 다원주의를 비판하며 등장한 신엘리트론으로, 엘리트들의 의사에 반하는 문제는 거론조차 못하게 하는 무의사결정 형태가 나타난다는 이론이다.

③ 엘리트론자들은 소수의 동질한 성향의 엘리트들이 정책의제설정단계, 정책결정단계, 정책집행단계, 정책평가단계 등 정책과정의 전 과정을 주도할 뿐만 아니라, 정책의제의 채택과정에서 자신들에게 유리한 문제만을 채택하거나(엘리트론) 또는 자신들의 의사에 반하는 문제는 채택조차 하지 않는(신엘리트론) 방법으로 엘리트들의 권력을 행사한다고 주장한다.

④ 다원주의에서는 사회의 다양한 집단이 정치체제로 접근할 수 있는 동등한 기회를 가지고 있기 때문에 어떠한 사회문제도 정치체제로 진입할 수 있다고 주장한다.

답 ②

14   정책결정이론   난이도 ★☆☆

철의 삼각(iron triangle)이란 정책네트워크모형 중 하위정부모형의 장기적·안정적·우호적인 삼각관계를 의미한다. 철의 삼각은 의회의 상임위원회, 해당 정책 영역의 정부 관료, 이익집단으로 구성된다.

(선지분석)

① 다원주의에서 정부는 중립적인 조정자나 심판자 역할을 수행한다.

② 조합주의에서는 국가(정부)가 국가이익이나 사회의 공공선을 달성하기 위한 적극적이고 능동적인 역할을 하며, 이익집단에도 강한 영향력을 행사한다.

③ 엘리트주의에서 엘리트들은 사회의 다원화된 이익을 대변하지 않고 자신들의 이익을 추구하여 정책을 결정하고 집행한다.

답 ④

15 ☐☐☐

다음 이론에 대한 설명 중 옳은 것만을 모두 고르면?

> ㄱ. 이익집단론은 정치체제가 잠재이익집단과 중복회원 때문에 특수이익에 치우치지 않는다고 주장한다.
> ㄴ. 신다원주의론은 자본주의 국가에서는 기업가 집단의 특권적 지위가 현실의 정책 과정에서 나타난다고 본다.
> ㄷ. 하위정부론은 정책분야별로 이익집단, 정당, 해당 관료조직으로 구성된 실질적 정책결정권을 공유하는 네트워크가 존재한다고 주장한다.

① ㄱ
② ㄱ, ㄴ
③ ㄴ, ㄷ
④ ㄱ, ㄴ, ㄷ

---

15 정책의제설정에 대한 이론모형   난이도 ★★☆

ㄱ. 이익집단론은 정책결정자들이 잠재집단을 염두에 두고 있고, 한 구성원은 여러 집단에 중복으로 소속되어 있기 때문에 특정집단의 이익만을 추구하는 것은 곤란하다고 주장한다.

ㄴ. 신다원주의론은 자본주의 국가에서 불황과 인플레이션 등이 정부의 존립 기반을 위태롭게 하기 때문에 정부가 기업집단에 특권을 부여하는 상황이 생길 수밖에 없다고 주장한다.

선지분석

ㄷ. 하위정부론은 정책분야별로 이익집단, 상임위원회, 해당 관료조직으로 구성된 실질적 정책결정권을 공유하는 네트워크가 존재한다고 본다.

답 ②

---

16 ☐☐☐

정책네트워크의 특징에 대한 설명으로 옳지 않은 것은?

① 다양한 참여자와 비참여자를 구분하는 경계가 있다.
② 정책영역별·문제별로 형성되며, 사건의 흐름에 따라 외재적·내재적 요인에 의해 변동된다.
③ 다원론, 엘리트론, 조합론, 신베버론에 대한 대안으로 등장하였다.
④ 제도적인 구조보다 개별구조를 고려한다.

---

16 정책네트워크   난이도 ★★★

정책네트워크는 다원주의와 엘리트주의, 조합주의에 대한 대안으로 등장한 것으로 정책과정에서 개별 정치체제의 구조가 아닌 정책 이해의 연계관계를 (신)제도적 관점에서 보다 신축적으로 설명하고 발전시킨 이론이다.

선지분석

① 쟁책네트워크는 정책네트워크의 참여자와 비참여자를 구분하는 경계가 있다.
② 정책네트워크는 정책영역별·문제별로 네트워크가 형성되며, 사건의 흐름 및 내·외재적 요인에 의해 네트워크는 고정되어 있지 않고 변화한다.
③ 정책네트워크는 기존 정책결정모형 중 사회만을 중시하는 다원론, 엘리트만을 중시하는 엘리트론, 국가의 역할만을 강조하는 조합론에 대한 대안으로 등장하였다.

👍 **이것도 알면 합격!** 정책네트워크의 의의와 특징

의의	• 정책을 다양한 공식·비공식 참여자들 간의 상호작용의 산물로 인식하여 사회연계망이나 네트워크 분석을 도입하여 정책과정을 포괄적이고 체계적으로 설명하기 위한 모형 • 특정한 세력이 일방적으로 정책과정을 주도한다는 다원론과 엘리트이론, 국가조합주의에 대한 비판
특징	• 정책문제별로 형성됨 • 다양한 공식·비공식 참여자의 연계작용 • 내·외재적 요인에 의해 변동하는 가변적 현상 • 참여자들의 상호작용을 규율하는 제도가 존재함 • 참여자와 비참여자를 구분하는 경계가 존재함

답 ④

17 □□□

정책네트워크모형에 대한 설명으로 옳지 않은 것은?

① 정부관료, 학자, 연구원 등으로 구성된 전문가 집단을 정책공동체라고 한다.

② 정책커튼모형은 정부기구 내의 권력 장악자들에 의해 정책과정이 독점되는 가장 폐쇄적인 유형으로, 이사이(Yishai)가 주장하였다.

③ 이슈네트워크는 유동적·불안정적·일시적인 망으로, 특정한 경계가 존재하지 않는다.

④ 정책네트워크가 네거티브섬 게임(negative-sum game)을 하는 반면, 이슈네트워크는 포지티브섬 게임(positive-sum game)을 한다.

18 □□□

정책네트워크모형 중 이슈네트워크와 구별되는 정책공동체의 특징에 대한 설명으로 옳지 않은 것은?

① 정책결정을 둘러싼 권력게임은 공동의 이익을 추구하는 정합게임(positive-sum game)의 성격을 띤다.

② 참여자들이 기본가치를 공유하며 그들 간의 접촉빈도가 높다.

③ 참여자의 범위가 넓고 경계의 개방성이 높다.

④ 모든 참여자가 교환할 자원을 가지고 참여한다.

18 정책네트워크모형
난이도 ★★☆

정책공동체는 해당 분야의 전문가로 참여자의 범위가 제한되고, 경계의 폐쇄성이 이슈네트워크에 비하여 상대적으로 높다.

(선지분석)

① 정책공동체에서 정책결정을 둘러싼 권력게임은 공동의 이익을 추구하는 정합게임의 성격을 보이지만, 이슈네트워크에서는 한정된 자원과 권력으로 인하여 제로섬 게임의 성격을 나타낸다.

② 정책공동체에서 참여자들은 기본적 가치관을 공유하고 그 결과 그들 간 접촉빈도도 높지만, 이슈네트워크의 다양한 참여자는 가치관이 다양하며, 접촉빈도도 상대적으로 낮다.

④ 정책공동체에서는 모든 참여자가 교환할 자원을 가지고 정책결정과정에 참여하지만, 이슈네트워크의 경우 참여자 간 자원의 보유정도가 다양하다.

👍 이것도 알면 **합격!** 이슈네트워크와 정책공동체 비교

구분	이슈네트워크	정책공동체
정책행위자	·개방적·유동적·불안정적 ·다양한 행위자가 참여하며, 상황에 따라 수시로 변동함	·폐쇄적·제한적·지속적 ·조직화된 행위자(관료, 전문가)에 한정됨
상호관계	·불균등한 권력을 보유하는 경쟁적·수직적 관계 ·제로섬(zero sum), 네거티브 섬(negative-sum) 게임	·균등한 권력을 보유하는 협력적·수평적 관계 ·논제로섬(non-zero sum), 포지티브 섬(positive-sum) 게임
정책산출	·결정과정에서 정책내용의 변동이 가능하므로 예측가능성이 낮음 ·결정과 집행의 상이성	·처음 의도한 내용 그대로 진행되므로 예측가능성이 높음 ·결정과 집행의 유사성
배경	미국식 다원주의	유럽식 사회조합주의
접촉빈도	유동적	높음
이익	모든 이익	경제적·전문직업적 이익
합의	제한적 합의	가치관 공유, 성과의 정통성 수용
국가의 역할	·국가는 자신의 이해를 가지고 이를 관철시키고자 하는 하나의 행위자 ·국가기관의 범주에는 행정부, 의회, 사법부 모두 포함되는데 이들 모두 개별적 행위자로 간주함(낮은 응집성)	

17 정책네트워크모형
난이도 ★★☆

정책네트워크는 구성원들이 균등한 권력을 보유하였기 때문에 포지티브섬 게임(positive-sum game)이 나타난다면, 이슈네트워크의 구성원은 권력의 보유정도가 상이하기 때문에 권력과 자원을 획득하는 과정에서 네거티브섬 게임(negative-sum game)이 발생한다.

(선지분석)

① 정책공동체의 핵심 구성원은 전문가 집단이다.

② 정책커튼모형은 정부기구 내의 권력 장악자들이 커튼 뒤에서 정책과정을 독점하는 폐쇄적 형태의 네트워크모형이다.

③ 헤클로(Heclo)에 따르면 이슈네트워크는 유동적이고 불안정하며 일시적인 네트워크로, 네트워크의 특정한 경계가 존재하지 않는다.

답 ④

답 ③

CHAPTER 3 | 정책결정론

THEME 029 | 정책결정의 의의

01 □□□
2019년(1차) 9급 복원

집단사고의 한계로 옳지 않은 것은?

① 다양한 의견을 제시하지 못한다.
② 소수의 강한 사람에 의해 주도될 수 있다.
③ 반대의견이나 비판적인 대안이 제시된다.
④ 책임이 불분명하다.

01　집단사고
난이도 ★★☆

집단사고는 합리성을 제약하는 구조적 요인으로 반대의견이나 비판적인 대안이 제시되기 어렵다.

> 👍 이것도 알면 **합격!** 의사결정자의 실책 중 집단사고

원인	강한 집단 응집력, 조직의 구조적 결함, 높은 스트레스 등의 상황적 요인
증상	도덕성에 대한 확신, 폐쇄적 인식체계, 만장일치의 선호, 심리적 방어기제 형성, 불패신화에 대한 믿음
결과	비합리적 의사결정
예방	개방적 지도자로서 리더의 역할, 체계적 대안의 검토

답 ③

THEME 030 | 정책결정의 과정

02 □□□
2015년 9급 복원

정책의제설정과 연관하여 제3종 오류에 대한 설명으로 옳은 것은?

① 맞는 가설의 배제 유도
② 틀린 가설의 채택 유도
③ 맞는 문제의 틀린 답 유도
④ 틀린 문제의 답 유도

02　제3종 오류
난이도 ★★★

정책의제설정에 있어서 제3종 오류란 문제 자체를 잘못 정의하여 발생하는 문제로, 근본적인 오류의 성격을 띠고 있어 메타오류라고 한다. 즉, 문제 자체가 틀린 문제임에도 불구하고 그에 대한 답을 유도함으로써 발생하는 오류이다.

> 👍 이것도 알면 **합격!** 정책의 오류

제1종 오류 (α오류)	• 효과 없는 대안을 채택한 오류 • 옳은 귀무가설을 기각하고 틀린 대립가설을 채택함
제2종 오류 (β오류)	• 효과 있는 대안을 기각한 오류 • 틀린 귀무가설을 채택하고 옳은 대립가설을 기각함
제3종 오류 (메타오류)	• 정책문제의 잘못된 인지로 인해 발생하는 근본적 오류 • 가치중립적·수단지향적인 정책분석의 한계를 나타내며, 오류의 방지를 위해 정책문제의 구조화가 필요함

답 ④

03 ☐☐☐

잘못된 교통신호 체계가 실제로 더 큰 문제임에도 불구하고 자가용 증대 문제를 도심 교통 혼잡의 핵심이라고 잘못 정의하고, 이를 해결하려 하는 경우를 나타내는 용어는?

① 제1종 오류
② 제2종 오류
③ 제3종 오류
④ 환원주의 오류

04 ☐☐☐

다음 <보기>의 설명에 해당하는 집단적 의사결정기법은?

<보기>
토론집단을 대립적인 두 팀으로 나눠서 인위적으로 특정 조직원 또는 집단을 반론을 제기하는 집단으로 지정하여 반론자 역할을 부여하고, 이들이 제기하는 반론과 이에 대한 제안자의 옹호과정을 통해 의사결정을 유도하는 방식이다. 성공적으로 집단의사결정이 되기 위해서는 반론자들이 고의적으로 본래 대안의 단점과 약점을 최대한 적극적으로 지적하여야 한다. 이러한 과정을 거치면 발생할 수 있는 모든 가능성이 검토되기 때문에 최종 대안의 효과성과 현실적응성이 높아진다.

① 델파이기법
② 브레인스토밍
③ 지명반론자기법
④ 명목집단기법

---

03 제3종 오류

난이도 ★★☆

잘못된 교통신호 체계가 되어야 함에도, 자가용 증대 문제를 교통 혼잡의 핵심으로 잘못 인지하는 것은 제3종 오류이다. 제3종 오류(메타오류)는 정책문제 자체를 잘못 인지하거나 정의하여 후속과정까지 영향을 미칠 수 있는 근본적인 오류를 말한다.

(선지분석)
① 제1종 오류는 효과 없는 대안을 효과가 있다고 생각하여 채택하는 오류이다.
② 제2종 오류는 효과 있는 대안을 효과가 없다고 생각하여 기각하는 오류이다.
④ 환원주의 오류는 전체의 속성은 전체를 이루고 있는 개체와 상이하나 전체의 속성을 개체의 합으로만 파악할 때 발생하는 오류이다.

답 ③

04 집단적 의사결정기법

난이도 ★☆☆

<보기>는 지명반론자기법에 대한 설명이다.

(선지분석)
① 델파이기법은 1948년 미국의 랜드연구소에서 개발된 전문가의 직관에 의존하는 주관적·질적 미래예측기법으로 관련 분야의 전문지식을 가진 전문가들에게 익명성을 보장하여 각각 독자적으로 형성한 판단을 종합·정리하여 예측결과를 도출하는 기법이다.
② 브레인스토밍은 여러 사람이 모여 자유로운 분위기 속에서 어느 특정한 문제에 대한 아이디어를 공동으로 제시하는 회의 방식의 집단 사고기법으로 대면접촉을 통해 미래를 예측하는 분석기법이다.
④ 명목집단기법은 개인들이 익명이 보장된 서면으로 아이디어를 제출하고, 그에 대한 비평을 불허하는 제한된 집단적 토론을 한 뒤 해결방안에 대해 표결을 하는 기법이다.

답 ③

05 ☐☐☐

주관적 예측기법에 대한 설명으로 옳은 것은?

① 외삽법에 의하여 추세를 연장하여 미래를 추정한다.
② 예견법에 의하여 회귀분석이나 선형계획기법을 이용하여 예측한다.
③ 비용편익분석을 이용하여 사업의 경제적 타당성을 분석한다.
④ 델파이기법에 의하여 전문가들의 견해를 수렴하여 미래를 예측한다.

06 ☐☐☐

정책대안의 결과를 예측하기 위한 직관적 예측기법으로 옳지 않은 것은?

① 브레인스토밍
② 델파이기법
③ 교차영향분석
④ 선형계획

---

05 주관적 예측기법　　　　　　난이도 ★★☆

델파이기법은 예측하려는 현상에 대하여 관련 있는 전문가의 자문을 설문지를 통하여 근접한 의견에 이를 때까지 체계적으로 유도하고 분석하는 주관적인 미래예측기법을 말한다.

（선지분석）
① 외삽법에 의하여 추세를 연장하여 미래를 추정하는 기법은 객관적 예측방법인 투사이다.
② 회귀분석이나 선형계획기법을 이용하여 미래를 예측하는 것은 객관적 예측방법인 예견법이다.
③ 비용편익분석을 이용하여 사업의 경제적 타당성을 분석하는 것은 정책대안의 평가기준 중 능률성을 측정하는 방법이다.

👍 이것도 알면 **합격!** 델파이기법의 장·단점

장점	단점
• 익명성을 통한 솔직한 견해 확보 • 수정기회를 제공하여 예측 오차 최소화 • 감정대립, 다수 의견의 횡포, 집단 사고 등을 방지	• 전문가 선정 기준과 역량 파악 곤란 • 각 개인의 주관적 판단으로 인한 낮은 과학성과 객관성 • 설문방식에 따른 응답의 조작가능성

답 ④

---

06 직관적 예측기법　　　　　　난이도 ★★☆

선형계획은 이론적 예측기법에 해당한다. 인과관계를 분석하는 연역적·객관적 예측기법인 이론적 예측기법에는 상관분석, 선형계획, 경로분석, 회귀분석 등이 있다.

（선지분석）
① 브레인스토밍은 아이디어 산출단계에서 비판을 최소화하여 많은 아이디어를 도출하는 기법으로, 아이디어의 질보다 양을 중시하는 직관적 예측기법이다.
② 델파이기법은 전문가의 예측을 근거로 미래를 예측하는 직관적 예측기법이다.
③ 교차영향분석은 어떠한 결과가 발생할 경우를 예측할 때 이에 영향을 준 다른 상황을 판단하여 결과를 예측하는 직관적 예측기법이다.

답 ④

행정의 불확실성 상황에 대한 대응방안으로 가장 옳지 않은 것은?

① 표준화를 통해 불확실성을 감소시킨다.
② 상황에 대한 충분한 지식 및 정보를 수집한다.
③ 불확실성을 발생시키는 상황 자체를 통제한다.
④ 가외적이거나 중첩적인 부분을 제거한다.

총편익이 총비용보다 클 경우 분배적 정의가 존재할 가능성이 있다는 주장과 관련이 깊은 것은?

① 정의의 원칙
② 공리주의 원칙
③ 칼도-힉스(Kaldor-Hicks) 기준
④ 파레토(Pareto) 기준

---

07   불확실성 상황에 대한 대응방안   난이도 ★★☆

불확실성 상황에 대응하기 위해서는 중첩적인 기능을 제거하는 것이 아니라 오히려 가외성을 고려하여 복수의 대안을 준비하여야 한다.

(선지분석)

① 표준화를 통하여 불확실성 상황의 발생가능성을 감소시킴으로써 불확실성 상황에 대응할 수 있다.
② 불확실한 상황을 확실히 할 수 있도록 상황에 대한 충분한 지식 및 정보를 수집한다.
③ 불확실성을 발생시키는 상황 자체를 적극적으로 통제함으로써 불확실성 상황에 대응할 수 있다.

답 ④

08   칼도-힉스(Kaldor-Hicks) 기준   난이도 ★★☆

칼도-힉스(Kaldor-Hicks) 기준은 어떤 상태에서 다른 상태로 이동하여 이득을 본 사람에 의해 평가된 이득의 가치가 손해를 본 사람에 의해 평가된 손해의 가치보다 크면, 즉 효용이 증대된 소비자가 효용이 감소한 소비자에게 보상을 하고도 효용 증대가 있다면 사회적 후생이 증대된 것으로 본다. 그러나 효용이 증가된 사람이 효용이 감소된 사람에게 실제로 금전적인 보상을 하는 것은 아니다. 이는 잠재적으로 보상이 이루어졌다고 가정하는 것이다. 그런 의미에서 보상원리를 '잠재적 파레토 개선'이라고 한다. 상태의 변화가 초래하는 후생 수준의 개선 여부를 파레토 기준으로 판단할 수 없을 때 칼도-힉스(Kaldor-Hicks) 기준이 이용된다.

(선지분석)

① 롤스(Rawls)의 정의의 원칙은 제1원칙인 타인의 자유를 침해하지 않는 범위 내에서 허용된 자유, 제2원칙인 기회균등의 원칙과 최소극대화의 기준에 따른 차등 분배의 원칙을 따를 경우의 분배의 불공평은 정의롭다는 원칙이다.
② 공리주의 원칙이란 최대 다수가 최대 행복을 느끼게 하는 행동이 선하고 정의로운 행동이라는 뜻이다.
④ 파레토(Pareto) 기준은 어느 한 사람의 효용을 감소시키지 않으면 다른 사람의 효용이 증가되지 않는 상태의 기준점을 뜻한다.

답 ③

09 □□□

비용편익분석에 대한 설명으로 옳지 않은 것은?

① 비용과 편익을 금전적인 가치로 평가한다.
② 사업의 효과성을 측정할 수 있다.
③ 이종(異種) 사업 간 우선순위를 비교할 수 있다.
④ 합리적 의사결정에 기여하였다.

10 □□□

비용편익분석에 대한 설명으로 옳지 않은 것은?

① 순현재가치(NPV)가 2보다 크면 사업의 경제성이 있다고 본다.
② 편익비용비(B/C)가 1보다 클 때 사업의 경제성이 있다고 본다.
③ 내부수익률(IRR)이 높을수록 투자가치가 있는 사업이다.
④ 복수의 대안평가 시 내부수익률(IRR)이 큰 사업을 선택해야 오류가 없다.

---

09 비용편익분석 · 난이도 ★★☆

사업의 효과성을 측정할 수 있는 것은 비용효과분석이다.

선지분석

① 비용편익분석은 비용과 편익을 모두 금전적인 가치로 환산하여 평가한다.
③ 비용과 편익을 모두 금전적인 가치로 환산하여 평가하므로 이종 사업 간 우선순위를 비교할 수 있다.
④ 비용편익분석은 경제적 분석의 기초로, 합리적 의사결정에 기여하였다.

👉 이것도 알면 **합격!** 비용편익분석의 효용과 한계

효용	한계
• 다양한 공공사업의 비교 가능	• 공공부문에의 적용 한계
• 불확실성의 감소	• 경제적 효율성 측면만을 분석
• 의사결정의 객관화	• 목표에 대한 합의 도출 및 현실적
• 사회후생 극대화	적용 곤란

답 ②

10 비용편익분석 · 난이도 ★★☆

순현재가치(NPV)는 최초 투자 시기부터 사업 종료 시점까지 연도별 순편익의 흐름을 각각 현재가치로 환산한 것을 말한다. 즉, 미래에 발생할 모든 편익과 비용을 현재가치로 환산하여 편익의 현재가치에서 비용의 현재가치를 뺀 값을 말한다. 따라서 순현재가치(NPV)가 0보다 크면 사업의 타당성(경제적 타당성)이 있다고 분석되어 채택 가능하다고 판단할 수 있다.

선지분석

② 편익비용비(B/C)의 경우 편익(B)이 분자이고, 비용(C)이 분모이므로 1보다 클 때 사업의 경제성이 있다고 본다.
③, ④ 내부수익률(IRR)이 높을수록 투자가치가 있는 사업이므로 복수의 대안평가 시 내부수익률이 큰 사업을 선택하여야 한다.

답 ①

11 □□□

비용편익분석의 평가기준인 내부수익률(IRR)에 대한 설명으로 옳지 않은 것은?

① 내부수익률은 사회적 할인율보다 낮아야 타당성이 있다.
② 할인율을 몰라도 적용할 수 있다.
③ 내부수익률은 높을수록 사업의 타당성이 인정된다.
④ 내부수익률에 의한 우선순위와 순현재가치에 의한 우선순위가 다를 수 있다.

---

11   비용편익분석   난이도 ★★☆

내부수익률이 사회적 할인율보다 높아야 정책의 타당성이 인정된다.

(선지분석)

② 내부수익률은 적절한 할인율을 알 수 없을 때 비용과 편익을 사용하여 도출해 내는 일종의 예상 수익률이다.
③ 내부수익률은 총편익의 현재가치와 총비용의 현재가치를 같게 만드는 할인율로, 그 값이 높을수록 경제성이 크므로 사업의 타당성이 인정된다.
④ 내부수익률은 사업기간이 상이할수록 복수의 해를 가지므로 정확도가 감소하게 되고 순현재가치에 의한 사업의 우선순위와 우선순위가 다를 수 있다.

답 ①

---

12 □□□

사이먼(H. A. Simon)의 정책결정만족모형에 대한 설명으로 옳지 않은 것은?

① 사이먼(H. A. Simon)은 합리모형의 의사결정자를 경제인으로, 자신이 제시한 의사결정자를 행정인으로 제시한다.
② 경제인은 목표달성의 극대화를, 행정인은 만족하는 선에서 그친다.
③ 경제인은 합리적·분석적 결정을, 행정인은 직관, 영감에 기초한 결정을 한다.
④ 경제인은 복잡하고 동태적인 모든 상황을 고려하지만, 행정인은 실제 상황을 단순화시키고, 무작위적이고 순차적으로 대안을 탐색한다.

---

12   정책결정만족모형   난이도 ★★☆

경제인은 합리적·분석적 결정을, 행정인은 한정된 대안의 순차적 탐색 결과 만족할만한 수준에서 결정을 한다. 직관, 영감에 기초한 결정을 중시한 것은 드로(Dror)가 주장한 최적모형에서의 메타정책결정단계(초정책결정단계)이다.

👍 이것도 알면 **합격!** 합리모형과 만족모형 비교

구분	합리모형	만족모형
성격	규범적	실증적
인간관	경제인	행정인
대안탐색	모든 대안	몇 개의 대안
대안선택	최적대안	만족대안
합리성	완전한 합리성	제한적 합리성
결과예측	복잡한 상황 고려	상황의 단순화

답 ③

---

13 □□□

에치오니(Etzioni)가 제시한 정책결정모형으로 옳은 것은?

① 최적모형
② 점증모형
③ 혼합탐사모형
④ 만족모형

14 □□□

정책결정모형에 대한 설명으로 옳지 않은 것은?

① 합리모형은 정치적 합리성을 고려하지 않으며, 경제적 합리성에 초점을 둔다.
② 점증모형은 보수적 성격으로 인해 환경 변화에 대한 적응력이 약하다.
③ 최적모형은 정책결정의 지침을 결정할 때 합리성을 중시하며, 체제주의는 배제한다.
④ 만족모형은 정책결정의 합리성을 제약하는 요인들을 고려할 때, 한정된 대안의 비교분석을 통해 최선을 모색하는 선에서 만족하는 것이 합리적이라고 본다.

---

13 정책결정모형

난이도 ★☆☆

에치오니(Etzioni)는 합리모형과 점증모형을 변증법적으로 절충하여 혼합탐사모형을 제시하였다.

(선지분석)

① 최적모형은 드로(Dror)가 제시한 정책결정모형으로 정책결정단계를 초정책결정단계, 정책결정단계, 후정책결정단계로 나눈 뒤 초정책결정단계에서는 직관력, 통찰력과 같은 초합리성을 중시하고 정책결정단계에서는 합리성을 중시하는 모형이다.
② 점증모형은 린드블룸(Lindblom), 윌다브스키(Wildavsky) 등이 주장한 정책결정모형이다.
④ 만족모형은 사이먼(Simon)이 주장한 정책결정모형으로 정책결정자의 인식능력(주의집중력)의 한계로 인하여 모든 대안이 검토되지 않고, 무작위로 선별된 몇 개의 대안만을 순차적으로 검토한 뒤 만족할만한 수준에서 정책이 결정된다고 본 모형이다.

답 ③

---

14 정책결정모형

난이도 ★★★

드로어(Dror)가 제시한 최적모형은 합리성과 초합리성을 동시에 고려하는 모형이다. 최적모형은 정책과정을 체제론적 관점에서 '투입·전환·산출·환류'의 과정으로 이해하며 투입 이전의 초정책결정단계, 투입·전환·산출의 정책결정단계, 환류의 후정책결정단계로 정책결정단계를 이해한다.

(선지분석)

① 합리모형이 중시하는 합리성은 경제적 합리성이다.
② 점증모형은 기존의 정책을 기준으로 점증적이고 소폭적인 변화만을 인정하므로 보수적 성격으로 인하여 환경 변화에 대한 적응력이 약하다.
④ 만족모형은 인간의 제한된 합리성 등 정책결정의 합리성을 제약하는 요인들을 고려할 때 모든 대안이 아닌 한정된 수의 대안만을 순차적으로 비교분석하여 그중에서 만족할만한 수준에서 정책을 결정하는 것이 합리적이라고 본다.

👍 이것도 알면 **합격!** 합리모형, 만족모형, 점증모형 비교

합리모형	만족모형	점증모형
완전한 합리성	제한된 합리성	정치적 합리성
목표와 수단 구분	목표 간소화	목표와 수단 미구분
모든 대안 고려	중요 대안 고려	기존 대안 ±α 고려
최적 대안 선택	만족 대안 선택	향상된 대안 선택
규범적	경험적	규범적, 경험적

답 ③

사이어트(Cyert)와 마치(March)가 주장한 회사모형(firm model)의 내용이 아닌 것은?

① 조직의 전체적 목표달성의 극대화를 위하여 장기적 비전과 전략을 수립·집행한다.

② 조직 내 갈등의 완전한 해결은 불가능하며 타협적 준해결에 불과하다.

③ 정책결정능력의 한계로 인하여 관심이 가는 문제 중심으로 대안을 탐색한다.

④ 조직은 반복적인 의사결정의 경험을 통하여 결정의 수준이 개선되고 목표달성도가 높아진다.

⑤ 표준운영절차(SOP: Standard Operation Procedure)를 적극적으로 활용한다.

앨리슨(Allison)모형에 대한 설명으로 옳은 것은?

① 합리적 행위자모형에서는 국가 전체의 이익과 국가목표 추구를 위해서 개인의 이익을 고려하지 않는 것을 경계하며 국가가 단일적인 결정자임을 부정한다.

② 조직과정모형에서 조직은 불확실성을 회피하기 위하여 정책결정을 할 때 표준운영절차(SOP)나 프로그램목록(program repertory)에 의존하지 않는다.

③ 관료정치모형은 여러 다양한 문제에 관심을 갖는 다수의 행위자를 상정하며 이들의 목표는 일관되지 않는다.

④ 외교안보문제 분석에 있어서 설명력을 높이기 위한 대안적 모형으로 조직과정모형을 고려하지는 않는다.

---

15   회사모형   난이도 ★★☆

조직의 전체적 목표달성의 극대화를 위하여 장기적 비전과 전략을 수립·진행하는 것은 합리모형에 대한 설명이다. 회사모형은 환경의 불확실성으로 인하여 단기적인 대응을 통해 불확실성을 회피·통제한다.

(선지분석)

② 회사모형은 갈등의 완전한 해결은 불가능하고 결국 준해결(quasi-solution)에 머물게 된다고 본다.

③ 의사결정자들은 시간과 능력의 제약으로 인해 모든 상황을 다 고려하기보다 특별한 문제에 대해서만 고려하여 결정한 후, 문제가 해결되면 다음 문제가 등장할 때까지 기다리는 문제 중심적 탐색을 한다.

④ 의사결정이 반복되는 과정에서 구성원들은 점차 경험을 쌓음으로써 좀 더 능숙하고 세련된 결정이 가능해지고, 목표달성도는 높아지게 된다.

⑤ 경험이 축적됨에 따라 가장 효율적이라고 생각되는 표준운영절차(SOP)를 마련해두고 이를 의사결정에 활용한다.

답 ①

16   앨리슨(Allison)모형   난이도 ★★★

관료정치모형의 정책결정 주체는 단일주체의 정부나 하위 조직들의 집합체가 아니라 목표에 대한 공유감이 약하고 다원화된 개개인의 참여자이며, 참여자들 간 응집성이 약해 타협·갈등·흥정 등의 정치적 결과에 의해 정책이 결정되고, 정책은 약한 일관성을 보인다.

(선지분석)

① 합리적 행위자모형에서는 국가 전체의 이익과 국가목표 추구를 위해서 개인의 이익을 고려하지 않고, 국가가 단일적인 결정자임을 인정한다.

② 조직과정모형에서 조직은 불확실성을 회피하기 위하여 정책결정을 할 때 표준운영절차(SOP)나 프로그램목록(program repertory)에 의존한다.

④ 외교안보문제 분석에 있어서 설명력을 높이기 위한 대안적 모형으로 조직과정모형을 고려한다.

답 ③

17 ☐☐☐

쓰레기통모형에 대한 설명으로 옳지 않은 것은?

① 코헨(Cohen), 마치(March) 등이 제시하였다.
② 불분명한 선호, 불명확한 기술, 일시적 참여 등을 전제조건으로 한다.
③ 조직화된 혼란상태 속에서 의사결정이 이루어지는 현실적 과정을 설명한다.
④ 의사결정에 필요한 네 가지 요소는 문제의 흐름, 해결책의 흐름, 기회의 흐름, 정치의 흐름이다.

18 ☐☐☐

설정된 목표의 달성을 위해 정보와 환류과정을 통해 자신의 행동을 스스로 조정해 나가는 것을 가정하는 정책결정모형으로 옳은 것은?

① 회사모형
② 만족모형
③ 혼합탐사모형
④ 사이버네틱스모형

---

18 사이버네틱스모형

난이도 ★★☆

사이버네틱스모형에 대한 설명이다. 사이버네틱스모형은 합리모형과 가장 극단적으로 대립되는 비목적적·관습적인 의사결정모형이다. 인간의 두뇌를 정해진 자동온도조절장치와 같이 정보와 환류에 의한 제어장치로 보고, 이를 의사결정과정에 적용한 것이다. 사이버네틱스모형에서의 의사결정과정이란 목표를 추구하거나 미리 결과를 예측하는 것이 아니라 고도의 불확실성 속에서 정보를 지속적으로 제어하고 환류해 나감으로써 일정 수준의 유지를 목표로 하는 점진적인 적응과정이다.

선지분석

① 회사모형은 만족모형이 조직차원으로 발전된 모형으로, 조직의 권한은 준독립적인 하위 부서들에게 일정부분 분배되어 있고, 이들 부서 간의 흥정, 협상, 타협 등을 통해 의사결정이 이루어지며, 이 과정에서 의사결정에 대한 학습이 진행되어 표준운영절차(SOP)등을 마련하게 된다고 본다.
② 만족모형은 의사결정자의 제한된 합리성으로 인하여 모든 대안을 단발적이고 총체적으로 검토하지 못하고 몇 가지 대안만을 순차적으로 탐색한 후 만족할만한 수준에서 의사결정이 이루어진다고 보는 모형이다.
③ 혼합탐사모형은 근본적 의사결정은 합리모형적 입장에서 결정하고, 세부적 의사결정은 점증모형적 입장에서 결정한다는 제3의 모형이다.

---

17 쓰레기통모형

난이도 ★☆☆

쓰레기통모형의 의사결정에 필요한 네 가지 요소는 문제의 흐름, 해결책의 흐름, 선택 기획의 흐름, 참여자의 흐름이다.

선지분석

① 쓰레기통모형은 코헨(Cohen), 마치(March), 올센(Olsen)이 주장한 정책결정모형이다.
② 조직화된 무정부상태의 세 가지 전제조건은 불분명한 선호(문제성 있는 선호), 불명확한 기술, 일시적 참여 등이다.
③ 쓰레기통모형은 조직화된 혼란(무정부)상태에서 나타나는 의사결정의 현실적 과정을 설명하는 모형이다.

답 ④

👆 이것도 알면 **합격!** 합리모형과 사이버네틱스모형 비교

구분	합리모형	사이버네틱스모형
합리성	완전한 합리성	제한된 합리성
해답	최선의 답 추구	그럴듯한 답 추구
학습	인과적 학습	도구적 학습
인간관	전지전능인	인지능력의 한계 인정
대안분석	동시적 분석	순차적 분석
접근방식	알고리즘 (연역적 접근)	휴리스틱 (귀납적 접근)
이념	경제적 효율성	배분적 형평성

답 ④

CHAPTER 4 | 정책집행론

THEME 032 | 정책집행의 본질

01 □□□
2010년 9급 복원

정책결정과 정책집행에 대한 설명으로 옳지 않은 것은?

① 정책집행은 선정된 문제를 해결하기 위해 여러 대안 중 최선의 대안을 선택하는 것이다.
② 정책집행은 정책의 내용을 구체화하는 과정이다.
③ 정책결정의 주체는 공식적인 정부이며, 정부는 공익을 추구한다.
④ 정책결정은 이해관계자들 간 갈등이 나타나는 정치적 과정이다.

01 　정책결정과 정책집행
난이도 ★★☆

선정된 문제를 해결하기 위해 여러 대안 중 최적의 대안을 선택하는 것은 정책집행이 아니라 정책결정이다.

(선지분석)

② 정책집행은 결정된 정책의 내용을 구체화하는 과정이다.
③ 정책결정의 주체는 공식적인 정부이고, 정부는 공익 추구를 목적으로 정책을 결정한다.
④ 정책결정은 정책의 이해관계자들 간의 갈등, 흥정, 협상, 타협이 이루어지는 정치적 과정이다.

👍 이것도 알면 **합격!** 　정책집행의 특징

계속적·구체적 결정	결정된 정책들은 대체로 추상적이어서 집행과정에서 계속적으로 정책 대안을 구체화시켜 나감
정책결정과의 쌍방향적 과정	정책은 사실상 정책집행 과정에서 결정되기 때문에 정책결정과의 관계에서 정책집행은 명확하게 구분되지 않고, 상호 영향력을 끼침
정치적 성격	정책집행 과정에 많은 참여자가 다양한 관점을 토대로 하여 상호 의견교환 과정을 진행하기 때문에 애초의 정책의도와는 다른 결과를 초래할 수 있음
정책대상 집단에 영향력 행사	정책을 집행하는 과정에서 직접적인 접촉을 통해 대상 집단에 실질적 영향력을 끼침

답 ①

THEME 033 | 정책집행의 유형

02 □□□
2017년 9급 복원

상향적 정책집행에 대한 설명으로 옳은 것은?

① 주어진 목표 달성을 위한 최적 수단의 선택을 강조하는 합리모형을 배경으로 한다.
② 일선관료의 전문지식과 문제해결능력을 성공적인 집행의 조건으로 본다.
③ 거시적·연역적 접근방법을 채택하고 있다.
④ 정책결정자에게 집행과정에 대한 기술이나 인과론적 설명보다는 바람직한 정책집행을 위한 규범적 처방을 제시한다.

02 　상향적 정책집행
난이도 ★☆☆

상향적 정책집행은 일선관료의 집행현장에 대한 전문지식, 실질적인 문제해결능력이 충분히 발휘될 때 성공적인 정책집행이 이루어진다고 본다.

(선지분석)

① 주어진 목표 달성을 위한 최적 수단의 선택을 강조하는 합리모형을 배경으로 하는 것은 전통적인 하향적 정책집행이다.
③ 거시적·연역적 접근방법을 채택하는 것은 하향적 정책집행이다. 상향적 정책집행은 미시적·경험적 접근방법을 채택한다.
④ 바람직한 정책집행을 위한 규범적 처방을 제시하는 것은 하향적 정책집행이다.

👍 이것도 알면 **합격!** 　하향적 정책집행과 상향적 정책집행 비교

구분	하향적 정책집행	상향적 정책집행
정책상황	안정적·구조화	유동적·동태화
정책목표	명확한 목표	수정이 요구되는 목표
결정과 집행	정치행정이원론	정치행정일원론
집행자의 재량	불인정	인정
평가기준	공식목표의 달성	환경에의 적응성
초점	결정자의 의도 구현	행위자의 전략적 상호작용
성공요건	정책결정자의 리더십	집행자의 적응력
핵심적 법률	있음	없음
관리자의 참여	참여 축소	참여 확대
민주주의	엘리트 민주주의	참여 민주주의

답 ②

03 □□□

정책집행의 통합모형에서 사바티어(Sabatier)가 제시한 정책지지연합모형(advocacy coalition framework)에 대한 설명으로 옳지 않은 것은?

① 시간의 경과에 따라 자신들의 목표를 달성하기 위해 정책의 법적 속성을 조정하려는 다양한 행위자들의 전략과 시도를 강조한다.
② 행위자들은 신념체계에 따라 단순화하여 지지연합이라는 행위자 집단에 초점을 두어 이들의 정책학습을 살펴보고자 한다.
③ 현대 산업사회에서 정책변화를 이해하기 위한 가장 유용한 분석단위는 특정 정부기관이 아니라 정책하위시스템, 즉 공공 및 민간조직의 행위자들로 구성되는 정책하위시스템이라 전제한다.
④ 정책집행연구의 접근방법을 전방향적 접근(forward mapping)과 후방향적 접근(backward mapping)으로 구분하여 전방향적 접근에서는 정책결정자의 의도와 정책목표 집행성과를 비교하고, 후방향적 접근에서는 일선관료의 지식과 전문성이 충분히 발휘될 수 있도록 재량과 자원을 강조한다.

03 사바티어(Sabatier)의 정책지지연합모형 난이도 ★★☆

정책집행연구를 전방향적 접근과 후방향적 접근으로 구분한 것은 엘모어(Elmore)의 통합모형이다.

👍 이것도 알면 **합격!** 사바티어(Sabatier)의 통합모형	
비교우위 접근방법	하향적 접근방법과 상향적 접근방법 중에 상대적으로 적용 가능성이 더 높은 조건을 발견한 후, 그러한 조건에 따라 둘 중 하나의 접근방법을 개별집행연구의 이론적 틀로 이용하는 접근방법
정책지지 연합모형	• 하향적 접근방법과 상향적 접근방법을 통합하여 하나의 분석틀을 구성하며, 기본적으로 상향적 접근방법의 분석단위를 채택하고 사회 경제적 상황 등의 하향적 접근방법을 가미한 모형 • 신념체계를 지닌 정책하위연합들 간의 상호작용을 통한 정책변화를 추구하는 정책지향학습을 강조함 • 정책집행은 한 번에 완료되는 과정이 아닌 지속적인 변동 차원으로 파악함

답 ④

04 □□□

윈터(S. Winter)가 제시하는 정책집행성과를 좌우하는 주요 변수로 옳지 않은 것은?

① 정책형성과정의 특성
② 일선관료의 행태
③ 조직 상호 간의 집행형태
④ 정책결정자의 행태

04 윈터(S. Winter)의 정책집행에 영향을 주는 요인 난이도 ★★★

윈터(S. Winter)는 합리모형, 쓰레기통모형, 갈등-타협모형별로 정책결정과정에서의 특징들이 정책집행에 영향을 끼치는 과정을 연구하였다. 윈터의 연구에 따르면 정책집행에 영향을 주는 요인은 정책형성과정의 특성, 조직 상호 간의 집행형태, 일선관료의 행태, 정책대상집단의 행태이다. 정책결정자의 행태는 포함되지 않는다.

답 ④

05 ☐☐☐

정책집행 담당 관료들이 큰 권한을 보유하고, 정책과정 전반을 좌지우지하는 형태로 결정권을 행사하는 것으로 옳은 것은?

① 고전적 기술자형
② 지시적 위임가형
③ 관료적 기업가형
④ 재량적 실험가형

06 ☐☐☐

2009년 9급 복원

나카무라(Nakamura)와 스몰우드(Smallwood)의 정책집행 연구의 유형 중 다음에서 설명하는 유형으로 옳은 것은?

> 정책결정자들에 의해 목표가 수립되고 대체적인 방침만 정해진 뒤 나머지 부분은 집행자에게 위임되고, 집행자들은 이 목표와 방침에 합의한 상태에서 집행 시에 충분한 재량권을 부여받는다.

① 재량적 실험가형
② 지시적 위임가형
③ 고전적 기술자형
④ 관료적 기업가형

---

05 정책집행 유형

난이도 ★★☆

정책집행자가 전반적인 정책과정을 좌지우지하는 모형은 관료적 기업가형이다. 관료적 기업가형의 경우 정책집행자가 정책의 구체적 목표는 물론 추상적 목표까지 설정하게 되고 정책결정자는 정책집행자에게 동의하는 형태이다.

(선지분석)

① 고전적 기술자형은 정책결정자가 강력한 권한을 행사하는 고전적인 형태의 결정자-집행자 모형으로, 정책결정자가 정책의 목표를 설정하는 것은 물론, 행정적 권한(수단)까지 정책결정자가 보유하고 정책집행자는 기술적 권한(수단)만을 보유한 형태이다.
② 지시적 위임가형은 정책결정자가 정책목표는 설정하지만, 정책집행자가 정책의 실현을 위해 규정을 제정할 수 있는 행정적 권한까지 보유하는 형태이다.
④ 재량적 실험가형은 정책결정자가 정책집행자에게 광범위한 재량을 보유함으로써 정책집행자는 정책결정자가 설정한 추상적 목표 내에서 정책의 구체적 목표까지 설정할 수 있는 수단을 보유하고 있는 형태이다.

👍 이것도 알면 **합격!** 나카무라와 스몰우드(Nakamura & Smallwood)의 정책집행 유형

구분	정책결정자	정책집행자
고전적 기술자형	• 구체적 목표 설정 • 집행자에게 기술적 권한 위임	• 정책결정자의 목표 지지 • 목표 달성을 위한 기술적 수단 강구
지시적 위임자형	• 구체적 목표 설정 • 집행자에게 기술적·행정적 권한 위임	• 정책결정자의 목표 지지 • 집행자 상호 간의 행정적 권한에 관한 교섭
협상가형	• 목표 설정 • 집행자와 목표와 달성수단에 관한 협상	정책목표와 수단에 관하여 정책결정자와 협상
재량적 실험가형	• 추상적 목표 지지 • 집행자에게 광범위한 재량권 위임	구체적 목표와 수단을 명백히 하고 확보
관료적 기업가형	집행자가 설정한 목표와 달성수단 지지	• 목표와 달성수단을 형성 • 정책결정자가 이를 받아들이도록 설득

답 ③

---

06 정책집행 유형

난이도 ★★★

지시적 위임가형은 정책결정자에 의해 수립된 목표에 대하여 집행자는 바람직한 것임을 동의함으로써 정책결정자로부터 상당한 수준의 재량권을 위임받아 정책을 집행하는 모형이다. 정책결정자는 정책형성에 대한 통제권을 가지는 반면, 집행자에게는 수립된 목표의 달성에 필요한 수단을 결정할 행정적·기술적 권한이 부여된다.

(선지분석)

① 재량적 실험가형은 정책결정자는 추상적 목표만을 설정하고, 정책집행자는 구체적 목표를 설정할 수 있는 광범위한 재량을 부여받게 된다.
③ 고전적 기술자형은 정책결정자가 구체적인 목표와 행정적인 권한을 보유하고 있으며, 정책집행자는 이를 실현한 기술적 권한만을 부여받은 경우이다.
④ 관료적 기업가형은 정책집행자가 정책의 추상적 목표까지 설정할 수 있는 권한을 보유하므로 사실상 정책과정 자체는 정책집행자가 지배하는 형태이다.

👍 이것도 알면 **합격!** 나카무라와 스몰우드(Nakamura & Smallwood)의 각 정책집행 유형별 정책집행자의 결정권한 보유 여부

구분	고전적 기술자형	지시적 위임자형	협상자형	재량적 실험가형	관료적 기업가형
정책목표	-	-	협상 결과에 따름	구체적	추상적, 구체적
정책수단	기술적	행정적, 기술적		행정적, 기술적	행정적, 기술적

답 ②

07 ☐☐☐

립스키(Lipsky)의 일선관료제론에 대한 설명으로 옳은 것은?

① 정책의제설정단계에서 중시된다.
② 정책결정단계에서 중시된다.
③ 정책의제설정단계에서 정책평가단계까지 모니터링이 요구된다.
④ 집행현장에서 재량이 적지 않다.

08 ☐☐☐

립스키(Lipsky)의 일선행정직원론은 정책과정 중 주로 어느 단계에 관한 것인가?

① 의제설정
② 정책결정
③ 정책집행
④ 정책평가

---

07 립스키(Lipsky)의 일선관료제론

난이도 ★★☆

립스키(Lipsky)의 일선관료제론에 따르면 집행현장의 일선관료들은 많은 재량을 보유하고 있다.

선지분석

①, ②, ③ 일선관료제론은 정책집행단계에서의 일선관료의 행태를 연구한 이론이다.

답 ④

08 립스키(Lipsky)의 일선관료제론

난이도 ★★☆

립스키(Lipsky)는 상향식 접근방법에 의한 집행연구의 대표적인 학자로, 일선행정직원론(일선관료제론)은 정책집행 시 일선관료의 집행으로 실제 정책이 결정된다고 보는 이론이다. 즉, 정책집행 현장의 일선관료의 중요성을 주장한 이론이다.

선지분석

① 정책의제설정모형으로는 외부접근형, 내부접근형, 동원형, 굳히기형 등이 있다.
② 정책결정모형으로는 합리모형, 점증모형, 만족모형, 혼합모형, 최적모형 등이 있다.
④ 정책평가는 정책이 종료된 후의 사후적 총괄평가와 정책집행 도중의 형성평가(과정평가)로 분류할 수 있다.

답 ③

09 □□□

하향적 정책집행의 성공조건으로 가장 옳지 않은 것은?

① 기술적 타당성
② 절차, 규정의 명확성
③ 정책목표 우선순위의 유연성
④ 집단의 지속적인 지지

10 □□□

정책집행의 실패를 좌우하는 요인들 중 정책 내용적 요인이 아니라, 정책 환경적 요인으로 옳은 것은?

① 정책에 대한 순응
② 정책목표
③ 정책이 요구하는 변화의 크기
④ 정책이 초래할 혜택의 유형

---

09 정책집행의 성공조건
난이도 ★★☆

하향적 정책집행이 성공하기 위해서는 정책목표의 우선순위가 명확하여야 한다.

(선지분석)
① 기술적 타당성이란 정책결정의 내용은 타당한 인과이론에 바탕을 두어야 한다는 뜻이다. 하향적 정책집행이 성공하기 위하여는 정책목표와 정책수단 간의 타당한 인과이론이 필요하다.

답 ③

10 정책집행의 실패요인
난이도 ★★★

정책에 대한 정책대상집단의 순응은 정책집행의 성패를 좌우하는 정책 환경적 요인에 해당한다.

(선지분석)
② 정책 자체의 목표는 정책의 내용적 요인이다.
③ 정책이 요구하는 변화의 크기는 정책 자체의 내용적 요인이다.
④ 정책의 결과 발생하는 혜택의 유형은 정책의 내용적 요인이다.

답 ①

CHAPTER 5 | 정책평가론

THEME 034 | 정책평가

01 ☐☐☐
2012년 9급 복원

정책분석과 정책평가에 대한 설명으로 옳지 않은 것은?

① 집행을 중심으로 보면 정책분석은 사전적 활동이고, 정책평가는 사후적 활동이다.
② 정책분석은 과정적 측면을 추구하며, 정책평가는 내용적 측면을 추구한다.
③ 정책분석은 미시적 방법을 사용하며, 정책평가는 거시적 방법을 사용한다.
④ 정책분석은 정책의 선호화를 추구하며, 정책평가는 목표를 중시하여 효과성을 추구한다.

01 정책분석과 정책평가
난이도 ★★★

정책분석은 정책이 집행되기 전 정책의 내용적 측면의 분석을 추구하며, 정책평가는 정책집행 과정 전체를 사후적으로 평가한다.

(선지분석)
① 정책분석은 정책이 집행되기 전의 사전적 활동이고, 정책평가는 정책이 집행된 후의 사후적 활동이다.
③ 정책분석은 정책의 내용을 미시적으로 분석하며, 정책평가는 정책과정과 효과를 거시적으로 평가한다.
④ 정책분석은 정책의 분석을 통해 정책의 선호 정도를 분석하나, 정책평가는 정책이 달성하고자 하였던 목표를 달성하였는지에 관하여 효과성을 추구한다.

답 ②

02 ☐☐☐
2010년 9급 복원

정책평가에 대한 설명으로 옳지 않은 것은?

① 정책평가는 범학문적 특성을 가지는 활동이다.
② 총괄평가에는 능률성평가, 효과성평가, 공평성평가 등이 있다.
③ 총괄평가는 정책이 집행되고 난 후에 정책이 사회에 미친 영향을 추정하는 판단활동으로, 정책평가의 핵심이다.
④ 과정평가는 정책의 축소나 중단 여부의 판단 등에 크게 영향을 받지 않는다.

02 정책평가
난이도 ★★★

과정평가는 정책집행 및 활동을 분석하여 이를 근거로 보다 효율적인 집행전략을 수립하거나 정책내용을 수정·변경하기도 하며, 정책의 중단·축소·유지·확대 여부의 결정에 도움을 준다. 그러므로 과정평가는 정책의 축소나 중단 여부의 판단 등에 크게 영향을 받게 된다.

(선지분석)
① 정책에 대한 평가는 다양한 학문을 기반으로 이루어진다.
② 총괄평가는 투입 대비 산출을 평가하는 능률성평가, 정책이 당초 추구하는 목표를 달성했는지를 평가하는 효과성평가, 정책이 다양한 집단에게 공평하게 이루어 졌는지에 대한 공평성평가 등이 있다.
③ 총괄평가는 정책이 집행된 이후에 이루어지는 사후적 평가로, 본질적 의미의 정책평가이다.

👍 이것도 알면 **합격!** 평가의 목적에 따른 정책평가 분류

총괄평가 (영향평가)	• 정책집행 후 정책수단과 정책효과 간 인과관계 결과를 추정하는 것으로, 일반적 의미의 정책평가에 해당함(목표모형) • 과정평가보다 상대적으로 장기적·거시적 관점 • 기준에 따라 효과성평가, 능률성평가, 영향평가 등으로 구분됨 예 정부미 방출이 서민 생계 안정이라는 목표를 효과적으로 달성하였는가?
과정평가 — 협의의 과정평가	• 정책수단과 정책효과 간의 구체적인 인과관계 경로를 검증하는 평가(논리모형) • 총괄평가 중 효과성평가를 보완하는 방법 예 '정부미 방출 → 쌀 공급 증가 → 쌀값 안정 → 서민 생계 안정' 각 과정의 인과관계 및 오류와 성과, 개입된 매개변수는?
과정평가 — 형성평가 (집행분석, 집행과정 평가)	• 정책집행이 의도대로 집행되었는지를 확인하고 문제점을 발견·시정하는 평가 • 핵심은 집행분석이며, 주요 수단은 사업감시 (프로그램 모니터링)

답 ④

03 ☐☐☐

정부업무평가에 대한 설명으로 옳지 않은 것은?

① 정부업무평가위원회는 대통령 직속하에 설치한다.
② 행정안전부장관은 평가의 객관성 및 공정성을 위해서 지방자치단체의 평가를 지원한다.
③ 중앙행정기관장은 성과관리의 전략계획에 기초하여 연도별 시행계획을 수립 및 시행한다.
④ 중앙행정기관장과 지방자치단체장은 매년 자체평가위원회를 통해 자체평가를 실시한다.

04 ☐☐☐

정책평가의 타당성과 신뢰성에 대한 설명으로 옳은 것은?

① 신뢰성이 없는 측정은 항상 타당성이 없다.
② 타당성은 척도 또는 측정도구가 얼마나 일관성 있게 작용하는가에 영향을 받는다.
③ 타당성이 있는 측정은 신뢰성이 있을 수도 있고 없을 수도 있다.
④ 신뢰성은 척도 또는 측정도구가 측정하고자 하는 것을 얼마나 정확히 반영하는가에 영향을 받는다.

03 정부업무평가

난이도 ★★☆

정부업무평가위원회는 국무총리 소속이다(「정부업무평가 기본법」 제9조 제1항).

선지분석

② 행정안전부장관은 평가의 객관성 및 공정성을 높이기 위하여 평가지표, 평가방법, 평가기반의 구축 등에 관하여 지방자치단체를 지원할 수 있다(「정부업무평가 기본법」 제18조 제4항).
③ 중앙행정기관장은 성과관리의 전략계획에 기초하여 연도별 시행계획을 수립 및 시행한다(「정부업무평가 기본법」 제6조 제1항).
④ 중앙행정기관장과 지방자치단체장은 매년 자체평가위원회를 통해 자체평가를 실시한다(「정부업무평가 기본법」 제14조 제1항, 제18조 제1항).

답 ①

04 타당성과 신뢰성

난이도 ★★☆

신뢰성은 타당성의 필요조건이므로 신뢰성이 없는 측정은 항상 타당성이 없다.

선지분석

② 신뢰성은 척도 또는 측정도구가 얼마나 일관성 있게 작용하는가에 영향을 받는다.
③ 타당성이 있는 측정은 항상 신뢰성이 있다.
④ 타당성은 척도 또는 측정도구가 측정하고자 하는 것을 얼마나 정확히 반영하는가에 영향을 받는다.

답 ①

05 ⬜⬜⬜

정책평가의 외적 타당성 저해요인에 해당하는 것은?

① 성숙효과, 선정효과
② 성숙효과, 크리밍효과
③ 크리밍효과, 호손효과
④ 역사효과, 호손효과

06 ⬜⬜⬜

정책평가에 대한 설명으로 옳지 않은 것은?

① 내적 타당성은 처치와 결과 간의 관찰된 관계로부터 도달하게 된 인과적 결론의 적합성 정도를 나타낸다.
② 역사의 요소, 성숙효과, 선정효과는 모두 내적 타당성을 위협하는 요소들에 해당한다.
③ 외적 타당성은 측정도구가 어떤 현상을 되풀이해서 측정했을 때, 얼마나 일관성 있게 측정할 수 있느냐 하는 정도로 파악된다.
④ 진실험적 평가방법은 실험집단과 통제집단의 동질성을 확보하여 행하는 실험이다.

---

06 정책평가
난이도 ★★★

측정도구가 어떤 현상을 되풀이해서 측정했을 때, 얼마나 일관성있게 측정할 수 있느냐 하는 정도는 외적 타당성이 아니라 신뢰성이다. 외적 타당성은 평가의 결과를 일반화할 수 있는가를 의미한다.

(선지분석)

② 역사적 요소, 성숙효과는 내적 타당성을 저해하는 내재적 요인이고 선정효과는 내적 타당성을 저해하는 외재적 요인이다.
④ 진실험적 평가방법은 실험집단과 통제집단의 동질성을 확보하여 행하는 실험이고, 준실험은 실험집단과 통제집단의 동질성을 확보하지 못하고 행하는 실험이다.

👍 이것도 알면 **합격!** 내적 타당성 저해요인

선발요인 (외재적 요인)	실험집단과 통제집단의 표본을 선정하는 과정상의 오류(동질성 부족)
역사적 요인 (사건효과)	실험기간 동안에 일어난 역사적 사건이 실험에 영향을 미치는 것
성숙효과 (성장효과)	실험기간 중 집단 구성원의 자연적 성장이나 발전에 의한 효과로서 실험기간이 길어질수록 사건효과나 성장효과는 커짐
회귀인공요소	실험이 진행되는 동안 구성원들이 원래 자신의 성향으로 돌아갈 경우에 나타나는 오차
측정요소 (시험효과)	실험 전에 측정한 사실 그 자체가 연구되고 있는 현상에 영향을 주는 것
측정도구의 변화	프로그램의 집행 전과 집행 후에 사용하는 측정절차 및 측정도구의 변화에 의한 효과
상실요소	연구기간 중 집단으로부터 이탈 등 두 집단 간 구성상 변화에 의한 효과
모방효과 (오염효과)	통제집단 구성원이 실험집단 구성원의 행동을 모방하는 것
선발과 성숙의 상호작용	두 집단의 선발에서부터 차이가 있었을 뿐만 아니라 두 집단의 성숙 속도가 다름으로 인한 현상
처치와 상실의 상호작용	집단들의 서로 다른 처치로 인하여 두 집단으로부터 처치기간 동안에 서로 다른 성질의 구성원들이 상실되는 경우 남아있는 개인들을 대상으로 처치효과를 추정하게 되면 그 결과가 왜곡될 가능성이 존재함
누출효과	처리가 통제집단에게 누출되어 발생하는 현상

---

05 외적 타당성 저해요인
난이도 ★☆☆

정책평가의 외적 타당성 저해요인에는 호손효과(실험조작의 반응효과), 다수적 처리에 의한 간섭, 표본의 대표성 부족, 실험조작과 측정의 상호작용, 크리밍효과가 있다. 이 중 크리밍효과는 내적 타당성 저해요인이기도 하다.

👍 이것도 알면 **합격!** 외적 타당성 저해요인

호손효과 (실험조작의 반응효과)	실험집단의 구성원들이 실험을 위해 자신이 관찰되고 있다는 사실을 인식하고 있는 경우 심리적 긴장감으로 인해 평소와 다른 행동을 보이는 현상
다수적 처리에 의한 간섭	동일집단에 여러 번의 실험적 처리를 실시하는 경우 실험집단의 구성원들이 실험조작에 익숙해져 측정값이 영향을 받을 수 있으므로 그 결과를 일반화하기 곤란함
표본의 대표성 부족	실험집단과 통제집단 간에 동질성이 있더라도 각 집단 구성원들의 사회적 대표성이 결여되어 있으면 그 결과를 일반화하기 곤란함
실험조작과 측정의 상호작용	실험 전 측정(측정요소)과 실험대상이 됨으로써 발생하는 효과(실험조작)의 상호작용이 발생하는 경우로, 사전측정을 받아본 경험이 있는 실험집단으로부터 도출한 결과를 모집단에 일반화하기 곤란함
크리밍효과	효과가 크게 나타날 것으로 예상되는 대상만 실험집단에 배정함으로써 발생하는 오차로, 외적 타당성과 내적 타당성 모두를 저해함

답 ③

답 ③

2021 해커스군무원 15개년 기출복원문제집 사룬 행정학

07 □□□

진실험적 방법과 준실험적 방법에 대한 설명으로 옳지 않은 것은?

① 진실험적 방법은 실험집단과 통제집단의 동질성을 확보하여 행하는 실험이다.
② 실험집단과 통제집단을 서로 동질적인 것으로 구성하기 위해서는 대상들을 이들 두 집단에 무작위적으로 배정하지 말아야 한다.
③ 진실험 설계에서 실험집단과 통제집단은 관찰기간 동안에 동일한 시간과 관련된 과정을 경험해야 한다.
④ 준실험적 방법에는 비동질적 통제집단 설계, 사후측정 비교집단 설계 등이 있다.

---

07 진실험적 방법과 준실험적 방법

난이도 ★★☆

진실험적 방법은 실험집단과 통제집단을 서로 동질적인 것으로 구성하기 위해서 대상들을 이들 두 집단에 무작위로 배정해야 한다.

👍 이것도 알면 **합격!** 진실험적 방법과 준실험적 방법 비교

진실험적 방법	• 실험집단과 통제집단을 무작위로 배정함으로써 두 집단 간의 동질성을 확보한 상태에서 행하는 실험 • 엄격한 외생변수의 통제 하에 독립변수를 조작화하여 인과관계를 밝히는 설계유형 • 연구자의 사전계획대로 실험집단과 통제집단을 무작위적으로 배정할 수 있어 미래지향적인 경향이 강함
준실험적 방법	• 무작위 배정에 의한 방법을 사용하지 않고 실제 상황에서 가능한 한 외생변수를 통제하고 독립변수를 조작화함으로써 실험변수의 효과를 검증하려는 실험설계 • 무작위 배정에 의한 통제에 의하여 평가를 하기 어려운 경우에 사용하는 방법 • 연구자가 과거에 발생한 실험처리의 효과를 추정하기 위한 목적으로 연구를 진행하는 경우가 많아 과거지향적 성격이 강함

답 ②

THEME 035 | 정책변동

08 □□□

정책변동에 대한 설명으로 옳지 않은 것은?

① 킹던(Kingdon)의 정책흐름이론에 따르면 정책변동은 정책문제의 흐름, 정치의 흐름, 정책대안의 흐름이 결합하면 이루어진다.
② 무치아로니(Mucciaroni)의 이익집단 위상변동모형에서 이슈맥락은 환경적 요인과 같이 정책의 유지 혹은 변동에 영향을 미치는 정책요인을 말한다.
③ 실질적인 정책내용이 변하더라도 정책목표가 변하지 않는다면 이를 정책유지라 한다.
④ 정책목표를 달성하기 위한 전반적인 정책수단을 소멸시키고 이를 대체할 다른 정책을 마련하지 않는 것을 정책종결이라 한다.

---

08 정책변동

난이도 ★★★

실질적인 정책내용이 변하더라도 정책목표가 변하지 않는 것을 정책승계라고 한다. 정책유지란 정책목표를 달성하기 위해 정책의 기본적 내용은 그대로 유지하면서 약간의 수정·변경만을 가하는 것이다.

선지분석

② 무치아로니(Mucciaroni)의 이익집단 위상변동모형은 이슈맥락과 제도 맥락의 유·불리에 의한 네 가지 이익집단 위상의 변동을 제시한다. 이때 이슈맥락은 환경적 요인과 같이 정책의 유지 혹은 변동에 영향을 미치는 정책요인이며, 제도맥락은 규정이나 제도 등의 정책요인이다. 이에 따르면 제도맥락과 이슈맥락이 모두 유리하면 이익집단의 위상이 상승하고, 모두 불리하면 위상이 쇠락한다. 한편, 제도맥락은 유리하고 이슈맥락은 불리할 경우는 위상이 유지되며, 제도맥락은 불리하고 이슈맥락이 유리할 경우 위상은 다소 저하된다.
④ 전반적인 정책수단, 예산투입 등을 모두 소멸시키고 소멸된 정책수단을 대체하기 위한 다른 정책도 마련하지 않는 경우를 정책종결이라고 한다.

👍 이것도 알면 **합격!** 정책변동의 유형

정책혁신	정부가 과거에 관여하지 않고 있던 분야에 개입하기 위해 새로운 정책을 결정하는 것
정책종결	• 현존하는 정책 자체와 정책수단이 되는 사업들을 지원하는 예산이 완전히 소멸되고, 다른 정책으로 대체되지도 않아 정책당국의 개입이 전면적으로 중단되는 것 • 구조적·기능적 종결
정책승계	• 정책의 근본적 수정을 통해 기본적 성격을 바꾸는 것 • 기존 정책의 목표는 변경시키지 않고 내용의 일부 또는 전부를 변경시키는 것
정책유지	본래의 정책목표를 달성하기 위해 정책의 기본적 특성은 그대로 유지하면서 상황의 변화에 능동적으로 대처하기 위해 약간의 수정·변경을 가하는 것

답 ③

CHAPTER 6 | 기획론

THEME 036 | 기획의 의의와 과정

01 □□□
2011년 9급 복원

기획의 과정을 순서대로 옳게 나열한 것은?

① 목표설정 – 상황분석 – 기획 전제의 설정 – 대안의 탐색 및 평가 – 최종안 선택
② 상황분석 – 기획 전제의 설정 – 목표설정 – 대안의 탐색 및 평가 – 최종안 선택
③ 상황분석 – 목표설정 – 기획 전제의 설정 – 대안의 탐색 및 평가 – 최종안 선택
④ 목표설정 – 기획 전제의 설정 – 상황분석 – 대안의 탐색 및 평가 – 최종안 선택

01 기획의 과정
난이도 ★★☆

기획의 과정은 보통 '목표설정(제1단계) → 상황분석(제2단계) → 기획 전제의 설정(제3단계) → 대안의 탐색 및 평가(제4단계) → 최종안 선택(제5단계)'의 순서로 이루어진다.

답 ①

THEME 037 | 기획의 유형과 제약요인

02 □□□
2014년 9급 복원

전략적 기획의 접근법으로 옳지 않은 것은?

① SWOT 분석
② 분권적 결정
③ 하버드 정책모형
④ 장기적 기획

02 전략적 기획의 접근법
난이도 ★★★

전략적 기획이란 개방체제하에서 환경과의 관계를 중시하고 조직의 미래에 대한 전략적 판단을 강조하는 기획이다. 전략적 기획의 특징은 장기 목표를 지향하고, 미래의 목표성취를 위한 전략의 개발 및 선택을 강조하며, 이러한 전략을 추진하기 위한 주요 조직활동의 통합을 강조한다. 분권적 결정은 전략적 기획과 무관하다.

(선지분석)
① SWOT 분석은 조직의 역량을 내부적 강점과 내부적 약점으로 분류하고 환경적 조건을 외부적 기회와 외부적 위협으로 분류하여 각각의 상황에 부합하는 전략을 구상하기 위한 분석이다.
③ 하버드 정책모형은 SWOT 분석을 기본으로 한 모형이다.
④ 전략적 기획은 장기적 기획을 중시한다.

👍 이것도 알면 **합격!** SWOT 분석

구분	강점(Strength)	약점(Weakness)
기회 (Opportunity)	SO전략	WO전략
	강점을 가지고 기회를 살리는 공격적 전략	약점을 보완하여 기회를 살리는 방향전환 전략
위협 (Threat)	ST전략	WT전략
	강점을 가지고 위협을 회피하거나 최소화하는 차별화 전략	약점을 보완하면서 위협을 회피하거나 최소화하는 방어적 전략

답 ②

PART 3

행정조직론

PART 3

출제비중분석

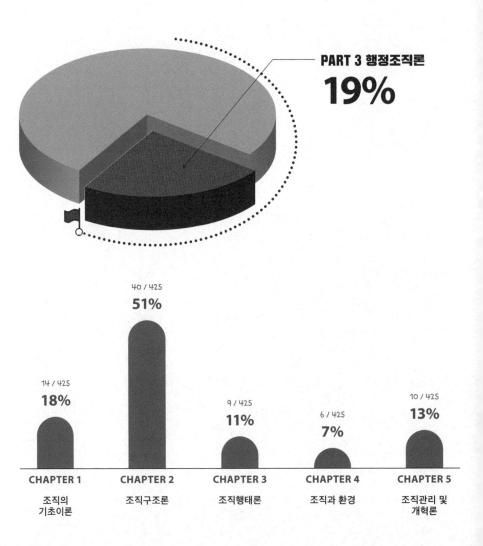

PART 3 행정조직론
19%

40 / 425
51%

14 / 425
18%

9 / 425
11%

6 / 425
7%

10 / 425
13%

CHAPTER 1	CHAPTER 2	CHAPTER 3	CHAPTER 4	CHAPTER 5
조직의 기초이론	조직구조론	조직행태론	조직과 환경	조직관리 및 개혁론

학습목표

☐ PART 3 행정조직론은 조직의 구조와 행태를 다루는 이론적인 부분과 우리나라 정부조직을 다루는 실무적인 부분으로 구분됩니다. 조직의 구조에 관한 생소한 이론을 다루는 문제부터 법령 문제까지 다양한 유형으로 출제되므로, 이론을 정리한 후 기출문제의 유형에 익숙해지는 것이 중요합니다.

☐ 조직의 유형, 관료제와 탈관료제, 공기업, 민영화, 동기부여이론, 거시조직이론, 리더십이론을 중심으로 학습하시기 바랍니다.

2020년 더 알아보기

출제비중분석

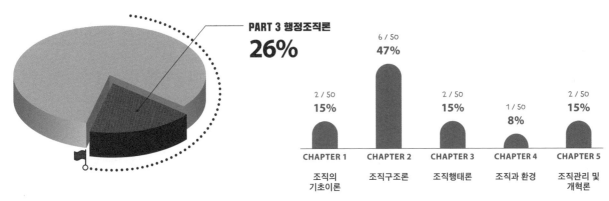

PART 3 행정조직론
26%

| | 2 / SO
15%
CHAPTER 1
조직의
기초이론 | 6 / SO
47%
CHAPTER 2
조직구조론 | 2 / SO
15%
CHAPTER 3
조직행태론 | 1 / SO
8%
CHAPTER 4
조직과 환경 | 2 / SO
15%
CHAPTER 5
조직관리 및
개혁론 |

출제문항별 키워드

CHAPTER 1 | 조직의 기초이론

01 ☐☐☐

2020년 9급

파슨스(T. Parsons)의 조직유형 중 조직체제의 목표달성기능과 관련된 유형으로 옳은 것은?

① 경제적 생산조직
② 정치조직
③ 통합조직
④ 형상유지조직

02 ☐☐☐

2020년 9급

에치오니(A. Etzioni)의 조직목표 유형으로 옳지 않은 것은?

① 질서 목표
② 문화적 목표
③ 경제적 목표
④ 사회적 목표

---

01 파슨스(T. Parsons)의 조직유형   난이도 ★★☆

파슨스(T. Parsons)의 조직유형 중 조직체제의 목표달성기능과 관련된 조직은 정치조직이다.

👍 이것도 알면 **합격!** 파슨스(T. Parsons)의 조직유형

구분	적응기능 (Adaptation)	목표달성기능 (Goal attainment)	통합기능 (Integration)	잠재적 형상유지기능 (Latent pattern maintenance)
내용	환경변화에 적응하기 위해 외부로부터 자원을 동원하고 체제의 정당성을 확보하는 기능	체제가 추구할 목표를 정하고 목표달성을 위해 구체적인 활동을 수행하는 기능	체제의 목표를 달성하기 위해 하위체제의 활동을 조정하는 기능	체제의 기본 유형을 유지하고 정당성을 부여하는 가치, 신념, 규범을 만들어내고 보존하며 전수하는 기능
조직 유형	경제적 생산조직	정치적 조직	통합기능적 조직	체체유지적 조직
조직 역할	사회가 소비하는 재화나 용역을 생산	사회자원을 동원하여 사회의 목표 달성에 기여	갈등해결, 협동유도, 동기유발	교육·문화 등의 활동을 통하여 사회의 지속성을 유지
예	기업, 은행 등	행정기관, 정당 등	법원, 경찰서, 정신병원 등	교육기관, 종교단체 등

답 ②

---

02 에치오니(A. Etzioni)의 조직유형   난이도 ★★★

에치오니(A. Etzioni)는 조직을 권력의 양태에 따라 강압적 권력과 소외적 복종을 보이는 강제적 조직, 공리적 권력과 타산적 복종을 보이는 공리적 조직, 규범적 권력과 도덕적 복종을 보이는 규범적 조직으로 분류하였다. 이때 강제적 조직은 질서 목표, 공리적 조직은 경제적 목표, 규범적 조직은 문화적 목표를 추구한다.

👍 이것도 알면 **합격!** 에치오니(A. Etzioni)의 조직유형

구분	권력양태	예
강제적 조직	강압적 권력 – 소외적 복종	교도소, 경찰서 등
공리적 조직	공리적 권력 – 타산적 복종	사기업, 이익단체 등
규범적 조직	규범적 권력 – 도덕적 복종	정당, 종교단체 등
이원적 조직	강제적+공리적 조직	전근대적 기업체 등
	강제적+규범적 조직	전투부대 등
	공리적+규범적 조직	노동조합 등

답 ④

03 □□□

민츠버그(Mintzberg)의 조직유형 중 전문적 관료제에 대한 설명으로 옳지 않은 것은?

① 작업계층이 조직의 핵심부문이다.
② 지원참모조직의 규모가 작다.
③ 환경은 안정적이지만 복잡하다.
④ 조정방법은 표준화된 기술에 의한다.

04 □□□

전통적 조직의 경직성을 보완하고, 신속하고 유연한 결정을 위하여 등장한 유기적 임시체제(adhocracy)의 특징에 대한 설명으로 옳지 않은 것은?

① 구성원 간 권한과 책임의 한계가 불명확하다.
② 환경이 복잡하고 동태적인 경우 적합하다.
③ 전문화에 의한 분업의 정도가 높다.
④ 복잡하고 비정형적·비일상적 문제의 해결에 유용하다.

---

03 민츠버그(Mintzberg)의 조직유형
난이도 ★★★

전문적 관료제는 지원참모조직의 규모가 큰 편이다.

선지분석

① 전문적 관료제 조직의 핵심부문은 작업계층이다.
③ 전문적 관료제가 적합한 환경은 복잡하고 안정적인 환경이다.
④ 전문적 관료제의 주된 조정방법은 표준화된 기술에 의한다.

👍 이것도 알면 **합격!** 민츠버그(Mintzberg)의 조직유형

구분	단순구조	기계적 관료제	전문적 관료제	사업부제 (할거적 구조)	임시조직
핵심 구성부분	최고관리층	기술구조	작업계층	중간계선	지원참모
조정 기제	직접통제	작업표준화	기술표준화 (전문화)	산출표준화	상호조절
환경	단순· 동태적	단순· 안정적	복잡· 안정적	단순· 안정적	복잡· 동태적
규모· 나이	소규모 신생조직	대규모 오래된 조직	다양	대규모 오래된 조직	소규모 신생조직
분화 (전문화)	낮음	높음	수평적 분화 높고 수직적 분화 낮음	중간	수평적 분화 높고 수직적 분화 낮음
공식화	낮음	높음	낮음	높음	낮음
집권화	집권화	제한된 수평적 분권	수평· 수직적 분권	제한된 수직적 분권	분권
통합· 조정	낮음	낮음	높음	낮음	높음

답 ②

04 임시체제
난이도 ★★★

임시체제(adhocracy)는 기존 관료제 조직의 한계를 극복하기 위하여 발생한 후기관료제 조직으로, 전문화에 의한 분업의 정도가 낮다.

선지분석

① 전통적 관료제 조직이 구성원 간 권한과 책임의 한계가 명확한데 비하여, 임시체제는 구성원 간 권한과 책임의 한계가 불명확하다.
② 임시체제는 복잡하고 불안정적인 환경에 적합한 조직이다.
④ 임시체제는 복잡하고 형태가 정해져 있지 않거나 선례가 없는 비정형적·비일상적인 문제의 해결에 유용하다.

답 ③

PART 3 2021 해커스군무원 15개년 기출복원문제집 최욱 행정학

애드호크라시에 대한 설명으로 옳지 않은 것은?

① 전문적 지식과 기술을 가진 동질적 집단으로 조직된다.
② 관료제 조직에 비하면 계층의 수가 적은 낮은 계층성을 보인다.
③ 칼리지아(collegia) 구조의 형태를 띤다.
④ 애드호크라시 조직형태로는 프로젝트팀, 매트릭스조직, 태스크포스, 망상구조(네트워크구조) 등이 있다.

애드호크라시(adhocracy)의 특징으로 옳지 않은 것은?

① 의사결정의 분권화
② 비정형적 조직
③ 고정된 계층구조 유지
④ 조직구성 및 운영의 신축성

---

05   애드호크라시   난이도 ★★★

애드호크라시는 다양한 전문적 기술을 가진 이질적인 전문가들이 프로젝트를 중심으로 집단을 구성한 조직이다.

(선지분석)

② 애드호크라시는 수평적 분화는 많이 이루어져 있어서 각 구성원의 전문성은 높지만, 수직적 분화는 적게 이루어져 관료제 조직에 비하여 계층의 수가 적은 조직이다.
③ 칼리지아(collegia) 구조란 대학 구조로 민주적·수평적이며 평등한 조직구조를 뜻한다. 애드호크라시는 수직성이 완화되어 있고 조직구성원 간 민주적·수평적인 의사결정이 가능한 구조이다.
④ 애드호크라시는 프로젝트팀, 매트릭스조직, 태스크포스, 망상구조(네트워크구조) 등 다양한 후기 관료제적 조직형태로 나타난다.

답 ①

06   애드호크라시   난이도 ★★☆

고정된 계층구조 유지는 관료제의 특징이다. 애드호크라시(adhocracy)는 문제해결을 위한 다양한 전문가들로 구성된 이질적 집단이며 특별히 정형화된 형태가 존재하지 않는 조직이다. 애드호크라시는 수직적 분화보다 수평적 분화가 발달하였다. 조직구성 및 운영에 있어 유연성을 가지는 특성이 있고 집권성이 낮으며, 의사결정권을 문제 해결의 전문성을 가진 팀 단위가 보유하는 임시 조직 운영의 특징이 나타난다.

(선지분석)

① 애드호크라시는 후기 관료제적 조직으로 의사결정의 분권화가 이루어진 조직이다.
② 애드호크라시는 임시적·비정형적인 조직이다.
④ 애드호크라시는 기존 관료제조직의 경직성을 타파하고 조직구성 및 운영이 신축적으로 이루어지는 특징이 있다.

답 ③

07 □□□

대프트(Daft)의 조직유형에 대한 설명으로 옳지 않은 것은?

① 네트워크구조는 핵심기능은 조직 자체에서 수행하고, 구성·유지·부수적 기능은 외부와의 계약을 통해 수행한다.
② 수평구조는 조직구성원을 핵심업무과정을 중심으로 조직화한 구조이다.
③ 사업구조는 조직 전체의 업무를 기능부서별로 부서화한 구조이다.
④ 매트릭스구조는 기능구조와 사업구조의 이원적 체제이다.

07 대프트(Daft)의 조직유형　　　난이도 ★★☆

조직을 기능부서별로 분류한 구조는 기능구조이다. 사업구조는 산출물별로 부서가 준독립적으로 이루어진다.

선지분석
① 네트워크구조의 조직은 핵심기능을 조직 자체에서 수행하고 구성·유지·부수적 기능은 외부와의 위탁계약 등을 통해 수행한다.
② 수평구조는 고정된 지위가 아닌 실제 구성원이 수행하는 핵심업무과정을 중심으로 조직화한 구조이다.
④ 매트릭스구조는 기능구조와 사업구조를 화학적으로 결합시킨 조직구조이다.

👍 이것도 알면 **합격!**　대프트(Daft)의 조직유형

기계적 구조	고전적·전형적인 관료제 조직
기능구조	조직의 전체업무를 공동기능별로 부서화한 조직구조
사업구조	각 부서들이 산출물별로 자율적으로 운영되는 조직구조로, 각 부서는 자기완결적 기능단위
매트릭스구조	기능구조와 사업구조를 화학적으로 결합하여 이중적 권한구조를 가지며, 기능구조의 전문성과 사업구조의 신속한 대응성을 결합한 조직
수평구조(팀)	조직구성원이 핵심업무과정을 중심으로 조직화된 구조
네트워크구조	조직의 자체기능은 핵심역량 위주로 합리화하고 여타 부수적인 기능은 외부기관들과 계약위탁을 통해 연계·수행하는 유기적인 조직
유기적 구조	가장 유기적인 조직으로, 학습조직이 대표적임

답 ③

08 □□□

유기적 구조의 조직 특성에 대한 설명으로 옳지 않은 것은?

① 넓은 직무범위
② 모호한 책임관계
③ 비공식적 관계
④ 표준운영절차 중시

08 유기적 구조　　　난이도 ★☆☆

표준운영절차는 기계적 구조의 특성에 해당한다. 기계적 구조는 엄격히 규정된 직무, 많은 규칙과 규정 등 높은 공식화, 집권적 권한, 분명한 명령체계, 좁은 통솔범위, 낮은 팀워크를 특징으로 하는 조직구조이다.

선지분석
① 유기적 구조 기계적 구조에 비하여 분업과 전문화 수준을 낮추어 직무범위가 넓다.
② 유기적 구조는 직무수행의 고정성이 낮으므로 책임관계도 모호하다.
③ 유기적 구조는 공식적인 지위나 관계보다 비공식적인 관계를 중시한다.

답 ④

09 □□□

조직이론에 대한 설명 중 옳지 않은 것은?

① 고전적 조직이론에서는 조직 내부의 효율성과 합리성이 중요한 논의대상이었다.
② 신고전적 조직이론은 인간에 대한 관심을 불러 일으켰고 조직행태론 연구의 출발점이 되었다.
③ 신고전적 조직이론은 인간의 조직 내 사회적 관계와 더불어 조직과 환경의 관계를 중점적으로 다루었다.
④ 현대적 조직이론은 동태적이고 유기체적인 조직을 상정하며 조직발전(OD)을 중시해 왔다.

09 조직이론
난이도 ★★☆

신고전적 조직이론은 고전적 조직이론과 마찬가지로 폐쇄적인 환경관을 가진다. 신고전적 조직이론의 대표이론인 인간관계론은 인간의 조직 내 사회적 관계를 중시하였으나, 이를 지나치게 중시한 나머지 조직과 환경과의 관계를 다루지 못한 한계가 있다.

👍 이것도 알면 **합격!** 고전적·신고전적·현대적 조직이론 비교

구분	고전적 조직이론	신고전적 조직이론	현대적 조직이론
인간관	합리적·경제적 인간	사회적·민주적 인간	자기실현적 인간 (후기인간관계론), 복잡한 인간 (상황적응이론)
가치	기계적 능률성	사회적 능률성	다원적 목표· 가치·이념
주요 연구대상	공식적 구조	비공식적 구조	유기적· 동태적 구조
주요 변수	구조	인간(행태)	환경
환경과의 관계	폐쇄적	대체로 폐쇄적 (환경유관론적)	개방적
관련이론	과학적 관리론, 관료제이론, 행정관리설	인간관계론, 행정행태론	후기 관료제이론, 신행정론, 상황적응이론
연구방법	원리접근법 (형식적 과학성)	경험적 접근법 (경험적 과학성)	복합적 접근 (경험과학 등 관련과학 활용)

답 ③

10 □□□

부처 조직의 기준으로서 옳지 않은 것은?

① 지역
② 기능
③ 비공식적 인간관계
④ 목적

10 부처편성의 기준
난이도 ★★☆

굴릭(Gulick)의 부처편성의 기준으로는 목적과 기능, 과정과 절차, 행정객체, 지역별 기준이 있다.

(선지분석)
① 외교부 내의 지역별 부처편성 등이 지역별 부처 조직의 기준 사례이다.
②, ④ 국방부, 외교부 등의 부처는 목적과 기능을 기준으로 부처를 조직화 한 사례이다.

👍 이것도 알면 **합격!** 부처편성(부성화)의 원리 - 굴릭(Gulick)

구분	장점	단점	예
목적과 기능	· 목적과 기능 파악 용이 · 권한과 책임이 명확하여 조직 간 충돌 및 책임회피 감소	· 국민의 접촉과 통제 곤란 · 기술·전문가 경시하여 전문화 곤란, 할거주의 조장	교육부, 법무부, 외교부, 국방부 등
과정과 절차	· 행정의 전문화 · 최신 기술을 활용하여 경비 절감	· 목표 대치 · 통제·조정의 곤란 · 훈련된 무능	기상청, 통계청, 조달청, 감사원, 국세청, 관세청 등
취급 대상과 수혜자	· 국민의 접촉과 통제 용이 · 행정절차 간소화 · 행정업무 능률화	· 이익단체의 압력 · 기관 간 기능 중복 및 권한 충돌	중소벤처기업부, 국가보훈처, 고용노동부, 여성가족부, 산림청, 문화재청 등
지역 (장소)	· 주민의사와 지역 실정 반영 · 신속행정	· 전국적 통일행정 저해 · 관할구역 획정의 어려움	· 각 지역 세무서· 세관·경찰서 등 · 외교부의 국·과

답 ③

11 □□□

수평적 조정기제로 옳지 않은 것은?

① 규칙
② 통합관리자
③ 태스크포스
④ 정보시스템

12 □□□

대프트(Daft)의 분류에 따른 프로젝트팀(project team)과 태스크포스(task force)에 대한 설명으로 옳지 않은 것은?

① 프로젝트팀의 지속성이 태스크포스보다 상대적으로 강하다.
② 프로젝트팀은 일원적 명령복종체계에 적합하다.
③ 프로젝트팀과 태스크 포스는 수평적 조정기제의 일종이다.
④ 프로젝트팀이나 태스크포스는 행정의 일관성을 저해할 수 있다는 단점이 있다.

---

11 수평적 조정기제   난이도 ★★☆

규칙은 상부에서 제시하고 하부가 준수하는 것이므로 수직적 조정기제에 해당한다.

(선지분석)

② 통합관리자는 수평적 부서의 관리를 통합하는 관리자를 두는 것이다.
③ 태스크포스는 각 조직에서 연결핀 역할을 하는 조직 구성원을 통하여 일시적이고 임시적인 임무를 수행하는 수평적 조정기제이다.
④ 정보시스템은 각 부서간 수평적으로 정보를 공유하는 수평적 조정기제이다.

12 프로젝트팀과 태스크포스   난이도 ★★★

프로젝트팀은 다양한 조직이 결합된 후기 관료제적 조직으로, 일원적 명령복종체계에 부적합하다.

(선지분석)

① 대프트(Daft) 분류에 따를 경우 프로젝트팀의 지속성이 태스크포스보다 상대적으로 강하다. 다만, 반대로 보는 시각도 있다.
④ 프로젝트팀이나 태스크포스는 행정의 수평적·유기적 성격이 강한 조직으로, 행정의 일관성을 저해할 우려가 있다.

답 ②

📖 이것도 알면 **합격!** 수직적 조정기제와 수평적 조정기제

1. 수직적 조정기제

규칙	조직구성원들이 의사소통을 하지 않아도 업무가 조정될 수 있도록 함
계획	조직구성원들에게 조금 더 장기적인 표준정보를 제공함
계층 직위의 추가	통솔범위를 줄이고 의사소통, 통제를 가능하게 함
수직정보시스템	상관에 대한 보고서, 문서화된 정보 등 상하 간의 수직적 의사소통을 강화함

2. 수평적 조정기제

정보시스템	부서 간 정보를 공유할 수 있는 통합정보시스템
직접접촉	한 단계 높은 수평연결장치로서 연락책 등을 활용한 부서 간 의사소통 및 조정
임시위원회 (task force)	일시적 문제에 대한 부서 간 직접조정
사업관리자 (project manager)	수평적 조정을 담당하는 정규직위를 두는 방식
사업 팀 (project team)	가장 강력한 수평연결장치로서 (반)영구적인 사업단으로, 관련 부서 간의 장기적이고 강력한 협력 시 적합함

답 ①

13 ⬜⬜⬜

계층제의 특징에 대한 설명으로 옳지 않은 것은?

① 조직의 규모가 확대되고 구성원의 수가 증가할수록 계층의 수는 증가한다.
② 통솔범위가 넓어지면 계층의 수는 많아지고, 통솔범위가 좁아지면 계층의 수는 적어진다.
③ 조직의 전문화가 확대되고 업무의 다양성이 증대되면 조직의 계층도 증가한다.
④ 계층의 수준이 높을수록 비정형적·쇄신적 업무에, 계층의 수준이 낮을수록 정형적·일상적 업무에 중점을 두게 된다.

14 ⬜⬜⬜

계층제의 순기능으로 옳지 않은 것은?

① 질서 및 통일성의 확보
② 명확한 책임의 한계
③ 신속하고 능률적인 업무 수행
④ 유연성 있는 조직의 변화

---

13 계층제
난이도 ★★☆

계층제란 직무를 권한과 책임의 정도에 따라 등급화, 계층화하고 상하 계층 간에 지휘명령복종 관계를 확립하는 것을 말하며, 계층의 수와 통솔범위는 반비례한다. 따라서 통솔범위가 넓어지면 계층의 수는 적어지고, 통솔범위가 좁아지면 계층의 수는 많아진다.

선지분석
① 조직의 규모가 확대되면 수직적 복잡성이 증대되어 계층의 수는 증가한다.
③ 조직의 전문화가 확대되고 업무의 다양성이 증대되면 수직적, 수평적 복잡성이 증가하여 조직의 계층도 증가한다.
④ 계층의 수준이 높은 경우인 고위직은 비정형적·쇄신적인 업무에 중점을 두고 계층의 수준이 낮은 하위직은 정형적·일상적인 업무에 중점을 둔다.

답 ②

14 계층제
난이도 ★★☆

계층제는 조직의 경직화를 초래하게 되어 유연성 있는 조직의 변화가 어렵고 외부환경의 변화에도 탄력적으로 대응하기 어렵다는 한계점이 있다.

선지분석
① 계층제를 통하여 조직의 질서 및 통일성을 확보할 수 있다.
② 계층제는 계층과 직위에 따른 명확한 책임의 한계가 결정된다.
③ 계층제를 통한 수직적 전문화는 신속하고 능률적인 업무 수행을 가능하게 한다.

👍 이것도 알면 **합격!** 계층제의 장·단점

장점	단점
·지휘, 권한위임 및 상하 간 의사 전달의 통로가 됨 ·계층제적 권위를 통해 갈등조정 및 내부통제가 용이함 ·책임의 한계를 명확히 하여 책임성을 확보함 ·질서와 통일성, 구성원의 일체감을 유지함	·기관장 독선의 우려가 있음 ·역동적 인간관계 형성을 저해함 ·조직의 경직화로 환경변동에 신축성 있는 적응이 곤란함 ·의사결정에의 참여를 배제하여 귀속감·참여감을 저해함 ·계층의 수가 많은 경우 의사소통이 왜곡될 우려가 있음 ·할거주의, 피터의 원리, 집단사고의 폐해 등 부작용이 있을 수 있음

답 ④

15 □□□

명령통일의 원리와 관련이 깊은 조직으로 옳은 것은?

① 막료
② 합의제
③ 계선
④ 위원회

16 □□□

조직구성 원리에 대한 설명으로 옳지 않은 것은?

① 분업의 원리 – 일은 가능한 한 세분해야 한다.
② 통솔범위의 원리 – 한 명의 상관이 감독하는 부하의 수는 상관의 통제능력 범위 내로 한정해야 한다.
③ 명령통일의 원리 – 여러 상관이 지시한 명령이 서로 다를 경우 내용이 통일될 때까지 명령을 따르지 않아야 한다.
④ 조정의 원리 – 권한 배분의 구조를 통해 분화된 활동들을 통합해야 한다.

---

15 명령통일의 원리   난이도 ★☆☆

명령통일의 원리는 조직 내 질서유지 및 업무의 능률성·신속성 확보가 중요한 계선조직에 적용될 수 있다.

선지분석

① 막료는 참모기관으로 명령통일의 원리에 위배되는 경우가 발생할 수 있다.
②, ④ 합의제는 위원회 형태의 기관으로 여러 명의 위원들이 대등한 책임과 권한을 가지고 의사결정을 하는 방식이며, 명령통일의 원리에 위배될 수 있다.

답 ③

16 조직구성 원리   난이도 ★☆☆

명령통일의 원리는 조직구성원은 한 사람의 직속상관에게만 보고하고 명령받아야 한다는 것으로, 내용이 통일될 때까지 명령을 따르지 않아야 한다는 것은 아니다.

👍 이것도 알면 합격! 조직구성 원리

분업	분업의 원리 (전문화의 원리)	업무를 성질별로 나누어 한 사람이 한 가지 업무를 분담함
	부성화의 원리 (부처편성의 원리)	부처별 목적(기능), 과정(절차), 취급대상 (수혜자), 지역(장소)의 4가지 기준에 의한 분류
조정	조정의 원리	조직의 목표달성을 위해 체계 간의 노력을 통합·조정함
	계층제의 원리	조직 내의 권한과 책임, 의무 정도에 따라 등급을 설정함
	명령통일의 원리	조직 구성원은 한 사람의 직속상관에게만 보고하고 명령받아야 함
	통솔범위의 원리	한 사람의 상관이 감독하는 부하의 수를 상관의 통제능력 범위 내로 한정함

답 ③

CHAPTER 2 | 조직구조론

THEME 041 | 조직구조의 기본이론

01 ☐☐☐
2019년(2차) 9급 복원

조직의 구조적 특성에 대한 설명으로 옳지 않은 것은?

① 규모가 커질수록 과업은 더욱 분업화되고 단위 부서가 더욱 차별화되면서 복잡성이 높아진다.
② 조직의 규모가 커질수록 구성원들의 공식화가 낮아진다.
③ 비일상적 기술일수록 복잡성이 높아질 것이다.
④ 불확실성이 높을수록 집권화가 낮아진다.

02 ☐☐☐
2019년(1차) 9급 복원

조직구조의 특징으로 적절하지 않은 것은?

① 조직규모가 커짐에 따라 공식화가 높아질 것이다.
② 공식화가 낮아지면 조직구성원들의 재량권이 감소한다.
③ 대부분의 조직에서 위기는 집권화를 초래하기 쉽다.
④ 환경의 불확실성이 높을수록 공식화가 낮아질 것이다.

---

01 조직의 구조변수
난이도 ★★☆

조직의 규모가 커질수록 구성원들의 공식화는 높아진다.

> 👍 이것도 알면 **합격!** 조직의 구조변수
>
> 1. 기본변수
>
> | 복잡성 | 조직 내 분화의 정도 |
> |---|---|
> | 공식성 | 조직 내 직무가 정형화·표준화된 정도 |
> | 집권성 | 조직 내 권한이 상층부에 집중되는 정도 |
>
> 2. 상황변수
>
> | 규모 | 조직의 크기(구성원 수, 예산, 투입·산출, 자원 등과 관련) |
> |---|---|
> | 기술 | 투입을 산출로 바꾸는 데 이용되는 모든 활동 |
> | 환경 | 조직 경계 밖의 모든 영역으로, 조직에 영향을 미칠 수 있는 모든 요소 |

답 ②

02 조직의 구조변수
난이도 ★☆☆

공식화가 낮아지면 조직구성원들의 재량권은 증가한다.

(선지분석)

① 조직규모가 커지면 복잡성과 공식화는 높아지고, 집권성은 낮아진다.
③ 조직 외부환경의 위기는 집권화를 초래한다.
④ 환경의 불확실성이 높으면 불확실한 환경에 신속하게 대응하기 위하여 공식화가 낮아진다.

답 ②

조직의 분권화가 필요한 상황으로 옳지 않은 것은?

① 지식공유가 원활하고 구성원의 전문성이 높은 경우
② 부서 간 횡적 조정이 어려운 경우
③ 기술과 환경변화가 역동적으로 이루어지는 경우
④ 고객에게 신속하고 상황 적응적인 서비스를 제공하여야 하는 경우

조직의 구조요인으로 옳지 않은 것은?

① 역할(role)
② 지위(status)
③ 규모(size)
④ 권력(power)

---

03 조직의 분권화   난이도 ★★★

부서 간 횡적 조정이 어려운 경우 상부로 권한을 집중시켜 부서 간 조정을 원활히 할 필요가 있다.

선지분석

① 지식공유가 원활하고 구성원의 전문성이 높은 경우 부하의 능력이 뛰어나므로 분권화가 필요하다.
③ 기술과 환경변화가 역동적으로 이루어지는 경우 역동적인 변화에 신속히 대응하여야 하므로 분권화가 필요하다.
④ 고객에게 신속하고 상황적응적인 서비스를 제공하여야 하는 경우 분권화가 요구된다.

👍 이것도 알면 **합격!** 집권화 촉진요인과 분권화 촉진요인

집권화 촉진요인	분권화 촉진요인
• 소규모 신생조직 • 위기의 발생, 경쟁의 격화 • 상급기관에 의사결정에 필요한 정보가 집중되고 하급자나 하급기관의 역량이 부족한 경우 • 조직 활동의 통일성과 일관성이 요구되는 경우 • 권위주의적 문화인 경우 • 사람의 전문화·능력향상을 수반하지 않는 분업의 심화, 기능분립적 구조의 설계로 조정의 필요성이 높은 경우 • 규칙과 절차의 합리성·효과성에 대한 신뢰 • 최고관리층의 권력욕 • 중요도·관심도가 높은 기능과 그에 대한 의사결정 집권화 예 재정자원 규모의 팽창이 집권적 예산제도를 초래 • 교통·통신의 발달로 권한위임의 필요성이 감소하는 경우	• 대규모 오래된 조직 • 환경변화의 격동성·복잡성으로 적응성이 요구되는 경우 • 관리자 양성과 능력발전을 통해 다수의 유능한 관리자가 있는 경우 • 고객에게 신속하고 상황중심적인 서비스 제공, 창의성 발휘가 요구되는 경우 • 민주화가 촉진된 경우 • 사람의 전문화 및 능력향상 • 조직구성원의 참여와 자율규제 강조하는 동기유발 전략·신념의 확산

---

04 조직의 구조요인   난이도 ★★☆

일반적으로 조직의 구조적 특성을 의미하는 구조요인(기본변수)으로는 역할, 지위, 권력(권한) 등이 있으며, 구조요인에 따라서 그 조직의 복잡성, 공식성, 집권성 등의 특성이 결정된다. 규모는 일반적으로 맥락적 요인인 상황변수에 해당한다.

답 ③

답 ②

05 ☐☐☐

비공식조직의 단점으로 옳지 않은 것은?

① 공식조직의 경직성을 강화한다.
② 조직 내 파벌화로 조직의 응집성을 저해할 수 있다.
③ 내부 직원들의 불평을 증폭시킨다.
④ 사적 목표를 위해 악용될 수 있다.

06 ☐☐☐

다음 중 막료기관의 특징으로 옳은 것을 모두 고른 것은?

> ㄱ. 목표달성에 직접적인 기여
> ㄴ. 수직적 계층제
> ㄷ. 조직에 신축성 부여
> ㄹ. 전문지식의 활용으로 합리적 결정에 기여

① ㄱ, ㄴ
② ㄱ, ㄷ
③ ㄴ, ㄹ
④ ㄷ, ㄹ

---

05 비공식조직

난이도 ★☆☆

비공식조직은 공식조직의 경직성을 완화시키는 장점이 있다.

선지분석

② 비공식조직은 개인적 친분관계 등으로 형성되는 경우가 많으며 이 경우 조직 내 파벌화로 인하여 조직의 응집성을 저해할 수 있다.
③ 비공식조직은 개인적인 불평을 집단 전체로 증폭시키기도 한다.
④ 비공식조직은 조직의 공식목표가 아닌 사적 목표 실현을 위해 악용될 수 있다.

👍 **이것도 알면 합격!** 공식조직과 비공식조직 비교

구분	공식조직	비공식조직
특성	인위적, 제도적, 외면적, 가시적	자생적, 비제도적, 내면적, 비가시적
지향	조직의 공적 목적 달성	구성원의 사적 욕구 충족
원리	능률의 원리	정서·감정의 원리
질서	전체적 질서	부분적 질서
규범	합법적 규범	상호작용적 규범
구성원 관계	수직적 계층관계	수평적 대등관계

답 ①

06 막료기관

난이도 ★★☆

ㄷ. 막료기관은 계신기관의 경직성을 보완하여 조직에 신축성을 부여한다.
ㄹ. 막료기관은 전문지식을 보유하는 특징이 있다.

선지분석

ㄱ, ㄴ. 목표달성에 직접적으로 기여하고 수직적 계층제를 특징으로 하는 것은 계선기관이다.

👍 **이것도 알면 합격!** 계선기관과 막료(참모)기관 비교

계선기관	• 수직적·계층적 구조를 띠는 조직으로, 목표달성에 직접 관여하거나 고객에게 직접 봉사하는 조직 • 대외적으로 직접 고객에게 서비스를 제공하거나 규제하는 등의 업무를 담당하며, 대내적으로 명령·지시·감독의 기능을 수행함
막료(참모)기관	• 보좌기관으로서 조직의 목표달성을 위해 직접 활동을 하는 계선조직의 능력을 보완하고 지원하는 역할을 하는 조직 • 자문·권고·협의·조정·정보 수집과 판단·기획·통제·인사·회계·법무·공보·조달·조사·연구 등의 기능을 수행함

답 ④

THEME 042 | 관료제

07 □□□
2010년 9급 복원

베버(M. Weber)의 관료제에 대한 설명으로 옳지 않은 것은?

① 베버의 관료제는 소량생산체제에서 효과적인 생산의 결과를 낳았다.
② 관료제 구조는 사적 조직과 공적 조직에 공통적으로 존재한다.
③ 관료제를 어떠한 목적 달성을 위해 기능하는 가장 합리적인 지배형식으로 보았다.
④ 베버는 관료제를 사회생활의 합리화나 역사진화의 산물로 파악하였다.

08 □□□
2012년 9급 복원

관료제의 단점으로 옳지 않은 것은?

① 비공식 집단의 활성화
② 전문화로 인한 무능
③ 인격상실을 초래
④ 동조과잉과 수단의 목표화

---

08 관료제
난이도 ★☆☆

관료제는 집권적·권위적 통제와 지나친 법규 위주의 몰인정성·비정의성으로 조직 내의 인간관계와 비공식적 조직을 소홀히 하여 인격상실을 초래할 수 있다.

(선지분석)
② 관료조직의 분업(전문화) 강화는 담당 업무 분야의 전문성을 제외하면 타 분야에 문외한이 되는 전문화로 인한 무능을 발생시킬 수 있다.
③ 관료제의 비정의성은 비인간화와 인격상실을 초래할 수 있다.
④ 목표 달성을 위한 수단에 불과한 규칙 및 절차를 지나치게 강조(동조과잉)하여 목표와 수단이 뒤바뀌는 수단의 목표화가 발생할 수 있다.

👍 이것도 알면 **합격!** 관료제의 병리현상

동조과잉과 목표의 대치	목표 달성을 위한 수단에 불과한 규칙 및 절차를 지나치게 강조(동조과잉)하여 목표와 수단이 뒤바뀜(목표의 대치)
번문욕례(red tape)	모든 사무를 문서로 처리하여 절차가 번거롭고 신속한 업무처리가 곤란함
변화에 대한 저항	규칙·선례에 집착하는 보수적인 특성으로 인해 쇄신에 저항적이고 변화에 적응성이 떨어짐
훈련된 무능	고도의 전문화로 인해 특정 분야의 전문성에만 치우쳐 시야가 좁아지고 포괄적 통찰력을 갖기 어려움
할거주의와 분파주의	자신의 소속 부서만 생각하고 다른 부서에 대해 무관심하며 적대의식을 갖기도 함
무사안일주의	새로운 일을 하려는 적극성이나 창의성을 발휘하지 못하고 선례만을 따르거나 상급자 권위에 의존함
몰인간성	집권적인 법규 위주의 통제를 중요시하므로 구성원의 인간적인 성장을 저해하고 인간소외가 심화됨
파킨슨(Parkinson) 법칙	공무원의 수가 업무량의 증가와 관계 없이 증가하는 비효율이 발생함
피터의 원리	관료제에서 구성원은 자신의 역량을 넘는 수준까지 성장하게 된다는 것으로, 신분보장의 특징이 비효율을 초래함
권력구조의 이원화	상급자의 계서적 권한과 부하의 전문적 권력이 이원화되어 조직 내 갈등이 발생함

답 ①

---

07 베버(M. Weber)의 관료제
난이도 ★☆☆

산업사회를 배경으로 등장한 베버(M. Weber)의 관료제는 컨베이어벨트의 동시생산시스템을 활용하여 소품종 대량생산체제에서 효과적이다.

(선지분석)
② 관료제 구조의 성격은 경영과 같은 사적 조직과 정부와 같은 공적 조직에 공통적으로 존재한다.
③ 관료제는 경영에서는 이윤, 행정에서는 공익이라는 목적 달성을 위해 기능하는 가장 합리적인 지배형식이라고 보았다.
④ 베버(M. Weber)는 관료제를 사회생활의 합리화나 역사진화의 산물로 파악하여 전근대사회의 가산관료제, 과도시대의 카리스마적 관료제를 거쳐 산업사회의 근대관료제로 진화하였다고 보았다.

👍 이것도 알면 **합격!** 지배의 유형에 따른 관료제 사회

구분	정당성의 근거	관료제의 유형
전통적 지배	전통이나 관습	가산관료제
카리스마적 지배	특정인물의 초인적 자질	카리스마적 관료제
합법적 지배	법규화된 질서의 합법성	근대관료제

답 ①

09 ☐☐☐

2007년 9급 복원

막스 베버(M. Weber)의 관료제이론에 대한 비판으로 옳지 않은 것은?

① 관료의 직업적 보상 경시
② 사회 변화에 따른 탄력적 대응 곤란
③ 비공식 조직의 측면 경시
④ 조직과 환경의 관계 경시

THEME 043 | 탈(후기) 관료제

10 ☐☐☐

2010년 9급 복원

팀제의 도입 배경과 직접적인 관련성이 가장 적은 것은?

① 민주화와 인본주의 영향의 가속화
② 의사결정의 신속성 중시 풍조
③ 정보화 및 세계화의 영향으로 조직 간 외부 연계성 강조
④ 조직관리의 공정성 제고의 필요성

---

09 베버(M. Weber)의 관료제   난이도 ★★★

관료제에서는 관료의 전임화가 이루어지면서 직업적 안정성과 계속성을 확보할 수 있다. 이는 관료의 신분보장이 이루어지는 것을 의미하며, 승진과 같은 직업적 보상을 기대할 수 있도록 하는 요인이 된다.

(선지분석)
② 관료제는 경직적인 조직운영으로 사회 변화에 따른 탄력적 대응이 곤란한 측면이 있다.
③ 관료제는 공식구조를 중시함으로써 조직 내 비공식 조직의 측면을 경시한다.
④ 관료제는 행정학 초기의 능률성을 중시한 이론으로, 조직 내부 구조 문제에 치중함으로써 조직과 환경의 관계를 경시한다.

👍 이것도 알면 **합격!** 관료제에 대한 학자별 비판적 평가

머튼(Merton)	관료제는 조직원의 행동에 대한 예측성을 높여주지만 최고관리자의 관료에 대한 지나친 통제가 관료들의 경직성을 초래하고 동조과잉, 목표대치 등 역기능을 발생시킴
블라우(Blau)와 톰슨(Thompson)	관료제가 비공식집단을 간과하였다고 비판하며 조직 내 사회적 관계의 심리적 불안정성이 병리의 원인이라고 지적함
셀즈닉(Selznick)	분업은 전문적 능력을 향상시켜 조직의 목표 달성에 기여하지만 할거주의를 발생시킴
굴드너(Gouldner)	규칙이 구성원들의 조직목표 내면화를 저해하여 관료들이 규칙의 범위 내에서 소극적이고 현상유지적으로 행동하는 무사안일주의를 초래함

답 ①

---

10 팀제   난이도 ★★☆

팀제는 전통적 조직의 문제점을 극복하기 위해 등장한 대표적인 후기 관료제적 조직이다. 팀제의 도입은 조직관리의 공정성 제고와는 직접적인 연관이 없다.

(선지분석)
① 민주화와 인본주의 영향력이 가속화되면서 조직구성원의 참여가 제고되는 팀제가 도입되었다.
② 의사결정의 신속성을 중시함에 따라 기존 계층제 형태의 관료제 조직의 계층을 축소한 팀제를 도입함으로써 의사결정의 신속성을 강화하였다.
③ 정보화 및 세계화의 영향으로 위계적인 조직구조를 타파하고 조직 간의 수평적 연계성을 제고하고자 대표적인 수평구조인 팀제가 도입되었다.

👍 이것도 알면 **합격!** 전통적 조직과 팀조직 비교

구분	전통적 조직	팀조직
조직구조	계층적	수평적
목표	상부에서 주어짐	구성원들의 협의를 통함
리더	강하고 명백한 지도자	리더십 역할 공유
지시·전달	상명하복, 지시	상호 교환, 토론
정보흐름	폐쇄·독점	개방·공유
책임·보상	개인주의, 연공주의	공동책임·보상, 성과주의
평가기준	상부조직에 대한 기여도	팀 목표에 대한 달성도
업무통제	관리자가 계획·통제	팀 전체가 계획·통제

답 ④

---

11 □□□

매트릭스조직에 대한 설명으로 옳지 않은 것은?

① 이중의 명령 및 보고체제가 허용되어야 한다.
② 기능부서의 장과 사업부서의 장이 자원 배분권을 공유할 수 있어야 한다.
③ 조직구성원 간 원만한 인간관계 형성에 기여한다.
④ 조직의 성과를 저해하는 권력투쟁이 발생하기 쉽다.

12 □□□

매트릭스조직의 장점으로 옳지 않은 것은?

① 구성원의 자아실현
② 의사결정의 신속화
③ 인적자원의 신축적 활용
④ 특수사업 추진 용이

---

11 매트릭스조직

난이도 ★★☆

매트릭스조직은 성격이 상이한 기능부서와 사업부서를 결합시킨 조직이므로 조직구성원의 원만한 인간관계 형성이 곤란할 수 있다.

선지분석

① 매트릭스조직은 수직적 명령체제인 기능부서와 수평적 연결을 기본으로 하는 사업부서를 화학적으로 결합시킨 조직이므로 이중의 명령 및 보고체제가 허용되어야 한다.
② 매트릭스조직에서는 기능부서의 장과 사업부서의 장이 공유된 자원에 대한 배분권을 공유할 수 있어야 한다.
④ 매트릭스조직은 상이한 조직의 결합이므로 조직의 성과를 저해하는 권력투쟁이 발생하기 쉽다.

👍 **이것도 알면 합격!** 전통적 구조와 매트릭스구조 비교

구분	전통적 구조	매트릭스구조
계층제의 원리	명령계통의 원리	수직적 계통과 수평적·대각적 업무협조 모두 중요
계선·참모	목적 수행의 책임은 계선, 조언 및 보조는 참모	계선과 참모 구분 모호
조직목표	단일적 조직단위의 목표	상대적으로 독립적인 단위들의 공통적 관심사
지시의 통일성	최고관리자가 획일적 지시	프로젝트 관리자가 단위 간의 공통된 목적달성을 위해 협조
존속기간	상당한 영속성	지속기간의 한정

답 ③

12 매트릭스조직

난이도 ★★★

매트릭스조직은 기능구조와 사업구조를 화학적으로 결합한 조직으로, 조직구성원은 동시에 두 명의 상관에 보고하는 체계를 가지므로 명령통일의 원리에 위배되고 신속한 의사결정이 곤란하다. 다만, 사업구조의 장점인 외부 환경변화에 신속히 대응할 수 있다는 특징이 매트릭스조직에도 나타난다.

선지분석

① 매트릭스조직은 기계적 구조에 비하여 구성원의 참여를 증대시킬 수 있으므로 자아실현에 기여할 수 있다.
③ 매트릭스조직은 기능구조의 종적 명령전달체계에 사업구조의 횡적 체계를 결합시킴으로써 인적자원을 중복적·신축적으로 활용할 수 있다.
④ 매트릭스조직은 비정형적 특수사업 추진을 위해 형성되는 경우가 많다.

답 ②

13 □□□

네트워크조직에 대한 설명으로 옳지 않은 것은?

① 수직적·수평적 통합을 지향한다.
② 정보와 지식의 교환·공유·축적으로 조직의 학습을 촉진시키며, 새로운 지식이나 가치의 창조·활용이 용이하다.
③ 제품의 안정적 공급과 품질관리가 가능해진다.
④ 통합관리가 어려워 감시비용이 많이 소요된다.

14 □□□

네트워크구조의 장점으로 가장 옳지 않은 것은?

① 최고의 품질과 최저의 비용으로 자원들을 활용할 수 있다.
② 매우 간소화된 조직구조를 갖는다.
③ 정보통신망의 이용으로 직접 감독에 대한 인력이 많이 필요하지 않다.
④ 환경변화에 영향을 받지 않아서 매우 안정적이다.

---

13 네트워크조직

난이도 ★★☆

네트워크조직은 핵심적인 기능만 수행하고 생산 등의 임무는 외부와 계약, 위탁관계를 통하여 행하기 때문에 제품의 안정적 공급과 품질관리가 어렵다.

(선지분석)

①, ② 네트워크조직은 수직적·수평적 통합을 지향하는 조직으로, 정보와 지식의 교환·공유·축적으로 조직 학습을 촉진시켜 조직의 경쟁력을 높일 수 있다.
④ 네트워크조직은 외부기관과 계약관계에 있기 때문에 직접 통제가 어렵고, 외부기관들의 협력관계상 대리인문제가 발생할 수 있으므로 감시비용이 증가한다.

👍 **이것도 알면 합격!** 시장, 계층제, 네트워크조직 비교

구분	시장	계층제	네트워크조직
조직의 형태	다양한 개별 독립조직의 공존	단일의 중추조직	느슨하게 연결된 군집형 조직
규범적 기초	계산, 재산권	고용관계	보완관계
분쟁 조정수단	경쟁·갈등, 소송	감독·명령	호혜규범·협력
구조적 유연성	높음	낮음	중간
행위자의 선호	독립적	의존적	상호의존적
거래비용	많음 (환경·자원의 불확실성 높음)	적음 (환경·자원의 확실성)	중간 (환경·자원의 불확실성 감소)

답 ③

---

14 네트워크구조

난이도 ★★☆

네트워크구조는 유기적·개방적인 조직으로, 환경변화의 영향을 강하게 받고 이러한 변화에 대하여 신속하고 신축적인 대응이 가능한 구조이다.

(선지분석)

① 네트워크구조는 조직 외부의 최고의 품질을 생산할 수 있는 집단과 네트워크를 통해 연결하므로 비용을 절감할 수 있다.
② 네트워크구조는 핵심적인 업무를 수행하는 부문 이외는 네트워크를 통해 연결하므로 매우 간소화된 조직구조를 가진다.
③ 네트워크구조는 정보통신망을 이용하여 네트워크의 연계를 활용하므로 직접 감독에 대한 인력이 많이 필요하지 않다.

👍 **이것도 알면 합격!** 네트워크구조의 장·단점

장점	단점
· 조직의 개방화·슬림화·분권화	· 행동의 제약
· 혁신을 통한 경쟁력 배양	· 네트워크의 폐쇄화
· 정보통신기술 활용	· 네트워크 간 경쟁
· 환경변화에 신속·신축적 대응	· 대리인문제 발생
· 신제품 출시에 거대한 초기투자 불필요	· 응집력 있는 조직문화 형성 곤란

답 ④

15 ☐☐☐

네트워크조직의 효용성으로 옳지 않은 것은?

① 조직 내의 안정성 및 정체성을 보다 확고히 할 수 있다.
② 정보교환을 효율화하여 정보의 축적과 조직의 학습을 촉진할 수 있다.
③ 정보통신기술의 활용으로 시간적·공간적 제약을 완화할 수 있다.
④ 환경변화에 신축적이고, 신속한 대응이 가능하다.

15 　네트워크조직　　　　　　　　　난이도 ★★☆

네트워크조직은 조직의 경계가 모호하고 조직의 형태도 유동적이기 때문에 조직 내의 안정성이 떨어지고, 조직구성원이 정체성의 혼란을 겪을 수도 있다.

(선지분석)

② 네트워크조직은 다양한 조직들 간 정보교환이 네트워크를 통해 효율적으로 이루어질 수 있다는 장점이 있다.
③ 네트워크조직은 정보통신기술 및 사이버공간 등의 활용을 통해 시간적·공간적 제약을 완화할 수 있다.
④ 네트워크조직은 조직의 유연성과 유동성이 뛰어나므로 외부환경 변화에 신축적이고 신속하게 대응할 수 있다.

답 ①

---

16 ☐☐☐

다음 중 네트워크(network)구조에 대한 설명으로 옳은 것만을 모두 고르면?

> ㄱ. 환경변화에 신속하고 신축적인 대응이 가능하다.
> ㄴ. 계약관계에 있는 외부기관에 대한 직접적인 통제가 용이하다.
> ㄷ. 정보통신기술이 필수적 기반시설이다.
> ㄹ. 조직의 자체 기능을 핵심역량 위주로 구성한다.

① ㄱ, ㄴ, ㄷ
② ㄱ, ㄴ, ㄹ
③ ㄱ, ㄷ, ㄹ
④ ㄴ, ㄷ, ㄹ

16 　네트워크구조　　　　　　　　　난이도 ★★☆

ㄱ, ㄷ, ㄹ. 네트워크구조는 조직활동을 핵심역량을 위주로 구성하고 나머지 분야는 아웃소싱 또는 전략적 제휴를 통해 외부 전문가에 맡기는 구조이다. 네트워크조직은 정보기술을 이용한 조직이므로 정보통신기술이 필수적으로 확보가 되어야 한다. 또한 조직구조가 간소화되어 있고, 개방적인 특성을 가지고 있기 때문에 외부의 환경변화에 대하여 빠르고 탄력적인 대응이 가능하다는 특징을 가지고 있다.

(선지분석)

ㄴ. 네트워크구조는 계약관계에 있는 외부기관에 대한 직접적인 통제가 곤란하고 대리손실이 발생할 가능성이 있다.

답 ③

학습조직의 특징으로 옳지 않은 것은?

① 조직일체감을 중시하고 정보 공유를 실현한다.
② 부서 간 경계를 최소화해야 한다는 조직문화가 중요하다.
③ 중간관리자의 기능이 강화된다.
④ 학습조직의 기본 구성단위는 업무 프로세스 중심의 팀이다.

애드호크라시에 해당하지 않는 조직은?

① 태스크포스(T/F)조직
② 매트릭스조직
③ 귤릭조직
④ 프로젝트(PT)조직

---

17   학습조직   난이도 ★★☆

학습조직은 정보화사회(후기 산업사회)의 후기 관료제적 형태를 보이는 조직으로 중간관리자의 역할과 기능이 축소된다.

(선지분석)

① 학습조직은 유기체적 조직으로 조직의 일체감을 중시하고 활발한 커뮤니케이션을 통하여 정보 공유를 실현한다.
② 학습조직은 부서 간 경계를 최소화하고 경쟁보다 협력을 중시한다.
④ 학습조직의 기본 구성단위는 분화된 부서가 아닌 업무 프로세스 중심의 팀이다.

👍 이것도 알면 **합격!**   학습조직의 특징

사려 깊은 리더십	리더는 조직의 목표와 핵심가치를 설정하고 구성원이 공유하는 비전 등을 창조하며, 조직 제일의 봉사인으로서 조직의 임무와 구성원을 지원하는 것에 헌신해야 함
자아실현적 인간관	학습자의 주체성·자발성이 존중되며 시행착오가 허용됨
활발한 커뮤니케이션	정책결정 과정에 환류를 활성화하기 위한 의사소통을 중시하고 조직구성원 간의 활발한 의사소통과 정보공유를 장려함
변화지향적 조직	불확실한 환경에서 요구되는 창조적 변화를 촉진할 수 있음
신축적·유기체적 조직	탈관료제를 지향하는 분권적·신축적·인간적·유기체적 조직관
문제해결 중시	효율성을 핵심가치로 하는 전통적인 조직과는 달리 문제해결을 핵심가치로 함
부분보다 전체를 중시하는 공동체문화	부서 간 경계를 최소화하고 경쟁보다 협력을 중시하며, 개인별이 아닌 팀워크·조직 전체를 강조하는 보상체계를 도입함
수평적 조직구조	학습조직의 기본 구성단위는 팀으로, 수평적 구조를 강조하고 불확실한 환경에 신축적으로 대응하기 위해 네트워크조직과 가상조직을 활용함
구성원의 권한 강화	조직구성원은 학습을 즐거워한다고 보고, 구성원에게 충분한 학습을 제공할 수 있는 훈련을 강조함

답 ③

---

18   애드호크라시   난이도 ★★☆

귤릭조직은 동태적·유기체적인 후기 관료제적 조직인 애드호크라시에 해당하지 않는다.

(선지분석)

① 태스크포스는 특정한 임무를 수행하기 위하여 편성되는 임시적 전문가 조직이다.
② 매트릭스조직은 기능조직과 사업조직을 화학적으로 결합한 이중적 권한구조를 가지는 조직으로, 기능조직의 전문성과 사업조직의 신속한 대응성을 결합한 형태의 애드호크라시조직이다.
④ 프로젝트조직은 특정 사업을 추진하거나 과제를 해결하기 위하여 전문가나 이해관계자로 구성되는 동태적인 애드호크라시조직이다.

답 ③

조직유형에 대한 설명으로 옳지 않은 것은?

① 매트릭스조직은 조직 환경이 복잡해지면서 기능부서의 기술적 전문성과 사업부서의 신속한 대응성을 동시에 충족하기 위해 대두되었다.

② 삼엽조직은 소규모 전문직 근로자, 계약직 근로자, 신축적인 근로자들로 구성된다.

③ 학습조직은 공동의 과업, 소수의 규정과 절차, 비공식적·자발적 학습, 분권적인 의사결정을 특징으로 하는 기능분립적 구조이다.

④ 네트워크조직은 조직의 자체 기능은 핵심역량 위주로 합리화하고, 여타 부수적인 기능은 외부기관들과의 계약을 통해 연계·수행하는 조직이다.

대리정부(proxy government)의 특징으로 옳지 않은 것은?

① 정보의 왜곡현상이 발생할 수 있다.

② 분권화 전략에 의해서 자원의 낭비와 남용을 줄일 수 있다.

③ 대리정부의 형태가 다양하므로 행정관리자의 전문적 리더십이 중요하다.

④ 시민 개개인의 행동이 정부정책의 성과를 결정하기 때문에 높은 시민의식하에 대리정부에 대한 시민의 통제가 중요하다.

PART 3

2021 해커스군무원 15개년 기출복원문제집 쉬운 행정학

---

19   조직유형   난이도 ★☆☆

학습조직은 유기적 구조의 한 형태로 탈관료제적 조직을 대표한다. 따라서 학습조직은 공동의 과업, 소수의 규정과 절차, 자발적 학습, 분권적인 의사결정을 특징으로 하는 유기적 구조이다. 기능분립적 구조는 전형적인 관료제적 조직의 형태이다.

(선지분석)

① 매트릭스조직은 조직의 대외 환경이 복잡해지면서 기능부서의 기술적 전문성과 사업부서의 환경변화에 대한 신속한 대응성을 동시에 충족하기 위하여 등장한 조직이다.

② 삼엽조직은 소규모 전문직 근로자, 계약직 근로자, 신축적 근로자인 시간제 근로자들로 구성된다.

④ 네트워크조직은 조직의 자체 기능은 기획 및 통제 등 핵심역량 위주로 합리화하고, 여타 부수적인 기능은 외부기관들과 계약, 위탁 등을 통해 연계, 수행하는 탈관료제적 조직이다.

답 ③

20   대리정부   난이도 ★★★

대리정부(proxy goverment)는 분권화 전략을 사용하지만 그 과정에서 대리손실 등의 문제 및 대리정부가 중앙정부로부터 이관 받은 임무를 성공적으로 수행하지 못할 경우 생기는 오류를 교정하는 과정에서 오히려 비용이 더 많이 발생할 수 있다.

(선지분석)

① 대리정부는 대리손실로 인한 정보의 왜곡(비대칭)현상이 발생할 수 있다.

③ 대리정부의 형태가 다양하므로 행정 관리자가 전문가적 리더가 되어야 한다.

④ 시민 개개인이 공익에 부합하는 행동을 할 때 중앙정부의 목표가치와 대리정부의 목표가치가 동일화 될 수 있다.

답 ②

21 □□□

위원회조직의 장점으로 옳지 않은 것은?

① 합의에 의한 신속한 의사결정을 할 수 있다.
② 각 부문 간의 이해관계와 의견의 대립을 조정하고 통합할 수 있다.
③ 정책결정은 기관장이 단독으로 하지 않고 다수의 위원들이 집단적으로 참여하여 함께 한다.
④ 행정의 중립성과 정책의 계속성을 확보하고 조직의 안정성을 높일 수 있다.

21   위원회조직
난이도 ★☆☆

위원회조직은 다수의 위원들이 의사결정에 관여하기 때문에 신속한 의사결정이 어렵다.

(선지분석)
② 위원회조직은 서로 다른 부문의 이해관계를 대변하는 다양한 위원들로 조직이 구성되어 있으므로, 각 부문 간의 이해관계와 의견의 대립을 조정하고 통합할 수 있다.
③ 정책결정을 위원장이 단독으로 하지 않고, 다수의 위원들이 집단적으로 참여하여 함께 한다.
④ 위원회조직은 정권이 교체되더라도 위원들의 임기가 보장되므로 행정의 중립성을 확보할 수 있고, 위원은 임기별로 교차임용되기 때문에 정책의 계속성을 확보하고 조직의 안정성을 제고할 수 있다.

👍 이것도 알면 **합격!** 위원회조직의 장·단점

장점	단점
• 행정의 신중성 및 공정성, 민주성의 향상에 기여함	• 의사결정자가 많아 결정의 신속성·기밀성 유지가 곤란함
• 전문가의 참여로 인해 행정의 효율성·전문성을 제고할 수 있음	• 책임소재를 명백히 하기 어렵고 책임을 전가하는 현상이 발생함
• 여러 사람들의 협의를 통한 의사결정을 하므로 조정이 증진됨	• 경비와 시간이 많이 소요되므로 능률성을 확보하기 어려움
• 정책의 계속성과 안정성을 기할 수 있음	• 타협적 결정을 할 가능성이 있음
• 창의적·혁신적 결정을 내리기 쉬움	
• 관료제 조직의 경직성을 완화할 수 있음	

답 ①

22 □□□

우리나라 대통령의 권한에 대한 설명으로 가장 옳지 않은 것은?

① 정부구성은 대통령제를 기반으로 의원내각제적 요소를 가미하고 있다.
② 역대 대통령은 청와대의 규모를 감축하고 국무총리에게 인사 권한을 위임하였다.
③ 대통령 소속 정당이 다수당의 지위를 상실하면 레임덕 현상이 가속화된다.
④ 5년 단임 대통령제를 채택하고 있어 시간이 매우 중요하다.

22   우리나라 정부조직
난이도 ★★☆

우리나라 청와대 규모는 꾸준히 증가하였고, 대통령은 국무총리에게 인사권한을 위임하지 않았다.

(선지분석)
① 우리나라 정부는 대통령제를 기반으로 국무총리제도 도입, 국회의원과 장관의 겸직 허용, 행정부의 법률안 제출권 등 의원내각제적 요소가 가미되어 있다.
③ 국회에서 대통령 소속 정당인 여당이 소수당이 될 경우 행정부의 국정 운영이 국회와 대립하게 되어 대통령의 권력 누수 현상(레임덕 현상)은 가속화된다.
④ 우리나라는 5년 단임 대통령제이기 때문에 대통령의 임기가 짧고, 재선이 허용되지 않아서 시간이 매우 중요하다.

답 ②

23 ☐☐☐

대통령 소속 위원회에 해당하는 것은?

① 공정거래위원회
② 방송통신위원회
③ 금융위원회
④ 국민권익위원회

24 ☐☐☐

대통령 소속기관으로 옳은 것은?

① 방송통신위원회
② 국민권익위원회
③ 공정거래위원회
④ 금융위원회

---

23 대통령 소속 위원회

난이도 ★☆☆

방송통신위원회는 대통령 소속 위원회이다.

선지분석

①, ③, ④ 공정거래위원회, 금융위원회, 국민권익위원회는 국무총리 소속 위원회이다.

👍 이것도 알면 **합격!** 우리나라의 대통령 소속 위원회		
구분	**설치 근거**	**구성**
행정	법률	방송통신위원회(직속), 규제개혁위원회
자문	헌법	국가원로자문회의(미설치), 국가안전보장회의, 민주평화통일자문회의, 국민경제자문회의
	법률	경제사회노동위원회, 국가과학기술자문회의, 국가우주위원회, 국가지식재산위원회, 저출산고령사회위원회, 국가균형발전위원회, 자치분권위원회 등
	대통령령	일자리위원회, 4차산업혁명위원회, 국가교육회의 등

답 ②

---

24 대통령 소속기관

난이도 ★★☆

방송통신위원회는 대통령 소속기관이다.

선지분석

②, ③, ④ 국민권익위원회, 공정거래위원회, 금융위원회는 국무총리 소속기관이다.

답 ①

25 ☐☐☐

2021년 현행 우리나라 정부조직에 대한 설명으로 옳지 않은 것은?

① 문재인 정부에서 국민안전처가 폐지되었다.
② 행정안전부는 공무원의 인사, 보수, 연금, 조직, 정원 등의 업무를 담당한다.
③ 기획재정부장관과 교육부장관은 부총리를 겸한다.
④ 국가보훈처에는 처장 1명과 차장 1명을 두며, 처장·차장은 정무직으로 보한다.

26 ☐☐☐

다음 중 2021년 현 정부의 행정 각 부와 그 외청으로 옳은 것을 모두 고르면?

> ㄱ. 교육부 - 교육청
> ㄴ. 환경부 - 기상청
> ㄷ. 법무부 - 검찰청
> ㄹ. 행정안전부 - 해양경찰청

① ㄱ, ㄷ
② ㄱ, ㄹ
③ ㄴ, ㄷ
④ ㄴ, ㄹ

---

25 우리나라 정부조직

난이도 ★★☆

행정안전부에서는 공무원의 조직, 정원 등의 업무를 담당한다. 공무원의 인사, 보수, 연금 업무의 소관부처는 인사혁신처이다.

(선지분석)

① 박근혜 정부 때 신설된 국민안전처는 문재인 정부에서 폐지되었다. 국민안전처의 해양경찰업무는 해양경찰청이 부활하면서 해양경찰청으로 이관되었고, 소방업무는 소방청이 신설되면서 소방청으로 이관되었다. 그리고 일반 재난방지 업무는 행정안전부로 이관되었다.
④ 국가보훈처장이 장관급으로 격상되면서, 차장도 차관급으로 격상되었고, 이에 따라 일반직 고위공무원에서 정무직공무원으로 변경되었다.

답 ②

26 우리나라 정부조직

난이도 ★★☆

ㄴ. 기상청은 환경부의 외청이다.
ㄷ. 검찰청은 법무부의 외청이다.

(선지분석)

ㄱ. 교육청은 교육부의 외청이 아니다. 17개의 광역지방자치단체에 존재하며 그 장은 선출직 교육감이며, 학예에 관한 사무를 관장한다.
ㄹ. 해양경찰청은 해양수산부의 외청이다.

답 ③

27 □□□

「정부조직법」상 보조기관으로 옳지 않은 것은?

① 계장
② 차관
③ 실장
④ 차관보

28 □□□

보조기관에 해당하지 않는 기관은?

① 차관보
② 차관
③ 과장
④ 부장

---

27 보조기관

난이도 ★☆☆

차관보는 보조기관이 아닌 장관과 차관의 보좌기관이다.

(선지분석)
①, ②, ③ 모두 보조기관에 해당한다.

👍 이것도 알면 **합격!** 중앙행정기관의 체계		
본부 조직	최고관리층	장관
	하부조직	• 보조기관: 차관, 실·국장, 본부장·과장·부장·팀장 등 • 보좌기관: 차관보, 정책관·기획관·담당관 등
소속 기관	부속기관	시험연구기관, 교육훈련기관, 자문기관 등
	특별지방 행정기관	• 중간일선기관: 지방국세청, 지방경찰청 등 • 최일선기관: 세무서, 경찰서 등

답 ④

28 보조기관

난이도 ★☆☆

「정부조직법」 제2조 제3항에서 규정하고 있는 보조기관(계선)으로는 차관, 차장, 실장, 국장 및 과장이 있다. 차관보는 보조기관이 아닌 보좌기관(참모)에 해당한다.

답 ①

29 □□□
2006년 9급 복원

우리나라 정부관료제에 대한 비판으로 옳지 않은 것은?

① 매우 낮은 행정농도
② 지위체제의 과잉경직화
③ 비통합형 관리체제
④ 권한과 책임의 괴리

30 □□□
2008년 9급 복원

책임운영기관에 대한 설명으로 옳지 않은 것은?

① 1980년대 영국 Next Steps Program에서 처음 추진되었다.
② 공기업보다 이윤 추구를 더 중시한다.
③ 신공공관리론의 조직원리에 따라 등장한 정부조직이다.
④ 기관장은 공개모집으로 임용되고 있다.

30   책임운영기관
난이도 ★☆☆

책임운영기관은 정부가 수행하는 사무 중 공공성을 유지하면서도 경쟁원리에 따라 운영하는 것이 바람직한 사무에 대하여 책임운영기관의 장에게 행정 및 재정상의 자율성을 부여하고 그 운영성과에 대하여 책임을 지도록 하는 행정기관을 말한다. 따라서 책임운영기관도 정부기관의 일종이며, 공공기관의 일종인 공기업에 비해 이윤 추구보다는 공공성을 더 중시한다.

(선지분석)

① 책임운영기관은 1980년대 영국 대처(Thatcher) 행정부의 Next Steps Program에 의해서 처음 추진되었다.
③ 책임운영기관은 신공공관리론에서 주장하는 민간기업의 관리방식을 도입하고 관리자에게 좀 더 많은 신축성을 부여한 다음 그 성과에 따라 책임을 묻도록 한다.
④ 책임운영기관의 기관장은 개방형 직위 등 공개모집으로 임용되고 있다.

이것도 알면 합격! 우리나라의 책임운영기관		
유형	소속 책임운영기관	중앙 책임운영기관
조사연구형	국립종자원, 지방통계청, 국립과학수사연구원, 국립수산과학원 등	–
교육훈련형	국립국제교육원, 한국농수산대학 등	
문화형	국립중앙과학관, 국립중앙극장, 국립현대미술관 등	
의료형	국립공주병원, 경찰병원, 국립재활원 등	
시설관리형	해양경비안전정비창, 국립자연휴양림관리소 등	
기타	국세상담센터, 고용노동부 고객상담센터 등	특허청

답 ②

29   우리나라 정부관료제
난이도 ★★☆

행정농도는 참모조직과 중간관리자 전체로 보는 경우도 있고, 정부 조직 내의 전문적 참모집단의 규모로 파악하는 경우도 있다. 전자와 후자 모두 우리나라의 정부관료제는 상당한 규모를 이루고 있기 때문에 매우 낮은 행정농도로 볼 수는 없다.

(선지분석)

② 우리나라 정부관료제는 신축성이 부족하고 지위체제가 경직되어 있다.
③ 우리나라 정부관료제는 할거주의로 인하여 비통합형 관리체제의 특징을 보인다.
④ 정부관료제 내의 권한을 행사하는 집단과 책임을 수행하는 집단이 불일치하는 경우가 많다.

답 ①

31 □□□

2018년 9급 복원

「공공기관의 운영에 관한 법률」상 공공기관에 대한 설명으로 옳지 않은 것은?

① 공공기관은 공기업, 준정부기관, 기타공공기관으로 구분된다.
② 공기업은 시장형, 준시장형으로 구분된다.
③ 준정부기관은 기금관리형, 위탁집행형으로 구분된다.
④ 공공기관의 지정은 국무총리가 한다.

---

31 공공기관

난이도 ★★☆

공공기관의 지정은 국무총리가 아니라 기획재정부장관이 한다.

선지분석

①, ②, ③ 공공기관은 시장형 공기업, 준시장형 공기업, 기금관리형 준정부기관, 위탁집행형 준정부기관, 기타공공기관으로 구분된다.

👍 이것도 알면 합격! 공공기관의 구분

1. 공기업

시장형	자산규모가 2조 이상이고 자체수입액이 대통령령으로 정하는 기준(85%) 이상인 기관 예 한국가스공사, 한국전력공사, 인천국제공항공사, 한국공항공사, 부산항만공사, 인천항만공사, 한국지역난방공사, 한국석유공사, 한국광물자원공사, 한국중부발전, 한국수력원자력, 한국서부발전, 한국동서발전, 한국남부발전, 한국남동발전, 주식회사 강원랜드 등
준시장형	시장형 공기업이 아닌 공기업 예 한국마사회, 한국조폐공사, 한국방송광고진흥공사, 대한석탄공사, 한국토지주택공사, 한국도로공사, 한국수자원공사, 한국철도공사 등

2. 준정부기관

기금관리형	「국가재정법」에 따라 기금을 관리 또는 관리를 위탁받은 준정부기관 예 기술신용보증기금, 예금보험공사, 한국무역보험공사, 국민연금공단, 근로복지공단, 공무원연금공단 등
위탁집행형	기금관리형 기관이 아닌 준정부기관 예 한국가스안전공사, 한국수자원관리공단, 한국농어촌공사, 한국관광공사, 한국연구재단, 한국정보화진흥원, 한국고용정보원, 한국소비자원, 대한무역투자진흥공사, 한국산업인력공단 등

3. 기타공공기관
공기업과 준정부기관을 제외한 공공기관으로 이사회설치, 임원임면, 경영실적평가, 예산, 감사 등 규정을 적용하지 않음
예 한국산업은행, 한국투자공사, 대한법률구조공단 등

답 ④

---

32 □□□

2013년 9급 변형

공공기관에 대한 설명으로 옳지 않은 것은?

① 공기업은 정규 정부조직보다는 더 많은 자율성을 누린다.
② 정부기업은 일반 행정기관에 적용되는 조직, 인사, 예산에 관한 규정의 적용을 원칙적으로 받지 않는다.
③ 공기업의 유형 중 시장형과 준시장형으로 분류된다.
④ 준정부기관은 기금관리형 준정부기관과 위탁집행형 준정부기관으로 분류된다.

---

32 공공기관

난이도 ★★☆

정부기업은 우체국 등 「정부조직법」에 의해 설립된 정부기관이다. 따라서 일반적으로 정부기관에 적용되는 조직, 인사, 예산에 관한 규정의 적용을 받는다.

선지분석

① 공기업은 공공성의 원칙을 실현하기 위한 통제와, 기업성을 실현하기 위한 자율의 조화를 적절히 이루어야 한다.
③ 현행 법률상 대통령령으로 정하는 기준에 따라, 공기업은 시장형 공기업과 준시장형 공기업으로 분류된다.
④ 현행 법률상 준정부기관은 기금을 관리하는 형태의 기금관리형 준정부기관과 기금관리형을 제외한 준정부기관인 위탁집행형 준정부기관으로 분류된다.

답 ②

33 □□□

공기업에 대한 설명으로 옳지 않은 것은?

① 공공수요의 충족을 위하여 경영하는 기업이다.
② 현행 법률상 공기업은 시장형과 준시장형으로 구별된다.
③ 광의의 공기업은 법률상 공기업은 물론, 정부기업 등을 포함한다.
④ 공기업의 직원은 공무원이다.

34 □□□

공기업의 독립채산제에 대한 설명으로 옳지 않은 것은?

① 독립채산제는 재정과 경영을 분리하는 제도이다.
② 독립채산제를 채택한 공기업은 수지채산의 독립과 균형을 확보할 수 있다.
③ 독립채산제에서는 정부가 공기업에 대하여 중앙집권적으로 관리한다.
④ 공기업은 독립채산제를 채택함으로써 정부나 의회로부터 자주성을 확보할 수 있다.

---

33 공기업

난이도 ★★☆

공기업은 법률상 공기업인 협의의 공기업과, 협의의 공기업을 포함하는 광의의 공기업으로 분류할 수 있는데, 법률상 공기업인 협의의 공기업(공사, 공단 등)의 직원은 공무원이 아니다.

(선지분석)
① 공기업은 일반적으로 시장실패에 대한 대응으로 공공수요의 충족을 위하여 경영하는 기업이다.
② 현행 법률상 공기업은 공공기관 중 시장형 공기업과 준시장형 공기업이 있다.
③ 광의의 공기업은 법률상 공기업은 물론, 그 외의 공공기관 및 정부기업 등을 포함한다.

답 ④

34 공기업의 독립채산제

난이도 ★★☆

공기업이 독립채산제를 채택할 경우 정부나 의회로부터의 자주성을 확보할 수 있으므로 독립채산제에서는 정부가 공기업에 대하여 중앙집권적 관리가 이루어지는 것이 아니라 분권적 관리가 이루어진다.

(선지분석)
① 독립채산제는 기업의 재정과 경영을 분리하는 제도이다.
② 독립채산제를 채택한 공기업은 수입과 지출의 채산(수지채산)의 독립과 균형을 확보할 수 있다.
④ 공기업은 독립채산제를 채택함으로써 정부로부터 자주성을 확보하고 의회의 예산심의와 결산 등으로부터 독립할 수 있다.

답 ③

35 □□□

공기업의 설립요인으로 옳지 않은 것은?

① 국방·전략상의 고려
② 독점적 서비스
③ 정치적 신조
④ 균형예산의 달성

36 □□□

민영화에 대한 설명으로 옳지 않은 것은?

① 면허(franchise) - 경쟁이 약하면 이용자의 비용부담이 과중하게 될 수 있다.
② 바우처(vouching) - 소비자가 재화의 선택권을 갖는다.
③ 보조금(subsidy) - 신축적 인력운영이 가능하고 서비스 수준을 개선하는 효과가 크다.
④ 자조활동(self-help) - 정부의 서비스 생산 업무를 대체하기보다는 보조하는 성격을 갖는다.

---

35 공기업의 설립요인

난이도 ★★★

균형예산은 정부의 세입과 세출이 전체적으로 균형을 이루어 적자가 없는 예산을 의미한다. 한편, 공기업은 원칙적으로 독립채산제에 의해서 운영되기 때문에, 공기업을 설립한다고 해서 균형예산의 달성이 가능한 것은 아니다. 균형예산의 달성과 공기업 설립은 관계가 없다.

(선지분석)
① 국가는 기밀유지, 안보실현 등 국방·전략상의 고려로 많은 산업을 국유화하거나 공기업을 통하여 무기 등을 생산한다.
② 전기, 가스, 철도 등 국민생활에 직결되며 독점적 성격을 띤 공익사업은 공기업을 성립하여 공급한다.
③ 공기업은 진보주의적 정부가 집권할 경우 정치적 신조에 의하여 설립되기도 한다.

👍 이것도 알면 **합격!** 공기업의 설립요인

민간자본의 부족	초기에 대규모 자본이 투입되는 사업은 민간기업이 감당하기 어려워 공적 수요 충족을 위해 공기업을 설립함
국방·전략상 고려	군수품의 효율적 조달, 기밀유지 등 국방·전략상의 요인으로 공기업을 설립함
독과점에 대한 대응	철도사업, 통신사업, 전력사업 등 규모의 경제로 인하여 자연독점적인 사업의 경우 독점의 폐해를 방지하기 위해서 공기업을 설립함
정치적 신조	정당의 정강정책이나 최고지도자의 정치적 신념에 따라서 공기업을 설립함

답 ④

---

36 민영화

난이도 ★★★

보조금(subsidy) 지급 방식은 공공서비스의 요건을 구체적으로 명시하기 곤란하거나 서비스가 기술적으로 복잡하고 목표달성이 불확실한 경우 사용할 수 있는 장점이 있다. 그러나 민간운영자에게 보조금의 재정지원을 해주는 방식이므로 서비스 수준을 개선하는 효과는 크지 않다. 일정 서비스 수준을 규제할 수 있는 방식은 면허(franchise) 방식이다.

(선지분석)
① 면허(franchise) 방식은 민간기업에게 특정 서비스를 제공할 수 있는 면허권을 부여하는 방식으로, 민간업자의 경쟁이 약하면 가격하락 효과가 없기 때문에 이용자의 비용부담이 과중하게 될 수 있다.
② 바우처(vouching) 방식은 소비자가 재화의 선택권을 가질 수 있다는 장점이 있다.
④ 자조활동(self-help)은 공공서비스의 수혜자와 공급자가 일치하는 경우로 지역 야간 순찰대 등이 대표적 사례이다. 자조활동은 정부의 서비스 생산 업무를 대체하기보다는 보조하는 성격을 갖는다.

👍 이것도 알면 **합격!** 민영화의 방식 - 사바스(Savas)

구분		배열자(공급 책임)	
		정부	민간
생산자 (생산 담당)	정부	· 정부의 직접 공급 · 정부 간 계약	정부서비스 판매
	민간	· 계약(contracting-out) · 허가(franchise) · 보조금 지급(grants)	· 이용권 지급(voucher) · 시장공급 · 자조활동(self-service) · 자원봉사자(volunteer)

답 ③

민영화의 한 방식인 바우처제도에 대한 설명으로 옳지 않은 것은?

① 전자바우처는 바우처 관리·운영의 투명성과 효율성 제고에 기여한다.
② 식품이용권은 개인에게 쿠폰형태의 구매권을 지급하는 것이다.
③ 바우처는 구매대금의 실질 지급대상에 따라 명시적 바우처와 묵시적 바우처로 구분된다.
④ 노인돌봄 서비스, 장애인활동 보조서비스 등은 종이바우처의 대표적 운영사례이다.

---

37 바우처제도   난이도 ★★☆

바우처제도는 정부가 수요자에게 쿠폰을 지급하여 원하는 공급자를 선택하도록 하고, 공급자가 소비자로부터 받은 쿠폰을 제시하면 정부가 재정을 지원하는 방식이다. 노인돌봄 서비스, 장애인활동 보조서비스 등은 자원봉사방식이다.

(선지분석)
① 전자바우처는 바우처가 다른 용도로 전환되는 것을 방지할 수 있으며 바우처관리의 투명성과 효율성 제고에 기여한다.
② 식품이용권은 개인에게 쿠폰형태의 바우처를 지급하고, 개인이 구매권인 바우처를 이용하여 원하는 식품을 구매하는 방식이다.
③ 바우처는 실제 쿠폰 등을 지급하는 명시적 바우처와, 바우처를 이용할 수 있는 권한을 수요자에게 부여하고 수요자가 바우처를 이용할 경우 공급자에게 그 가액을 지불하는 방식의 묵시적 바우처가 있다.

👍 이것도 알면 **합격!**   바우처제도의 장·단점

장점	단점
·공급자가 아닌 소비자에게 서비스의 선택권을 부여하여 공급자 간의 경쟁을 통한 서비스의 질을 제고하고, 공급자가 다수인 경우 선택의 폭이 확대됨 ·전자바우처의 경우 실시간 모니터링으로 바우처 관리·운영의 효율성 및 투명성을 제고할 수 있음	·서비스가 다른 용도로 전용될 가능성이 있음 ·공급자가 소수인 경우 선택의 폭이 제한됨 ·민간공급자 측에서 서비스 수요량의 예측과 파악이 곤란함

답 ④

민자유치 사업방식에 대한 설명으로 옳은 것을 모두 고르면?

ㄱ. BTO방식 - 민간투자기관이 민간자본으로 공공시설을 건설하고 시설완공과 동시에 소유권을 정부에 이전하는 대신, 민간투자기관이 일정기간 시설을 운영하여 투자비를 회수하는 방식

ㄴ. BOT방식 - 민간투자기관이 민간자본으로 공공시설을 건설하고 시설완공 후 일정기간 동안 민간투자기관이 소유권을 가지고 직접 운영하여 투자비를 회수하는 방식

ㄷ. BOO방식 - 민간투자기관이 민간자본으로 공공시설을 건설하고 시설완공 후 일정기간 동안 민간투자기관이 소유권을 가지고 직접 운영하여 투자비를 회수한 다음, 기간만료 시 소유권을 정부에 이전하는 방식

ㄹ. BTL방식 - 민간투자기관이 민간자본으로 공공시설을 건설하고 완공 시 소유권을 정부에게 이전하여 정부가 소유권과 운영권을 가지고, 대신 민간투자기관에게 임대료를 지급하도록 하여 시설투자비를 회수하는 방식

ㅁ. BLT방식 - 민간의 투자자본으로 건설한 공공시설을 정부가 사업을 운영하며 민간에 임대료를 지불하는 방식으로 운영종료 시점에 정부가 소유권을 이전받는 방식

① ㄱ, ㄹ, ㅁ   ② ㄴ, ㄷ, ㄹ
③ ㄱ, ㄷ, ㄹ, ㅁ   ④ ㄴ, ㄷ, ㄹ, ㅁ

---

38 민자유치 사업방식   난이도 ★★☆

ㄱ, ㄹ, ㅁ이 옳은 설명이다.

(선지분석)
ㄴ. BOT방식은 민간투자기관이 민간자본으로 공공시설을 건설하고 시설완공 후 일정기간 동안 민간투자기관이 소유권을 가지고 직접 운영하여 투자비를 회수한 다음, 기간만료 시 소유권을 정부에 이전하는 방식이다.
ㄷ. BOO방식은 민간투자기관이 민간자본으로 공공시설을 건설하고 시설완공 후 일정기간 동안 민간투자기관이 소유권을 가지고 직접 운영하여 투자비를 회수하는 방식이다.

👍 이것도 알면 **합격!**   우리나라의 민자유치제도
        - 「사회기반시설에 대한 민간투자법」

구분	BOT	BTO	BLT	BTL
개념	민간이 운영		정부가 운영	
사례	투자비 회수가 가능한 수익사업		투자비 회수가 곤란한 비수익사업	
위험부담	민간이 위험부담		민간에게 위험부담 거의 없음	
운영기간 동안의 소유권 주체	민간	정부	민간	정부
소유권 이전 시점	운영종료 시점	준공시점	운영종료 시점	준공시점

답 ①

39 □□□

민영화에 대한 문제점으로 가장 옳지 않은 것은?

① 공공성의 침해
② 서비스 품질의 저하
③ 경쟁의 심화
④ 행정책임확보의 곤란성

40 □□□

민간화(privatisation)의 긍정적 효과에 대한 설명으로 옳지 않은 것은?

① 서비스 공급의 효율성 확보
② 정치적, 재정적 부담 감소
③ 공공서비스에 대한 책임성 제고
④ 고객의 요구에 대한 대응성 확보

---

39 민영화의 문제점 난이도 ★★☆

민영화는 경쟁을 제고하기 위한 목적으로 시행하는 것이기 때문에 경쟁의 심화는 민영화의 문제점으로 볼 수 없다.

(선지분석)

① 민영화로 인하여 공공성이 높은 서비스의 공급에 문제가 발생하여 공공성이 침해될 수 있다.
② 민영화 후의 시장논리로 인한 서비스 품질의 저하가 발생할 가능성이 있다.
④ 민영화 후 공공재의 공급이 시장에서 이루어질 경우 행정책임확보가 곤란할 수 있다.

> 👍 이것도 알면 **합격!** 민영화의 문제점
>
> 1. 정부의 책임성 약화 및 책임전가
> 2. 크림 스키밍(cream skimming) 현상 발생 우려
> 3. 공익성의 훼손 우려
> 4. 서비스공급의 불안정성
> 5. 형평성 저해
> 6. 역대리인이론 및 불공정거래의 위험

답 ③

---

40 민영화의 긍정적 효과 난이도 ★☆☆

민간화(privatisation)는 영리추구가 우선시되기 때문에 공공서비스의 책임성이 저하될 우려가 있다.

(선지분석)

① 민간화를 통하여 경직된 정부조직의 여러 제약을 제거하여 서비스 공급의 융통성과 효율성을 높일 수 있다.
② 민간화되는 영역에서 정부활동의 가시성과 직접성이 낮아지기 때문에 정치적 부담이 감소하며, 적자 영역을 민간화 함으로써 재정적 부담이 감소할 수 있다.
④ 민간화를 통하여 서비스 공급이 경쟁을 통해 이루어지면 서비스의 질이 향상되고, 가격은 저하되며 고객의 선택의 기회를 넓힘으로써 고객의 요구에 대한 대응성을 확보할 수 있다.

답 ③

CHAPTER 3 | 조직행태론

01 ☐☐☐
2007년 9급 복원

맥그리거(McGregor)의 Y이론과 관계가 없는 것은?

① 아지리스(Argyris)의 성숙인
② 허즈버그(Herzberg)의 동기요인
③ 샤인(Schein)의 사회인관
④ 리커트(Likert)의 체제 I

02 ☐☐☐
2019년 국가직 9급

다음 설명에 해당하는 조직의 인간관은?

- 인간을 자신의 이익을 극대화하기 위해 행동하는 존재로 본다.
- 인간은 조직에 의해 통제·동기화되는 수동적 존재이며, 조직은 인간의 감정과 같은 주관적 요소를 통제할 수 있도록 설계돼야 한다.

① 합리적·경제적 인간관
② 사회적 인간관
③ 자아실현적 인간관
④ 복잡한 인간관

---

01 맥그리거(McGregor)의 Y이론
난이도 ★★☆

리커트(Likert)의 관리체제론에서 체제 I 은 수탈적 권위형, 체제 II 는 온정적 권위형, 체제 III 은 협의적 민주형, 체제 IV는 참여적 민주형이다. 이 중 체제 I 은 관리자가 부하 직원을 신뢰하지 않고 관리자와 부하 간의 접촉이 단절되어 있는 상태이다. 관리자는 공포, 위협, 처벌 등의 관리수단을 사용하고 생리적 욕구나 안전 욕구 등을 충족시켜 주면서 이에 따른 경제적 보상을 제공해준다. 체제 I 은 고차원의 욕구가 아닌 저차원의 욕구만을 충족시켜주는 형태이다.

(선지분석)
① 미성숙인은 X이론과 관계가 있고, 성숙인은 Y이론과 관계가 있다.
② 위생요인은 X이론과 관계가 있고, 동기요인은 Y이론과 관계가 있다.
③ 경제인관은 X이론과 관계가 있고, 사회인관은 Y이론과 관계가 있다.

👍 이것도 알면 **합격!** 리커트(Likert)의 관리체제론

구분		관리전략
권위형 (X이론)	체제 I (수탈적 권위)	• 부하에 대한 불신 • 부하의 참여 배제
	체제 II (온정적 권위)	• 부하에 대한 온정적 신뢰 • 하향적 의사소통
민주형 (Y이론)	체제 III (협의적 민주)	• 부하에 대한 상당한 신뢰 • 활발한 의사소통
	체제 IV (참여적 민주)	• 부하에 대한 완전한 신뢰 • 쌍방향적 의사소통

답 ④

02 조직의 인간관
난이도 ★☆☆

제시문은 고전적 관점에서 인간을 파악한 이론으로, 고전적 조직에서는 인간을 합리적이고 경제적인 존재로 인식하였다.

(선지분석)
② 사회적 인간관은 인간을 수동적인 존재로 보지만, 비공식적인 집단 및 사회심리적 요인을 중시한 신고전적 관점의 인간관이다.
③ 자아실현적 인간관은 현대적 인간관이다.
④ 샤인(Schein)은 복잡한 인간관을 주장하였다.

답 ①

03 ☐☐☐

2011년 9급 복원

맥그리거(D. McGregor)의 Y이론적 인간관의 관리전략으로 옳지 않은 것은?

① 권위주의적 리더십
② 목표에 의한 관리
③ 비공식적 조직 활용
④ 분권화와 권한의 위임

04 ☐☐☐

2007년 9급 복원

허즈버그(Herzberg)의 욕구충족이원론 중 위생요인으로 옳지 않은 것은?

① 감독
② 교육기회 부여
③ 보수
④ 상관, 부하와의 인간관계

---

03 맥그리거(D. McGregor)의 Y이론적 인간관

난이도 ★☆☆

권위주의적 리더십은 X이론적 관리전략에 해당한다.

(선지분석)
② 목표에 의한 관리(MBO)는 하급자의 참여를 보장하는 Y이론적 관리전략이다.
③ 공식적 조직뿐 아니라 비공식적 조직을 활용하는 방식은 Y이론적 관리전략이다.
④ 조직의 하급자에게 권한을 분산·위임하는 방식은 Y이론적 관리전략이다.

👍 이것도 알면 **합격!** 맥그리거(McGregor)의 X · Y이론

구분	X이론	Y이론
인간관	성악설 – 일을 싫어하고 게으른 소극적·수동적 인간 가정	성선설 – 일을 좋아하고 스스로 책임지며 자기실현을 추구하는 적극적·능동적 인간 가정
관리전략	•당근(부드러운 관리)과 채찍(강경한 관리) •교환모형: 경제적 보상에 의한 유인 •강제와 통제, 명령과 처벌, 계층구조 및 상부책임제도 •거래적·권위주의적 리더십	•목표에 의한 관리체계 구축 •통합모형: 개인과 조직의 목적 통합 •자율성과 자기통제·평가, 참여와 분권 •민주적 리더십

답 ①

04 허즈버그(Herzberg)의 욕구충족이원론

난이도 ★★★

허즈버그(Herzberg)의 욕구충족이원론에서 교육기회의 부여는 직무만족을 유발하는 동기요인에 해당한다.

(선지분석)
① 욕구충족이원론에 따를 경우 상관이 부하를 통제하고 감독하는 것은 위생요인에 해당한다.
③ 욕구충족이원론에 따를 경우 보수도 위생요인에 불과하다.
④ 욕구충족이원론에 따르면 상관과 부하의 인간관계나 동료들과의 관계 등 대인관계는 위생요인이다.

👍 이것도 알면 **합격!** 위생(불만)요인과 동기(만족)요인 – 허즈버그(Herzberg)

구분	위생(불만)요인	동기(만족)요인
성격	직무 외적 환경적 요인 (경제적, 물리적, 대인적 환경)	직무와 관련된 심리적 요인
예	정책과 관리, 감독, 지위·보수, 안전, 대인관계, 작업조건 등	승진, 성취감, 인정감, 책임감, 직무 자체에 대한 보람, 성장·발전 등

답 ②

05 □□□

윌리엄스와 앤더스(Williams & Anderson)에 의해 주장되는 조직에 대한 조직시민행동(OCB-O)으로 옳지 않은 것은?

① 신사적 행동(sportsmanship)
② 성실행동(conscientiousness)
③ 시민의식행동(civic virtue)
④ 이타적 행동(altruism)

06 □□□

조직 내에서 구성원 A는 구성원 B와 동일한 정도로 일을 하였음에도 구성원 B에 비하여 보상을 적게 받았다고 느낄 때 아담스(Adams)의 공정성이론에 의거하여 취할 수 있는 구성원 A의 행동 전략으로 가장 옳지 않은 것은?

① 자신의 투입을 변화시킨다.
② 구성원 B의 투입과 산출에 대해 의도적으로 자신의 지각을 변경한다.
③ 이직을 한다.
④ 구성원 B의 투입과 산출의 실제량을 자신의 것과 객관적으로 비교하여 보상의 재산정을 요구한다.

---

05 조직시민행동
난이도 ★★★

조직시민행동은 조직에 대한 조직시민행동(OCB-O)과 개인에 대한 조직시민행동(OCB-I)으로 구분할 수 있는데 신사적 행동, 성실행동, 시민의식행동은 조직에 대한 조직시민행동이고, 이타적 행동, 예의성은 개인에 대한 조직시민행동이다.

답 ④

06 아담스(Adams)의 공정성이론
난이도 ★★★

아담스(Adams)의 공정성이론은 개인은 준거인(비교대상)과 비교하여 자신의 투입(노력)과 그 산출(보상) 간에 불일치를 지각하면 이를 제거하는 방향으로 동기가 부여된다고 보는 이론이다. 만약 타인에 비하여 과소보상을 받았다고 느끼면 노력을 줄여 투입을 감소하거나 산출을 왜곡하여 지각하거나 조직을 이탈하는 등의 행동 전략을 보인다. 그러나 준거인의 투입과 산출의 실제량을 자신의 것과 객관적으로 비교하여 보상의 재산정을 요구하지는 않는다.

답 ④

07 ☐☐☐

동기부여이론을 과정이론과 내용이론으로 구분할 때, 구분이 다른 하나는?

① 맥클리랜드(McClelland)의 성취동기이론
② 앨더퍼(Alderfer)의 ERG이론
③ 브룸(Vroom)의 기대이론
④ 매슬로우(Maslow)의 욕구계층이론

08 ☐☐☐

동기부여이론에 대한 연결이 옳지 않은 것은?

① 내용이론 – 욕구계층이론, ERG이론
② 욕구충족요인이원론 – 동기요인, 위생요인
③ 기대이론 – 주관적 확률과 관련된 믿음, 유의성, 수단성
④ 과정이론 – 성취동기이론, 직무특성이론

---

07 동기부여이론

난이도 ★☆☆

브룸(Vroom)의 기대이론은 과정이론 중의 하나이다.

(선지분석)

①, ②, ④ 내용이론에 해당한다.

> 📖 **이것도 알면 합격!** 동기부여이론의 구분

내용이론	• 매슬로우(Maslow)의 욕구단계이론 • 앨더퍼(Alderfer)의 ERG이론 • 맥그리거(McGregor)의 X·Y이론 • 아지리스(Argyris)의 성숙·미성숙이론 • 맥클리랜드(McClelland)의 성취동기이론 • 허즈버그(Herzberg)의 욕구충족요인이원론 • 리커트(Likert)의 관리체제이론 • 핵크만과 올드햄(Hakman & Oldham)의 직무특성이론(과정이론으로 보기도 함)
과정이론	• 브룸(Vroom)의 기대이론 • 아담스(Adams)의 형평성이론 • 포터와 로러(Porter & Lawler)의 성과만족이론 • 조고풀러스(Georgopoulos)의 통로목표이론 • 로크(Locke)의 목표설정이론

답 ③

08 동기부여이론

난이도 ★★★

동기부여의 내용이론에는 매슬로우(Maslow)의 욕구계층이론, 앨더퍼(Alderfer)의 ERG이론, 허즈버그(Herzberg)의 욕구충족요인이원론, 아지리스(Argyris)의 성숙·미성숙이론, 맥클리랜드(McClelland)의 성취동기이론 등이 있다. 과정이론에는 아담스(Adams)의 공정성이론, 브룸(Vroom)의 기대이론, 조고플러스(Georgopoulos)의 통로–목표이론 등이 있다. 핵크만과 올드햄(Hakman & Oldham)의 직무특성이론은 내용이론으로 보는 경우도 있고, 과정이론으로 보는 경우도 있다.

(선지분석)

① 매슬로우(Maslow)의 욕구계층이론과 앨더퍼의 ERG이론은 내용이론이다.
② 허즈버그(Herzberg)의 욕구충족요인이원론은 동기유발 요인을 만족과 관련된 동기요인과 불만족과 관련된 위생요인으로 이원화하고, 두 요인은 상호독립적으로 작용한다고 보는 이론이다.
③ 브룸(Vroom)은 기대이론에서 동기부여의 정도는 유의성(유인가, V), 수단성(I), 주관적 확률과 관련된 믿음(기대감, E)에 의하여 결정된다고 주장하였다.

답 ④

09 □□□

동기부여이론에 대한 설명으로 옳은 것은?

① 허즈버그(Herzberg)는 불만족을 야기시키는 위생요인이 충족되면 동기가 유발된다고 하였다.
② 맥그리거(McGregor)가 제시한 두 가지 인간형은 매슬로우(Maslow)의 욕구단계이론과 관련성이 없다.
③ 브룸(Vroom)의 선호기대이론은 동기이론의 범주 가운데 내용이론에 속한다.
④ 제임스 페리(J. Perry)는 공공선택이론에 대한 대안으로 신공공서비스이론에 입각하여 시민정신에의 부응을 통한 관료들의 동기유발을 제시하였다.

10 □□□

동기이론에 대한 설명으로 옳지 않은 것은?

① 매슬로우(Maslow)는 하위 욕구가 충족될 때 상위 욕구가 순차적으로 유발된다고 하였다.
② 허즈버그(Herzberg)는 동기요인은 만족감을 느끼게 하는 것이 아니고 불만을 막는 작용을 하는 것이라고 주장하였다.
③ 아지리스(Argyris)는 조직목표와 개인목표가 일치하는 조직이 건강한 조직이라고 주장하였다.
④ 동기이론은 내용이론과 과정이론으로 나눌 수 있는데, 앨더퍼(Alderfer)의 ERG이론은 내용이론에 속하고 브룸(Vroom)의 기대이론은 과정이론에 속한다.

---

09 동기부여이론
난이도 ★★★

제임스 페리(J. Perry)의 신공공서비스이론은 관료들이 시민정신에 부응하여 시민에게 봉사하고자 하는 데에서 동기가 유발된다고 보았다.

선지분석

① 허즈버그(Herzberg)는 동기(만족)요인과 위생불(만족)요인을 이원화하여 별개로 보았다. 따라서 불만족을 야기하는 위생요인이 충족되더라도 불만이 제거될 뿐 동기가 유발되지는 않는다고 보았다.
② 맥그리거(McGregor)는 매슬로우(Maslow)의 욕구단계이론을 바탕으로 하위 욕구와 관련된 X인간관과 상위 욕구와 관련된 Y인간관과 관리전략을 제시하였다.
③ 브룸(Vroom)의 선호기대이론(VIE이론)은 동기이론의 범주 가운데 과정이론에 속한다.

답 ④

10 동기이론
난이도 ★☆☆

허즈버그(Herzberg)는 인간의 욕구 차원을 불만과 만족으로 구분하고 불만을 일으키는 요인(위생요인)과 만족을 주는 요인(동기요인)은 서로 다르다는 욕구충족요인이원론을 제시하였다. 만족의 반대는 불만족이 아니라 만족이 없다는 것이며, 불만족의 반대는 만족이 아니라 불만족이 없다는 것이다. 만족감을 느끼게 하는 것이 아니고 불만을 막는 작용을 하는 것은 불만요인(위생요인)에 해당한다.

선지분석

① 매슬로우(Maslow)는 가장 하위 단계의 생리적 욕구에서 안전의 욕구, 사회적 욕구, 존경의 욕구를 거쳐 가장 상위 단계인 자아실현의 욕구 순으로 욕구가 발로한다고 주장하였다. 매슬로우(Maslow)에 따르면 하위 단계의 욕구가 충족되면 상위 단계의 욕구가 발로한다.
③ 아지리스(Argyris)의 미성숙-성숙이론에서 성숙인은 조직목표와 개인목표를 일치시킬 수 있다고 보았다.
④ 앨더퍼(Alderfer)의 ERG이론, 매슬로우(Maslow)의 욕구계층이론, 허즈버그(Herzberg)의 욕구충족요인이원론 등은 내용이론이고, 브룸(Vroom)의 기대이론, 조고플러스(Georgopoulos)의 통로-목표이론, 아담스(Adams)의 형평성이론, 학습이론, 조직시민행동이론 등은 과정이론이다.

답 ②

11 ☐☐☐

켈리(Kelly)의 귀인이론에서 주장하는 귀인의 성향으로 옳지 않은 것은?

① 개인이 동일한 사건에서 다른 사람들과 동일하게 행동하는 정도가 높다면, 그 행동의 원인을 외적 요소에 귀인하려는 경향이 나타난다.

② 개인이 다른 사건에서 달리 반응하는 정도가 높다면, 그 행동의 원인을 외적 요소에 귀인하려는 경향이 나타난다.

③ 개인이 다른 사건에서 미래에 동일하게 반응하는 정도가 높다면, 그 행동의 원인을 내적 요소에 귀인하려는 경향이 나타난다.

④ 개인이 동일한 사건에서 과거와 동일하게 반응하는 정도가 높다면, 그 행동의 원인을 내적 요소에 귀인하려는 경향이 나타난다.

THEME 050 | 조직인의 성격형과 행정문화

12 ☐☐☐

행정문화의 특성에 대한 설명으로 옳지 않은 것은?

① 구성원의 사고와 행동을 결정하는 요인이다.

② 개인에 의해 표현되지만 문화는 집합적이고 공유적이다.

③ 통합성을 유지하면서 하위문화를 포용한다.

④ 인간의 본능이 아니라 학습을 통해서 익힌 것이다.

⑤ 시간이 흘러도 변하지 않는 지속성을 지닌다.

---

11 켈리(Kelly)의 귀인이론

난이도 ★★★

켈리(Kelly)의 귀인이론에 따르면 개인이 다른 사건에서 미래에 동일하게 반응하는 정도가 높다면, 그 행동의 원인을 외적 요소에 귀인하려는 경향이 나타난다.

답 ③

---

12 행정문화의 특성

난이도 ★★☆

행정문화는 쉽게 변하지 않는 지속성·안정성·변동저항성·지연성을 지니지만 시간이 흐르면 다양한 요인에 의하여 변화한다. 따라서 행정문화의 지속성은 시간이 흘러도 변하지 않는 절대적인 것을 의미하지는 않는다.

(선지분석)

① 행정문화는 구성원인 행정관료의 사고와 행동을 결정하는 요인이다.

② 행정문화는 구성원 간에 공유되는 집합적이고 공유적 특성을 지닌다.

③ 행정문화는 행정문화의 하위문화를 포용한다.

④ 행정문화는 학습성을 띤다.

답 ⑤

CHAPTER 3 조직행태론 **137**

PART 3

2021 해커스군무원 15개년 기출복원문제집 쉬운 행정학

CHAPTER 4 | 조직과 환경

THEME 051 | 조직의 환경

01 □□□
2005년 서울시 7급

에머리(Emery)와 트리스트(Trist)는 조직환경의 복잡성과 변화율을 중심으로 환경유형을 분류하였다. 이에 대한 내용으로 가장 옳은 것은?

① 평온-집합적 환경은 변화의 속도는 느리지만, 조직에게 유리한 요소와 위협적인 요소들이 무리를 지어 집합적으로 존재하는 환경이다.
② 교란-반응적 환경에서는 조직은 환경에 크게 구애받지 않고 조직에 유리한 환경요소를 선택하여 조직의 계획을 수행해 나갈 수 있다.
③ 평온-무작위적 환경에서는 조직은 좀더 장기적인 안목으로 전략을 수립하여 환경에 대응해 나가야 한다.
④ 격변적 환경은 비슷한 목표를 추구하는 경쟁조직들이 많이 존재하는 환경이다.
⑤ 평온-무작위적 환경에서는 환경의 구성요소들의 상호관련성이 매우 높다.

01 조직의 환경유형
난이도 ★★★

평온-집합적 환경은 환경변화는 미미하지만 일정한 유형에 따라 군집되어있고 환경요인에 대한 인과관계가 어느 정도 예측이 가능하다.

👍 이것도 알면 **합격!** 환경의 유형과 조직전략 - 에머리(Emery)와 트리스트(Trist)	
평온-무작위적 환경	• 환경변화가 미미하고 환경의 구성요소들이 상호 관련성 없이 분포된 환경으로, 가장 단순한 유형 • 환경요인의 무작위성은 예측이 곤란함 • 표준화된 전략으로 대응함
평온-집합적 환경	• 환경변화는 미미하고 느리지만, 조직에게 유·불리한 요소가 일정한 유형에 따라 군집되어있는 환경 • 환경요인에 대한 인과관계가 어느 정도 예측이 가능함
교란-반응적 환경	• 유사한 목표를 추구하는 조직들이 많이 등장하여 경쟁적으로 상호작용하는 환경 • 조직은 환경에 크게 영향을 받음 • 조직은 다른 체제의 반응을 고려하여 경쟁하기 위해 전략적 방안을 강구함
격변적 환경 (격동의 장)	• 격동적이고 예측이 어려운 소용돌이 환경 • 조직은 생존을 위해 신제품 개발과 외부요소들과의 관계에 대한 지속적 재평가가 필요함

답 ④

THEME 052 | 거시조직이론

02 □□□
2020년 7급

상황론적 조직이론에 대한 설명으로 옳지 않은 것은?

① 경험적 조직이론으로서 관료제이론과 행정원리론에서 추구한 보편적인 조직원리를 비판하면서 등장하였다.
② 중범위라는 제한된 수준 내에서 일반성과 규칙성의 발견을 추구한다.
③ 상대적인 입장을 취해 조직설계와 관리방식의 융통성을 꾀한다.
④ 독립변수나 상황적 조건들을 한정하거나 유형화 하지 않는 유연한 분석을 통해 문제에 대한 처방을 추구한다.

02 상황론적 조직이론
난이도 ★★☆

상황론적 조직이론은 경험적·실증적 연구를 중시하며 과학성을 추구한다. 문제에 대한 처방을 추구하는 이론은 후기 행태론이다.

(선지분석)
① 상황론적 조직이론은 모든 상황에 적용되는 유일·최선의 조직구조나 관리방법은 없다고 보므로 관료제이론과 행정원리론에서 추구한 보편적인 조직원리를 비판한다.
② 상황론적 조직이론은 중범위라는 제한된 수준 내에서 경험적·실증적 연구를 통하여 일반성과 규칙성의 발견을 추구한다.
③ 상황론적 조직이론은 조직이 처한 상황에 따라 조직설계 및 관리방식도 달라져야 한다고 주장한다.

👍 이것도 알면 **합격!** 거시조직이론의 유형		
구분	결정론(환경 → 조직)	임의론(환경 → 조직)
개별조직	체제구조적 관점	전략적 선택관점
	구조적 상황이론 (상황적응론)	전략적 선택이론, 자원의존이론
조직군	자연적 선택관점	집단적 행동관점
	조직군생태학이론, 조직경제학이론, 제도화이론	공동체생태학이론

답 ④

03 ☐☐☐

조직이론에 대한 설명으로 옳지 않은 것은?

① 상황이론은 유일한 최선의 대안이 존재한다는 것을 부정 한다.
② 조직군생태론은 횡단적 조직분석을 통하여 조직의 동형화 (isomorphism)를 주로 연구한다.
③ 거래비용이론의 조직가설에 따르면, 정보의 비대칭성과 기회 주의에 의한 거래비용의 증가 때문에 계층제가 필요하다.
④ 자원의존이론은 조직이 주도적·능동적으로 환경에 대처하며 그 환경을 조직에 유리하도록 관리하려는 존재로 본다.
⑤ 전략적 선택이론은 조직구조의 변화가 외부 환경변수보다는 조직 내 정책결정자의 상황판단과 전략에 의하여 결정된다고 본다.

04 ☐☐☐

시민의 권한위임을 받은 관료가 시민의 통제에서 벗어나고, 시민 이 관료를 통제하는 방법을 설명해주는 데 적절한 이론으로 옳은 것은?

① 대리인이론
② 죄수의 딜레마
③ 철의 삼각
④ 공유(지)의 비극

---

03 조직이론
난이도 ★★★

조직군생태론은 종단적 조직분석을 통하여 조직의 동형화(iso-morphism)를 주로 연구한다. 제도적 동형화는 환경에서 살아남기 위해서 조직을 환경에 맞추어서 변화시키는 것으로 조직군생태론에서 강조한다. 종단적 조직분석은 한 가지 대상을 시간의 변화에 따라 비교 또는 관찰할 때 사용하는 분석이며, 하나의 조직이 특정 환경에 적절하게 변화하는 것을 관찰하기 위해서는 특정 시기에 여러 대상을 비교하는 횡단적 조직분석보다 종단적 조직분석이 유리하다.

선지분석

① 상황이론은 유일한 최선의 대안이 존재한다는 것을 부정하고 각 상황에 맞는 조직구조는 다르다고 주장한다.
④ 자원의존이론은 임의론적 입장으로서 조직은 환경에 의존하여 자원을 획득하지만, 관리자는 희소자원에 대한 주도적 통제를 통하여 환경에 대하여 어느 정도 능동적으로 대응할 수 있다고 인식하는 이론이다.
⑤ 전략적 선택이론은 정책결정자의 자발성을 매우 강조한 이론으로, 조직구조의 변화는 외부 환경변수에 영향을 받지 않고 조직 내 정책결정자의 상황판단과 전략에 의하여 조직구조의 변화가 결정된다고 본다.

답 ②

---

04 대리인이론
난이도 ★★☆

대리인이론에 대한 설명이다. 대리인이론은 주인인 시민의 권한위임을 받은 대리인인 관료가 정보의 비대칭성으로 인한 역선택과 도덕적 해이로 인해 시민의 통제에서 벗어나는 대리손실을 설명하고, 이를 극복하기 위하여 시민이 관료를 통제하는 방법(정보공개법, 내부고발자보호, 성과급, 정책결정에의 시민참여 등)을 설명해주는 데 적절한 이론이다.

선지분석

② 죄수의 딜레마는 상대의 행동을 예측할 수 없을 때, 자신의 행동을 선택해야 하는 게임이론의 일종으로 시장실패를 설명하는 이론이다.
③ 철의 삼각은 하위정부모형에 관한 설명으로 정책과정의 공식참여자인 정부관료와, 의회의 상임위원회 및 비공식참여자인 이익집단이 각 정책영역별로 공고한 정책네트워크를 형성하는 정책네트워크모형의 일종이다.
④ 공유(지)의 비극은 소유권이 불분명할 경우 개인의 합리적인 결정이 공유집단 전체에는 부정적인 결과를 초래하는 현상에 대한 이론으로 시장실패를 설명한다.

답 ①

05 □□□ 　　　　　　　　　　　　2014년 9급 복원

대리인이론에 대한 설명으로 옳지 않은 것은?

① 비경제적 요인의 고려를 소홀히 한다는 비판을 받는다.
② 신공공관리론의 이론적 토대를 제공한다.
③ 대리인의 자율권을 강화하는 것이 대리인의 도덕적 해이에 대한 최선의 해결책이다.
④ 대리인의 기회주의적 행동으로 인해 역선택과 도덕적 해이 문제가 발생될 수 있다.

06 □□□ 　　　　　　　　　　　　2009년 9급 복원

대리인이론에 대한 설명으로 옳지 않은 것은?

① 비경제적 요인의 고려를 소홀히 한다는 비판을 받는다.
② 신공공관리론의 이론적 토대를 제공한다.
③ 대리인의 자율성을 강화해야 한다고 본다.
④ 정보의 비대칭성으로 인해 역선택과 도덕적 해이의 문제가 발생할 수 있다.

05　대리인이론　　　　　　　　　　난이도 ★★☆

대리인이론은 대리인에게 적절한 통제를 하고 성과에 대한 공정한 보상을 통하여 대리인의 도덕적 해이를 막을 수 있다고 본다. 자율권을 강화할 경우 도덕적 해이가 심화될 수 있다.

(선지분석)
① 대리인이론은 조직경제학이론으로 경제적 요인만을 중시하고 사회 심리적 요인 등 비경제적 요인을 소홀히 한다는 비판을 받는다.
② 대리인이론 등 공공선택론은 신공공관리론의 이론적 토대를 제공한다.
④ 대리인이론에 따르면 대리인의 기회주의적 행동으로 인해 가장 적절한 대리인을 선택하지 못하는 선택 전의 문제인 역선택 문제와, 선택된 대리인이 주인이 아닌 대리인 스스로를 위하는 선택 후의 문제인 도덕적 해이 문제가 발생될 수 있다.

답 ③

06　대리인이론　　　　　　　　　　난이도 ★★☆

대리인의 자율성을 강화하게 되면 대리손실 문제가 심화될 수 있다. 따라서 대리인이론은 주인의 대리인에 대한 통제를 강화하여 대리손실을 해결하여야 한다고 본다.

(선지분석)
① 대리인이론은 대리인의 행동을 경제적 요인에 국한해서 판단한다는 문제가 있다.
② 공공선택론, 대리인이론, 거래비용이론 등은 신공공관리론의 이론적 토대가 되었다.
④ 주인과 대리인 간의 정보의 비대칭성(불균형)으로 인하여 적절한 대리인을 선택하지 못하는 역선택의 문제, 선택된 이후의 대리인이 주인을 위하여 행동하지 않고 자신을 위하여 행동하는 도덕적 해이의 문제가 발생할 수 있다.

답 ③

거래비용경제학에 대한 설명으로 옳지 않은 것은?

① 조직 내부의 조정비용이 시장의 자발적인 교환행위에서 발생하는 거래비용보다 클 때 거래비용의 최소화를 위해 거래의 내부화가 이루어진다.

② 거래비용경제학은 조직 내·외에서 이루어지는 모든 거래, 즉 소유자와 관리자, 관리자와 부하, 공급자와 생산자, 판매자와 구매자 간의 거래를 분석하여 조직현상을 연구한다.

③ 생산보다는 비용에 관심을 갖고 시장에서 이루어지는 개인 및 조직 간의 거래를 미시적으로 분석한다.

④ 윌리암슨(Williamson)은 조직 내 거래비용을 최소화하기 위하여 종전의 U형에서 M형 관리로 전환할 것을 주장한다.

카오스이론의 특징으로 옳지 않은 것은?

① 초합리성
② 자기조직화(self-organization)
③ 공진화(co-evolution)
④ 비선형적 변화(non-linear change)

---

07 거래비용경제학 난이도 ★★★

조직 내부의 조정비용이 시장의 교환행위에서 발생하는 거래비용보다 작을 때 거래비용의 최소화를 위해 거래의 내부화가 이루어진다.

선지분석

② 거래비용경제학이란 조직 내·외에서 이루어지는 거래를 경제학적으로 연구하고 분석하는 이론이다.

③ 거래비용경제학은 생산보다 비용에 관심을 갖고 시장의 구성원을 합리적 경제인으로 가정하기 때문에 시장에서 이루어지는 개인 및 조직 간의 거래를 미시적으로 분석한다.

④ 윌리암슨(Williamson)은 조직 내 거래비용을 최소화하기 위하여 종전의 단일화되고 고정적인 U형에서 다원화되고 신축적인 M형 관리로 전환할 것을 주장한다.

답 ①

08 카오스이론 난이도 ★★☆

초합리성은 드로(Dror)의 최적모형에서 강조하는 내용이다.

선지분석

②, ③, ④ 카오스이론은 혼돈 상태에서 숨겨진 질서를 발견하여 혼돈의 변화 상태를 설명할 수 있다고 보며, 비선형동학을 이용하여 불규칙적 행태에서 규칙성을 발견하고자 한다. 카오스이론의 특징으로는 나비효과(초기치 민감성), 불규칙적·비선형적인 변화, 자기조직화, 공진화(공동진화) 등이 있다.

답 ①

PART 3

2021 해커스군무원 15개년 기출복원문제집 쉬운 행정학

CHAPTER 5 | 조직관리 및 개혁론

THEME 053 | 권위와 권력, 갈등

01 □□□
2011년 9급 복원

프렌치(J. R. French)와 라벤(R. Raven)은 권력의 원천에 따라 권력유형을 분류하였다. 이에 대한 설명으로 옳지 않은 것은?

① 일반적으로 지위가 높으면 높을수록 합법적 권력은 더욱 커지는 경향이 있다.
② 보상적 권력은 다른 사람들에게 보상을 제공할 수 있는 능력에 기반을 둔다.
③ 전문적 권력은 조직의 공식적 지위와 일치하지 않을 수도 있다.
④ 강압적 권력은 인간의 공포에 기반을 둔 권력으로, 권한과 유사한 개념이다.

02 □□□
2020년 7급

공공정책갈등에서 각 프레임과 그에 대한 설명으로 가장 적절하지 않은 것은?

① 정체성 프레임 – 갈등 당사자는 스스로에게 정책의 피해자라는 일정한 특징을 부여하여 자신들을 범주화한다.
② 사회적 통제 프레임 – 권력의 정당성에 대한 갈등 해결 당사자들의 인식을 의미한다.
③ 손익 프레임 – 문제 상황이 자신에게 어떤 이익과 손해를 가져오는지에 대한 당사자의 평가에 달려있다.
④ 특징부여 프레임 – 갈등이슈와 관련된 위험 수준과 유형에 대한 당사자의 평가를 의미한다.

---

01 권력유형
난이도 ★★☆

강압적 권력은 상대방을 처벌할 수 있을 때 발생하는 권력으로, 인간의 공포에 기반을 둔 권력이다. 권한과 개념이 유사한 권력은 합법적 권력이다.

(선지분석)
① 지위와 합법적 권력은 비례한다.
② 보상적 권력은 다른 사람들에게 경제적인 보상을 제공할 수 있는 능력에 기반한다.
③ 전문적 권력은 전문적 능력이나 지식에 기반을 둔 권력으로, 공식적 지위(합법적 권력)와 일치하지 않을 수도 있다.

👍 이것도 알면 **합격!** 권력의 원천에 따른 권력유형
– 프렌치(J. R. French)와 라벤(R. Raven)

합법적(정당한) 권력	계층상의 직위에 기반한 권력(권한과 유사)
보상적 권력	다른 사람에게 보상을 제공할 수 있는 능력에 기반한 권력
강압적(강제적) 권력	다른 사람을 처벌할 수 있는 능력에 기반한 권력
전문적 권력	• 타인이 필요로 하는 전문적 기술이나 지식에 기반한 권력 • 전문적 권력과 준거적 권력은 공식적 지위와 일치하지 않을 수 있음
준거적 권력	어떤 사람의 뛰어난 능력·매력에 대한 존경과 호감을 느끼고 역할모델로 삼으며 발생하는 권력 (카리스마와 유사)

답 ④

02 공공쟁책갈등
난이도 ★★★

르위키(Lewicki)는 갈등프레임을 정체성 프레임, 특징부여 프레임, 갈등관리 프레임, 상황요약 프레임, 사회적 통제 프레임, 위험 프레임, 손익 프레임으로 분류하였다. 이 중 특징부여 프레임이란 상대방이 속한 집단과 구성원에 대한 의미부여를 의미한다.

👍 이것도 알면 **합격!** 공공정책갈등에서의 프레임 – 르위키(Lewicki)

정체성 프레임	자신과 자신이 속한 집단에 대해 피해자라는 정체성을 부여하는 프레임
특징부여 프레임	상대방이 속한 집단과 구성원에 대한 의미부여를 하는 프레임
갈등관리 프레임	갈등관리 방법들에 대한 선호를 나타내는 프레임
상황요약 프레임	갈등상황에 대한 요약적 진술을 나타내는 프레임
사회적 통제 프레임	권력의 정당성에 대한 갈등 해결 당사자들의 인식을 나타내는 프레임
위험 프레임	해당 이슈와 관련된 위험의 수준과 유형에 대한 인식 프레임
손익 프레임	문제 상황이 자신에게 어떠한 이익과 손해를 가져오는지에 대한 당사자의 평가에 대한 프레임

답 ④

03 ☐☐☐

조직의 의사전달에 대한 설명으로 옳지 않은 것은?

① 공식적 의사전달은 의사소통이 객관적이고 책임소재가 명확하다는 장점이 있다.
② 비공식적 의사전달은 의사소통과정에서의 긴장과 소외감을 극복하고 개인적 욕구를 충족시킨다는 장점이 있다.
③ 공식적 의사전달은 조정과 통제가 곤란하다는 단점이 있다.
④ 참여인원이 적고 접근가능성이 낮은 경우 의사전달체제의 제한성은 높다.

---

03 조직의 의사전달

난이도 ★★☆

공식적 의사전달은 조직의 공식적인 통로와 수단에 의하여 이루어지는 의사전달로서 책임소재가 명확하고, 조정과 통제가 용이하다는 장점이 있다.

👍 이것도 알면 **합격!** 공식적 의사전달과 비공식적 의사전달 비교

구분	공식적 의사전달	비공식적 의사전달
장점	• 책임소재 명확 • 상관의 권위 유지 • 객관성이 높아 정책결정에 활용 용이 • 자료 보존 용이	• 융통성이 높고 신속한 의사전달 가능 • 배후사정 전달 유리 • 긴장·소외감 극복 • 관리자에 대한 조언 기능
단점	• 신축성·신속성이 부족하고 형식화 경향 • 배후사정 전달 곤란 • 기밀유지 곤란	• 책임소재 불분명 • 상관의 권위 손상 • 정책결정에 활용 곤란 • 공식적 의사소통을 왜곡 • 조정·통제 곤란

답 ③

04 ☐☐☐

리더십이론에 대한 설명으로 옳지 않은 것은?

① 특성이론은 신체, 성격, 사회적 배경 등에서 리더로서의 요인이 선천적으로 있어야 된다는 이론이다.
② 행태이론은 리더의 자질이 태어나면서부터 주어지는 것이 아니라 태어난 후에라도 리더의 행동특성을 훈련시켜 리더를 만들어 갈 수 있다는 이론이다.
③ 아이오와 대학모델, 오하이오 대학모델, 미시간 대학모델 등은 리더십의 특성이론을 연구한 리더십모델들이다.
④ 관리망모델은 리더의 생산과 사람에 대한 관심을 중심으로 리더십을 분류하여 각각 부족한 리더십을 훈련시키고자 하는 행태이론이다.

---

04 리더십이론

난이도 ★★☆

아이오와·오하이오·미시간 대학모델 등은 리더십의 특성이론이 아니라 행태이론을 연구한 리더십모델이다.

(선지분석)
① 특성이론은 리더가 선천적으로 타고난 특성인 신체, 성격, 출신 배경 등에 의하여 리더가 결정된다고 보는 이론이다.
② 행태이론은 특성이론에 반발하며 등장한 이론으로 리더의 자질이 태어나면서부터 주어지는 것이 아니라 리더의 행동과 태도 특성을 훈련시켜서 리더를 만들어가 갈 수 있다는 이론이다.
④ 블레이크(Blake)와 머튼(Mouton)의 관리망모델은 리더의 생산에 대한 관심과 사람에 대한 관심으로 두 관심 모두가 높은 형태를 단합형, 생산에 대한 관심만 높은 형태를 과업형, 사람에 대한 관심만 높은 형태를 친목형, 두 관심 모두가 낮은 형태를 빈약형, 두 관심 모두 중간 정도인 형태를 절충형으로 보고, 단합형 리더가 가장 이상적이라고 주장하였다.

답 ③

05 ☐☐☐

리더십의 효율성은 상황에 의존한다고 전제하면서 리더의 행동을 인간중심적 리더십(관계성 행동)과 과업중심적 리더십(과업 행동)으로 나누고 여기에 효율성이라는 차원을 추가하여 리더십이론의 3차원모형을 제시한 학자로 옳은 것은?

① 피들러(Fiedler)
② 허쉬와 블랜차드(Hersey & Blanchard)
③ 블레이크와 머튼(Blake & Mouton)
④ 하우스(House)

06 ☐☐☐

리더십이론에 대한 설명으로 옳지 않은 것은?

① 블레이크와 머튼(Blake & Mouton)은 리더십을 네 가지 유형으로 분류하였다.
② 오하이오(Ohio) 대학의 리더십연구는 행태주의를 기반으로 한다.
③ 피들러(Fiedler)의 상황적응모형은 관계지향적 리더와 과업지향적 리더로 나누어 연구하였다.
④ 변혁적 리더십은 조직의 변화를 추구한다.

05　리더십이론의 3차원모형　　난이도 ★★☆

허쉬와 블랜차드(Hersey & Blanchard)는 리더십의 효과성은 상황에 의존한다고 전제하면서 리더의 행동을 인간 중심적 리더십과 과업중심적 리더십으로 나누고, 여기에 리더십의 효율성을 좌우하는 중요한 상황변수로서 부하의 성숙도를 추가하여 리더십이론의 3차원모형을 제시하였다.

선지분석

① 피들러(Fiedler)는 리더십의 유형을 과업지향형 리더십과 관계지향형 리더십으로 구분하였다.
③ 블레이크와 머튼(Blake & Mouton)은 관리망모형에서 리더십 유형을 리더십 행태의 과업지향 및 인간관계지향의 정도에 따라 친목형(1/9형), 빈약형(1/1형), 절충형(5/5형), 단합형(9/9형), 과업형(9/1형)으로 분류하였다.
④ 하우스(House)는 리더십의 유형을 지시적, 지원적, 참여적, 성취지향적 리더십으로 구분하였다.

👍 이것도 알면 **합격!** 부하의 성숙도에 따른 효율적 리더십
　　　　　　　　 － 허쉬와 블랜차드(Hersey & Blanchard)

낮음	과업지향형: 부하의 역할이나 목표설정 등을 리더가 직접 지시
중간	관계지향형: 부하에게 관심을 가지고 문제해결을 지원
높음	분업적 과업지향형: 부하에게 대폭 권한을 위임하여 스스로 과업을 수행할 수 있도록 함

답 ②

06　리더십이론　　난이도 ★★★

블레이크와 머튼(Blake & Mouton)의 관리망모형은 리더십의 유형을 생산에 대한 관심과 인간에 대한 관심의 두 차원으로 나누어 친목형, 빈약형, 단합형, 과업형, 절충형 총 5가지로 분류하였다.

선지분석

② 오하이오(Ohio) 대학의 리더십연구는 구조설정과 배려라는 2가지 독자적 리더십행태를 기준으로 리더십 유형을 4가지로 분류하였다.
③ 피들러(Fiedler)의 상황적응모형은 LPC(가장 좋아하지 않는 동료) 척도를 기준으로 관계지향적 리더와 과업지향적 리더로 나누어 연구하였다.
④ 변혁적 리더십은 거래적·교환적 리더십과 대비되는 개념으로, 조직의 안정보다는 노선과 문화를 변동시키려고 노력하는 최고관리층의 변화추구적·개혁적 리더십이다.

답 ①

07 □□□
2014년 9급 복원

변혁적 리더십의 특징에 대한 설명으로 옳지 않은 것은?

① 업적과 성과에 따른 보상을 중시한다.
② 부하들의 존경과 신뢰를 얻고 수범을 보인다.
③ 구성원들로 하여금 비전을 제시하고 이를 공유하도록 유도한다.
④ 구성원들에 대하여 개별적인 배려를 한다.

---

08 □□□
2012년 9급 복원

목표관리(MBO)의 장점에 대한 설명으로 옳은 것은?

① 환경에 대한 적응이 유리하다.
② 참여와 환류를 중시한다.
③ 장기적이고 질적인 목표에 치중한다.
④ 관리절차가 단순하다.

---

07 변혁적 리더십
난이도 ★☆☆

변혁적 리더십은 거래적 리더십을 비판하고 등장한 이론이다. 거래적 리더십은 지도자와 부하들 간에 서로 필요로 하는 것의 협상과 교환 과정을 강조한 리더십이다. 업적과 성과에 따른 보상은 변혁적 리더십이 아닌, 거래적 리더십의 특징이다.

선지분석
② 변혁적 리더십은 부하들의 존경과 신뢰를 기반으로 하는 카리스마적 리더십을 구성요소로 한다.
③ 변혁적 리더십은 구성원들로 하여금 비전을 제시하고 이를 공유하도록 유도하는 영감적 리더십을 구성요소로 한다.
④ 변혁적 리더십은 부하에 대한 특별한 관심을 바탕으로 부하들의 특성을 파악하고 고려함으로써 개인적 존중감을 전달하는 개별적 배려를 구성요소로 한다.

👍 이것도 알면 **합격!** 변혁적 리더십의 구성요소

카리스마적 리더십	리더가 난관을 극복하고 현 상태에 대한 각성을 표명하여 부하들에게 자긍심과 신념을 부여하고 존경과 신뢰를 획득함
영감적 리더십	부하가 도전적 목표와 임무, 미래에 대한 비전을 열정적으로 받아들이고 계속 추구하도록 격려함
개별적 배려	부하에 대한 특별한 관심을 바탕으로 개인의 특성을 파악·고려함으로써 개인적 존중감을 전달함
지적 자극 (촉매적 리더십)	부하들이 형식적 관례를 타파하고 새로운 관념을 촉발하도록 함으로써 연관성이 높은 공공의 문제를 다루는데 촉매작용이 가능함

답 ①

---

08 목표관리(MBO)
난이도 ★★☆

목표관리(MBO)는 최말단의 구성원까지 목표를 설정할 때 모두 참여하며, 설정한 목표에 대한 달성이 이루어졌는지를 환류하는 성과관리 방식이다.

선지분석
① 목표관리(MBO)는 계량적·가시적인 목표에만 치중하므로 환경의 변동이 심할 경우 적응이 곤란하다.
③ 목표관리(MBO)는 장기적 목표보다 단기적 목표에 치중한다.
④ 목표관리(MBO)는 목표설정이 매 단계마다 진행되며, 조직구성원 전체가 참여한 뒤 각 단계의 목표달성에 대한 환류가 진행되어야 하므로 관리절차가 복잡하고 시간과 비용이 많이 드는 단점이 있다.

👍 이것도 알면 **합격!** 목표관리(MBO)와 계획예산(PPBS) 비교

구분	목표관리(MBO)	계획예산(PPBS)
이론 발달	관리기술의 일환	예산제도개혁의 일환
주요 관심	효율적 목표성취	합리적 자원배분
계획의 성격	구체적·단기적·부분적 목표중심	장기적·종합적 계획중심
권위구조	분권화	집권화
결정흐름	상향적·분권적	하향적·집권적
관리기술	상식적인 사고 (산술적·관리적)	전문적인 기술 (객관적 분석)
시각	폐쇄성으로 인한 개별사업적 목표설정	개방성으로 인한 총체적·종합적 목표설정

답 ②

조직구성원들의 참여 속에 조직의 목표를 명확하게 설정하여 활동하고, 그 결과를 측정 및 평가하는 조직관리기법으로 옳은 것은?

① TQM
② QC
③ QWL
④ MBO

총체적 품질관리(TQM)에 대한 설명으로 옳지 않은 것은?

① 모든 조직 구성원들은 한편으로 공급자이면서 다른 한편으로는 고객인 이중적 역할을 수행하는 것으로 본다.
② 환경의 불확실성을 통제하기 위하여 단기적 전략과 교정적·사후적 통제에 치중한다.
③ 목표관리제(MBO)와 달리 TQM의 관심은 외향적이어서 고객의 필요에 따라 목표를 설정하는 것을 강조한다.
④ 하급직원들에게 힘을 실어주는 일과 분권화를 촉구하지만 계층제의 완전한 폐지를 주장하지는 않는다.

---

09   목표관리(MBO)   난이도 ★★☆

MBO(Management By Objective, 목표관리)는 조직의 효과성을 제고하기 위하여 상하 조직구성원의 참여 과정을 통하여 조직의 목표를 설정하고, 이에 따라 업무를 수행한 다음 업무 수행 결과를 목표에비추어 평가하고 환류시키는 동태적이고 민주적 관리방식이다.

(선지분석)

① TQM(Total Quality Management, 총체적 품질관리)는 서비스의 품질 향상을 통해 고객의 요구에 부응하기 위해 조직구성원의 광범위한 참여를 통하여 절차나 과정뿐만 아니라 조직 전체 문화를 개선시키고자 하는 관리기법이다.
② QC(Quality Circle)는 1960년대 일본에서 창안된 품질관리분임조활동으로 작업과정에서 드러나는 문제점을 식별, 분석, 해결하기 위하여 정기적으로 만나서 서로 관련된 유사한 작업을 수행하는 소규모 집단을 강조하는 관리기법이다.
③ QWL(Quality of Working Life)는 직장생활의 질로, 현대 산업사회가 안고 있는 노동자의 소외를 해결하기 위한 방법으로 노동의 인간화, 노동생활의 질적 향상 등을 제시하는 관리기법이다.

답 ④

10   총체적 품질관리(TQM)   난이도 ★★☆

총체적 품질관리(TQM)는 거시적인 안목을 가지고 장기적인 전략을 세우는 조직관리모형이다. 총체적 품질관리(TQM)는 산출의 초기 단계에서 서비스의 질이 정착된다고 보기 때문에 사전적·예방적 품질관리를 통하여 추후 발생할 수 있는 비효율을 예방한다는 특징을 가지고 있다. 또한 생산 과정의 모든 단계에서 품질관리와 개선이 이루어지게 된다.

👍 이것도 알면 **합격!**   목표관리(MBO)와 총체적 품질관리(TQM) 비교

구분	목표관리(MBO)	총체적 품질관리(TQM)
목표설정	내부적, 상하급자 간 합의	외부적, 고객에 의한 결정
초점	결과 중시	업무에 대한 총체적 관심
관리과정	사후적 관리	사전적 관리
업무단위	개인별 보상	집단적 노력

답 ②

11 □□□
2020년 9급

레비트(H. Levitt)가 제시하는 조직혁신의 주요 대상 변수로 옳지 않은 것은?

① 업무
② 인간
③ 구조
④ 규범

12 □□□
2014년 9급 복원

조직발전(Organization Development)에 대한 설명으로 옳지 않은 것은?

① 조직발전은 조직의 효과성, 효율성, 건강성을 높이기 위한 조직 전반에 걸친 계획된 노력을 의미한다.
② 조직발전에서 가정하는 조직은 폐쇄체제 속에서 복합적 인과관계를 가진 유기체이다.
③ 조직발전의 평가기준은 조직의 생존·적응·성장·통합·목표달성 등을 위한 능력이다.
④ 조직발전은 조직구성원의 행태변화를 통하여 조직의 생산성과 환경에 대한 적응능력을 향상시키는 것을 목표로 한다.

---

11 조직혁신
난이도 ★★★

조직혁신의 대상 변수란 조직과 관련 있는 여러 변수들 중에서 혁신의 대상이 되는 변수로, 이로 인하여 나머지 변수들에 변화를 일으키게 되는 변수를 뜻한다. 레비트(H. Levitt)에 의하면 조직 내에는 과업, 인간, 기술, 구조의 4개의 주요 조직혁신의 대상 변수가 있다. 이들은 상호관련이 있는 변수이며 복합적 체계로 작동한다.

답 ④

12 조직발전
난이도 ★☆☆

조직발전에서 가정하는 조직은 개방체제 속에서 복합적 인과관계를 가진 유기체이다. 즉, 조직발전은 급변하는 환경변화에 대응하는 방식이다.

선지분석

① 조직발전은 조직의 효과성 및 건강성 등을 증진하기 위하여 조직구성원의 가치관, 태도, 신념 등을 변화시키고자 하는 계획된 노력이다.
③ 조직의 생존력과 적응력이 제고되고, 조직이 성장하고 목표달성을 이루었다면 조직발전이 잘 진행된 것으로 볼 수 있다.
④ 조직발전은 조직구성원의 가치관, 신념 등의 행태변화를 목표로 하며 이를 통해 생산성을 제고하고 환경에 대한 적응능력을 향상시키고자 한다.

👍 이것도 알면 **합격!** 목표관리(MBO)와 조직발전(OD) 비교

구분		목표관리(MBO)	조직발전(OD)
공통점		조직목표와 개인목표의 조화 추구(Y이론적 인간관), 평가 및 환류 중시	
차이점	주도자	내부인사	외부전문가
	흐름	상향적	하향적
	초점	목표달성(단기, 결과)	행태변화(장기, 과정)
	활용기술	일반관리기술	행태과학기술

답 ②

PART 3

2021 해커스군무원 15개년 기출복원문제집 신용한 행정학

PART 4

인사행정론

PART 4

출제비중분석

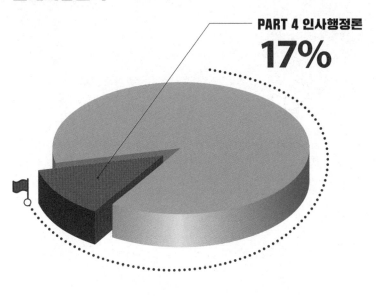

PART 4 인사행정론
17%

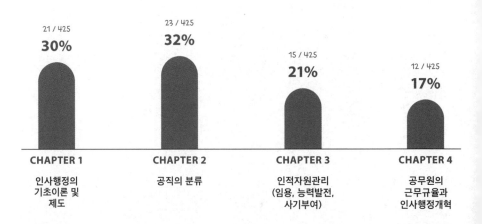

21 / 425	23 / 425	15 / 425	12 / 425
30%	**32%**	**21%**	**17%**
CHAPTER 1	**CHAPTER 2**	**CHAPTER 3**	**CHAPTER 4**
인사행정의 기초이론 및 제도	공직의 분류	인적자원관리 (임용, 능력발전, 사기부여)	공무원의 근무규율과 인사행정개혁

학습목표

☐ PART 4 인사행정론에서는 인사행정의 이론 및 제도들의 개념, 배경, 특징을 묻는 문제들이 자주 출제되므로 각 이론과 제도들을 구분하여 잘 정리해 두어야 합니다. 인사행정에 관한 실무적인 내용 및 공직윤리와 관련된 법령 문제의 출제비중이 높으므로, 이론과 함께 법령의 규정을 숙지하시기 바랍니다.

☐ 엽관주의, 실적주의, 직업공무원제, 대표관료제, 계급제와 직위분류제, 공무원의 근무성적평정, 공무원의 행정윤리와 공직부패를 중심으로 학습하시기 바랍니다.

2020년 더 알아보기

출제비중분석

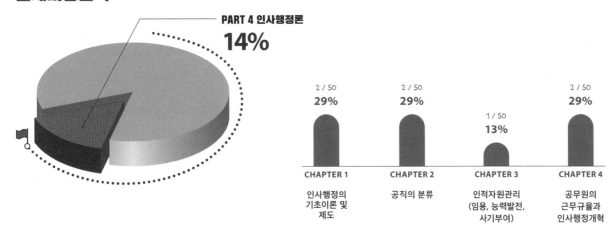

PART 4 인사행정론
14%

	2 / 50 **29%**	2 / 50 **29%**	1 / 50 **13%**	2 / 50 **29%**
	CHAPTER 1	**CHAPTER 2**	**CHAPTER 3**	**CHAPTER 4**
	인사행정의 기초이론 및 제도	공직의 분류	인적자원관리 (임용, 능력발전, 사기부여)	공무원의 근무규율과 인사행정개혁

출제문항별 키워드

CHAPTER 1 | 인사행정의 기초이론 및 제도

THEME 058 | 인사행정의 기초이론

01 ☐☐☐

전통적인 연공주의 인적자원관리와 비교할 때 성과주의 인적자원관리의 특징으로 옳지 않은 것은?

① 형식 요건을 중시하고 규격화된 임용방식을 확대한다.
② 태도와 근속연수보다 성과와 능력 중심의 평가를 강조한다.
③ 직급파괴와 역량에 의한 승진을 강조한다.
④ 조기퇴직 및 전직지원을 활성화한다.

01 성과주의 인적자원관리
난이도 ★★☆

형식 요건을 중시하고 규격화된 임용 방식을 선호하는 것은 전통적인 연공주의 인적자원관리의 방식이다.

(선지분석)
③ 성과주의 인적자원관리는 성과에 따른 직급파괴와 역량에 의한 승진을 강조한다.
④ 성과주의 인적자원관리는 성과가 저조한 경우 조기퇴직을 유도하고 전직지원을 활성화한다.

답 ①

THEME 059 | 인사행정의 주요이론과 제도

02 ☐☐☐

엽관주의 인사제도가 필요한 이유로 가장 옳은 것은?

① 행정의 안정성과 계속성 확보
② 행정의 공정성 확보
③ 국민의 요구에 대한 관료의 대응성 향상
④ 유능한 인재 등용

02 엽관주의
난이도 ★★☆

엽관주의는 선거에서 승리한 정당이 정당에 대한 충성도에 따라 공직을 배분하기 때문에 중·하급 관료도 선거로 뽑은 효과를 얻을 수 있다. 따라서 국민의 요구에 대한 관료의 대응성이 향상된다고 볼 수 있다.

(선지분석)
① 엽관주의는 정권이 교체될 때마다 관료가 교체되므로 행정의 안정성과 계속성이 저해된다.
② 엽관주의는 정당에의 충성도에 따라 관직이 배분되므로 행정의 공정성이 저해되는 측면이 있다.
④ 엽관주의는 정당에 대한 충성도에 따라 관직이 배분되므로 유능한 인재의 등용을 담보할 수 없고, 이에 대한 대안으로 실적주의가 등장하였다.

답 ③

03 ☐☐☐

엽관주의의 폐해에 대한 설명으로 옳지 않은 것은?

① 대통령 등 집권정치인들이 공무원을 통솔하기 힘들다.
② 정권교체 시 대량경질로 행정의 안정성이 훼손될 수 있다.
③ 행정의 민주적 책임성을 높이는 데 도움이 된다.
④ 정당정치 발달에 도움이 된다.

04 ☐☐☐

현대행정에서 엽관주의가 필요한 이유로 옳은 것은?

① 행정의 안정성과 계속성 확보
② 공직의 균등한 기회 부여
③ 정권교체 시 정책추진력의 확보
④ 능력 있는 자의 적극적 임용

---

03 엽관주의

난이도 ★★★

엽관주의는 정당에의 충성도와 공헌도를 관직의 임용기준으로 삼는 인사행정제도이므로, 대통령 등의 선출직 정치지도자인 집권정치인들이 중·하위 공무원을 통솔하기 용이하다.

(선지분석)

② 엽관주의는 집권정당이 교체될 경우 공직 전체의 대량경질로 인하여 행정의 안정성과 지속성이 훼손될 수 있다.
③ 엽관주의는 실무 행정을 담당하는 중·하위 공무원까지 선거로 선출한 효과를 발생시키므로 행정의 민주적 책임성을 높이는 데 도움이 된다.
④ 엽관주의는 집권정당의 의사에 따라 정부를 구성할 수 있으므로 정당정치 발달에 도움이 된다.

👍 이것도 알면 **합격!** 엽관주의의 장·단점

장점	단점
·정당정치의 발전	·공직의 전문성 및 능률 저하
·정책의 강력한 추진 가능	·관료의 정당 사병화
·공직 침체 방지	·불필요한 관직의 남설
·관료의 대응성 향상	·부정부패의 만연
·책임행정 가능	

답 ①

04 엽관주의

난이도 ★☆☆

엽관주의란 집권정당이 관직을 수렵의 대가로 인식하는 제도로, 공직 임용에 있어서 정당에 대한 기여도 또는 충성도를 기준으로 하여 인사관리를 한다. 엽관주의에 따른 인사관리를 할 경우 정권교체 시 집권정당의 정책에 대한 가치관을 공유하는 공직자들에 의하여 실제 정책을 실행할 수 있다. 따라서 정권이 교체될 때 집권정당의 정책추진력이 확보된다.

(선지분석)

① 실적주의를 채택할 경우 정권이 교체되어도 공직자가 교체되지 않으므로 행정의 안정성과 계속성을 확보할 수 있으나, 엽관주의는 정권교체 시 대량 공직교체를 야기하게 되므로 행정의 안정성과 계속성이 저하된다.
② 실적주의는 실적에 따른 공직 임용기회의 균등성을 보장할 수 있다.
④ 실적주의하에서 실적과 능력에 따른 공직임용은 유능력자를 공직에 채용할 수 있다는 장점이 있다.

답 ③

다음 <보기> 중 실적주의와 관련이 없는 것은?

<보기>
ㄱ. 정치적 중립을 통하여 행정의 전문화에 기여한다.
ㄴ. 고위직 공무원의 정치적 임용을 활성화한다.
ㄷ. 행정의 대응성과 책임성 확보에 유리하다.
ㄹ. 궁극적으로 민주성과 형평성을 구현한다.

① ㄱ, ㄴ
② ㄱ, ㄷ
③ ㄴ, ㄷ
④ ㄴ, ㄹ

실적주의에 대한 설명으로 옳지 않은 것은?

① 정당정치의 부패와 엽관주의의 폐해는 실적주의의 성립요인이다.
② 공직취임의 기회균등, 공무원의 정치적 중립성과 신분보장을 특징으로 한다.
③ 실적주의의 확립은 직업공무원제 도입을 필연적으로 초래한다.
④ 실적주의는 직위분류제와, 직업공무원제는 계급제와의 연관성이 높다.

---

05 실적주의   난이도 ★★☆

ㄴ. 고위직 공무원의 정치적 임용을 활성화하는 것은 엽관주의적 임용 방식이다.
ㄷ. 행정의 대응성과 책임성 확보에 유리한 것은 국민이 선거로 선출한 고위직 공무원의 의사에 따라 행정관료를 구성하는 엽관주의이다.

👍 이것도 알면 **합격!**   실적주의의 장·단점

장점	단점
· 민주적 평등 실현	· 공무원의 특권화
· 행정능률의 향상	· 중앙집권적 인사행정과 경직성
· 행정의 안정성 확보	· 형식적 형평성의 문제 발생
· 정치적 중립성으로 공정성 확보	· 행정의 대응성 저하
	· 행정의 비인간화와 소외현상

답 ③

06 실적주의   난이도 ★★☆

실적주의가 확립되더라도 개방형 실적주의는 직업공무원제 도입을 초래하지 않는다.

(선지분석)

① 정당정치의 부패와 엽관주의의 폐해는 실적주의의 성립요인이며, 이를 드러낸 가필드(Garfield) 대통령 암살사건은 실적주의의 도입을 촉진하였다.
② 실적주의는 공직취임의 기회균등, 공무원의 정치적 중립성과 신분보장성을 주요 특징으로 한다.
④ 실적주의는 직무를 중심으로 공직을 분류하는 직위분류제와 연관성이 높고, 계급제는 사람을 중심으로 공직을 분류하는 계급제와 연관성이 높다.

답 ③

실적주의의 특징으로 옳지 않은 것은?

① 신분보장
② 공개경쟁시험
③ 공직취임의 기회 균등
④ 정치적 충성 강화

정치적 중립을 확보하기 위한 수단으로 옳지 않은 것은?

① 엽관주의 강화
② 행정의 안정성·계속성
③ 정당적 구속의 배제
④ 실적주의 확보

---

07   실적주의   난이도 ★☆☆

정치적 충성은 엽관주의의 특징이다. 실적주의는 이러한 엽관주의의 정치성을 극복하기 위하여 도입된 제도로, 정치적 중립을 강조한다.

(선지분석)

① 실적주의는 구성원의 신분보장을 특징으로 한다.
② 실적주의하에서 공직 채용은 공개경쟁시험을 통해서 이루어진다.
③ 실적주의는 정실주의의 개인적 친분관계 및 엽관주의의 정치적 충성과 당파성을 극복하기 위하여 등장한 이론으로, 공직취임의 기회를 균등하게 보장하는 제도이다.

답 ④

---

08   정치적 중립   난이도 ★☆☆

엽관주의는 정치적 중립이 아니라 오히려 정당에 대한 충성을 중요시한다. 이러한 엽관주의에 대한 반발로 등장한 것이 정치적 중립을 강조하는 실적주의이다.

(선지분석)

② 정권이 교체되더라도 행정은 안정적으로 계속 진행됨으로써 정치적 중립을 확보할 수 있다.
③ 행정이 집권정당의 구속력을 배제함으로써 정치적 중립을 확보할 수 있다.
④ 실적주의의 확보는 정치적 중립 확보를 위한 수단이다.

답 ①

09 □□□ 2007년 9급 복원

적극적 인사행정에 대한 내용으로 옳지 않은 것은?

① 실적주의의 강화
② 공무원 단체의 활동 인정
③ 근무훈련, 근무성적평정제도의 활용
④ 엽관주의의 신축적 수용

10 □□□ 2019년(2차) 9급 복원

직업공무원제도의 확립요건으로 옳지 않은 것은?

① 행정의 안정성
② 적절한 보수의 지급
③ 평생 고용
④ 개방형 임용(상시 선발)

---

09 적극적 인사행정 난이도 ★★☆

실적주의 대표적인 폐해로 인사행정의 소극화를 꼽을 수 있다. 따라서 실적주의의 강화는 적극적 인사행정의 내용으로 볼 수 없다.

(선지분석)

② 공무원 단체의 활동을 인정하는 것은 정치적 요소를 고려한 적극적 인사행정의 일환이다.
③ 근무훈련 결과와 근무성적평정제도를 활용하여 공무원의 인적 역량을 강화할 수 있다.
④ 엽관주의의 일부 수용은 적극적 인사행정의 대표적 방안이다.

👍 이것도 알면 **합격!** 소극적 인사행정과 적극적 인사행정 비교

구분	소극적 인사행정	적극적 인사행정
인사제도	엽관주의 극복, 실적주의 추구	엽관주의와 실적주의의 조화
가치	집권적, 획일적, 능률적	분권적, 신축적, 민주적
신분보장	강화	완화

답 ①

10 직업공무원제도의 확립요건 난이도 ★★☆

직업공무원제는 계급제와 폐쇄형 임용체계 및 일반행정가를 중시하는 제도로, 개방형 임용 등을 통한 상시 선발의 임용방식은 직업공무원제도의 확립을 저해한다.

👍 이것도 알면 **합격!** 직업공무원제도의 확립요건

1. 실적주의의 우선적 확립
2. 공직에 대한 높은 사회적 평가
3. 장기적인 인력수급계획의 수립
4. 젊고 유능한 인재 등용
5. 적정한 보수와 연금 지급
6. 폐쇄형 충원제도
7. 능력발전의 기회 제공
8. 일반행정가 중심

답 ④

직업공무원제도에 대한 설명으로 옳지 않은 것은?

① 결원 발생 시 내부임용을 통해 충원한다.
② 행정의 계속성과 안정성을 유지하는 데 효과적이다.
③ 외부의 유능한 전문 인력 충원이 용이하다.
④ 공개경쟁채용시험을 거쳐 임용한다.

직업공무원제도의 개혁방안과 직접적인 관련이 없는 것은?

① 공무원직장협의회
② 고위공무원단
③ 개방형 직위
④ 성과급

---

11   직업공무원제도   난이도 ★★☆

직업공무원제도는 결원 발생 시 내부인사를 승진, 재배치하는 것이 원칙인 폐쇄형 인사제도이다. 따라서 외부의 유능한 전문 인력 충원할 수 있는 개방형 인사제도와는 거리가 멀다.

(선지분석)

① 결원 발생 시 내부인사를 승진, 재배치하는 내부임용을 통한 충원이 원칙이다.
② 구성원의 신분보장을 통하여 인사행정의 계속성과 안정성을 유지하는 데 효과적이다.
④ 실적주의를 기반으로 채용하므로 공개경쟁채용시험을 거쳐 임용한다.

> 👍 이것도 알면 **합격!**   직업공무원제도의 장·단점

장점	단점
• 공무원의 사기 제고 • 행정의 연속성, 계속성 유지	• 민주적 통제의 곤란 • 공무원의 보수화와 무사안일주의 • 공직의 침체 • 행정의 전문화와 기술화 저해 • 평등한 공직취임 기회 제약

답 ③

---

12   직업공무원제도의 개혁방안   난이도 ★★★

공무원직장협의회는 공무원의 근무환경 개선, 업무능률 향상 및 고충처리 등을 위하여 설립된 기구로, 직업공무원제 개혁방안과 직접적인 관련이 없다.

(선지분석)

②, ③, ④ 고위공무원단제도, 개방형 직위, 성과급제도 등은 직업공무원제도의 무사안일 등의 문제점을 극복하기 위한 개혁방안이다.

답 ①

대표관료제에 대한 설명으로 가장 적절하지 않은 것은?

① 소극적 대표성이 적극적 대표성으로 연결되지 않을 수 있다.
② 실적주의와 조화되어 행정능률 향상에 기여한다.
③ 할당제 등으로 인한 역차별의 문제가 발생한다.
④ 공무원의 적극적 대표성은 민주주의에 반할 위험도 존재한다.

---

13 대표관료제 난이도 ★☆☆

대표관료제는 실적주의의 형식적 형평을 극복하기 위하여 도입된 제도이다.

(선지분석)
① 대표관료제는 소극적 대표성이 적극적 대표성을 보장한다는 것을 전제로 성립된 제도로, 소극적 대표성이 적극적 대표성으로 연결되지 않을 수도 있다는 점을 간과하였다.
③ 대표관료제는 실적주의의 기본 이념을 침해함으로써 역차별의 문제를 야기할 수도 있다.
④ 공무원의 적극적 대표성은 선출직공직자의 정책결정을 중립적인 위치에서 수행하여야 하는 직업공무원제와 상충되어, 민주주의의 기본 원칙에 반할 수 있다.

👍 이것도 알면 **합격!** 대표관료제의 유형	
소극적 대표	• 형식적 대표 • 구성적 대표 • 배경적 대표
적극적 대표	• 정책적 대표 • 실질적 대표 • 태도적 대표 • 역할적 대표

답 ②

대표관료제에 대한 설명으로 옳은 것은?

① 내부통제가 용이하다.
② 소외집단이나 소수집단의 공직취임 자리를 박탈하여 사회적 형평성을 저해할 수 있다.
③ 공무원들이 출신 집단별로 구성되어 집단이기주의를 감소시킨다.
④ 지역별, 성별 임용할당제는 헌법상의 평등원리에 어긋나며, 역차별의 문제가 있어 도입하기가 곤란하다.

---

14 대표관료제 난이도 ★★☆

대표관료제는 내부·비공식통제 중의 하나이다.

(선지분석)
② 대표관료제는 소외집단이나 소수집단의 공직취임의 기회를 확대하여 사회적 형평성을 제고할 수 있다.
③ 공무원들이 출신 집단별로 구성되어 집단이기주의를 표출할 수 있다.
④ 지역별, 성별 임용할당제(쿼터제)는 헌법상의 실질적 평등원리에 부합하나 역차별의 문제가 발생할 수 있다.

👍 이것도 알면 **합격!** 대표관료제의 장·단점	
장점	단점
• 정부 관료제의 대응성·책임성·민주성 확보 • 정부에 대한 효율적인 내부통제 강화 • 사회적 형평성 제고 • 실질적 평등의 확보	• 관료의 재사회화 경시 • 역차별과 사회분열 문제 • 실적주의와의 갈등 • 기술상의 문제

답 ①

대표관료제에 대한 설명으로 옳지 않은 것은?

① 뉴거버넌스를 저해한다.
② 행정에 대한 비공식적·내부통제의 한 방법이다.
③ 국민의 다양한 요구에 대한 정부의 대응성을 제고시킨다.
④ 공직임용에 있어 개인의 능력·자격을 부차적 기준으로 삼으므로, 행정의 전문성·생산성 저해가 우려된다.

대표관료제에 대한 설명으로 옳지 않은 것은?

① 그 사회를 구성하는 모든 주요 집단으로부터 인구비례에 따라 관료를 충원한다.
② 정부관료제가 그 사회의 모든 계층과 집단에 공평하게 대응하도록 하는 제도이다.
③ 관료제 내에 민주적 가치를 주입시키려는 의도에서 발달된 개념이다.
④ 사회적 강자인 지배집단들의 이익을 보장해주고자 한다.

---

15   대표관료제   난이도 ★★★

뉴거버넌스는 다양한 집단이 정부의사결정 및 집행에 직접 참여를 통해 대표성을 높인다. 대표관료제는 여러 기준에 의하여 분류되는 모든 사회집단들이 한 나라의 인구 전체 안에서 차지하는 비율에 따라 관료제를 구성하는 제도로, 뉴거버넌스를 저해한다고 보기 어렵다.

〔선지분석〕
② 대표관료제는 행정 조직 내부의 비공식적·내부통제의 한 방법이다.
③ 대표관료제는 관료집단을 다양한 국민의 대표집단으로 구성함으로써 국민의 다양한 요구에 대한 정부의 대응성을 제고시킨다.
④ 대표관료제는 실적주의와 상충되며, 행정의 전문성과 생산성을 저해할 수 있다.

답 ①

16   대표관료제   난이도 ★☆☆

대표관료제는 사회적 강자인 지배집단의 이익을 보장해주고자 하지 않는다. 오히려 사회의 모든 계층과 집단을 대변함으로써 결과적으로 약자의 이익을 대변할 수 있도록 하는 제도이다.

〔선지분석〕
① 대표관료제는 사회를 주요 집단으로 구분한 뒤 모든 집단으로부터 인구비례에 따라 관료를 충원하는 제도이다.
② 대표관료제의 목적은 정부관료제가 그 사회의 모든 계층과 집단에 공평하게 대응하도록 하는 것이다.
③ 대표관료제는 관료조직 내부의 통제를 강화함으로써 민주성을 증진하기 위하여 발달된 개념이다.

답 ④

17 □□□

대표관료제에 대한 설명으로 옳지 않은 것은?

① 국민에 대한 책임을 중시하는 내부통제의 수단이다.
② 실질적 기회균등 보장과 수직적 형평성을 제고한다.
③ 우리나라에서는 총액인건비제도에서 적용되고 있다.
④ 사회의 인구집단의 규모에 직접 비례하는 비율로 관료를 충원하는 제도이다.

18 □□□

대표관료제의 특징으로 옳지 않은 것은?

① 공직임용에 있어서 실질적이고 적극적인 기회균등을 보장한다.
② 다양한 집단의 참여로 관료제의 민주화를 촉진한다.
③ 행정의 자율성과 정치적 중립성을 강화한다.
④ 역차별을 유발할 우려가 있다.

17　대표관료제

난이도 ★★☆

총액인건비제도는 대표관료제와 무관하다. 총액인건비제도는 재정당국이 각 부처의 인건비를 총액으로 결정하고 결정된 총액 내에서 각 부처가 인건비를 자율적으로 결정하는 제도이다.

(선지분석)
① 대표관료제는 공직 내부에 사회 전체 집단의 영역별 대표성을 부여한 인원을 충원함으로써 내부통제를 강화하는 수단이다.
② 대표관료제는 실적주의의 형식적 기회균등을 극복하고, 실질적 기회균등 보장과 수직적 형평성을 제고한다.
④ 대표관료제는 관료 선발에 있어 출신 집단을 고려함으로써 사회집단의 구성비와 관료제 내의 구성비를 일치시키는 인사제도이다.

답 ③

18　대표관료제

난이도 ★★☆

대표관료제는 행정의 자율성을 높이는 정책이 아니라 오히려 정부의 내부통제를 강화하는 수단이다.

(선지분석)
① 대표관료제는 하층 집단에까지 대표성을 보장함으로써 공직임용에 있어 실질적인 기회균등을 보장한다.
② 대표관료제를 통하여 정부관료제에 다양한 집단이 참여함으로써 관료제조직의 민주성을 증진시킨다.
④ 대표관료제는 실질적 평등, 결과의 평등을 추구하는 과정 속에서 기회의 균등을 침해하고 역차별을 유발할 우려가 있다.

답 ③

19 □□□

2008년 9급 복원

인사제도에 대한 설명으로 옳지 않은 것은?

① 직위분류제도는 인사행정의 능률성과 합리성을 수단으로 하며 엽관주의를 배경으로 추진되었다.
② 직업공무원제도는 젊은 인재들을 공직에 유치해 일생동안 공무원으로 근무하도록 운영하는 인사제도이다.
③ 실적주의는 인사권자의 탄력적·신축적인 인적자원 운용에 걸림돌이 될 수 있다.
④ 엽관제도는 1829년 미국의 잭슨(Jackson) 대통령이 의회에서 발표한 연두교서에서부터 더욱 강화되었다.

20 □□□

2007년 9급 복원

중앙인사기관의 필요성이 대두된 배경으로 옳지 않은 것은?

① 국가기능 축소와 작은 정부 실현
② 행정의 전문화 대두
③ 인사관리의 공정성 및 중립성
④ 정실주의 및 엽관주의의 폐해 배제

---

19 인사제도

난이도 ★★☆

직위분류제는 모든 직위를 직무의 종류와 곤란도, 책임도에 따라 직군, 직렬, 직급별로 구분하는 직무 중심의 인사제도이다. 과학적·합리적·객관적 공직분류 방식으로 실적주의의 발전에 따라 추진되었다.

(선지분석)
② 직업공무원제도는 젊고 유능한 인재들을 공직에 유치하여 평생동안 공무원으로 근무하도록 운영하는 인사제도이다.
③ 실적주의는 실적에 따른 채용을 기본으로 하기 때문에 인적자원 운용이 경직적으로 이루어지고 신축성이 떨어진다.
④ 잭슨(Jackson) 대통령은 1829년 연두교서에서 엽관주의를 공식화하였다.

답 ①

20 중앙인사기관의 필요성

난이도 ★★☆

중앙인사기관은 국가기능의 확대와 그에 따른 공무원 수의 지속적인 증가에 따라 이를 합리적으로 관리할 필요에 의해 설치되었다.

(선지분석)
② 인사행정의 전문화가 대두됨에 따라 전문적 중앙인사기관의 필요성이 대두되었다.
③, ④ 개인적인 친분관계나 정치적 충성도를 임용의 기준으로 삼는 정실주의 및 엽관주의의 폐해를 방지하고자 실적주의가 도입되었고, 실적주의에 따른 인사행정을 수행할 중앙인사기관이 필요해졌다.

> 👍 이것도 알면 **합격!** 중앙인사기관의 필요성
> 1. 인사행정의 조정과 통제의 효율적 수행
> 2. 국가 규모의 확대로 전략적 인적자원관리 필요
> 3. 인사행정의 통일성과 전문성 확보
> 4. 공무원의 권익 보호
> 5. 실적주의와 직업공무원제를 확립하기 위한 전제조건
> 6. 엽관주의를 극복하고 인사행정의 공정성과 중립성 확보

답 ①

21 ☐☐☐

독립합의형 중앙인사기관의 장점으로 옳지 않은 것은?

① 엽관주의의 영향력을 배제함으로써 인사행정의 공정성을 확보할 수 있다.
② 다수의 위원들에 의해서 인사행정에 관한 결정을 함으로써 신중한 의사결정을 할 수 있다.
③ 중요한 이익집단의 대표자를 합의체에 참여시킴으로써 인사행정에 대한 이익집단의 요구를 균형 있게 수용할 수 있다.
④ 인사행정의 책임소재를 명확하게 할 수 있다.

22 ☐☐☐

「국가공무원법」상 중앙인사관장기관의 장으로 옳지 않은 것은?

① 인사혁신처장
② 국회사무총장
③ 중앙선거관리위원회사무총장
④ 대법원장

---

21 독립합의형 중앙인사기관

난이도 ★☆☆

인사행정의 책임소재를 명확하게 할 수 있는 형태는 합의형이 아니라 단독형의 중앙인사기관이다. 독립합의형 중앙인사기관은 합의성으로 인하여 인사행정의 책임소재가 불명확해진다.

👍 이것도 알면 **합격!** 중앙인사기관의 유형

구분	합의성	단독성
독립성	독립합의형	독립단독형
비독립성	비독립합의형	비독립단독형

답 ④

22 「국가공무원법」상 중앙인사기관장

난이도 ★★★

법원의 중앙인사관장기관의 장은 대법원장이 아닌 법원행정처장이다.

선지분석
① 행정부의 중앙인사관장기관의 장은 인사혁신처장이다.
② 국회의 중앙인사관장기관의 장은 국회사무총장이다.
③ 중앙선거관리위원회의 중앙인사관장기관의 장은 중앙선거관리위원회사무총장이다.

┌─────────────────────────────────────
「국가공무원법」 제6조 【중앙인사관장기관】 ① 인사행정에 관한 기본 정책의 수립과 이 법의 시행·운영에 관한 사무는 다음 각 호의 구분에 따라 관장(管掌)한다.
  1. 국회는 국회사무총장
  2. 법원은 법원행정처장
  3. 헌법재판소는 헌법재판소사무처장
  4. 선거관리위원회는 중앙선거관리위원회사무총장
  5. 행정부는 인사혁신처장
└─────────────────────────────────────

답 ④

CHAPTER 2 | 공직의 분류

THEME 061 | 공직분류의 의의

01 □□□

다음 중 지방자치단체 소속 지방공무원으로만 옳게 묶여진 것은?

> ㄱ. 충청남도 지방의회 부의장
> ㄴ. 경상남도 교육청 부교육감
> ㄷ. 충청북도 행정부지사
> ㄹ. 경상북도 정무부지사

① ㄱ, ㄴ
② ㄱ, ㄹ
③ ㄴ, ㄷ
④ ㄴ, ㄹ

01 지방공무원
난이도 ★★★

ㄱ. 지방의회 의원(의장 및 부의장 포함)은 지방공무원이다.
ㄹ. 정무부지사는 별정직 1급 상당 지방공무원 또는 지방관리관이다.

(선지분석)

ㄴ. 도 교육청 부교육감은 국가공무원(고위공무원단)이다.
ㄷ. 행정부지사는 일반직 국가공무원(고위공무원단)이다.

답 ②

THEME 062 | 경력직과 특수경력직

02 □□□

다음 중 공무원 인사제도에 대한 설명 중 옳은 것은?

> ㄱ. 경찰공무원은 경력직공무원 중 특정직공무원이다.
> ㄴ. 차관은 특수경력직 중 별정직이다.
> ㄷ. 국가직과 지방직공무원 모두 고위공무원단이 운영되고 있다.
> ㄹ. 국가직과 지방직공무원 모두 「공무원연금법」의 적용을 받는다.

① ㄱ, ㄴ
② ㄱ, ㄹ
③ ㄴ, ㄷ
④ ㄴ, ㄹ

02 공무원 인사제도
난이도 ★★☆

ㄱ. 경찰공무원, 소방공무원, 군인 등은 특정직공무원이다.
ㄹ. 국가직과 지방직공무원 모두 「공무원연금법」상 공무원연금의 대상이다.

(선지분석)

ㄴ. 차관은 특수경력직 중 정무직이다.
ㄷ. 지방직공무원에는 고위공무원단이 운영되지 않는다.

👍 이것도 알면 **합격!** 공무원의 구분(「국가공무원법」 제2조)

경력직 공무원	일반직 공무원	기술·연구 또는 행정 일반에 대한 업무를 담당하는 공무원
	특정직 공무원	법관, 검사, 외무공무원, 경찰공무원, 소방공무원, 교육공무원, 군인, 군무원, 헌법재판소 헌법연구관, 국가정보원의 직원, 경호공무원과 특수 분야의 업무를 담당하는 공무원으로서 다른 법률에서 특정직공무원으로 지정하는 공무원
특수경력직 공무원	정무직 공무원	• 선거로 취임하거나 임명할 때 국회의 동의가 필요한 공무원 • 고도의 정책결정 업무를 담당하거나 이러한 업무를 보조하는 공무원으로서 법률이나 대통령령에서 정무직으로 지정하는 공무원
	별정직 공무원	비서관·비서 등 보좌업무 등을 수행하거나 특정한 업무 수행을 위하여 법령에서 별정직으로 지정하는 공무원

답 ②

우리나라의 공직 분류에 대한 설명으로 옳지 않은 것은?

① 일반직은 실적에 따라 임용되고 신분이 보장되는 공무원이다.
② 정무직은 국민의 입장에서 정치적 판단 등이 필요하므로, 대부분 개방형 임용을 하고 있다.
③ 별정직은 특정 업무를 담당하기 위해 별도의 자격기준에 의해 임용되는 공무원으로, 법령에서 별정직으로 지정하는 공무원이다.
④ 특정직은 개별 법률에 의해 별도의 계급체계를 유지하고 있다.

특정직공무원으로 옳지 않은 것은?

① 외무공무원
② 소방공무원
③ 국정원직원
④ 감사원직원

---

03   공직 분류   난이도 ★★☆

일반직공무원은 경력직공무원의 일종으로 1~9급 공무원, 행정 및 기술업무를 담당하는 공무원, 연구직공무원, 지도직공무원 등 대표적인 실적주의와 직업공무원제의 적용받는 공무원이다.

(선지분석)
② 정무직공무원은 국민의 입장에서 정치적 판단 등이 필요하므로, 선출직공무원 외에는 대부분 개방형 임용을 통해 임용되고 있다.
③ 별정직공무원은 특정 업무를 담당하기 위해 별도의 자격 기준에 의해 임용되는 공무원으로, 법령에서 별도로 별정직으로 지정하는 공무원이다.
④ 경찰관, 소방관, 군인 등 특정직은 개별 법률에 의해 별도의 계급체계를 유지하고 있다.

답 ①

04   특정직공무원   난이도 ★★☆

감사원의 일반 직원은 일반직공무원에 해당하며, 감사원장과 감사위원은 정무직공무원에 해당한다. 감사원 사무처의 사무총장은 정무직공무원이며, 사무차장은 일반직공무원이다.

(선지분석)
① 외교관은 특정직공무원이다.
② 소방관은 특정직공무원이다.
③ 국정원 일반 직원은 특정직공무원이며, 국정원장은 정무직공무원이다.

답 ④

05 □□□

통상적인 근무시간보다 짧은 시간(주 15~35시간)을 근무하는 공무원으로서 일반 공무원처럼 시험을 통해 채용되고 정년이 보장되는 공무원으로 옳은 것은?

① 시간선택제전환공무원
② 시간선택제임기제공무원
③ 시간선택제채용공무원
④ 한시임기제공무원

THEME 063 | 폐쇄형과 개방형

06 □□□

개방형 인사제도에 대한 설명으로 옳지 않은 것은?

① 외부로부터 참신하고 유능한 인재를 직접 영입할 수 있어 조직의 신진대사를 촉진할 수 있다.
② 행정의 전문성을 제고한다.
③ 공직의 유동성을 높여 관료주의화 및 공직 사회의 침체를 방지할 수 있다.
④ 행정에 대한 민주적 통제가 곤란하다.

---

06 개방형 인사제도

난이도 ★★☆

개방형 인사제도는 외부 인사의 정치적 임용으로 엽관주의적 요소가 도입되어 행정에 대한 민주적 통제가 가능해진다.

선지분석

①, ③ 개방형 인사제도는 외부로부터 유능한 인재를 직접 영입할 수 있어 공직 사회의 침체를 방지하고 신진대사를 촉진할 수 있다.
② 개방형 인사제도는 전문성이 요구되는 경우 일정한 직무 수행요건을 갖춘 자를 공직 내·외부에서 임용할 수 있으므로 행정의 전문성을 제고할 수 있다.

👍 이것도 알면 **합격!** 개방형 인사제도와 폐쇄형 인사제도 비교

구분	개방형 인사제도	폐쇄형 인사제도
신분보장	신분 불안정	신분보장(법적보장)
신규임용	전 등급에서 허용	원칙적으로 최하위직에서만 허용
승진임용 기준	외부임용	내부임용
임용자격	전문능력	일반능력
직위분류 기준	직위, 직무 중심	직급, 사람 중심 (능력, 자격, 학력 등)
채택국가	미국, 캐나다 등	영국, 독일, 프랑스, 일본, 우리나라 등
장점	·행정의 민주성·대응성· 전문성 제고 ·공직의 침체 방지 ·우수한 인재의 등용 가능 ·경쟁체제의 강화로 공무원의 자기 개발 노력 촉진	·승진기회의 확대로 사기 제고 ·신분보장 강화되어 행정의 안정성 유지 가능 ·직업공무원제 확립에 기여
단점	·재직자의 승진이 곤란해 사기 저하 우려 ·조직의 응집력 약화 ·신분보장 곤란하여 행정의 안정성 저해 ·직업공무원제의 확립 저해 ·행정의 책임성 저하	·공직의 무사안일 초래 ·행정의 전문성 저해 ·민주적 통제 곤란 ·정책변동에 필요한 인재의 채용 곤란

---

05 시간선택제채용공무원

난이도 ★★★

통상적인 근무시간보다 짧은 시간을 근무하는 공무원으로서 일반 공무원처럼 시험을 통해 채용되고 정년이 보장되는 공무원은 시간선택제채용공무원이다.

선지분석

① 시간선택제전환공무원은 일반 공무원이 임신, 육아 등을 이유로 시간선택제공무원으로 전환한 공무원이다.
② 시간선택제임기제공무원은 통상적인 근무시간보다 짧은 시간을 근무하는 공무원으로서 임기가 정해져 있는 공무원이다.
④ 한시임기제공무원은 전일 공무원으로 임기가 정해져 있는 공무원이다.

답 ③

답 ④

07 ☐☐☐

개방형 직위에 대한 설명으로 옳지 않은 것은?

① 행정의 전문성과 효율적인 정책수립을 위해 공직 내·외부에서 인재를 공개적으로 선발하는 제도이다.
② 생산성과 능률성 저하를 초래한다는 비판이 있다.
③ 행정조직에 대한 민주적 통제를 약화시킨다.
④ 임용기회의 형평성을 제고한다.

08 ☐☐☐

인사행정에 대한 설명으로 옳지 않은 것은?

① 법관 및 교사는 경력직공무원이다.
② 개방형 직위는 모두 계약직으로 보한다.
③ 유능한 인재를 적극적으로 공직에 유치하여 행정의 효율성을 높이고자 한다.
④ 국세청장, 국정원장, 검찰총장 및 경찰청장은 소관상임위원회에서 인사청문을 실시한다.

---

07 개방형 직위

난이도 ★★☆

개방형 직위는 폐쇄형에 비해 공직으로의 진입이 개방되어 있기 때문에 행정조직에 대한 민주적 통제가 상대적으로 용이하다.

[선지분석]

① 개방형 직위는 효율적인 정책수립과 행정의 전문성 제고를 위하여 공직 내·외부에서 인재를 공개적으로 선발하는 제도이다.
② 개방형 직위는 엽관제적 요소가 반영된 제도로 실적주의 임용원칙을 침해하고 결과적으로 생산성과 능률성 저하를 초래한다는 비판이 있다.
④ 개방형 직위는 실적주의의 형식적 형평성 문제를 극복하고 임용기회의 형평성을 제고하는 측면이 있다.

답 ③

08 인사행정

난이도 ★★★

임용권자나 임용제청권자는 해당 기관의 직위 중 전문성이 특히 요구되거나 효율적인 정책수립을 위하여 필요하다고 판단되어 공직 내부나 외부에서 적격자를 임용할 필요가 있는 직위에 대하여는 개방형 직위로 지정하여 운영할 수 있다. 따라서 개방형 직위는 일반직으로 보할 수 있다.

[선지분석]

① 법관, 검사, 외무공무원, 경찰공무원, 소방공무원, 교육공무원, 군무원, 헌법재판소 헌법연구관 및 국가정보원의 직원과 특수 분야의 업무를 담당하는 공무원은 특정직공무원이다.
③ 우리나라 인사행정은 직업공무원제를 바탕으로 유능한 인재를 적극적으로 공직에 유치하여 행정의 효율성을 높이고자 한다.
④ 국세청장, 국정원장, 검찰총장, 경찰청장 등은 헌법상 임명에 국회의 동의를 요하는 경우가 아니라 개별 법률에 의하여 인사청문제도가 도입된 직위로, 인사청문특별위원회가 아닌 소관상임위원회에서 인사청문을 실시한다.

답 ②

09 ☐☐☐

국가공무원의 공모직위제도에 대한 설명으로 옳은 것은?

① 공모직위를 통해 해당 기관 내·외부에서 채용할 수 있다.
② 임용기간은 원칙적으로 5년의 범위에서 소속장관이 정하되, 최소 2년 이상으로 해야 한다.
③ 공모직위제도의 대상직위는 일반직, 특정직, 별정직이다.
④ 고위공무원단 직위 총수의 100분의 20 이내에서 임용한다.

THEME 064 | 고위공무원단

10 ☐☐☐

공무원의 임용에 대한 설명으로 옳지 않은 것은?

① 신규채용은 공개경쟁 채용시험을 통해 채용하지만 퇴직 공무원의 재임용의 경우에는 경력경쟁채용시험에 의한다.
② 전입은 국회·행정부·지방자치단체 등 서로 다른 기관에 소속되어 있는 공무원의 인사이동을 의미한다.
③ 고위공무원단이나 그에 상응하는 계급으로의 승진은 능력과 경력을 고려하며, 5급으로의 승진은 별도의 승진시험을 거쳐야 한다.
④ 국가직은 고위공무원단을 포함한 1급~2급에 해당하는 직위 모두를 개방형 직위로 간주한다.

---

09 공무직위제도

난이도 ★★☆

공모직위를 통해 해당 기관 내·외부의 공직자 중에서 채용할 수 있다.

선지분석

② 공모직위제도는 임용기간의 상한에는 제한이 없고, 임용된 날로부터 3년 이내에 다른 직위에 임용될 수는 없다.
③ 공모직위제도는 일반직과 특정직을 대상으로 한다.
④ 경력직공무원으로 임명할 수 있는 고위공무원단 직위 총수의 100분의 30 이내의 범위에서 공모직위를 지정한다.

👍 이것도 알면 **합격!** 개방형 직위제도와 공모직위제도 비교

구분	개방형 직위제도	공모직위제도
대상 직위	전문성이 요구되거나 효율적인 정책수립을 위하여 필요하다고 판단되는 직위	효율적인 정책수립 또는 관리를 위하여 적격자를 임용할 필요가 있는 직위
경쟁 범위	공직 내외에서 경쟁(단, 경력개방형 직위는 공직 외부에서만 임용)	공직 내에서 부처 내외 경쟁
공모대상	• 공직 내·외부 • 고위공무원단 직위 총수의 20%, 과장급 직위의 20% 이내	• 내부(행정부 내부, 부처 내·외부) • 경력공무원으로 임용가능한 고위공무원단 직위 총수의 30%, 과장급 직위의 20% 이내
대상 직종	일반직·특정직·별정직공무원으로 보할 수 있는 고위공무원단 직위	일반직·특정직공무원으로 보할 수 있는 고위공무원단 직위
임용기간	최장 5년 범위 내 최소 2년 이상(임기제공무원은 최소 3년 이상)	상한의 제한 없음
지방자치단체	• 광역: 1~5급 직위의 10% 이내 • 기초: 2~5급 직위의 10% 이내	도입(지정범위와 지정비율은 임용권자가 정함)

---

10 공무원의 임용

난이도 ★★☆

③ 고위공무원단이나 그에 상응하는 계급으로의 승진은 역량평가제도 등을 통하여 능력과 경력을 고려하며, 5급(사무관)으로의 승진은 원칙적으로 승진시험을 거쳐야 하지만 별도의 승진시험이 없는 경우도 있다.
④ 국가직공무원은 1급~3급(일부)의 계급 구분을 폐지하고 고위공무원단제도가 도입되었으며, 고위공무원단 직위 중 20% 범위 내에서 개방형 직위를 지정한다.

선지분석

② 전입이란 헌법상 독립기관이나 중앙정부와 지방자치단체 간의 인사이동을 의미한다.

👍 이것도 알면 **합격!** 고위공무원단의 포함 범위

구분	포함	제외
직종	• 국가직 • 일반직 • 별정직 • 특정직 중 외무직	• 지방직 • 정무직 • 특정직 중 경찰, 소방, 군인 등
기관	• 중앙행정 기관 • 행정부 각급기관	• 헌법상 독립기관(국회, 법원, 헌재, 중앙선관위 등)
정부	• 광역자치단체 행정부지사·행정부시장 • 지방교육행정기관 부교육감	• 광역자치단체 정무부지사·정무부시장 • 기초자치단체(시·군·구)의 부단체장

답 ①

답 ③, ④

CHAPTER 2 공직의 분류 **167**

PART 4

2021 해커스공무원 15개년 기출복원문제집 쉬운 행정학

11 □□□

고위공무원단제도에 대한 설명으로 옳지 않은 것은?

① 전(全)정부적으로 통합 관리되는 공무원 집단이다.
② 계급제나 직위분류제적 제약이 약화되어 인사운영의 융통성
이 강화된다.
③ 고위공무원단에 속하는 모든 일반직공무원의 신규채용 임용
권은 각 부처의 장관이 가진다.
④ 성과계약을 통해 고위직에 대한 성과관리가 강화된다.

12 □□□

2021년 현재 국가공무원에는 있지만 지방공무원에는 없는 공무원은?

① 고위공무원단에 속하는 공무원
② 특정직공무원
③ 정무직공무원
④ 별정직공무원

---

11 고위공무원단제도
난이도 ★★☆

고위공무원단에 속하는 모든 일반직공무원의 신규채용 임용권은 각 부처의 장관이 아니라 대통령이 가진다.

(선지분석)

① 고위공무원단제도는 고위공무원들의 자질향상과 정치적 대응능력을 높이고 업무의 성취동기를 부여하기 위하여 공직체계 중 일부 고위직을 중 하위직과 구별하여 운영하는 시스템으로, 전정부적으로 통합 관리된다.
② 1~3급(일부)은 통합하여 운영하므로 계급제적 제약이 약화되었고, 전정부적으로 통합 관리되므로 직위분류제적 제약이 약화되었다.
④ 연공서열식으로 승진 및 임용이 이루어지는 계급제하의 비탄력적 인적자원관리의 개혁과 고위직 공무원의 성과관리 운영기반을 확립한다.

답 ③

12 고위공무원단제도
난이도 ★☆☆

고위공무원단제도는 지방공무원에는 도입되지 않았다.

답 ①

---

13 □□□

계급제에 대한 설명으로 옳지 않은 것은?

① 전문행정가를 양성한다.
② 융통성 있는 인사배치가 가능하다.
③ 학력·경력·자격·능력과 같은 개인적 특성을 기준으로 공무원을 분류한다.
④ 직업공무원제 확립이 용이하다.

14 □□□

직위분류제의 단점으로 옳지 않은 것은?

① 직무 변동에의 적응력이 약하다.
② 보수에 합당한 직위를 만드는 데 불리하다.
③ 폭 넓은 안목을 갖춘 일반행정가를 양성하는 데 불리하다.
④ 공무원의 신분이 보장되는 직업공무원제를 확립하기 힘들다.

---

13 계급제

난이도 ★☆☆

계급제는 폐쇄형의 충원방식으로 인해 전문행정가보다 일반행정가 양성에 유리한 제도이며, 전문행정가 양성에 유리한 제도는 직위분류제이다.

선지분석

② 계급제는 전직과 전보가 자유롭기 때문에 융통성·신축성 있는 인사배치가 가능하다.
③ 계급제는 사람을 중심으로 구성원 개개인의 학력·경력·자격·능력과 같은 개인적 특성을 기준을 고려하여 공무원을 분류한다.
④ 계급제는 직위의 종류에 구애받지 않고 승진하므로 공무원의 신분을 평생 보장하는 직업공무원제 확립이 용이하다.

👍 이것도 알면 **합격!** 계급제의 장·단점

장점	• 조직 전체 인력활용의 융통성 및 효율성을 높일 수 있음 • 공무원의 신분안정과 개인의 장기적인 경력발전에 기여함 • 일반행정가의 육성에 유리하고 직업공무원제의 확립에 기여함 • 조직에서 갈등의 사후적인 조정이 용이함 • 조직설계의 변화와 장기적 조직발전 계획에 적응이 유리함
단점	• 행정의 전문화에 부응하지 못함 • 인사관리의 주관성으로 인해 인사행정의 합리화 및 형평성의 제고가 어려움 • 엄격한 계급 구분의 경직성으로 공무원의 동기유발을 좌절시킴 • 신분보장으로 무사안일과 특권집단화 우려가 있음 • 적임자의 임용을 담보하지 못하여 능률성이 저하됨 • 한정된 범위 내에서만 승진이 가능함

답 ①

---

14 직위분류제

난이도 ★★☆

직위분류제는 동일직무에 대하여 동일보수를 원칙으로 하기 때문에 보수의 합리화를 실현할 수 있다.

선지분석

① 직위분류제는 전직과 전보가 곤란하므로 직무 변동에의 적응력이 약하다.
③ 직위분류제는 전문행정가 육성을 기본으로 하기 때문에 폭 넓은 안목을 갖춘 일반행정가를 양성하는 데 불리하다.
④ 직위분류제는 직무를 중심으로 인력을 배치하기 때문에 직무가 사라질 경우 공무원은 신분을 보장받지 못하므로, 신분이 보장되는 직업공무원제를 확립하기 힘들다.

👍 이것도 알면 **합격!** 직위분류제의 장·단점

장점	• 행정의 전문화·합리화·능률화에 기여함 • 실적과 능력을 기초로 한 인사행정이 가능함 • 권한과 책임의 한계가 명확해지면서 행정활동의 중복과 갈등을 예방함 • 인력계획, 임용, 근무성적평정 등의 공정한 기준을 제공하여 형평성 있는 인사행정이 가능함 • 행정전문가 양성에 도움이 됨
단점	• 인사배치의 신축성이 부족해져 환경 변화에 따른 효과적 대응이 곤란함 • 일반적 관리능력과 장기적 시야를 가진 일반행정가의 양성을 방해함 • 직업공무원제의 확립이 곤란함 • 조직구성원들의 자발적 헌신이나 단결심을 조장하기 어려움 • 공무원의 인간적인 요소가 고려되기 어려움 • 지나친 배치전환의 경직성으로 인하여 조정과 협조가 곤란하므로 갈등의 해결이 어려움

답 ②

15 ☐☐☐

직위분류제에 대한 설명으로 옳지 않은 것은?

① 직무의 내용을 구체적으로 명시하므로 근무성적평정의 객관적 기준을 제시하는 데 효과적이다.
② 인적자원의 관리와 활용의 융통성과 탄력성을 확보할 수 있다.
③ 구성원 간의 관계가 사무 중심으로 이루어지기 때문에 인간관계가 지나치게 사무적이게 된다.
④ 동일직무에 대한 동일보수의 원칙은 보수의 합리화를 실현함으로써 보수결정의 형평성을 제고한다.

16 ☐☐☐

직위분류제의 구성요소에 대한 설명으로 옳지 않은 것은?

① 직위: 1인에게 부여할 수 있는 직무와 책임
② 직급: 직무의 종류와 곤란도, 책임도가 유사한 직위의 군
③ 직렬: 직무의 종류는 유사하나 책임도와 곤란도가 상이한 직급의 군
④ 직류: 직무의 성질이 유사한 직렬의 군

---

16 직위분류제의 구성요소
난이도 ★★☆

직무의 성질이 유사한 직렬의 군은 직군에 대한 설명이다. 현재 우리나라는 행정직군과 기술직군의 양대직군 체제이다. 직류란 동일한 직렬 내에서 담당분야가 유사한 직무의 군이다. 예를 들어 행정직렬 내에는 일반행정직류와 법무행정직류가 있다.

(선지분석)

① 직위란 한 사람의 공무원에게 부여할 수 있는 직무와 책임이다. 과장, 본부장, 실장 등이 직위이다.
② 직급은 직무의 종류와 곤란도, 책임도가 유사한 직위의 군이다. 행정주사, 관세주사보 등이 직급이다.
③ 직렬은 직무의 종류는 유사하나 책임도와 곤란도가 상이한 직급의 군이다. 세무주사, 세무주사보, 세무서기, 세무서기보는 모두 세무직렬이다.

👍 이것도 알면 **합격!** 직위분류제의 구성요소 (「국가공무원법」 제5조)

구분	개념	예시
직위 (position)	한 사람의 공무원에게 부여할 수 있는 직무와 책임	과장, 실장, 국장
직류 (subseries)	동일한 직렬 내에서 담당분야가 유사한 직무의 군	행정직렬 내 일반행정직류와 법무행정직류
직렬 (series)	직무의 종류는 유사하지만 곤란도와 책임도의 정도가 상이한 직급의 군	행정직군 내 행정직렬과 세무직렬
직군 (group)	직무의 성질이 유사한 직렬의 군	행정직군, 기술직군
직급 (class)	직무의 종류, 곤란성과 책임도가 상당히 유사한 직위의 군	행정주사, 관세주사보
등급 (grade)	직무의 종류는 상이하지만 곤란도와 책임도가 유사하여 동일한 보수를 지급할 수 있는 직위의 횡적인 군	1급~9급

답 ④

---

15 직위분류제
난이도 ★☆☆

직위분류제는 동일한 직렬 내에서만 근무가 가능하고 전직, 전보 등이 제한되므로 인사 운용의 횡적 이동성 및 신축성이 결여되어 있다. 인적자원의 관리와 활용의 융통성과 탄력성을 확보할 수 있는 것은 전직, 전보 등이 용이한 계급제이다.

(선지분석)

① 직위분류제는 과학적인 직위분류를 통하여 직무의 내용을 구체적으로 명시하므로 근무성적평정의 객관적 기준을 제시하는 데 효과적이다.
③ 직위분류제는 구성원 간의 관계가 직무 중심으로만 이루어지기 때문에 계급제에 비하여 인간관계가 사무적이고 조직에 대한 충성도가 떨어진다.
④ 직위분류제는 직무에 보수가 부여되어 동일직무에 대한 동일보수를 원칙으로 하기 때문에 보수의 합리화를 실현할 수 있고 보수결정의 형평성을 제고한다.

답 ②

---

17 □□□

직위분류제의 구성요소인 직급에 대한 설명으로 옳은 것은?

① 직무의 종류, 곤란성과 책임도가 유사한 직위의 군
② 직무의 성질이 유사한 직렬의 군
③ 동일한 직렬 내에서의 담당 분야가 동일한 직무의 군
④ 직무의 종류·성질은 다르지만 직무의 곤란성과 책임도가 상당히 유사한 직위의 군

18 □□□

직무의 종류는 유사하나 곤란도·책임도가 서로 다른 직급의 계열로 옳은 것은?

① 직위
② 직렬
③ 직류
④ 직군

---

17 직위분류제의 구성요소 난이도 ★★☆

직급은 직무의 종류, 곤란성과 책임도가 상당히 유사한 직위의 군을 말한다. 동일한 직급에 대하여는 임용자격, 시험, 보수 등을 같이 취급하며 동일한 인사대우의 척도가 된다.

(선지분석)
② 직무의 성질이 유사한 직렬의 군은 직군이다.
③ 동일한 직렬 내에서 담당 분야가 동일한 직무의 군은 직류이다.
④ 직무의 종류·성질은 다르지만 직무의 곤란성과 책임도가 상당히 유사한 직위의 군은 등급이다.

답 ①

18 직위분류제의 구성요소 난이도 ★★☆

직렬이란 직무의 종류는 유사하나 곤란도·책임도가 서로 다른 직급의 군을 말한다. 예를 들어 세무주사, 세무주사보, 세무서기, 세무서기보는 모두 세무직렬로 직무의 종류는 유사하나, 그 곤란도와 책임도의 정도는 6급, 7급, 8급, 9급으로 다르다.

(선지분석)
① 직위란 과장, 실장, 본부장 등으로 한 명의 공무원에게 부여할 수 있는 직무와 책임을 말한다.
③ 직류란 같은 직렬 내에서 담당 분야가 같은 직무의 군을 말한다. 예를 들어 행정직렬 내에는 일반행정직류와 법무행정직류가 있다.
④ 직군이란 직무의 성질이 유사한 직렬의 군을 말한다. 현행 법률상에는 행정직군과 기술직군의 양대직군이 존재한다.

답 ②

19 □□□

「공무원임용령」상 보직관리의 기준 중 직위의 직무요건으로 옳지 않은 것은?

① 직위의 성과책임
② 직렬 및 직류
③ 직무수행의 난이도
④ 직무수행요건

20 □□□

다음 설명에 해당하는 직무평가방법으로 옳은 것은?

> 사전에 직무등급표를 작성해두고 각 직무를 직무등급표의 분류기준과 비교·검토한 후 해당 등급에 편입하여 평가하는 방법으로, 기업체보다는 정부 부문에서 주로 사용한다.

① 점수법
② 요소비교법
③ 서열법
④ 분류법

---

19 「공무원임용령」상 보직관리의 기준   난이도 ★★★

「공무원임용령」상 직렬 및 직류는 직위의 직무요건이 아니라 공무원의 인적요건에 해당한다. 이외에도 보직관리의 기준 중 공무원의 인적요건에는 윤리의식 및 청렴도, 보유 역량의 수준, 경력, 전공분야 및 훈련실정, 그 밖의 특기사항 등이 있다.

(선지분석)

①, ③, ④ 「공무원임용령」상 보직관리의 기준 중 직위의 직무요건에는 직위의 주요 업무활동, 직위의 성과책임, 직무수행의 난이도, 직무수행요건 등이 있다.

답 ②

20 직무평가방법   난이도 ★★★

제시문은 직무평가방법 중 분류법에 관한 설명이다. 분류법은 계량적 요소를 고려하지 않고 직무 전체를 고려한 뒤 직무 간의 난이도를 평가하는 기준이 되는 등급기준표를 미리 작성해놓고 이 등급기준표에 입각하여 개개의 직무를 해당 등급에 배치해 가는 방법이다.

(선지분석)

① 점수법은 직무의 구성요소별로 계량적 점수를 부여하여 평가하는 방법으로, 체계적·과학적인 방법에 의해 작성된 직무평가 기준표를 사용하기 때문에 평가결과의 타당성과 신뢰성이 제고되는 방식이다.
② 요소비교법은 기준직무의 평가요소에 부여된 수치에 각 직무의 평가요소를 상호대비시켜 평가를 함으로써, 평가대상 직무의 상대적 가치를 결정하는 방법이다. 서열법, 분류법, 점수법 등에 비하여 가장 늦게 고안된 직무평가방법으로, 평가요소의 비중 결정과 단계 구분에 따른 점수 부여의 임의성을 극복하고자 개발되었다.
③ 서열법은 직무 전체의 중요도와 난이도를 바탕으로 상대적 가치를 비교하여 직무의 우열을 정하는 방법이다.

👍 이것도 알면 **합격!** 직무평가의 방법

구분	비계량적 (직무 전체 비교)	계량적 (직무 구성요소 비교)
직무와 직무 (상대평가)	서열법	요소비교법
직무와 기준표 (절대평가)	분류법	점수법

답 ④

21 □□□

계급제와 직위분류제에 대한 설명으로 옳지 않은 것은?

① 직위분류제는 행정의 안정성 확보에 기여한다.
② 계급제는 직위분류제보다 직업공무원제도의 확립에 더 유리하다.
③ 직위분류제는 인사배치의 신축성을 제약한다.
④ 계급제는 인사관리자의 높은 리더십 구현에 기여한다.

22 □□□

계급제와 직위분류제를 비교한 설명으로 옳지 않은 것은?

① 배치전환의 신축성·융통성이 계급제는 높으나, 직위분류제는 낮다.
② 인사권자의 리더십이 계급제는 약하나, 직위분류제는 강하다.
③ 수평적 조정·협조가 계급제는 용이하나, 직위분류제는 곤란하다.
④ 직무와 보수의 형평성이 계급제는 낮으나, 직위분류제는 높다.

---

21 계급제와 직위분류제

난이도 ★★☆

직위분류제는 개방형 채용으로 신분보장이 어려워 행정의 안정성을 저해하고 경력발전이 곤란하다.

선지분석

② 계급제는 폐쇄형 채용을 기본으로 하기 때문에 직업공무원제도의 확립에 더 유리하다.
③ 직위분류제는 인사행정의 공정성과 객관성을 확보할 수 있지만 다른 직렬로의 이동 곤란 등 인사배치의 융통성 및 신축성이 부족하다.
④ 계급제는 엄격한 기준에 따르지 않고 융통성 있는 인사배치를 할 수 있고, 조직구성원의 충성도가 높기 때문에 인사권자의 높은 리더십 구현에 기여할 수 있다.

👍 **이것도 알면 합격!** 계급제와 직위분류제 비교

구분	계급제	직위분류제
분류기준	개인의 자격, 능력, 신분 (횡적 분류)	직무의 종류, 책임도, 곤란도 (종적·횡적 분류)
발달배경	농업사회	산업사회
국가	영국, 독일, 한국 등	미국, 캐나다, 필리핀 등
중심내용	인간 중심 (인사행정의 탄력성)	직무 중심 (인사행정의 합리성)
행정주체	일반행정가 양성	전문행정가 양성
보수	생활급 (생계유지수준), 낮은 보수 형평성	직무급 (동일직무 동일보수), 높은 보수 형평성
인사배치	신축성(횡적 이동 용이)	비신축성(횡적 이동 곤란)
교육훈련수요	정확한 파악 곤란	정확한 파악 용이
업무조정, 협조	용이	곤란(할거주의 초래)
공직구조	폐쇄형(내부충원형)	개방형(외부충원형)
신분보장	강함	약함
직업공무원제	확립 용이	확립 곤란
공직의 경직성	높음(폐쇄적)	낮음(개방적)
장기적 능력발전	유리	불리

답 ①

---

22 계급제와 직위분류제

난이도 ★★★

인사권자의 리더십은 계급제가 강하고 직위분류제가 약한 편이다. 계급제는 조직구성원이 조직에 충성하지만 직위분류제는 직무에 몰입하기 때문이다.

선지분석

① 전직, 전보 등의 배치전환의 신축성과 융통성은 계급제는 높으나, 직위분류제는 배치전환이 곤란하다.
③ 신축적 인사이동이 용이한 계급제는 수평적 조정·협조가 용이하나, 직위분류제는 곤란하다.
④ 직무에 대하여 보수가 주어지는 직무급 체계의 직위분류제는 직무와 보수의 형평성이 높으나, 사람의 계급에 따라 보수가 주어지는 계급제는 보수의 형평성이 낮다.

답 ②

23 ☐☐☐

다음 설명 중 옳은 것만을 고르면?

> ㄱ. 실적주의는 직위분류제의 확립에 기여한다.
> ㄴ. 직위분류제는 일반행정가의 양성에 기여한다.
> ㄷ. 엽관주의는 관료제 내 민주화에 기여한다.
> ㄹ. 엽관주의는 민주정치의 발달에 따라 현재는 쓰이지 않는다.

① ㄱ, ㄴ
② ㄱ, ㄷ
③ ㄴ, ㄷ
④ ㄷ, ㄹ

24 ☐☐☐

우리나라의 인사제도에 대한 설명으로 옳지 않은 것은?

① 공직 분류는 직위분류제를 중심으로 계급제적 요소가 부분적으로 가미된 형태이다.
② 고위공무원단 직위로 신규채용 되는 경우, 원칙적으로 사전에 역량평가를 거쳐야 한다.
③ 소속장관은 공직 외부의 경험과 전문성을 적극적으로 활용할 필요가 있는 직위를 개방형 직위로 지정할 수 있다.
④ 시보임용은 신규 채용되는 5급 이하의 공무원에 대해 적용된다.

---

23 인사제도

난이도 ★★☆

ㄱ, ㄷ. 실적주의는 직위분류제 확립에 기여하였으며, 엽관주의는 행정의 민주화에 기여하였다.

(선지분석)

ㄴ. 직위분류제는 일반행정가가 아닌 전문행정가의 양성에 기여한다.
ㄹ. 현재 민주주의 국가에서도 고위직 임용 시 개방형 임용제도 등을 활용하여 엽관주의 방식을 취하고 있다. 이는 적극적 인사행정의 일환이다.

답 ②

24 우리나라의 인사제도

난이도 ★☆☆

우리나라는 계급제를 기반으로 직위분류제를 결합하고 있다.

(선지분석)

② 고위공무원단 직위로 신규채용 되는 경우, 사전에 고위공무원으로서 역량을 갖추었는지를 평가하는 역량평가를 거쳐야 한다.
③ 소속장관은 공직 외부의 경험과 전문성을 적극적으로 활용할 필요가 있는 직위를 공직 외부의 전문가 임용이 가능한 개방형 직위로 지정할 수 있다.
④ 시보임용은 신규 채용되는 5급 공무원에 대하여 1년, 6급 이하의 공무원에 대하여 6개월 간 적용된다. 4급 이상은 시보임용제도가 없다.

답 ①

CHAPTER 3 | 인적자원관리(임용, 능력발전, 사기부여)

THEME 066 | 인사행정의 과정과 인적자원관리의 방향

01 ☐☐☐

2017년 국가직 9급(4월 시행)

전략적 인적자원관리에 대한 설명으로 옳지 않은 것은?

① 장기적이며 목표·성과 중심적으로 인적자원을 관리한다.
② 개인의 욕구는 조직의 전략적 목표달성을 위해 희생해야 한다는 입장이다.
③ 인사업무 책임자가 조직 전략 수립에 적극적으로 관여한다.
④ 조직의 전략 및 성과와 인적자원관리 활동 간의 연계에 중점을 둔다.

THEME 067 | 공무원의 임용과 승진

02 ☐☐☐

2006년 9급 복원

다음 공무원 응시자격 요건 중 적극적 요건으로 옳은 것만을 고르면?

ㄱ. 연령	ㄴ. 기술
ㄷ. 주민	ㄹ. 학력
ㅁ. 가치관	ㅂ. 지식

① ㄱ, ㄴ, ㄹ
② ㄱ, ㅁ, ㅂ
③ ㄴ, ㅁ, ㅂ
④ ㄹ, ㅁ, ㅂ

---

01 전략적 인적자원관리

난이도 ★★☆

전략적 인적자원관리는 개인의 욕구를 조직의 전략적 목표달성을 위해 희생해야 하는 것으로 보지 않고, 조직과 개인 목표의 통합과 조직구성원의 인간적 측면을 강조하여 직업생활의 질 향상을 중시한다.

> 👍 이것도 알면 **합격!** 전략적 인적자원관리
> 1. 전략적 인적자원관리(Strategic Human Resource Management)란 조직의 비전 및 목표, 조직 내·외부를 모두 고려하여 가장 적합한 인력을 개발하고 관리하여 조직목표의 극대화를 추구하는 인사관리기법이다.
> 2. 채용, 교육, 훈련, 평가 등의 개별적 요소들을 거시적 시각에서 통합적으로 관리하려는 시도이다.

답 ②

02 공무원 응시자격 요건

난이도 ★★☆

ㄴ. 기술, ㅁ. 가치관, ㅂ. 지식은 공무원 응시자격 요건 중 적극적 요건에 해당한다. 적극적 요건은 공무원으로서 갖추어야 하는 것에 대한 자격 요건으로, 선발과정에서 시험을 통해 측정될 수 있다.

(선지분석)

ㄱ. 연령, ㄷ. 주민, ㄹ. 학력은 공무원 응시자격 요건 중 소극적 요건에 해당한다. 소극적 요건은 공무원으로서 안 된다는 것에 대한 자격 요건이다.

답 ③

03 □□□

우리나라 시보제도에 관한 설명으로 옳은 것은?

① 시보기간이 종료되고 정규공무원으로 임용되기 위해서는 보직을 부여받아야 한다.
② 시보공무원은 공무원법상 공무원에 해당하기 때문에 시보기간 동안에도 직위를 맡을 수 있다.
③ 시보기간 중에 직권면직이 되면, 향후 3년간 다시 공무원으로 임용될 수 없는 결격사유에 해당한다.
④ 시보기간 동안 신분이 보장되지 않기 때문에 공무원의 경력에도 포함되지 아니한다.

04 □□□

시험의 효용도에 대한 설명으로 옳지 않은 것은?

① 일반직공무원에게 기술지식을 측정하는 것은 타당도(validity)가 낮은 것이다.
② 기술직공무원에게 매년 다른 기술과목을 시험 보는 것은 신뢰도(reliability)가 낮은 것이다.
③ 주관식 시험은 객관식 시험에 비해 객관도(objectivity)가 더 높다.
④ 면접시험은 필기시험에 비해 시험관의 정실이나 주관이 개입될 우려가 있고 신뢰도도 낮다.

03 시보제도
난이도 ★★★

시보공무원은 공무원법상 공무원에 해당하기 때문에 시보기간 동안에도 직위를 맡을 수 있다.

(선지분석)
① 시보기간이 종료되면 보직 부여의 여부와 관계 없이 정규공무원으로 임용된다.
③ 시보기간 중에 직권면직이 되고, 임용결격사유에 해당하지 않는다.
④ 시보기간 동안 신분은 보장되지 않으나 공무원의 경력에는 포함된다.

답 ②

04 시험의 효용도
난이도 ★★☆

객관식 시험이 주관식 시험보다 객관도(objectivity), 즉 채점의 공정성이 더 높다.

(선지분석)
① 일반직공무원에게 기술지식을 측정하는 것은 측정하고자 하는 것을 측정하지 못하게 되므로 내용 타당도(validity)가 낮다. 일반직공무원에게 행정학, 행정법적 지식을 측정해야 내용 타당도가 제고된다.
② 기술직공무원에게 매년 다른 기술과목을 시험 보는 것은 결과의 일관성이 보장되지 않으므로 신뢰도(reliability)가 낮다.
④ 면접시험은 필기시험에 비하여 시험관(면접관)의 정실(개인적 친분관계)이나 주관적 판단이 개입될 우려가 있고, 결과의 일관성을 보장하지 못하므로 신뢰도도 낮다.

👍 이것도 알면 **합격!** 시험의 효용도

타당도	시험이 측정하고자 하는 내용을 얼마나 정확하게 측정하였는가에 대한 기준
신뢰도	• 시험결과의 일관성 • 동일한 사람이 동일한 시험을 다른 시간과 장소에서 치를 때 결과의 일관성 • 다른 사람이 동일한 시험을 동일한 시간에 치를 때 결과의 일관성
객관도	채점결과의 일관성
난이도	시험이 어렵고 쉬운 정도
실용도	시험실시의 용이성, 시험결과의 활용성 등

답 ③

05 □□□

2015년 9급 변형

다음 중 경력개발(Career Development Program)에 대한 개념 정의를 연결한 것으로 옳지 않은 것은?

> ㄱ. 직무분석을 통하여 전문분야를 분류한다.
> ㄴ. 자신의 희망, 적성, 역량 등 자기진단을 행한 후 이에 맞는 경력 목표를 설정하고 경력경로를 설계한다.
> ㄷ. 개인의 경력경로에 따라 해당 직위를 추구해 나간다.

> a. 직무설계
> b. 경력설계
> c. 경력관리

① ㄱ – a
② ㄴ – b
③ ㄷ – c
④ 없음

05 경력개발

난이도 ★★★

① ㄱ – a. 직무설계는 직무분석을 통하여 전문분야를 분류하는 것이다.
② ㄴ – b. 경력설계는 자신의 희망, 적성, 역량 등 자기진단을 행한 후 이에 맞는 경력 목표를 설정하고 경력경로를 설계하는 것이다.
③ ㄷ – c. 경력관리는 개인의 경력경로에 따라 해당 직위를 추구해 나가는 것이다.

답 ④

06 □□□

2019년 국가직 7급

교육훈련방법에 대한 설명으로 옳은 것은?

① 직장 내 훈련(OJT: on-the-job training)은 감독자의 능력과 기법에 따라 훈련성과가 달라지며 많은 사람을 동시에 교육하기 어렵다.
② 감수성훈련(sensitivity training)은 원래 정신병 치료법으로 발달한 것으로 전문가의 지원을 받아 과제의 해결책을 도출하는 방법이다.
③ 모의연습(simulation)은 T-집단훈련으로도 불리며 주어진 사례나 문제에서 어떠한 역할을 실제로 연기해 봄으로써 당면한 문제를 체험해보는 방법이다.
④ 액션러닝(action learning)은 미국 GE사 전략적 인적자원 개발프로그램으로 활용된 것으로 태도와 행동의 변화를 통해 인간관계 기술을 향상하려는 것이 주된 목적이다.

06 교육훈련방법

난이도 ★★☆

직장 내 훈련(OJT)은 감독자의 능력과 기법에 따라 훈련성과가 달라질 수 있고, 많은 사람을 동시에 교육하기 어렵다는 단점이 있다.

(선지분석)

② 감수성훈련(sensitivity training)은 외부환경과 격리된 인위적인 장소에서 잘 알지 못하는 사람들끼리 소집단을 구성하여 비정형적인 접촉을 통해 자신을 평가·개선하고 타인을 이해하는 기회를 갖게 하는 훈련이다. 따라서 전문가의 지원을 받아 어떠한 과제의 해결책을 도출한다는 것은 옳지 않다.
③ 모의연습(simulation)은 피훈련자가 업무수행 중에 겪게 될 상황을 가정해서 꾸며놓고 피훈련자가 그 상황에 대처하도록 하는 기법이다.
④ 액션러닝(action learning)은 교육참가자들이 팀을 구성하여 실제 현안 문제를 해결하는 것과 동시에 문제해결과정에 대한 성찰을 통해 학습하도록 지원하는 행동학습 방법이다.

답 ①

07 □□□

근무성적평정상 오류에 대한 설명으로 옳지 않은 것은?

① 규칙적인 오류는 체계적 오류이고, 불규칙적인 오류는 총계적 오류에 해당한다.

② 평정결과가 낮은 점수나 후한 점수로 몰리는 현상을 집중화의 오류라고 한다.

③ 연쇄효과란 다른 평정요소의 평정결과가 영향을 미치는 것을 말한다.

④ 특정 대학 출신이 능력이 우수할 것이라고 생각하고 높은 점수를 주었다면 이는 논리적 오류에 해당한다.

08 □□□

헤일로 효과(Halo Effect)에 대한 설명으로 옳은 것은?

① 특정 평정요소의 평정결과가 다른 평정요소에 영향을 미치거나 피평정자의 전반적인 인상이 평정에 영향을 미치는 착오를 말한다.

② 근무성적평정에서 최근의 실적·사건이 평정에 영향을 주는 근접오류를 말한다.

③ 평정자의 편견이나 선입견·고정관념에 의한 오차를 말한다.

④ 근무성적평정에서 평정자가 무난하게 중간점수를 주려는 경향을 말한다.

07　근무성적평정상 오류

난이도 ★★☆

집중화의 오류는 평정결과가 중간 정도 점수로 몰리는 현상이다. 낮은 점수로 몰리는 현상은 엄격화의 오류, 후한 점수로 몰리는 현상은 관대화의 오류라고 한다.

선지분석

① 규칙적인 오류는 규칙적으로 관대화 또는 엄격화의 오류가 발생하는 체계적 오류이고, 불규칙적 오류는 불규칙하게 관대화 또는 엄격화 현상이 나타나는 총계적인 오류이다.

③ 연쇄효과란 다른 평정요소의 평정결과가 다음 평정요소에 영향을 미치는 효과로 헤일로 효과라고도 한다.

④ 특정 대학 출신이 능력이 우수할 것이라고 생각하고 높은 점수를 주었다면 이는 논리적으로 연관 관계가 없는 요소가 연관 관계가 있다고 생각하여 발생한 논리적 오류의 일종이다.

답 ②

08　헤일로 효과

난이도 ★★☆

헤일로 효과(Halo Effect)는 특정 평정요소의 평정결과가 다른 평정요소에 영향을 주는 착오로서, 연쇄효과를 뜻한다.

선지분석

② 근무성적평정에서 최근의 실적·사건이 평정에 영향을 주는 효과는 시간적 오류 중 근접오류에 해당한다.

③ 평정자의 편견이나 선입견·고정관념에 의한 오차는 상동적 오류이다.

④ 근무성적평정에서 평정자가 무난하게 중간점수를 주려는 경향은 집중화의 오류이다.

답 ①

우리나라 공무원의 근무성적평정에 관한 설명으로 옳지 않은 것은?

① 4급 이하 공무원은 근무성적평가를 적용한다.
② 다면평가는 객관성과 신뢰성을 제고할 수 있다.
③ 공무원 인사기록카드에는 학력, 신체사항에 대한 정보를 기재하지 않는다.
④ 공무원 복지포인트는 정부의 맞춤형 복지제도에 따라 2005년부터 모든 공무원을 대상으로 시행되는 제도이다.

다면평가제도에 대한 설명으로 옳지 않은 것은?

① 다면평가는 상급자뿐만 아니라 동료, 부하, 민원인까지 참여하여 평가하는 제도이다.
② 여러 사람을 평정자로 활용함으로써 평가에 참여하는 소수인의 주관과 편견, 그리고 이들 간의 개인 편차를 줄임으로써, 평가의 공정성과 신뢰성을 제고할 수 있다.
③ 구성원들이 상호 간 의견을 존중하고 의사결정과정에 적극적으로 참여하는 조직문화로의 이행이 다면평가를 확산시키고 있다.
④ 다면평가는 인기투표로 변질될 가능성이 적다.

---

09 근무성적평정   난이도 ★★☆

5급 이하 공무원은 근무성적평가를 적용한다(「공무원 성과평가 등에 관한 규정」 제7조).

선지분석

② 다면평가는 평가에 여러 사람이 참여함으로써 평가의 객관성을 제고하고, 여러 사람의 평가결과가 유사할 경우 신뢰성이 상승한다.
④ 공무원 복지포인트는 국가직공무원 및 지방직공무원 등 모든 공무원을 대상으로 시행되는 제도이다.

👍 이것도 알면 **합격!** 성과계약평가와 근무성적평가 비교

구분	성과계약평가	근무성적평가
대상	4급 이상 공무원, 연구관 및 지도관(다만, 소속장관이 성과계약평가가 적합하다고 인정하는 경우에는 5급 이하 공무원에 대해서도 실시할 수 있음)	5급 이하 공무원, 연구사 및 지도사
평가시기	정기평정 연 1회 (12월 31일)	• 정기평정 연 2회(6월 30일, 12월 31일) • 정기평정은 연 2회 원칙으로 하되 필요한 경우 각급 기관의 장이 평가기준일을 다르게 정할 수 있음
평가항목	성과목표 달성도, 부서단위의 운영 평가결과, 그 밖에 직무수행과 관련된 자질 또는 능력 등	근무실적 및 직무수행능력으로 하되, 필요 시 직무수행태도 추가

답 ①

---

10 다면평가제도   난이도 ★☆☆

다면평가는 능력보다 인기 위주의 평가로 인해 인기투표식으로 전락하여 포퓰리즘을 야기하며, 이로 인해 상급자가 업무 추진보다는 부하의 눈치를 의식하는 행정이 이루어질 가능성이 높다.

선지분석

① 다면평가는 조직 내부에서 상급자뿐만 아니라 동료나 부하가 참여하며, 조직 외부의 민원인까지 참여하는 평가제도이다.
② 다면평가는 여러 사람이 평가에 참여하는 만큼 평가의 공정성이 제고되고 신뢰성 향상을 목표로 한다.
③ 조직구성원들이 상호 간의 의견을 존중하고 의사결정과정에 적극적으로 참여하는 조직문화가 확산되면 다면평가를 확산시킬 수 있다.

답 ④

11 □□□
2009년 9급 복원

다면평가제도에 대한 설명으로 옳지 않은 것은?

① 고객의 평가가 포함되면서 고객 중심적 행정을 실현하는 데 도움을 줄 수 있다.
② 조직의 계층적 구조가 완화되고 팀워크가 강조되는 현대사회의 새로운 조직유형에 부합되는 제도이다.
③ 평가자가 복수라서 평가의 객관성과 공정성을 높일 수 있다.
④ 입체적이며 다면적인 평가를 통해 인간관계 중심의 인기투표화를 방지한다.

12 □□□
2006년 9급 복원

경력평정의 원칙으로 옳지 않은 것은?

① 숙달성의 원칙
② 연고성의 원칙
③ 근시성의 원칙
④ 발전성의 원칙

---

11 다면평가제도
난이도 ★☆☆

다면평가제도는 주변의 인간관계에 의하여 평가가 달라질 수 있기 때문에 일종의 포퓰리즘적인 행태가 나타날 수 있다. 즉, 다면평가제도는 상사 및 동료와 부하, 고객으로부터 받는 인기투표화의 문제가 발생할 수 있다.

(선지분석)

① 다면평가제도에는 고객(민원인)의 평가가 포함된다.
② 다면평가제도는 하급자가 상급자를 평가할 수 있으므로 조직의 계층적 구조가 완화되고 수평적인 후기 관료제의 조직구조가 강조되는 현대사회의 새로운 조직유형에 부합되는 제도이다.
③ 다면평가제도는 복수의 평가자가 평가에 참여하므로 평가의 객관성과 공정성을 제고할 수 있다.

답 ④

12 경력평정의 원칙
난이도 ★☆☆

경력평정의 원칙으로 발전성의 원칙, 근시성의 원칙, 습숙성의 원칙, 친근성의 원칙 등이 있다. 연고성의 원칙은 경력평정의 원칙에 포함되지 않는다.

(선지분석)

① 숙달성의 원칙은 습숙성의 원칙으로, 숙련도가 높은 경력을 보다 높이 평가하여야 한다는 것을 말한다. 따라서 직급이 높을 경우 보다 높게 평가한다.
③ 근시성의 원칙은 최근의 경력을 높이 평가하여야 한다는 것을 말한다.
④ 발전성의 원칙은 미래의 발전 가능성을 추단할 수 있는 경력을 높이 평가하여야 한다는 것을 말한다.

답 ②

13 ☐☐☐

군무원에 대한 설명으로 옳지 않은 것은?

① 군무원의 봉급에 관한 사항은 국방부장관이 정한다.
② 군무원은 군인에 준하는 대우를 한다.
③ 군무원은 법관, 검사, 헌법재판소 헌법연구관 등과 같은 특정 직공무원이다.
④ 대한민국 국적과 외국 국적을 함께 가지고 있는 사람은 군무원에 임용될 수 없다.

14 ☐☐☐

가계보전수당은 다음 어디에 해당하는가?

① 생활보조수당
② 정근수당
③ 직무수당
④ 휴일근무수당

---

13 군무원의 임용과 보수

난이도 ★★★

군무원의 봉급에 관한 사항은 대통령령으로 정한다(「군무원인사법」 제24조 제1항).

(선지분석)

② 군무원은 군인에 준하는 대우를 하며 그 계급별 기준은 대통령령으로 정한다(「군무원인사법」 제4조).
③ 군무원은 특정직공무원이다(「국가공무원법」 제2조).
④ 대한민국 국적과 외국 국적을 함께 가지고 있는 사람은 군무원에 임용될 수 없다(「군무원인사법」 제10조 제2호).

답 ①

14 가계보전수당

난이도 ★★★

가계보전수당은 생활비를 보조하기 위한 생활보조수단에 해당한다. 생활보조수당에는 주택수당, 가족수당 등이 있다.

(선지분석)

② 정근수당은 근무연수에 따라 지급되는 상여수당의 일종이다.
③ 직무수당은 수행하는 특정 직무에 대한 대가로 지급되는 직무급적 성격의 수당이다.
④ 휴일근무수당은 노동에 대한 대가로 지급되는 초과근무수당이다.

답 ①

인센티브제도에 대한 설명으로 옳지 않은 것은?

① 성과보너스는 탁월한 성과를 거둔 구성원에게 금전적 보상을 지급하는 제도이다.

② 제안보상제도는 조직의 자원을 절약할 수 있는 우수한 제안을 한 구성원에게 인센티브를 제공하는 제도이다.

③ 행태보상제도는 기관장이나 관리층이 권장하는 특정행동에 대해 인센티브를 제공하는 제도이다.

④ 종업원인정제도는 조직에 대한 특수한 기여를 인정해 금전적 보상을 제공하는 제도이다.

공무원의 사기앙양 방법 중 사회적 욕구를 충족시키는 방법으로 옳은 것은?

① 연금제도

② 직무확충

③ 각종 상담제도

④ 공무원 신분보장

---

15 인센티브제도   난이도 ★★★

종업원인정제도는 종업원에 대한 신뢰, 능력 인정 및 존중, 지원을 통해 동기를 부여하는 제도이다. 종업원인정제도는 금전적인 유인보다는 직원에 대한 인정을 통한 동기부여를 이끌어 내는 방식으로 진행되며 '이달의 친절사원 선정' 등의 방식을 활용한다.

(선지분석)

① 성과보너스는 탁월한 성과를 거둔 구성원에게 금전적인 보너스로 보상을 지급하는 제도이다.

② 제안보상제도는 우수한 제안을 한 구성원에게 제안에 대한 보상을 하는 제도로, 현재 정부에서는 적극행정의 일환으로 장려하고 있다.

③ 행태보상제도는 조직이나 상급자가 권장하는 행태를 수행하는 자에게 인센티브를 제공하는 제도이다.

답 ④

16 공무원의 사기앙양 방법   난이도 ★★☆

각종 상담제도는 사회적 욕구를 충족시키는 방법에 해당한다. 매슬로우(Maslow)의 5단계 욕구이론에서 사회적 욕구에 해당하는 것은 애정과 소속의 욕구, 존중의 욕구이며, 상담제도를 통하여 이러한 욕구들을 해소할 수 있다.

(선지분석)

① 연금제도는 안전의 욕구와 관련된다.

② 직무확충은 자아실현의 욕구를 충족시키는 방안이다.

④ 공무원의 신분보장 강화는 안전의 욕구를 충족시키는 방법이다.

답 ③

17 □□□

「국가공무원법」상 징계의 종류로 옳지 않은 것은?

① 강등
② 감봉
③ 직권면직
④ 해임

---

17 징계의 종류

난이도 ★★☆

직권면직은 징계가 아니다. 「국가공무원법」상 징계에는 견책, 감봉, 정직, 강등, 해임, 파면이 있다.

(선지분석)

① 강등은 1계급 아래로 직급을 내리고 3개월간 직무를 정지하는 징계이다.
② 감봉은 1~3개월간 보수의 3분의 1을 감하는 징계이다.
④ 해임은 신분관계를 종결시키는 징계로, 3년간 공무원 재임용이 불가능하나, 공금횡령 등의 사유가 아닌 한 원칙적으로 퇴직급여에는 영향이 없다.

👍 이것도 알면 **합격!** 공무원 징계제도

1. 경징계

구분	승급제한	보수(기간)	직무수행
견책	6개월	영향 없음	직무가능
감봉	12개월	1/3 감봉(1~3개월)	직무가능

2. 중징계 - 신분보유

구분	승급제한	보수(기간)	직무수행(기간)
정직	18개월	전액 감봉(1~3개월)	직무정지(1~3개월)
강등	18개월	전액 감봉(3개월)	직무정지(3개월)

3. 중징계 - 신분박탈

구분	공직취임제한	퇴직급여 및 퇴직수당
해임	3년간 재임용 불가	• 원칙: 불이익 없음 • 공금횡령 및 유용의 경우 - 재직기간이 5년 이상인 경우: 퇴직급여 1/4 감액 - 재직기간이 5년 미만인 경우: 퇴직급여 1/8 감액 - 퇴직수당 1/4 감액
파면	5년간 재임용 불가	• 재직기간이 5년 이상인 경우: 퇴직급여 1/2 감액 • 재직기간이 5년 미만인 경우: 퇴직급여 1/4 감액 • 퇴직수당 1/2 감액

답 ③

---

18 □□□

공무원 신분의 변경과 소멸에 대한 설명으로 옳은 것은?

① 면직처분에 대하여는 소청심사를 청구할 수 있으나, 승진 탈락에 대하여는 청구할 수 없다.
② 직제와 정원규정이 바뀌어 현재의 공무원 수가 정원을 초과한 경우는 당연퇴직요건에 해당한다.
③ 권고사직은 의원면직의 형식을 취하므로 강제퇴직이라고 볼 수 없다.
④ 직위해제를 받게 되면 직무를 담당하지 못하게 되어 공무원의 신분을 유지할 수 없다.
⑤ 강임은 승진과 반대로 현 직급보다 낮은 하위 직급에 임용되는 것으로 징계에 해당한다.

---

18 공무원 신분의 변경과 소멸

난이도 ★★☆

소청심사대상에는 징계처분, 기타 의사에 불리한 처분이나 부작위(강임, 휴직, 면직, 전보 등)가 해당된다. 따라서 근무성적평가의 결과, 승진 탈락, 변상명령 등 불만족사항에 대해서는 소청대상으로 인정하지 않는다.

(선지분석)

② 직제와 정원규정이 바뀌어 현재의 공무원 수가 정원을 초과한 경우는 직권면직사유에 해당한다. 당연퇴직은 임용권자의 처분에 의한 것이 아니라 일정한 사유가 발생한 경우 법률의 규정에 의하여 자연적으로 공무원 관계가 소멸되는 것으로 사망, 정년, 임기제공무원의 임기만료 등이 있다.
③ 권고사직은 임용권자의 권고에 의해 공무원이 그 직을 떠나게 되는 것으로 사실상의 강제퇴직에 해당한다. 직권면직과 달리 「국가공무원법」상의 제도에는 해당하지 않는다.
④ 직위해제는 임용권자가 공무원에게 직위를 부여하지 않고 일정한 기간 동안 직무에서 격리시키는 처분이다. 이때 공무원의 신분은 보유할 수 있지만 출근의무가 없고 보수가 삭감된다.
⑤ 강임은 승진과 반대로 상위 직급에서 하위 직급으로 이동하는 것으로서 「국가공무원법」상 징계에 해당하지 않는다.

답 ①

CHAPTER 4 | 공무원의 근무규율과 인사행정개혁

THEME 072 | 공무원의 정치적 중립과 공무원단체

01 □□□
2011년 9급 복원

「국가공무원법」 제65조에서 규정하고 있는 공무원의 정치 운동의 금지에 대한 설명으로 옳지 않은 것은?

① 서명 운동을 기도·주재하거나 권유하는 것을 금지하고 있다.
② 문서 또는 도서를 공공시설 등에 게시하거나 게시하게 하는 것을 금지하고 있다.
③ 정치적 행위의 금지에 관한 한계를 국회규칙, 대법원규칙, 헌법재판소규칙, 중앙선관위규칙 또는 국무총리령으로 정한 것으로 하고 있다.
④ 기부금을 모집 또는 모집하게 하거나, 공공자금을 이용 또는 이용하게 하는 것을 금지하고 있다.

01 공무원의 정치 운동
난이도 ★★★

국무총리령이 아닌 대통령령이다. 「국가공무원법」 제65조 제4항에는 정치적 행위의 금지에 관한 한계는 대통령령 등으로 정한다고 명시되어 있다.

> 「국가공무원법」 제65조 【정치 운동의 금지】 ① 공무원은 정당이나 그 밖의 정치단체의 결성에 관여하거나 이에 가입할 수 없다.
> ② 공무원은 선거에서 특정 정당 또는 특정인을 지지 또는 반대하기 위한 다음의 행위를 하여서는 아니 된다.
> 1. 투표를 하거나 하지 아니하도록 권유 운동을 하는 것
> 2. 서명 운동을 기도(企圖)·주재(主宰)하거나 권유하는 것
> 3. 문서나 도서를 공공시설 등에 게시하거나 게시하게 하는 것
> 4. 기부금을 모집 또는 모집하게 하거나, 공공자금을 이용 또는 이용하게 하는 것
> 5. 타인에게 정당이나 그 밖의 정치단체에 가입하게 하거나 가입하지 아니하도록 권유 운동을 하는 것
> ③ 공무원은 다른 공무원에게 제1항과 제2항에 위배되는 행위를 하도록 요구하거나, 정치적 행위에 대한 보상 또는 보복으로서 이익 또는 불이익을 약속하여서는 아니 된다.
> ④ 제3항 외에 정치적 행위의 금지에 관한 한계는 대통령령 등으로 정한다.

답 ③

THEME 073 | 공무원의 행정윤리와 공직부패

02 □□□
2020년 7급

「국가공무원법」에 규정된 공무원의 의무에 대한 설명으로 옳지 않은 것은?

① 공무원은 소속 상관의 허가 또는 정당한 사유가 없으면 직장을 이탈하지 못한다.
② 공무원은 공무 외에 영리를 목적으로 하는 업무에 종사하지 못하며 소속 기관장의 허가 없이 다른 직무를 겸할 수 없다.
③ 공무원이 외국 정부로부터 영예나 증여를 받은 경우에는 소속 기관장의 허가를 받아야 한다.
④ 사실상 노무에 종사하는 공무원으로서 노동조합에 가입된 자가 조합업무에 전임하려면 소속 장관의 허가를 받아야 한다.

02 「국가공무원법」상 공무원의 의무
난이도 ★★☆

공무원이 외국 정부로부터 영예나 증여를 받은 경우 대통령의 허가를 받아야 한다.

선지분석

④ 사실상 노무에 종사하는 공무원으로서 노동조합에 가입된 자가 조합업무에 전임하려면 임용권자의 허가를 받아야 한다. 6급 이하 국가공무원의 임용권자는 장관이다.

> 👍 이것도 알면 **합격!** 「국가공무원법」상 공무원의 의무
> 1. 선서 의무
> 2. 성실 의무
> 3. 복종 의무
> 4. 직장 이탈 금지 의무
> 5. 친절·공정 의무
> 6. 종교중립 의무
> 7. 비밀 엄수 의무
> 8. 청렴 의무
> 9. 영예나 증여의 허가 의무
> 10. 품위 유지 의무
> 11. 영리행위 및 겸직 금지
> 12. 집단 행위 금지
> 13. 정치 운동 금지

답 ③

03 □□□

「국가공무원법」에 규정된 공무원의 의무로 옳지 않은 것은?

① 공무원은 직무를 수행할 때 소속 상관의 직무상 명령에 복종하여야 한다.
② 공무원은 직무의 내외를 불문하고 그 품위가 손상되는 행위를 하여서는 아니 된다.
③ 공무원은 퇴직 후에도 직무상 알게 된 비밀을 엄수하여야 한다.
④ 공무원은 외국 정부로부터 영예나 증여를 받을 수 없다.

04 □□□

「공직자윤리법」상 재산등록 및 공개에 대한 설명으로 가장 옳지 않은 것은?

① 공직 유관 단체에는 공기업이 포함된다.
② 재산등록의무자는 5급 이상의 국가공무원 및 지방공무원과 이에 상당하는 보수를 받는 별정직공무원이다.
③ 등록할 재산에는 본인의 직계존속 것도 포함된다.
④ 등록할 재산에 혼인한 직계비속인 여성 것은 제외된다.

03 「국가공무원법」상 공무원의 의무   난이도 ★★☆

공무원이 외국 정부로부터 영예나 증여를 받을 수는 있으나, 영예나 증여를 받을 경우에 대통령의 허가를 받아야 한다.

(선지분석)
① 「국가공무원법」상 복종의 의무에 해당한다.
② 「국가공무원법」상 품위 유지의 의무에 해당한다.
③ 「국가공무원법」상 비밀 엄수의 의무에 해당한다.

👍 이것도 알면 **합격!** 공무원의 의무의 구분

기본	성실
신분	선서, 영예나 증여의 허가, 품위 유지, 영리 업무 및 겸직 금지, 정치 운동 금지, 집단 행동 금지, 비밀 엄수
직무	법령 준수, 성실, 복종, 직장 이탈 금지, 친절·공정, 종교 중립, 영리 및 겸직 금지, 청렴

답 ④

04 공무원의 재산등록 및 공개   난이도 ★★☆

재산등록의무자는 4급 이상의 국가공무원 및 지방공무원과 이에 상당하는 보수를 받는 별정직공무원이다(「공직자윤리법」 제3조).

(선지분석)
① 공직 유관 단체에는 공기업이 포함된다(「공직자윤리법」 제3조의2).
③ 등록할 재산에는 본인의 배우자 및 직계존속, 직계비속 것도 포함된다(「공직자윤리법」 제4조).
④ 등록할 재산에 혼인한 직계비속인 여성과 외증조부모, 외조부모, 외손자녀 및 외증손자녀는 제외한다(「공직자윤리법」 제4조).

답 ②

05 ☐☐☐

「공직자윤리법」에 대한 설명으로 옳지 않은 것은?

① 재직 중은 물론 퇴직 후에도 직무상 알게 된 비밀을 엄수하여 야 한다.
② 등록의무자는 퇴직일부터 3년간 퇴직 전 5년 동안 소속하였던 부서 또는 기관의 업무와 밀접한 관련성이 있는 취업제한기관 에 취업할 수 없다.
③ 국가는 공직자가 수행하는 직무가 공직자의 재산상 이해와 관련되어 공정한 직무수행이 어려운 상황이 일어나지 아니하 도록 노력하여야 한다.
④ 이해충돌 방지 의무, 재산등록의무자의 성실등록의무가 규정 되어 있다.

06 ☐☐☐

다음 중 「공직자윤리법」상 퇴직공직자의 업무취급 제한에 대한 설명으로 (   )에 들어갈 말은?

> 기관업무기준 취업심사대상자는 다른 법률에 특별한 규정 이 있는 경우를 제외하고는 퇴직 전 (   )년부터 퇴직할 때 까지 근무한 기관이 취업한 취업제한기관에 대하여 처리하 는 제17조 제2항 각 호의 업무를 퇴직한 날부터 (   )년 동 안 취급할 수 없다.

① 2, 2
② 2, 3
③ 3, 5
④ 5, 3

---

05 「공직자윤리법」

난이도 ★★★

비밀 엄수의 의무는 「공직자윤리법」이 아니라 「국가공무원법」에 규정되 어 있다.

(선지분석)
② 「공직자윤리법」은 퇴직공직자 취업제한제도를 규정하고 있다. 비위 면직자의 취업제한 규정은 「부패방지 및 국민권익위원회 설치·운영 에 관한 법률」에 규정되어 있다.
③, ④ 이해충돌 방지 의무는 「공직자윤리법」 제2조의2에, 재산등록의 무는 「공직자윤리법」 제3조에 명시되어 있다.

> 👍 이것도 알면 **합격!** 「공직자윤리법」상 공무원의 의무
> 1. 재산등록 및 공개제도
> 2. 선물수령신고제도
> 3. 퇴직공직자의 취업제한제도
> 4. 주식백지신탁제도
> 5. 이해충돌 방지 의무

답 ①

06 퇴직공직자의 업무취급 제한

난이도 ★★★

기관업무기준 취업심사대상자는 다른 법률에 특별한 규정이 있는 경우 를 제외하고는 퇴직 전 2년부터 퇴직할 때까지 근무한 기관이 취업한 취업제한기관에 대하여 처리하는 제17조 제2항 각 호의 업무를 퇴직한 날부터 2년 동안 취급할 수 없다(「공직자윤리법」 제18조의2 제2항).

답 ①

행정윤리에 대한 설명으로 옳지 않은 것은?

① 정치와 행정의 상호작용이 활발해지면 행정윤리의 확보가 어려워질 가능성이 높아진다.
② 특정직공무원도 「공직자윤리법」의 적용을 받는다.
③ 「국가공무원법」, 「공직자윤리법」은 부정부패 방지 등을 위한 구체적이고 적극적인 행정윤리를 강조한다.
④ 공무원의 행동규범은 공직윤리를 체현하는 태도와 행동의 기준이다.

행정권이 오용된 경우로 옳지 않은 것은?

① 재량권을 행사하지 않거나, 소극적이고 무사안일한 근무태도
② 법규중심의 융통성 없는 인사
③ 정보의 선별적 배포에 의한 실책 은폐
④ 입법의도의 편향된 해석

---

07 행정윤리   난이도 ★★☆

「국가공무원법」, 「공직자윤리법」은 부정부패 방지 등을 위한 추상적이고 소극적인 행정윤리를 강조한다. 적극적인 행정윤리를 강조하는 것은 「공무원 행동강령」 등이다.

(선지분석)
① 정치와 행정의 상호작용이 활발해지면 정치가 행정에 개입하는 것에 대한 부작용으로 부정부패, 정경유착 등이 발생할 소지가 증가한다.
② 법관, 검사, 경찰, 교원 등 특정직공무원도 「공직자윤리법」의 적용대상이다.

답 ③

08 행정권 오용   난이도 ★★☆

법규 중심의 융통성 없는 인사나 구성원의 재량권의 행사는 행정권이 오용된 사례로 보지 않는다.

(선지분석)
① 부여된 재량권을 행사하지 않거나 적극적인 조치를 꺼리는 소극적이고 무사안일한 태도는 행정권 오용에 해당한다.
③ 자신의 실책을 은폐하기 위하여 정보를 선별적으로 배포하는 것은 행정권 오용에 해당한다.
④ 행정기관이 법규를 위반하지 않는 합법적인 테두리 안에서 특정 집단의 이익 등을 위하여 입법의도를 편향적으로 해석하는 것은 행정권 오용에 해당한다.

> 👍 이것도 알면 **합격!** 행정권 오용의 유형(1980) - 니그로(Nigro)
> 1. 부정행위
> 2. 비윤리적 행위
> 3. 법규의 경시
> 4. 입법의도의 편향된 해석
> 5. 불공정한 인사
> 6. 무능과 무소신
> 7. 실책의 은폐
> 8. 무사안일

답 ②

공직부패(corruption)의 원인에 대한 시각과 접근에 대한 설명으로 옳지 않은 것은?

① 도덕적 접근은 부패의 원인을 공무원 개인의 윤리의식 문제로 본다.
② 시장·교환적 접근은 부패를 시장실패 등 시장 경제의 근본적인 모순에서 찾는다.
③ 제도적 접근은 법과 제도상의 결함이나 운영미숙 등이 부패의 원인이라고 본다.
④ 사회문화적 접근은 법규나 규범보다 관습을 우선시하는 국가의 부패현상을 설명한다.

공무원 부패에 대한 설명으로 옳지 않은 것은?

① 사회의 법과 제도상의 결함에서 부패의 원인을 찾는 것은 체제론적 접근법이다.
② 일탈형 부패로는 금품 제공을 받은 업소는 단속에서 제외해 주는 것이다.
③ 공무원 부패란 사익을 추구하고 공익을 침해하는 것이다.
④ 부패의 전형적 행위는 뇌물수수이다.

---

09 공직부패   난이도 ★★★

시장·교환적 접근은 정치, 경제 엘리트 간의 야합과 이권 개입에 의한 공직 타락을 원인으로 보는 입장이다. 즉, 부패가 정치 엘리트와 경제 엘리트의 교환작용으로 인하여 발생한다는 입장이다

(선지분석)
① 도덕적 접근은 부패의 원인을 공무원 개인의 윤리·도덕의식 문제로 본다.
③ 제도적 접근은 현행 법률이나 제도상의 결함, 운영미숙 등이 부패의 원인이라고 본다.
④ 사회문화적 접근은 공식적인 법규나 규범보다 사회 내의 문화, 관습 등을 우선시 하는 국가의 부패현상을 설명한다.

답 ②

10 공무원 부패   난이도 ★★★

사회의 법과 제도상의 결함이 부패의 원인으로 작용한다는 입장은 제도적 접근으로, 행정통제 장치의 미비는 제도적 접근법에서 나타나는 대표적인 관료부패의 원인이다. 체제론적 접근법은 공직부패가 어느 하나의 변수에 의하여 설명되는 것이 아니라, 그 나라의 문화적 특성, 제도상의 결함, 구조상의 모순, 관료의 비윤리적 행태 등 다양한 요인에 의하여 복합적으로 나타난다고 보는 입장이다.

(선지분석)
② 일탈형 부패는 부정적인 관행이나 구조보다는 개인의 윤리적 일탈에 의해 발생하는 경우이다.
③ 공무원 부패는 공무원이 공직을 이용해서 공익과는 다른 사적 이익을 추구 및 확장하는 행위 또는 공권력을 남용하는 행위이다.
④ 부패의 전형적 행위는 쌍방부패로 뇌물을 주고 받는 것이다.

답 ①

11 ☐☐☐

---

11 ☐☐☐ fast fast 2009년 9급 복원

행정통제의 수단이나 제도의 미비로 인해 부패가 발생한다고 보는 접근방법으로 옳은 것은?

① 도덕적 접근방법
② 사회·문화적 접근방법
③ 제도적 접근방법
④ 체제적 접근방법

---

12 ☐☐☐ 2008년 9급 복원

우리나라의 행정윤리 및 공무원 부패와 관련된 설명으로 옳지 않은 것은?

① 「공직자윤리법」에 의하여 1급 이상(이에 상당하는 고위공무원 포함)의 일반직 국가 및 지방공무원은 재산을 등록·공개하고 있다.
② 공공기관의 사무처리에 관하여 국민감사청구제를 시행하고 있다.
③ 부패행위를 신고한 사람에 대한 내부고발자보호제도가 시행되고 있다.
④ 법관 및 검사에 대하여는 「공직자윤리법」, 「부패방지 및 국민권익위원회 설치와 운영에 관한 법률」이 아닌 대법원 규칙이 적용된다.

---

11 행정통제
fast 난이도 ★★☆

제도적 접근방법은 사회의 법과 제도상의 결함이나 운영상의 문제로 인하여 부패가 발생한다고 보는 접근방법이다.

(선지분석)

① 도덕적 접근방법은 개인의 윤리·도덕의식이 부재하여 부패가 나타난다고 보는 접근방법이다.
② 사회문화적 접근방법은 해당 사회의 지배적인 관습이나 문화, 경험 등에 의하여 부패가 발생한다고 보는 접근방법이다.
④ 체제론적 접근방법은 한 사회의 문화적 특성, 제도상의 결함, 구조적 모순 등 다양한 요소가 복합적으로 작용하여 부패가 발생한다고 보는 접근방법이다.

답 ③

---

12 행정윤리 및 공무원 부패
난이도 ★★★

법관 및 검사에 대하여는 대법원규칙이 아닌 「공직자윤리법」, 「부패방지 및 국민권익위원회 설치와 운영에 관한 법률」이 적용된다.

> **「공직자윤리법」 제3조 【등록의무자】** ① 다음 각 호의 어느 하나에 해당하는 공직자는 이 법에서 정하는 바에 따라 재산을 등록하여야 한다.
> 1. 대통령·국무총리·국무위원·국회의원 등 국가의 정무직공무원
> 2. 지방자치단체의 장, 지방의회의원 등 지방자치단체의 정무직공무원
> 3. 4급 이상의 일반직국가공무원(고위공무원단에 속하는 일반직공무원을 포함한다) 및 지방공무원과 이에 상당하는 보수를 받는 별정직공무원(고위공무원단에 속하는 별정직공무원을 포함한다)
> 4. 대통령령으로 정하는 외무공무원과 4급 이상의 국가정보원 직원 및 대통령경호처 경호공무원
> 5. 법관 및 검사
>
> **「부패방지 및 국민권익위원회 설치와 운영에 관한 법률」 제59조 【신고의 처리】** ④ 위원회에 신고가 접수된 당해 부패행위의 혐의대상자가 다음 각 호에 해당하는 고위공직자로서 부패혐의 내용이 형사처벌을 위한 수사 및 공소제기의 필요성이 있는 경우에는 위원회의 명의로 검찰에 고발을 하여야 한다.
> 1. 차관급 이상의 공직자
> 2. 특별시장, 광역시장, 특별자치시장, 도지사 및 특별자치도지사
> 3. 경무관급 이상의 경찰공무원
> 4. 법관 및 검사
> 5. 장성급 장교
> 6. 국회의원

(선지분석)

① 1급 이상(또는 이에 상당하는) 공무원, 고위공무원 가등급의 직위에 임용된 공무원, 정무직공무원, 치안감 이상의 경찰공무원, 소방정감 이상의 소방공무원, 중장 이상의 군인은 재산등록대상자이다.
② 「부패방지 및 국민권익위원회 설치와 운영 등에 관한 법률」에서 국민감사청구제를 시행하고 있다. 국민감사청구는 대통령령이 정하는 수 이상(300명 이상)의 연서로 감사원에 청구한다.
③ 「부패방지 및 국민권익위원회 설치와 운영 등에 관한 법률」에서 내부고발자보호제도를 시행하고 있다.

답 ④

PART 5

재무행정론

PART 5

출제비중분석

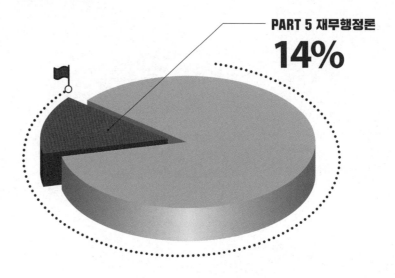

PART 5 재무행정론
14%

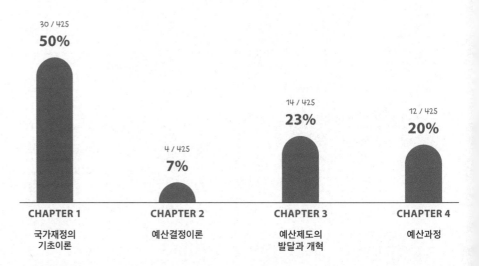

30 / 425
50%

4 / 425
7%

14 / 425
23%

12 / 425
20%

CHAPTER 1	**CHAPTER 2**	**CHAPTER 3**	**CHAPTER 4**
국가재정의 기초이론	예산결정이론	예산제도의 발달과 개혁	예산과정

학습목표

☐ PART 5 재무행정론은 법령과 연계된 실무적인 부분의 문제가 자주 출제되므로 법령을 꼼꼼하게 학습해야 합니다. 생소한 용어가 등장하여 다소 어렵게 느껴질 수 있지만 단순하게 암기해야 할 내용이 많으므로, 기출문제를 여러 번 회독하며 반복적으로 학습하시기 바랍니다.

☐ 「국가재정법」상 예산, 단식부기와 복식부기, 현금주의와 발생주의, 예산의 원칙과 예외, 예산의 종류, 예산제도의 발달, 예산의 편성과 심의, 예산집행의 신축성 유지방안을 중심으로 학습하시기 바랍니다.

2020년 더 알아보기

출제비중분석

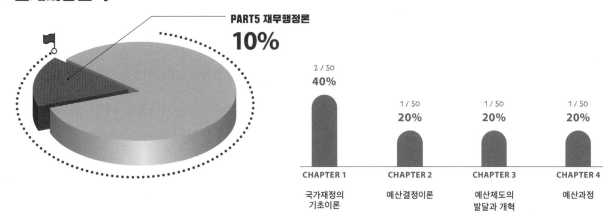

PART5 재무행정론
10%

CHAPTER 1	CHAPTER 2	CHAPTER 3	CHAPTER 4
2 / 50 **40%**	1 / 50 **20%**	1 / 50 **20%**	1 / 50 **20%**
국가재정의 기초이론	예산결정이론	예산제도의 발달과 개혁	예산과정

출제문항별 키워드

- 정부조직 개편으로 예산을 조직간 상호 이용하는 것으로 예산의 원칙 중 목적 외 사용 금지 원칙의 예외인 것으로 옳은 것은? [9급] 202p 17
  → 예산의 이체, 예산의 이용
- 예산과목의 분류체계에 대한 설명으로 옳지 않은 것은? [7급] 206p 26
  → 세입예산, 세출예산
- 총체주의적 예산결정모형에 대한 설명 중 옳지 않은 것은? [7급] 210p 02
  → 총체주의적 예산결정모형, 점증주의적 예산결정모형
- 조세지출예산제도에 대한 설명으로 옳지 않은 것은? [9급] 217p 10
  → 조세지출예산제도, 예산제도의 발달
- 예산집행의 신축성을 확보하기 위한 제도에 대한 설명으로 옳지 않은 것은? [9급] 223p 06
  → 총괄예산제도, 예산의 이용, 예산의 전용

CHAPTER 1 | 국가재정의 기초이론

01 □□□
2015년 9급 복원

예산에 대한 설명으로 옳지 않은 것은?

① 정부는 재정건전성의 확보와 국민부담의 최소화를 위해 최선을 다해야 한다.

② 조세의 종목과 세율, 부과 및 징수는 각 지방자치단체에 의해 정할 수 있다.

③ 중앙관서의 장은 다른 법률에 특별한 규정이 있는 경우를 제외하고는 그 소관 수입을 국고에 납입하여야 하며, 이를 직접 사용하지 못한다.

④ 한 회계연도의 모든 수입을 세입으로 하고, 모든 지출을 세출로 한다.

02 □□□
2018년 9급 복원

예산과 계획의 성향 및 관계에 대한 설명으로 옳지 않은 것은?

① 계획은 쇄신적, 예산은 보수적 성격을 가진다.

② 계획담당자는 미래지향적·발전지향적·소비지향적이나, 예산담당자는 보수적·부정적·저축지향적이다.

③ 예산편성 시 계획담당자는 단기적 관점을, 예산담당자는 장기적 관점을 가진다.

④ 계획담당기관과 예산담당기관의 유기적 통합이 결여될 경우, 계획과 예산은 분리된다.

---

01 예산
난이도 ★★☆

조세의 종목과 세율은 헌법 제59조에 의거하여 법률로 정한다(조세법정주의). 따라서 지방세도 지방세관계법에서 규정한 범위 내에서 세목, 과세대상, 세율 등을 조례로 정할 수 있을 뿐이다.

(선지분석)

① 「국가재정법」에서는 재정의 효율성, 건전성, 투명성, 공공성을 목적으로 규정하고 있다.

③ 예산 통일성의 원칙에 대한 설명이다.

④ 예산 완전성의 원칙(예산총계주의)에 대한 설명이다.

답 ②

02 예산과 계획
난이도 ★☆☆

예산편성 시 예산담당자는 1년 단위의 단기적 관점을, 계획담당자는 수년 단위의 장기적 관점을 가진다.

(선지분석)

① 계획은 변혁적·쇄신적인 성격을 갖는 반면, 예산은 보수적인 성격을 가진다.

④ 계획담당기관과 예산담당기관의 유기적 통합이 결여될 경우, 그 성격상 계획과 예산은 분리되므로 프로그램예산제도 등을 통하여 계획과 예산을 유기적으로 연결시킬 필요가 있다.

답 ③

기획담당자와 예산담당자의 특성을 비교한 것으로 옳지 않은 것은?

① 기획담당자는 발전지향적이며, 예산담당자는 현상유지적이다.
② 기획담당자는 보수적이며, 예산담당자는 혁신적이다.
③ 기획담당자는 미래지향적이며, 예산담당자는 비판적이다.
④ 기획담당자는 소비지향적이며, 예산담당자는 저축지향적이다.

예산의 기능 중 쉬크(Schick)가 강조한 것으로 통제기능, 관리기능, 기획기능으로 구분되는 것은?

① 정치적 기능
② 법적 기능
③ 행정적 기능
④ 경제적 기능

04　예산의 기능 난이도 ★★★

예산의 기능은 크게 정치적 기능, 법적 기능, 행정적 기능, 경제적 기능으로 분류할 수 있으며, 쉬크(Schick)가 제시한 통제기능, 관리기능, 기획기능으로 구분될 수 있는 기능은 행정적 기능에 해당한다.

(선지분석)
① 윌다브스키(Wildavsky)는 『예산과정의 정치』(1964)에서 예산과정은 정치적 이해관계의 조정으로 가치판단이 개입되며, 예산은 점증주의적 성격을 가진다고 주장하였다.
② 예산의 법적 기능이란 법률에 근거하여 지출이 이루어졌는가를 파악하는 기능이며, 예산이란 입법부가 행정부에 대하여 재정권을 부여하는 형식이다.
④ 머스그레이브(Musgrave)는 예산의 경제적 기능으로 자원배분기능, 소득재분배기능, 경제안정기능을 제시하였으며, 케인즈(Keynes)는 예산의 경제적 기능으로 경제발전기능을 제시하였다.

👍 이것도 알면 **합격!** 예산개혁의 단계 - 쉬크(Schick)

통제기능	• 재정민주주의를 실현하는 것으로서 담당공무원으로 하여금 국회나 상사가 결정한 정책이나 계획에 따르도록 하는 과정 • 예산의 집행과 회계검사에서 주로 기능 • 품목별예산제도에서 강조
관리기능	• 이미 승인된 목표를 세부적 사업계획으로 나누어 작성하고, 이를 집행하기 위하여 조직단위를 설계, 인사배치, 필요한 자원의 획득 • 특히 예산의 편성과정에서 기능 • 성과주의예산제도에서 강조
기획기능	• 정부의 장기적 목표와 정책, 그를 달성할 대안으로서의 사업계획 등을 작성하는 기능 • 편성과정과 편성 전 사업계획 수립과정과 연계 • 계획예산제도에서 강조

03　기획과 예산 난이도 ★☆☆

기획담당자는 혁신적이며, 예산담당자는 보수적인 성향을 띤다.

(선지분석)
① 기획담당자는 국가 발전을 기획하여 발전지향적이나, 예산담당자는 예산의 점증적 성격상 현상유지적이다.
③ 기획담당자는 국가의 중장기 발전을 지향하므로 미래지향적이나, 예산담당자는 절약과 능률을 기본으로 한다.
④ 기획담당자는 기획된 정책의 집행을 중시하므로 소비지향적이나, 예산담당자는 예산의 성격상 저축지향적이다.

답 ②

답 ③

05 ☐☐☐

헌법에 규정된 예산 관련 내용으로 옳지 않은 것은?

① 예산총계주의
② 계속비
③ 예비비
④ 추가경정예산

06 ☐☐☐

2021년 현행「국가재정법」상의 예산에 대한 설명 중 옳지 않은 것은?

① 예산은 예산총칙, 세입세출예산, 계속비, 명시이월비 및 국고채무부담행위를 총칭한다.
② 한 회계연도의 모든 수입을 세입으로 하고, 모든 지출을 세출로 한다.
③ 행정부는 대통령의 승인을 얻은 예산안을 회계연도 개시 90일 전까지 국회에 지출하여야 한다.
④ 국가재정운용계획에는 조세부담률 및 국민부담률 전망이 포함되어야 한다.

05 헌법상 예산

난이도 ★★★

예산총계주의는「국가재정법」제17조에 규정되어 있다.

(선지분석)
② 한 회계연도를 넘어 계속하여 지출할 필요가 있을 때에는 정부는 연한을 정하여 계속비로서 국회의 의결을 얻어야 한다(헌법 제55조).
③ 예비비는 총액으로 국회의 의결을 얻어야 한다. 예비비의 지출은 차기국회의 승인을 얻어야 한다(헌법 제55조).
④ 정부는 예산에 변경을 가할 필요가 있을 때에는 추가경정예산안을 편성하여 국회에 제출할 수 있다(헌법 제56조).

> 👍 이것도 알면 **합격!** 헌법에 규정된 예산 관련 내용
> 1. 납세자 의무(제38조)
> 2. 조세법률주의(제59조)
> 3. 국회의 예산 심의·확정권(제54조)
> 4. 준예산(제54조)
> 5. 계속비와 예비비(제55조)
> 6. 추가경정예산(제56조)
> 7. 예산 증액 및 새 비목 설치 제한(제57조)
> 8. 국채 및 국고채무부담행위(제58조)
> 9. 감사원의 세입·세출결산 검사(제99조)

답 ①

06 「국가재정법」상 예산

난이도 ★★☆

행정부는 예산안을 회계연도 개시 120일 전까지 국회에 제출하여야 한다(「국가재정법」제7조).

(선지분석)
① 예산은 예산총칙·세입세출예산·계속비·명시이월비 및 국고채무부담행위를 총칭한다(「국가재정법」제19조).
② 한 회계연도의 모든 수입을 세입으로 하고 모든 지출을 세출로 한다(「국가재정법」제34조 제1항).
④ 국가재정운용계획에는 재정운용의 기본방향과 목표, 중·장기 재정전망 및 그 근거, 분야별 재원배분계획 및 투자방향, 재정규모증가율 및 그 근거가 포함되어야 한다(「국가재정법」제7조 제2항).

답 ③

07 □□□

우리나라 예산회계 관련법상 예산원칙 중 「국가재정법」에 규정된 내용으로 옳지 않은 것은?

① 조세법률주의 원칙
② 성인지예산의 원칙
③ 예산총계주의 원칙
④ 건전재정주의 원칙

08 □□□

정부의 예산에 대한 설명으로 옳지 않은 것은?

① 헌법은 정부가 회계연도마다 예산안을 편성하여 회계연도 개시 90일 전까지 국회에 제출하여야 한다고 규정한다.
② 지방세는 조세법률주의에 대한 예외로서 구체적인 부과·징수에 관한 사항을 조례로 정할 수 있다.
③ 한 회계연도를 넘어 계속하여 지출할 필요가 있을 때에는 정부는 연한을 정하여 계속비로서 국회의 의결을 얻어야 한다.
④ 예비비의 지출은 차기 국회의 승인을 얻어야 한다.

---

07 「국가재정법」상 예산원칙
난이도 ★★★

조세의 종목과 세율은 법률로 정한다는 조세법률주의 원칙은 「국가재정법」이 아닌 헌법 제59조에서 규정하고 있다.

선지분석
② 정부는 예산이 여성과 남성에게 미치는 효과를 평가하고, 그 결과를 정부의 예산편성에 반영하기 위하여 노력하여야 한다(「국가재정법」 제16조 제5호).
③ 세입과 세출은 모두 예산에 계상하여야 한다(「국가재정법」 제17조 제2항).
④ 정부는 건전재정을 유지하고 국가 채권을 효율적으로 관리하며, 국가채무를 적정수준으로 유지하도록 노력하여야 한다(「국가재정법」 제86조).

답 ①

08 정부의 예산
난이도 ★★☆

우리나라는 조세법률주의에 따라 지방세의 세목과 세율은 법률로 정해야 한다. 따라서 조례에 의해 세목을 설치할 수 없다.

선지분석
①, ③, ④ 정부의 예산안 제출기한과, 국회의 예산안 의결기한은 헌법 제54조에, 계속비와 예비비는 헌법 제55조에 규정되어 있다.

> **헌법 제54조** ② 정부는 회계연도마다 예산안을 편성하여 회계연도 개시 90일 전까지 국회에 제출하고, 국회는 회계연도 개시 30일 전까지 이를 의결하여야 한다.
>
> **제55조** ① 한 회계연도를 넘어 계속하여 지출할 필요가 있을 때에는 정부는 연한을 정하여 계속비로서 국회의 의결을 얻어야 한다.
> ② 예비비는 총액으로 국회의 의결을 얻어야 한다. 예비비의 지출은 차기국회의 승인을 얻어야 한다.

답 ②

성인지예산에 대한 설명으로 적절하지 않은 것은?

① 여성위주의 예산편성과 집행으로 성평등에 기여한다.
② 적용범위에는 기금도 포함된다.
③ 예산의 편성, 심의, 집행, 결산의 모든 과정에 적용된다.
④ 성별영향분석평가는 정책이 성평등에 미칠 영향을 사전에 분석한다.

우편사업, 조달사업, 양곡관리 등과 관련된 특별회계를 설치하고 그 예산 등의 운용에 관한 사항을 규정하고 있는 법률로 옳은 것은?

① 「국가재정법」
② 「국가회계법」
③ 「국고금관리법」
④ 「정부기업예산법」

---

09   성인지예산   난이도 ★★☆

성인지예·결산제도는 예산이 여성과 남성에게 미치는 효과를 평가하고, 예산편성에 반영하기 위하여 성인지예·결산제도를 예산의 원칙에 명문화하고, 이에 따른 성인지예산서와 예산이 성차별을 개선하는 방향으로 집행되었는지 평가하는 성인지결산서를 첨부 서류로 국회에 제출하는 제도이다(「국가재정법」 제26조, 제57조). 따라서 여성위주의 예산편성과 집행으로 보기는 어렵다.

선지분석

② 정부는 기금이 여성과 남성에게 미칠 영향을 미리 분석한 보고서를 작성하여야 한다(「국가재정법」 제68조의2).
③ 성인지예산제도는 예산의 편성, 심의, 집행, 결산의 모든 과정에 걸쳐서 적용된다.
④ 국가와 지방자치단체는 제·개정을 추진하는 법령과 성평등에 중대한 영향을 미칠 수 있는 계획 및 사업 등이 성평등에 미치는 영향을 평가하여야 한다(「양성평등기본법」 제15조).

답 ①

10   「정부기업예산법」   난이도 ★☆☆

우편사업, 조달사업, 양곡관리사업 등은 정부부처 형태의 정부기업이며, 정부기업의 예산 운용에 관련된 법률은 「정부기업예산법」이다.

선지분석

① 「국가재정법」은 국가의 예산 및 기금운용의 기본 지침이 되는 국가재정에 관한 총칙법이다.
② 「국가회계법」은 국가회계의 관리에 관한 기본적인 사항을 규정한 법이다.
③ 「국고금관리법」은 국고금을 효율적이고 투명하게 관리하기 위해 제정한 법이다.

답 ④

11 ☐☐☐

복식부기에 대한 설명으로 옳지 않은 것은?

① 자산, 부채, 자본을 인식하여 거래의 이중성에 따라 차변과 대변을 나누어 계상한다.
② 총량 데이터를 확보할 수 있어 최고 경영자에게 유용하다.
③ 현금주의 회계에서 주로 사용한다.
④ 대차평균원리에 따른 오류의 자동검증기능이 있어 회계오류나 부정을 통제할 수 있다.

12 ☐☐☐

발생주의 회계에 대한 설명으로 옳지 않은 것은?

① 오류 발견과 자기검증기능이 있다.
② 자산이나 부채를 정확하게 인식한다.
③ 미수수익이나 미지급비용이 자산이나 부채로 인식된다.
④ 회계처리과정에서 주관이 개입되지 않는다.

---

11 복식부기
난이도 ★★☆

복식부기는 주로 발생주의 회계에 적용된다. 우리나라도 중앙정부에서는 2009년에 「국가회계법」을 제정하여 정부회계를 복식부기와 발생주의 회계로 변경하였다.

선지분석

①, ④ 복식부기는 하나의 거래를 대차평균원리에 따라 왼쪽(차변)과 오른쪽(대변)에 이중 기록하는 방식으로 회계처리에 있어서 자동적으로 오류가 검증되는 자기검증기능을 가지고 있으며, 이를 통하여 회계오류나 부정을 통제할 수 있다.
② 복식부기는 재무에 관련한 총량 데이터를 확보할 수 있기 때문에 최고 경영자에게 유용한 정보를 적시에 제공할 수 있는 장점을 가진다.

👍 **이것도 알면 합격!** 단식부기와 복식부기 비교

구분	단식부기	복식부기
장점	· 단순함 · 작성 및 관리가 용이함	· 자기검증기능이 있음 · 오류 발견이 용이함
단점	· 기록의 정확성 검증이 어려움 · 이익과 손실 원인의 명확한 파악이 곤란함 · 오류의 자기검증이 곤란함	· 회계처리비용이 과다발생함 · 전문적 회계지식이 요구됨
적용	소규모 기업, 비영리 기업	대규모 기업

답 ③

---

12 발생주의
난이도 ★★☆

발생주의 회계는 회계처리과정에서 회계담당자의 주관이 개입되어 결과적으로 자산은 과대평가하고 부채는 과소평가하는 경향이 나타난다.

선지분석

① 발생주의 회계는 복식부기를 사용하므로 오류의 발견과 자기검증기능이 있다.
② 발생주의 회계는 거래 발생시점이 회계의 기준이 되므로 자산이나 부채를 정확하게 인식한다.
③ 발생주의 회계에서는 미수수익은 자산으로, 미지급비용은 부채로 인식된다.

👍 **이것도 알면 합격!** 현금주의와 발생주의의 장·단점

구분	현금주의	발생주의
장점	· 이해가 쉽고 절차와 운용이 간편함 · 현금흐름의 파악이 용이함 · 회계처리의 객관성	· 비용과 편익 등 재정성과 파악이 용이함 · 자기검증기능 및 회계상 오류 방지 기능 · 회계 간 연계 파악이 용이함
단점	· 기록의 정확성 확인이 곤란함 · 단식부기에 의한 조작 가능성 · 자산 증감이나 재정성과 파악이 곤란함 · 감가상각 등 거래의 실질 및 원가 미반영 · 회계 간 연계 파악이 곤란함	· 자산평가 및 감가상각 시 회계담당자의 주관성이 작용함 · 현금흐름의 파악이 곤란함 · 자산가치를 정확하게 판단하기 곤란함 · 수익의 과대평가가 이루어져 재무정보상 왜곡이 발생할 우려가 있음

답 ④

13 ☐☐☐

발생주의 회계방식의 특징에 대한 설명으로 옳지 않은 것은?

① 인식이 가능하고 징수가능한 때가 되어야 수입으로 처리한다.
② 오류발견과 자기검정기능이 뛰어나다.
③ 재정성과의 파악과 공유가 가능하다.
④ 미지급비용이나 미수수익도 부채나 자산으로 인식된다.

14 ☐☐☐

현금주의와 비교하여 발생주의에 대한 설명으로 옳지 않은 것은?

① 대차평균의 원리에 의한 이중거래를 통한 자기검증기능을 가진다.
② 복식부기를 용이하게 적용할 수 있다.
③ 상대적으로 주관성을 배제할 수 있다.
④ 재정성과에 대한 정보공유가 가능하다.

---

13 발생주의

난이도 ★★★

인식이 가능할 뿐만 아니라 징수가 가능할 때 수입으로 처리되는 것은 수정발생주의이다. 발생주의는 수입과 지출의 실질적인 원인이 발생하는 시점을 기준으로 하여 회계처리를 하는 방식이다.

(선지분석)
② 발생주의 회계방식은 자산과 부채를 파악할 수 있고 복식부기를 이용함으로써 차변과 대변을 대조하여 오류를 발견할 수 있으며, 자기검정기능이 뛰어나다.
③ 발생주의 회계방식은 비용과 편익 등 재정성과의 파악과 공유가 가능하다.
④ 발생주의 회계방식에서는 미지급비용은 부채로 인식하고 미수수익은 자산으로 인식된다.

답 ①

14 현금주의와 발생주의

난이도 ★★★

발생주의 회계에서는 거래를 인식하는 과정에서 수입을 과대평가하고 부채를 과소평가하는 등 회계담당자의 주관성이 개입할 가능성이 있다.

(선지분석)
① 발생주의는 대차평균의 원리에 의해 자산과 부채를 파악할 수 있고 이를 통해 재정의 실질적 건전성을 확보하기 용이하다.
② 단식부기에서는 자산, 부채, 자본을 별도로 인식하지 않아 발생주의에 의한 기장은 불가능하며, 발생주의의 도입은 복식부기의 도입을 전제로 한다.
④ 발생주의는 비용과 편익 등 재정성과 파악이 용이하고, 통합재무제표 작성을 통해 회계 간 연계 파악이 용이하므로 재정성과에 대한 정보공유가 가능하다.

답 ③

15 ☐☐☐
2008년 9급 복원

예산회계제도에 대한 설명으로 옳지 않은 것은?

① 재정융자특별회계의 출자계정에서는 정부출자 및 출연을 수행하였으나 지금은 폐지되었다.
② 현금주의는 현금이 수납되었을 때 수입으로 기록하고 현금이 지급되었을 때 지출로 기록하는 것이다.
③ 발생주의는 채무가 발생하였을 때 지출로 기록하고, 세입의 징수결정이 이루어졌을 때 수입으로 기록한다.
④ 채무부담주의회계는 채무부담이 발생한 시점을 기준으로 기록·보고하는 방식으로 물품구매나 공사 등 주문이나 계약에는 부적합하다.

---

15 예산회계제도
난이도 ★★★

채무부담주의회계는 채무부담이 발생한 시점을 기준으로 기록하고 보고하는 방식으로, 물품구매나 공사 등 주문이나 계약에 유용한 제도이다.

〔선지분석〕
① 재정융자특별회계는 1997년에 설치된 특별회계이다. 그 이전에 시행되고 있던 재정투·융자특별회계에 있던 출자계정은 재정융자특별회계로 바뀌면서 일반회계로 편성되었고, 재정융자특별회계에서는 융자계정과 차관계정만으로 구성되었다. 그러나 2007년 「공공자금관리기금법」이 개정되면서 2021년 현재는 공공자금관리기금으로 통합 운영되고 있다.
② 현금주의는 현금의 수취와 지출 시점에서 수익과 비용을 인식하는 기준이다. 즉, 수입은 현금이 수납되었을 때 기록하고, 지출은 현금이 지급되었을 때 기록하는 방식이다.
③ 발생주의는 현금의 수취나 지출에 관계 없이 수익은 실현될 때 인식하고 비용은 수익획득과 관련하여 발생한 때에 인식하는 회계방식이다. 즉, 정부의 수입이 발생했을 때 그것을 수입으로 기록하고, 정부가 재화와 용역을 획득함으로써 지출해야 할 채무가 발생했을 때 그것을 지출로 기록하는 것이다.

답 ④

THEME 077 | 재무행정조직

16 ☐☐☐
2010년 경정승진

재무행정조직의 삼원체제가 지니는 장점이 아닌 것은?

① 분파주의 방지
② 세입과 세출의 유기적 관련성 확보
③ 강력한 행정력 발휘
④ 효과적인 행정관리 수단

---

16 재무행정조직
난이도 ★★☆

세입과 세출의 유기적 관련성을 확보할 수 있는 것은 이원체제의 장점이다. 재무행정조직의 삼원체제는 중앙예산기관(세출예산담당)과 국고수지총괄기관(재정, 회계, 징세, 금융 등 관장), 중앙은행이 분리되어 있는 체제이다. 따라서 세입과 세출의 유기적 연계가 어렵다.

👍 **이것도 알면 합격!** 삼원체제와 이원체제 비교

구분	삼원체제(분리형)	이원체제(통합형)
개념	• 대통령중심제형 • 예산기구 행정수반 직속형 • 중앙예산기관과 국고수지총괄기관이 분리	• 내각책임제형 • 예산기관이 국고수지를 총괄하는 재무성 소속형 • 중앙예산기관과 국고수지총괄기관이 통합
장점	• 중앙예산관리기능의 효과적인 행정관리수단 제공 • 행정수반의 강력한 행정력 발휘 가능 • 각 부처로부터의 초월적 입장으로서 분파주의 방지	세입과 세출 간 유기적 관련성 증대
단점	세입과 세출의 관장기관이 달라 양자 간의 유기적 관련성 저하	• 분파주의 발생 가능 • 행정수반의 강력한 행정력 발휘 곤란
예	미국의 재무부, 관리예산처(OMB), 연방준비은행, 우리나라 2008년 이전 기획예산처, 재정경제부, 한국은행 등	영국의 재무성, 일본의 재무성, 과거 우리나라의 재정경제원, 현재 우리나라의 기획재정부 등

답 ②

17 ☐☐☐

정부조직 개편으로 예산을 조직 간 상호 이용하는 것으로 예산의 원칙 중 목적 외 사용 금지 원칙의 예외인 것으로 옳은 것은?

① 예산의 전용
② 예산의 이체
③ 예산의 이월
④ 예산의 이용

18 ☐☐☐

예산 통일성의 원칙의 예외에 해당하지 않는 것은?

① 특별회계
② 기금
③ 추가경정예산
④ 수입대체경비

---

17 예산의 원칙
난이도 ★★☆

② 정부조직 개편으로 예산을 조직 간 상호 이용하는 것은 예산의 이체이다.
④ 예산의 이용은 입법과목(장, 관, 항) 간의 융통으로, 국회의 의결과 기획재정부장관의 승인이 필요하다. 정부조직 개편으로 예산이 이용되는 경우도 있다.

(선지분석)
① 예산의 전용은 행정과목(세항, 목) 간의 융통으로, 기획재정부장관의 승인이 필요하다.
③ 예산의 이월은 예산을 회계연도를 넘겨 사용하는 것으로, 예산의 시간적 한정성 원칙의 예외이다.

답 ②, ④

18 예산 통일성의 원칙
난이도 ★☆☆

추가경정예산은 예산 단일성의 원칙의 예외에 해당한다. 예산 통일성의 원칙의 예외에는 목적세, 수입대체경비, 특별회계, 기금이 있다.

👍 이것도 알면 **합격!** 전통적 예산원칙의 예외

공개성의 원칙	신임예산, 국방비
통일성의 원칙	특별회계, 기금, 목적세, 수입대체경비
사전의결의 원칙	사고이월, 준예산, 예비비 지출, 전용, 긴급재정경제처분, 선결처분권
한정성(한계성)의 원칙	• 양적 한정성: 예비비, 추가경정예산 • 질적 한정성: 이용, 전용 • 시간 한정성: 이월, 계속비, 조상충용
단일성의 원칙	특별회계, 추가경정예산, 기금
완전성(포괄성)의 원칙	기금, 현물출자, 전대차관, 순계예산, 수입대체경비의 초과수입
명확성의 원칙	총액예산, 신임예산
정확성의 원칙	과년도 이월, 불용액 등

답 ③

전통적 예산원칙과 그 예외의 연결이 옳지 않은 것은?

① 이체: 사전의결 원칙에 대한 예외
② 이용: 한정성 원칙에 대한 예외
③ 기금: 완전성 원칙에 대한 예외
④ 전용: 사전의결 원칙에 대한 예외

다음 중 예산의 한정성 원칙의 예외에 해당하는 것은?

> ㄱ. 이용과 전용
> ㄴ. 기금
> ㄷ. 신임예산
> ㄹ. 예비비

① ㄱ, ㄴ
② ㄱ, ㄹ
③ ㄴ, ㄷ
④ ㄴ, ㄹ

---

19   전통적 예산원칙과 예외   난이도 ★★☆

정부조직 등에 관한 법령이 제·개정 또는 폐지로 인하여 중앙관서의 직무와 권한에 변동이 있는 때에는 그 중앙관서의 장의 요구에 따라 기획재정부장관이 그 예산을 이체할 수 있다. 이는 사전의결 원칙에 대한 예외로 볼 수 없다. 사전의결의 원칙의 예외에는 사고이월, 준예산, 예비비, 전용, 긴급재정경제처분 등이 있다.

(선지분석)

② 이용은 입법과목 간 예산의 융통으로 예산의 질적 한정성 원칙에 대한 예외이다.
③ 기금은 예산 외로 운용하므로 예산의 완전성 원칙(예산총계주의)에 대한 예외이다.
④ 전용은 행정과목 간 예산의 융통으로 국회의 의결을 필요로 하지 않으므로 사전의결 원칙에 대한 예외이다.

답 ①

20   예산의 한정성 원칙   난이도 ★★☆

ㄱ. 이용과 전용은 예산의 질적 한정성 원칙의 예외이다.
ㄹ. 예비비는 예산의 양적 한정성 원칙의 예외이다.

(선지분석)

ㄴ. 기금은 예산의 통일성 원칙과 단일성 원칙의 예외이다.
ㄷ. 신임예산의 예산의 공개성 원칙의 예외이다.

👍 이것도 알면 **합격!**   예산의 한정성 원칙의 예외

양적 한정성(초과지출금지)	예비비, 추가경정예산
질적 한정성(목적 외 사용금지)	이용(利用), 전용(轉用)
시간 한정성(회계연도 경과지출 금지)	이월, 계속비, 과거의 앞당겨 충당사용(조상충용)

답 ②

PART 5   2021 해커스군무원 15개년 기출복원문제집 심운 행정학

21 ☐☐☐

예산원칙 중 예산은 주어진 목표, 규모, 시간에 따라서 집행되어야 한다는 전통적 예산원칙으로 옳은 것은?

① 단일성의 원칙
② 한정성의 원칙
③ 공개성의 원칙
④ 분리성의 원칙

22 ☐☐☐

입법부 우위의 예산원칙으로 옳지 않은 것은?

① 예산 공개의 원칙
② 예산 사전의결의 원칙
③ 예산 한정성의 원칙
④ 예산 책임의 원칙

---

21 전통적 예산원칙   난이도 ★★★

예산은 주어진 목표인 용도, 예산의 약점 범위인 규모, 1회계연도인 시간 안에서 집행되어야 한다는 원칙은 예산의 한정성의 원칙이다.

(선지분석)
① 단일성의 원칙은 예산은 단일의 회계장부에 계리되어야 한다는 원칙이다.
③ 공개성의 원칙은 예산은 일반 국민들에게 공개되어야 한다는 원칙이다.
④ 분리성의 원칙은 전통적 예산원칙에 해당하지 않는다.

답 ②

22 입법부 우위의 예산원칙   난이도 ★☆☆

예산 책임의 원칙은 행정부 책임의 원칙으로, 행정부 우위의 현대적 예산원칙에 해당한다.

(선지분석)
① 예산 공개의 원칙은 모든 예산은 공개되어야 한다는 입법부 우위의 전통적 예산원칙이다.
② 예산 사전의결의 원칙은 예산은 집행되기 전에 입법부의 의결이 필요하다는 입법부 우위의 전통적 예산원칙이다.
③ 예산 한정성의 원칙은 예산은 질적, 양적, 시간적 한계 내에서 집행되어야 한다는 입법부 우위의 전통적 예산원칙이다.

👍 이것도 알면 **합격!** 전통적 예산원칙과 현대적 예산원칙

전통적 예산원칙 – 입법부 우위의 예산원칙 (Neumark)	현대적 예산원칙 – 행정부 우위의 예산원칙 (Smith)
• 통일성의 원칙	• 행정부 계획의 원칙
• 사전의결의 원칙	• 행정부 책임의 원칙
• 한정성(한계성)의 원칙	• 행정부 재량의 원칙
• 명확성의 원칙	• 수단구비의 원칙
• 단일성의 원칙	• 보고의 원칙
• 공개성의 원칙	• 다원적 절차의 원칙
• 완전성(포괄성)의 원칙	• 시기 신축성의 원칙
• 정확성의 원칙	• 예산기구 상호성의 원칙

답 ④

23 □□□

입법부 우위의 예산원칙으로 옳지 않은 것은?

① 예산 공개의 원칙
② 예산 완전성의 원칙
③ 예산 통일성의 원칙
④ 예산 다원적 절차의 원칙

24 □□□

노이마르크(F. Neumark)가 제시한 예산의 원칙으로 옳지 않은 것은?

① 보고의 원칙
② 예산 사전의결의 원칙
③ 예산 명료의 원칙
④ 예산 공개의 원칙

---

23 입법부 우위의 예산원칙 난이도 ★☆☆

예산 다원적 절차의 원칙은 입법부 우위의 전통적 예산원칙이 아니라, 행정부 우위의 현대적 예산원칙에 해당한다. 예산 다원적 절차의 원칙은 현대 정부는 다양한 형태·종류의 활동을 수행하고 있는데, 이러한 활동들을 적절하게 수행하기 위해서 각각의 활동에 다양하고 적절한 예산절차가 필요하다는 원칙이다.

(선지분석)

① 예산 공개의 원칙은 예산의 편성·심의·집행 등 예산과정의 주요한 단계는 국민에게 공개되어 국민으로 하여금 정부의 활동을 알게 할 수 있어야 한다는 원칙이다.
② 예산 완전성의 원칙은 예산총계주의로, 정부의 모든 수입과 지출은 예산에 완전히 계상되어야 한다는 원칙이다.
③ 예산 통일성의 원칙은 국고통일의 원칙으로, 특정한 세입을 특정한 세출에 충당해서는 안 된다는 것이다. 즉, 국가의 모든 수입은 일단 국고에 편입된 후에 모든 지출이 이루어져야 한다는 원칙이다.

답 ④

---

24 노이마르크(F. Neumark)의 예산원칙 난이도 ★☆☆

노이마르크(F. Neumark)가 제시한 예산의 원칙은 입법부 우위의 통제지향적 예산원칙인 전통적 예산원칙을 의미한다. 보고의 원칙은 스미스(Smith)가 제시한 행정부 우위의 관리지향적 예산원칙인 현대적 예산원칙에 해당한다. 보고의 원칙이란 예산의 편성, 심의, 집행은 정부의 각 행정기관으로부터 올라온 재정보고 및 업무보고에 근거를 두어야 한다는 원칙이다.

(선지분석)

② 예산 사전의결의 원칙은 전통적 예산원칙으로, 예산은 국회의 사전의결이 필요하다는 원칙이다.
③ 예산 명료의 원칙은 전통적 예산원칙으로, 예산구조나 과목이 단순 명료하여 국민들이 쉽게 이해할 수 있어야 한다는 원칙이다.
④ 예산 공개의 원칙은 전통적 예산원칙으로, 모든 예산은 공개되어야 한다는 원칙이다.

답 ①

25 ☐☐☐

2018년 9급 복원

스미스(Smith)가 주장한 현대적 예산원칙으로 옳지 않은 것은?

① 보고의 원칙
② 명확성의 원칙
③ 행정부 책임의 원칙
④ 적절한 수단구비의 원칙

THEME 079 | 예산의 분류

26 ☐☐☐

2020년 7급

예산과목의 분류체계에 대한 설명으로 옳지 않은 것은?

① 세입예산과 세출예산 모두 장·관·항·세항·목으로 구분한다.
② 예산과목 중에서 장·관·항은 입법과목이며, 세항·목은 행정과목이다.
③ 세입세출예산은 필요한 때에는 계정으로 구분이 가능하다.
④ 세입세출예산은 독립기관 및 중앙관서의 소관별로 구분한 후 소관 내에서 일반회계·특별회계로 구분한다.

---

25 스미스(Smith)의 예산원칙
난이도 ★☆☆

명확성의 원칙은 노이마르크(Neumark)가 주장한 전통적 예산원칙에 해당한다.

선지분석

① 보고의 원칙은 예산의 편성, 심의, 집행은 업무보고 및 재정보고에 기초하여야 한다는 현대적 예산원칙이다.
③ 행정부 책임의 원칙은 행정부는 예산을 합목적·경제적·효과적으로 집행하여야 할 책임이 있다는 현대적 예산원칙이다.
④ 적절한 수단구비의 원칙은 예산배정 권한과 적절한 예산제도 등을 구비하여야 한다는 현대적 예산원칙이다.

답 ②

---

26 예산과목의 분류체계
난이도 ★★★

세입예산은 관·항·목으로 구분하고, 세출예산은 장·관·항·세항·목으로 구분한다.

👍 **이것도 알면 합격! 예산과목의 분류체계**

1. 세입예산
경제적·재정적 여건을 고려한 수입의 추정치

관	항	목
입법과목		행정과목

2. 세출예산
정부가 1회계연도 동안 지출하는 예산액

구분	입법과목			행정과목	
소관	장(章)	관(款)	항(項)	세항(細項)	목(目)
중앙관서	분야	부문	프로그램 (정책사업)	단위사업	편성품목
조직별 분류	기능별 분류		사업별·활동별 분류		품목별 분류
변경과 제한	이용대상 (융통 시 국회의결 필요)			전용대상 (융통 시 국회의결 불요)	

답 ①

27 □□□

우리나라 예산분류의 일반적 기준으로 옳지 않은 것은?

① 품목별 분류
② 투입별 분류
③ 기능별 분류
④ 조직별 분류

28 □□□

우리나라 특별회계에 대한 설명으로 옳지 않은 것은?

① 특별회계는 법률로써 설치한다.
② 예산팽창을 예방할 수 있다.
③ 「국가재정법」에 규정된 개별 법률에 의하지 아니하고는 이를 설치할 수 없다.
④ 예산 단일성과 통일성의 원칙의 예외이다.

---

27 예산분류의 일반적 기준

난이도 ★★★

우리나라 예산분류의 일반적 기준은 소관별로 조직별 분류를 한 뒤 정부의 활동과 기능으로 분류하고, 세부 품목별로 품목별 분류가 이루어진다. 투입별 분류는 우리나라 예산분류의 일반적 기준에 해당하지 않는다.

(선지분석)

① 품목별 분류는 정부가 구입하고자 하는 용역별(지출하고자 하는 대상별)로 세출예산을 분류하는 것이다.
③ 기능별 분류는 정부가 수행하는 활동과 기능에 따라 세출예산을 분류하는 것이다.
④ 조직별 분류는 예산을 부처별·기관별·소관별로 분류하는 것이다.

👍 이것도 알면 **합격!** 예산분류별 초점	
품목별 분류	정부가 무엇을 구입하는 데 얼마나 쓰느냐?
기능별 분류	정부가 무슨 일을 하는 데 얼마나 쓰느냐?
조직별 분류	누가 얼마나 쓰느냐?
경제성질별 분류	국민경제에 미치는 영향이나 효과가 어떠한가?

답 ②

28 특별회계

난이도 ★★☆

특별회계는 국가에서 특정한 사업을 운영하고자 할 때, 특정한 세입으로 특정한 세출에 충당하여 일반회계와 구분하여 회계처리 할 필요가 있을 때 설치하는 것으로, 예산팽창을 초래할 우려가 있다.

(선지분석)

①, ③ 특별회계는 법률로써 설치한다.
④ 특별회계는 일반회계와 구분하여 회계처리 하므로 예산 단일성의 원칙의 예외이며, 특정한 세입으로 특정한 세출에 충당하기 때문에 예산 통일성의 원칙의 예외이다.

> 「국가재정법」 제4조 【회계구분】 ③ 특별회계는 국가에서 특정한 사업을 운영하고자 할 때, 특정한 자금을 보유하여 운영하고자 할 때, 특정한 세입으로 특정한 세출에 충당함으로써 일반회계와 구분하여 계리할 필요가 있을 때에 법률로써 설치한다.

답 ②

29 ☐☐☐

우리나라 정부의 예산구조에 관한 기술로 옳지 않은 것은?

① 특별회계와 기금은 법률로써 설치한다.
② 기금운용계획의 확정 및 기금의 결산은 국회의 심의·의결을 거친다.
③ 일반회계는 조세수입 등을 주요 세입으로 하여 국가의 일반적인 세출에 충당하기 위하여 설치한다.
④ 특별회계는 국가가 특정한 목적을 위하여 특정한 자금을 신축적으로 운용할 필요가 있을 때 설치한다.

30 ☐☐☐

「국가재정법」상 추가경정예산의 편성 사유로 옳지 않은 것은?

① 전쟁이나 대규모 재해가 발생한 경우
② 경기침체, 대량실업, 남북관계의 변화, 경제협력과 같은 대내·외 여건에 중대한 변화가 발생하였거나 발생할 우려가 있는 경우
③ 교부세의 정산 등에 사용하거나 출연하고도 세계잉여금이 남았을 때
④ 법령에 따라 국가가 지급하여야 하는 지출이 발생하거나 증가하는 경우

---

29 우리나라 정부의 예산구조   난이도 ★★☆

국가가 특정한 목적을 위하여 특정한 자금을 신축적으로 운용할 필요가 있을 때 설치하는 것은 기금이다. 특별회계는 국가가 특정한 사업을 운영하거나 특정한 자금을 운용하거나, 기타 특정한 세입으로 특정한 세출에 충당할 필요가 있을 때 법률로써 설치한다.

(선지분석)
① 특별회계와 기금은 명령으로 설치할 수 없고 법률로써 설치하여야 한다.
② 기금은 세입세출예산 외로 운영되지만 기금운영계획의 확정 및 기금의 결산은 국회의 통제를 받는다.
③ 일반회계는 조세수입 등을 주요 세입으로 하여 국가의 일반적인 세출에 충당하기 위하여 설치하므로 예산 통일성의 원칙이 잘 지켜지는 영역이다.

답 ④

30 추가경정예산   난이도 ★☆☆

교부세의 정산 등에 사용하거나 출연한 금액을 제외한 세계잉여금은 추가경정예산안의 편성에 사용할 수 있으나, 「국가재정법」상 추가경정예산의 편성 사유에는 해당하지 않는다.

> 「국가재정법」 제89조 【추가경정예산안의 편성】 ① 정부는 다음 각 호의 어느 하나에 해당하게 되어 이미 확정된 예산에 변경을 가할 필요가 있는 경우에는 추가경정예산안을 편성할 수 있다.
> 1. 전쟁이나 대규모 재해(「재난 및 안전관리 기본법」 제3조에서 정의한 자연재난과 사회재난의 발생에 따른 피해를 말한다)가 발생한 경우
> 2. 경기침체, 대량실업, 남북관계의 변화, 경제협력과 같은 대내·외 여건에 중대한 변화가 발생하였거나 발생할 우려가 있는 경우
> 3. 법령에 따라 국가가 지급하여야 하는 지출이 발생하거나 증가하는 경우
> ② 정부는 국회에서 추가경정예산안이 확정되기 전에 이를 미리 배정하거나 집행할 수 없다.

답 ③

31 ☐☐☐

우리나라에서 시행 중인 예산제도로 옳지 않은 것은?

① 가예산
② 예비타당성조사
③ 주민참여예산제도
④ 성인지예결산제도

32 ☐☐☐

현재까지 우리나라에서 채택한 적이 없는 예산제도는?

① 통합예산
② 영기준예산
③ 가예산
④ 잠정예산

---

31 예산제도

난이도 ★★☆

가예산은 부득이한 사유로 예산이 국회에서 의결되지 못한 경우에 최초의 1개월분만을 국회의 의결로 집행할 수 있도록 한 예산제도로, 과거 이승만 정부에서 채택한 적이 있으나 현재는 준예산으로 대체되었다.

(선지분석)

② 예비타당성조사는 본 사업의 타당성조사 이전에 기획재정부에서 사업의 경제적·정책적 타당성을 조사하는 제도로, 1999년부터 시행 중이다.
③ 주민참여예산제도는 주민이 지방정부의 예산편성과정에 참여하는 제도로, 2011년 「지방재정법」에서 의무화되었다.
④ 성인지예결산제도는 예산이 여성과 남성에 미치는 영향이 다름을 전제로 예산편성 시와 결산 시 이를 분석하는 제도로, 2010년 「국가재정법」에서 명문화 되었다.

답 ①

32 예산제도

난이도 ★★★

잠정예산은 회계연도 개시일 전까지 예산이 국회를 통과하지 못하는 경우, 일정 기간(최초 4, 5개월분) 동안 일정 금액 예산의 국고지출을 잠정적으로 허용하는 제도이다. 미국 등에서 채택하고 있으며, 2021년 현재까지 우리나라에서는 채택한 적이 없는 예산제도이다.

(선지분석)

① 통합예산은 정부의 재정활동을 총망라하여 정부부문에서 1년 동안 지출하는 재원의 총체적인 예산규모를 파악하는 예산으로, 우리나라는 1979년에 도입하였다.
② 우리나라는 1983년 예산편성부터 경직성 경비, 행정경비, 보조금, 출연금, 기금, 사업비 등에 영기준예산을 도입하였다.
③ 가예산은 예산불성립 시를 대비한 예산제도로, 제1공화국(이승만 정부) 때 사용하였다.

👍 이것도 알면 **합격!** 예산불성립 시 예산제도

구분	기간	국회의결	지출항목	채택국가
가예산	최초 1개월	필요	전반적	한국의 제1공화국, 프랑스 등
준예산	제한 없음	불요	한정적	한국, 독일 등
잠정예산	제한 없음	필요	전반적	일본, 영국, 미국, 캐나다 등

답 ④

CHAPTER 2 | 예산결정이론

THEME 081 | 예산결정이론의 배경

01 □□□
2012년 서울시 9급

배분기구로서의 정부 예산에 대한 설명으로 옳지 않은 것은?

① 예산의 본질적 모습은 예산을 통해 추진하고자 하는 정책과 사업이라고 할 수 있다.
② 예산에는 정책결정자의 사실판단에 근거하며 가치판단은 배제되어 있다.
③ 공공부문의 희소성은 공공자원을 사용할 수 있는 제약 상태를 반영한 개념이다.
④ 거시적 배분은 민간부문과 공공부문 간의 자원 배분에 관한 결정이다.
⑤ 미시적 배분은 주어진 예산의 총액 범위 내에서 각 대안 간에 자금을 배분하는 것이다.

01　정부 예산
난이도 ★☆☆

예산이란 본질적으로 정부 사업이나 정책을 재정적인 용어나 금액으로 표시한 것이다. 본질적으로 배분에 관한 결정문제로서 희소한 자원의 배분에 관한 가치판단 과정에 해당한다.

(선지분석)
① 예산은 예산을 통해 추진하고자 하는 정책과 사업을 수치로 표현한 것이다.
③ 공공부문의 희소성은 공공자원을 사용할 수 있는가에 대한 제약 상태이다.

답 ②

THEME 082 | 예산결정의 접근방법

02 □□□
2020년 7급

총체주의적 예산결정모형에 대한 설명 중 옳지 않은 것은?

① 집권적이며 하향식으로 자원을 배분한다.
② 품목별예산제도를 바람직한 예산편성방식으로 인식한다.
③ 목표와 수단 간 연계관계를 명확히 밝혀 합리적 선택을 모색한다.
④ 연역법적 방법론에 의하며 가치와 사실을 구분한다.

02　총체주의적 예산결정모형
난이도 ★★☆

총체주의적 예산결정모형은 계획예산제도 및 영기준예산제도의 예산편성방식이다. 품목별예산제도는 점증주의적 예산결정모형이다.

(선지분석)
① 총체주의적 예산결정모형은 재정당국과 행정수반이 각 부처에 집권적이며 하향식으로 자원을 배분한다.
③ 총체주의적 예산결정모형은 합리주의적 접근을 기반으로 목표 – 수단 접근법을 통하여 목표와 수단 간 연계 관계를 명확히 밝혀 합리적 선택을 모색한다.
④ 총체주의적 모형은 연역적 방법론에 의하며 가치와 사실을 구분한다.

👍 이것도 알면 **합격!** 합리주의(총체주의)와 점증주의(현실주의) 비교

구분	합리주의(총체주의)	점증주의(현실주의)
합리성	경제적 합리성	정치적 합리성
미시적 과정	총체적이고 체계적인 분석	연속적이고 제한된 비교
거시적 과정	집권적이고 제도화된 프로그램 예산편성	당파적 상호조정
분석 결과	신규사업과 대폭적·체계적 변화	전년도 예산의 소폭적인 변화
특징	•이상적, 규범적, 개혁적, 경제적 •목표 – 수단분석: 주어진 목표 •모든 대안과 요소를 총체적으로 고려	•현실적, 기술적, 부분적, 정치적 •목표 – 수단분석의 미실시: 목표 변경 가능 •한정된 수의 대안만을 고려
예산제도	PPBS, ZBB	LIBS, PBS

답 ②

점증주의 예산결정이론에 대한 설명으로 옳은 것은?

① 대안별로 비용과 편익을 비교하여 가장 적은 비용이 드는 대안을 선택한다.
② 예산규모는 사회후생의 극대화를 기준으로 결정한다.
③ 규범적이고 이상적인 성격이 강한 예산결정이론이다.
④ 예산은 정부기관 및 이익집단 간의 갈등을 원만히 해결하여 결정한다.

예산상의 점증주의를 유발하는 요인에 해당되지 않는 것은?

① 관계의 규칙성
② 외부적 요인의 영향 결여
③ 예산 통일의 원칙의 예외
④ 좁은 역할 범위를 지닌 참여자 간의 협상

---

03 점증주의 예산결정이론 　　　　　　　　난이도 ★★☆

점증주의적 예산결정방법은 전년도의 예산액을 기준으로 다음연도의 예산액을 결정하는 방법으로, 예산의 이해관계자 간 흥정, 협상, 타협 등을 거쳐 그들의 이익이 조절된 정치성을 강조한다. 따라서 점증주의 예산결정이론에서는 예산은 정부기관 및 이익집단 간의 갈등을 원만히 해결하여 결정한다고 본다.

(선지분석)
①, ②, ③ 합리주의 예산결정이론에 대한 설명이다.

답 ④

04 점증주의 　　　　　　　　　　　　　　난이도 ★★★

예산 통일의 원칙이 지켜지지 않을 때에는 해당 사업에만 대폭 증가된 예산을 사용할 수도 있으므로 점증주의가 타당성을 지니기 어렵다.

(선지분석)
① 기존 형성된 관계의 규칙성은 예산의 대폭적인 변화를 어렵게 하고 점증주의를 유발한다.
② 외부적 요인이 예산에 영향을 많이 끼칠 경우 총체주의적 입장에서 혁신적이고 쇄신적인 판단을 하여야 하므로 외부적 요인은 예산상의 합리주의를 유발하는 요인이며, 외부적 요인의 영향이 결여된 것은 점증주의를 유발하는 요인이다.
④ 예산결정 시 참여자들이 좁은 역할 범위를 지니고 있다면, 전년도 예산을 참고하여 예산의 소폭적 변화만을 결정하게 되어 점증주의를 유발하게 된다.

답 ③

05 □□□

자원배분에 대한 경제적 원리의 적용의 문제점으로 옳지 않은 것은?

① 공정한 자원배분을 위해서 때로는 정치적 접근이 필요하다.
② 자원배분 시 일반적으로 소수의 의견이 무시될 우려가 있다.
③ 자원배분 시 시간과 노력, 비용 등이 과다하게 발생한다.
④ 자원배분이 지나치게 분석적·계산적이어서 비현실적인 면이 있다.

06 □□□

윌다브스키(Wildavsky)의 예산결정문화론에서 선진국과 같이 국가의 경제력이 크고 재정의 예측가능성이 높은 경우에 해당하는 유형으로 옳은 것은?

① 점증예산
② 보충예산
③ 반복예산
④ 양입제출예산

---

05 자원배분

난이도 ★★★

자원배분 시 소수의 의견이 무시될 우려가 있는 것은 정치적 원리의 적용상의 문제이다. 정치적 원리를 적용하다보면 흥정, 협상, 타협 등이 다수결로 이루어질 수 있으며, 이 경우 소수의 의견이 무시되는 집단이기주의 현상이 발생할 수 있다.

(선지분석)
① 공정한 자원배분을 위해서는 경제적 원리뿐만 아니라 때로는 정치적 접근이 필요하다.
③ 경제적 원리를 적용하기 위해서는 모든 대안에 대한 총체적 접근이 필요한데, 이 경우 시간과 노력, 비용이 과다하게 발생한다.
④ 경제적 원리만을 적용할 경우 자원배분이 지나치게 분석적·계산적이어서 현실적합성이 떨어질 수 있다.

👉 이것도 알면 **합격!** 예산의 경제적 원리와 정치적 원리 비교

구분	경제적 원리	정치적 원리
초점	예산상 총이익의 극대화	예산상 이익의 향유
목적	효율적인 자원배분 (파레토 최적)	공정한 몫의 배분 (형평화)
방법	분석적 기법	정치적 타협이나 협상
행동원리	시장(최적화)원리	게임(균형화)원리
이론	총체주의(이상주의)	점증주의(현실주의)
적용분야	순수공공재, 분배정책, 신규사업 등	준공공재, 재분배정책, 계속사업 등
문제	미시적·기술적 문제 발생	거시적 문제 발생

답 ②

06 윌다브스키(Wildavsky)의 예산결정문화론

난이도 ★★☆

예산결정문화론에서 선진국처럼 국가의 경제력이 크고, 예측가능성이 높은 경우는 점증적 형태이다.

(선지분석)
② 보충적 형태는 경제력은 높지만 행정능력이 낮은 산유국 등의 예산형태로, 재정의 예측가능성이 떨어지는 경우에 발생한다.
③ 반복적 형태는 가장 나쁜 형태의 예산유형으로, 경제력이 낮고 예측가능성도 낮은 경우에 발생한다.
④ 양입제출적 형태는 경제력은 낮지만 행정능력이 우수하여 예측가능성이 높은 경우에 발생하는 형태로 미국의 도시정부 등에서 나타난다.

👉 이것도 알면 **합격!** 윌다브스키(Wildavsky)의 예산결정문화론

구분		경제력	
		높음	낮음
재정 예측력	높음	점증적(incremental) 예) 선진국	양입제출적(revenue), 세입적 예) 미국 도시정부
	낮음	보충적(supplement) 예) 행정능력이 낮은 경우	반복적(repetitie) 예) 후진국

답 ①

CHAPTER 3 | 예산제도의 발달과 개혁

01 □□□
2014년 9급 복원

다음 중 미국 예산제도의 변천순서로 옳은 것은?

> ㄱ. 품목별예산
> ㄴ. 영기준예산
> ㄷ. 계획예산
> ㄹ. 신성과주의예산
> ㅁ. 성과주의예산

① ㄱ - ㄴ - ㄷ - ㅁ - ㄹ
② ㄱ - ㄷ - ㄴ - ㅁ - ㄹ
③ ㄱ - ㅁ - ㄷ - ㄴ - ㄹ
④ ㄱ - ㅁ - ㄷ - ㄹ - ㄴ

02 □□□
2009년 9급 복원

다음 중 공공서비스의 성과지표와 예시가 옳게 연결된 것은?

> ㄱ. 지역사회의 안정성
> ㄴ. 범인 체포 건수
> ㄷ. 조사활동에 투입된 경찰의 규모
> ㄹ. 범죄율 감소

	ㄱ	ㄴ	ㄷ	ㄹ
①	영향	산출	투입	결과
②	결과	영향	투입	산출
③	결과	투입	영향	산출
④	영향	투입	산출	결과

---

01 미국 예산제도의 변천
난이도 ★☆☆

미국의 예산제도는 품목별예산제도(LIBS) → 성과주의예산제도(PBS) → 계획예산제도(PPBS) → 영기준예산제도(ZBB) → 신성과주의예산제도 순으로 변화해왔다.

👍 이것도 알면 **합격!** 예산제도의 변천

구분	품목별예산제도(LIBS)	성과주의예산제도(PBS)	계획예산제도(PPBS)	영기준예산제도(ZBB)	주민참여예산제도
예산기능	통제	관리	계획	평가와 감축	참여
핵심요소	투입	투입, 산출	투입, 산출, 목표	우선순위	참여, 분권
행정이념	민주성	능률성	효과성	생산성	민주성

답 ③

02 공공서비스의 성과지표
난이도 ★★☆

ㄱ. 지역사회의 안정성은 영향에 해당한다.
ㄴ. 범인 체포 건수는 산출에 해당한다.
ㄷ. 조사활동에 투입된 경찰의 규모는 투입에 해당한다.
ㄹ. 범죄율 감소는 결과에 해당한다.

답 ①

03 □□□

품목별예산제도에 대한 설명으로 옳지 않은 것은?

① 재정민주주의 구현에 유리한 통제지향 예산제도이다.
② 정부활동의 중복 방지와 통합·조정에 유리한 예산제도이다.
③ 지출 대상에 따라 자세히 예산이 표시되어 있으므로 예산 심의가 용이하다.
④ 정부가 수행하는 사업과 그 효과에 대한 명확한 정보를 제 공하지 못한다.

04 □□□

계획예산제도(PPBS)의 특징으로 옳지 않은 것은?

① 정치적 합리성보다는 경제적 합리성을 더 중시한다.
② 모든 조직구성원들이 진지하게 참여한다.
③ 정책 또는 프로그램별로 자원배분이 이루어진다.
④ 환류가 이루어진다.

---

03 품목별예산제도(LIBS) 난이도 ★★★

품목별예산제도는 예산을 품목별로 구분하기 때문에 전체 사업에 대한 정 보를 확인할 수 없어 정부활동의 중복을 방지하기 어렵고 통합·조정이 어려운 예산제도이다.

(선지분석)
① 통제지향적인 입법부 우위의 예산원칙을 특징으로 하며, 재정민주주의 구현에 유리한 예산제도이다.
③ 지출의 대상과 성질에 따라 품목별로 분류하여 그 지출대상과 한계를 규 정하고 예산을 편성하기 때문에 예산심의가 용이하다.
④ 예산의 경제적 효과를 파악하기 어렵다는 단점이 있다.

답 ②

04 계획예산제도(PPBS) 난이도 ★★★

계획예산제도(PPBS)는 행정수반과 재정당국이 중심이 되는 집권적인 예산제도로, 모든 조직구성원들이 참여한다고 볼 수 없다.

(선지분석)
① 계획예산제도는 합리주의 예산제도로 정치적 합리성보다 경제적 합리성을 중시한다.
③ 계획예산제도는 부처를 초월하여 정책이나 프로그램(정책사업)별로 자원배분이 이루어진다.
④ 계획예산제도는 국가의 중장기 목표를 계획하고, 그 목표 달성을 위한 대안 사업을 분석할 때 환류가 이루어진다.

답 ②

계획예산제도(PPBS)의 특징으로 옳은 것은?

① 단기적 목표 달성 가능
② 예산의 집권화
③ 입법부의 지위 강화
④ 사업의 우선순위 결정에 따른 예산의 절약과 능률 제고

영기준예산(ZBB)에 대한 설명으로 옳지 않은 것은?

① 프로그램 중심의 예산이다.
② 의사결정단위(decision unit)를 선정한다.
③ 우선순위중심의 예산이다.
④ 감축관리지향적 예산이다.

---

05 계획예산제도(PPBS)   난이도 ★★☆

계획예산제도(PPBS)는 정부의 장기적인 계획수립(planning)과 단기적인 예산편성(budgeting)을 유기적으로 결합시킴으로써 자원배분에 관한 의사결정을 합리적으로 행하고자 하는 예산제도를 말한다.

(선지분석)
① 단기적 목표 달성과 관련된 예산제도는 목표관리예산제도(MBO)이다.
③ 입법부의 지위를 강화하는 예산제도는 정치관리형 예산제도이다.
④ 사업의 우선순위 결정에 따른 예산의 절약과 능률성을 제고하는 제도는 영기준예산제도(ZBB)이다.

답 ②

---

06 영기준예산(ZBB)   난이도 ★☆☆

영기준예산(ZBB)은 전년도 예산을 고려하지 않고, 영기준에서 예산을 새로 검토하는 예산이다. 프로그램 중심의 예산은 계획예산(PPBS)이다.

(선지분석)
② 영기준예산의 의사결정단위는 고정되어 있지 않고 부처별, 부처 내 독립된 단위별로 의사결정단위 선정이 가능하다.
③ 영기준예산은 전년도 예산이 배정된 것 중 우선순위를 결정하여 예산의 증액 배정, 현상 유지, 감축 등을 결정한다.
④ 영기준예산제도는 자원난 시대에 탄생한 감축관리지향적 예산제도이다.

답 ①

영기준예산(ZBB)과 일몰법(SSL)의 비교로 옳지 않은 것은?

① 영기준예산은 심사기준이 장기적이고, 일몰법은 단기적이다.
② 영기준예산은 행정부의 예산편성과정이고, 일몰법은 입법부의 예산심의과정이다.
③ 영기준예산은 모든 정책이 심사대상이고, 일몰법은 최상위 정책이 심사대상이다.
④ 영기준예산과 일몰법은 모두 감축관리를 중시한다.

신성과주의예산제도에 대한 설명으로 옳지 않은 것은?

① 발생주의나 복식부기를 사용해 성과정보를 생산·공유한다.
② 재정사업 담당자에게 재원배분 관련 재량권을 부여한다.
③ 창출한 성과에 따른 정치적·도덕적 책임을 중시한다.
④ 정책집행 결과 어떠한 산출물을 생산하고 어떠한 성과를 달성하였는가를 측정해 이를 기초로 책임을 묻거나 보상을 하는 결과중심 예산이다.

---

07 영기준예산과 일몰법   난이도 ★★★

일몰법(SSL: Sunset Law)은 수행되고 있는 모든 행정활동을 일정 기간 후에 자동적으로 폐지하도록 법률로써 강제하는 것을 말한다. 영기준예산(ZBB)이 보통 1년 단위의 단기적 예산활동을 하는 데에 비하여, 일몰법은 다년도의 장기적 정책활동을 한다.

(선지분석)
② 영기준예산은 행정부의 예산편성과 관련된 행정적 과정이고, 일몰법은 입법부의 예산심의와 관련된 과정이다.
③ 영기준예산은 중하위 정책을 포함한 모든 정책이 심사대상이고, 일몰법은 최상위 정책이 심사대상이다.
④ 영기준예산과 일몰법 모두 자원난 시대의 감축관리 일환으로 등장하였다.

👍 이것도 알면 **합격!** 일몰법(SSL)과 영기준예산(ZBB) 비교

유사점	차이점	
	일몰법(SSL)	영기준예산(ZBB)
·사업의 계속 여부를 검토하기 위한 재심사 ·자원의 합리적 배분을 기할 수 있음 ·감축관리의 일환	·예산의 심의와 통제를 위한 입법적 과정 ·행정의 최상위계층의 주요 정책심사 ·예산심의과정 관련 ·검토의 주기: 3~7년	·예산편성에 관련된 행정적 과정 ·중하위 계층까지도 심사 ·매년 검토

답 ①

---

08 신성과주의예산제도   난이도 ★★★

창출한 성과에 따른 정치적·도덕적 책임을 중시하는 것은 1950년대의 성과주의이고, 1990년대의 신성과주의예산제도는 구체적·보상적 책임을 중시한다.

(선지분석)
① 신성과주의예산제도는 발생주의, 복식부기를 사용함으로써 예산집행의 성과정보를 생산하고 공유할 수 있다.
② 신성과주의예산제도는 재정사업 담당자에게 재원배분에 관련한 상당한 재량권을 부여하고, 이에 기반한 성과를 지향한다.
④ 신성과주의예산제도는 예산을 통한 정책집행 결과 어떠한 산출물을 생산하고 어떠한 성과를 달성하였는가를 측정하여 이를 기반으로 예산집행자에게 책임을 묻거나 보상을 주는 결과지향적 예산제도이다.

👍 이것도 알면 **합격!** 성과주의와 신성과주의 비교

구분	성과주의	신성과주의
배경	1950년대 행정국가	1990년대 신행정국가
성과정보	투입과 산출(능률성)	산출과 결과(효과성)
성과책임	정치적·도덕적 책임	구체적·보상적 책임 (유인과 처벌)
중심점	단위사업	프로그램
주요 내용	업무, 활동과 비용정보를 연계	사업과 성과를 연계
경로가정	단선적	복선적
성과관점	정부(공무원)	고객(만족감)
회계방식	불완전한 발생주의 (사실상 현금주의)	발생주의
연계범위	예산제도 (예산편성과정)	국정전반 (조직·인사·재무 등)
결정흐름	상향식(분권)	상향식+하향식 (집권과 분권)

답 ③

균형성과표(BSC)에 대한 설명으로 옳지 않은 것은?

① 캐플란(Kaplan)과 노튼(Norton)이 재무적 수단에 의존하는 전통적 평가방법의 한계를 극복하기 위하여 주장하였다.
② 과정중심의 성과관리보다는 결과중심의 성과관리에 초점을 맞춘다.
③ 균형성과표(BSC)의 평가기준에는 재무적 관점, 고객 관점, 내부프로세스 관점, 학습과 성장 관점 등이 있다.
④ 재무 상태가 양호해도, 고객 만족도나 내부프로세스의 효율성이 낮다면 전체적인 균형성과표(BSC)의 점수는 낮게 나타난다.

조세지출예산제도에 대한 설명으로 옳지 않은 것은?

① 비과세, 감면 등의 세제혜택을 통해 포기한 액수를 조세지출이라 한다.
② 지방재정에는 지방세출제도가 도입되지 않았다.
③ 조세지출의 내용과 규모를 주기적으로 공표해 관리하는 제도이다.
④ 「국가재정법」에 따라 조세지출예산서를 작성해 국가에 보고한다.

---

09   균형성과표   난이도 ★★★

균형성과표(BSC)는 재무적 수단을 통해 결과만을 산출하던 전통적 평가방법에서 벗어나 결과와 과정, 재무와 비재무, 과거와 현재 및 미래, 내부와 외부 등의 균형을 추구하는 방식이다.

선지분석

① 균형성과표(BSC)는 1992년 하버드 대학의 캐플란(Kaplan)과 노튼(Norton)에 의해 개발된 전략적 경영관리시스템이다.
③ 균형성과표의 평가기준에는 전통적 후행지표인 재무적 관점, 공행정에서 가장 중시하는 고객 관점, 적법절차 등의 내부프로세스 관점, 선행지표인 학습과 성장 관점 등이 있다.
④ 균형성과표(BSC)는 지표 간 균형이 중요하므로 재무 상태가 양호해도 고객 관점인 고객 만족도나 내부프로세스 관점인 내부프로세스의 효율성이 낮다면 전체적인 균형성과표(BSC)의 점수는 낮게 나타난다.

👍 이것도 알면 **합격!**   균형성과표(BSC)의 네 가지 관점

재무적 관점	• 이해관계자의 위험 · 성장 · 수익에 대한 전략 • 기업에서 강조 • 후행지표
고객 관점	• 차별화와 가치를 창출하는 전략 • 공행정에서 중시되는 관점
내부프로세스 관점	• 목표달성을 위한 내부 과정 • 다양한 프로세스에 대한 전략적 우선순위 결정
학습과 성장 관점	• 조직의 변화 · 혁신 · 성장을 지원하는 분위기 창출에 대한 우선순위 • 나머지 세 가지 관점의 토대로서 장기적 성장과 발전 강조

답 ②

---

10   조세지출예산제도   난이도 ★★☆

지방재정에도 「지방세특례제한법」에서 지방세지출과 그 제한에 대하여 규정하고 있다.

선지분석

① 조세지출이란 비과세나 세금감면 등의 세제혜택을 통해 포기한 간접지출이다.
③ 조세지출예산제도란 조세지출을 예산의 형식을 통해 그 내용과 규모를 주기적으로 공표해 관리함으로써 무분별한 조세지출을 통제하기 위한 제도이다.
④ 「국가재정법」에 따라 조세지출예산서를 작성해 예산안에 첨부한다 (「국가재정법」 제34조 제10호).

👍 이것도 알면 **합격!**   조세지출예산제도의 장 · 단점

장점	단점
• 재정민주주의 실현에 기여 • 정책의 효율적 수립 가능 • 각종 정책수단의 효과성 파악 가능 • 조세제도 및 행정의 개선에 도움 • 부당하고 비효율적인 조세지출의 축소 • 재정부담의 형평성 제고 • 정치적 특혜의 통제 • 국고수입의 증대 • 세수인상을 위한 자료로 활용 가능	• 통일적인 기준 부재 • 조세지출운영의 경직성 유발 • 통상마찰 우려 존재 • 예산지출 항목과 조세지출 항목의 불일치

답 ②

PART 5

2021 해커스군무원 15개년 기출복원문제집 서운 행정학

예산제도에 대한 설명으로 옳지 않은 것은?

① 계획예산제도에서의 예산결정 접근방법은 점증주의이다.
② 품목별예산제도는 예산통제가 용이한 반면, 예산집행 과정에서의 신축성 제약이 발생할 수 있다.
③ 성과주의예산제도는 업무단위 선정과 단위원가의 과학적 계산에 따라 효율적인 자원배분을 도모한다.
④ 영기준예산제도는 국민부담의 경감과 자원난의 극복에 도움을 준다.

예산제도에 대한 설명으로 옳지 않은 것은?

① 계획예산제도(PPBS)의 핵심 요소는 프로그램예산 형식을 따른다는 것이다.
② 성과주의예산제도(PBS)에서 재원들은 거리 청소, 노면 보수와 같은 활동단위를 중심으로 배분된다.
③ 품목별예산제도(LIBS)는 전반적인 정부 기능 혹은 전체 사업에 대한 정보를 확인하기 어렵게 한다.
④ 목표관리제도(MBO)는 감축관리를 추진할 때 그 의미가 특히 부각된다.

11   예산제도   난이도 ★★☆

계획예산제도의 예산결정 접근방법은 점증주의가 아니라 총체주의·합리주의 접근방법이다.

선지분석

② 품목별예산제도는 지출대상을 인건비, 물건비 등 품목별로 분류하여 지출대상과 그 한계를 규정함으로써 예산통제를 기하려는 제도이므로, 신축성 제약이 발생할 수 있다.
③ 성과주의예산제도는 정부예산을 정부의 기능과 활동에 기초를 두고 편성하는 예산으로, 사업계획을 세부사업(활동)으로 분류하고 각 세부사업을 '단위원가 × 업무량 = 예산액'으로 표시하여 편성하는 방법이다. 세부사업별로 분류된 각 사업마다 업무측정단위를 선정하여 업무를 양적으로 표시하므로 예산편성에 있어 효율적인 자원배분을 도모할 수 있다.
④ 영기준예산제도는 전년도 예산지출을 무시하고 영기준에서부터 예산을 편성하므로 국민부담을 경감하고 자원난을 극복할 수 있다.

👍 이것도 알면 **합격!** 주요 예산제도의 특징

구분	품목별 예산제도 (LIBS)	성과주의 예산제도 (PBS)	계획 예산제도 (PPBS)	영기준 예산제도 (ZBB)
기본 방향	통제	관리	계획	감축
정보범위	지출대상	부처의 활동	부처의 목표	의사결정 단위목표
정책결정유형	점증적·분산	점증적·분산	총체적·집중	부분적·분산
중앙예산기관 관심	지출의 적격성	능률성	정책과 사업	사업의 우선순위
기획책임	분산	분산	중앙	분산
흐름	상향적	상향적	하향적	상향적

답 ①

12   예산제도   난이도 ★★★

감축관리를 추진할 때 그 의미가 특히 부각되는 것은 영기준예산제도(ZBB)이다. 목표관리제도(MBO)는 목표를 설정한 뒤 그 목표 달성을 위하여 예산을 배정하는 방식이다.

선지분석

① 계획예산제도(PPBS)는 국가의 중장기 계획과 1년 단위 예산을 프로그램으로 연결하는 것으로, 예산 형식이 프로그램예산 형식을 취하게 된다.
② 성과주의예산제도(PBS)에서 재원들은 거리 청소, 노면 보수와 같이 정부가 수행하는 활동단위를 중심으로 배분된다.
③ 품목별예산제도(LIBS)는 예산을 가장 세부 단위인 품목별로 배정함으로써 전반적인 정부의 기능이나 전체 사업에 대한 정보를 확인하기 어렵게 한다.

답 ④

예산제도에 대한 설명으로 옳지 않은 것은?

① 품목별예산은 점증적 방식에 의하고, 계획예산은 총체적 방식에 의한다.
② 성과주의예산은 단년도로 편성되고, 계획예산은 다년도로 편성된다.
③ 성과주의예산은 책임이 집중되고, 계획예산은 책임이 분산된다.
④ 품목별예산은 분석의 초점이 지출대상이고, 영기준예산은 분석의 초점이 대안분석 및 예산증감이다.

예산제도에 대한 설명으로 옳지 않은 것은?

① 품목별예산은 행정부에 대한 재정통제가 용이하다.
② 계획예산은 자원배분의 최적을 기하려는 기획 중심의 예산이다.
③ 성과주의예산은 예산성과의 질적인 평가가 가능하다.
④ 영기준예산은 0의 수준에서 새롭게 정책·사업을 편성하는 감축 중심의 예산이다.

---

13   예산제도   난이도 ★★☆

성과주의예산은 실제 예산을 통해 기능이나 사업을 수행하는 하부의 예산편성을 상부로 전달하는 하의상달식 예산제도이므로 계획기능에 대한 책임이 분산적이다. 반면, 계획예산은 재정당국과 행정수반이 전 부처를 초월하여 예산을 결정하는 집권적 예산제도로 책임이 집중되어 있다.

(선지분석)
① 품목별예산은 대표적인 점증적 예산제도이고, 계획예산은 총체적 예산제도이다.
② 성과주의예산제도는 예산을 통한 1년 단위의 활동이나 사업에 집중하는 단년도 예산제도이고, 계획예산제도는 국가의 중장기계획과 1년 단위의 예산을 프로그램으로 연계하는 다년도 예산편성제도이다.
④ 품목별예산의 분석 초점은 예산의 지출대상인 품목이고, 영기준예산의 분석 초점은 영기준으로부터 예산을 검토하여 각 사업 대안에 대한 분석과 사업에 대한 예산증감이다.

답 ③

---

14   예산제도   난이도 ★★★

성과주의예산은 평가대상 업무단위가 중간 산출물인 경우가 많아 예산성과의 질적인 측면까지 평가하기 곤란하다. 예를 들어 도로의 확충은 신설된 도로의 연장 길이가 측정단위인데, 신설된 도로의 연장길이가 길다고 교통의 흐름이 좋아진다거나 주민의 교통편의성이 증대된다고 보장할 수는 없다.

(선지분석)
① 품목별예산제도는 투입 중심의 통제지향적 예산제도로, 입법부의 행정부에 대한 재정통제가 용이하다.
② 계획예산은 정부의 중장기 계획(기획)과 1년 단위의 예산편성을 프로그램(정책사업)을 통해 연계함으로써 자원배분의 최적을 기하려는 기획 중심의 예산이다.
④ 영기준예산은 전년도 예산편성을 무시하고 0의 수준에서 새롭게 정책과 사업을 편성함으로써 불필요한 예산의 점증성을 완화하려는 감축 중심의 예산이다.

답 ③

15 □□□

예산제도에 대한 설명으로 옳지 않은 것은?

① 계획예산제도(PPBS)는 장기적인 계획에 치중하기 때문에 정책결정권이 고위층에 있다.

② 목표관리(MBO)는 단기적 목표에 치중한다.

③ 통제지향적 예산은 하향적 의사결정구조를 가지며 활동의 정보에 초점을 둔다.

④ 성과주의예산제도(PBS)는 전략계획서, 연간성과계획서 및 사업성과보고서 작성을 본질로 한다.

---

16 □□□

선진국의 최근 예산제도개혁에 대한 설명으로 옳지 않은 것은?

① 지출총액에 대한 통제를 강화하는 추세에 있으며, 이를 위하여 품목별예산과 단년도 예산제도를 도입하였다.

② 예산집행의 자율성과 재량권을 확대하는 대신 절약에 대한 통제도 강화하기 위하여 매년 일정 비율로 국고에 반납토록 하는 효율성 배당제도를 도입하고 있다.

③ 권한의 위임과 융통성을 부여하기 위하여 운영예산제도를 도입하고 총액으로 예산을 결정하며 항목 간 전용을 인정하고 있다.

④ 기존의 현금주의를 보완하기 위해 발생주의를 도입하고 있다.

---

15 예산제도

난이도 ★★☆

통제지향적 예산인 품목별예산제도(LIBS)는 상향적 의사결정구조를 가지며 활동의 정보가 아닌 품목에 초점을 둔다.

선지분석

① 계획예산제도(PPBS)는 부처를 초월한 중장기적인 계획을 프로그램을 통하여 1년 단위의 예산과 연계하는 제도로, 정책결정권이 행정수반과 재정당국에게 집중되어 있다.

② 목표관리(MBO)는 단기적·부분적·가시적인 목표에 치중한다.

④ 성과주의예산제도(PBS)는 정부가 수행하는 사업의 전략계획서 및 그러한 사업의 연간성과계획서, 사업성과보고서 작성을 본질로 한다.

답 ③

---

16 선진국의 예산제도개혁

난이도 ★★☆

선진국은 성과제고를 위하여 품목별예산과 단년도 예산에서, 지출총액에 대한 통제를 강화하는 지출통제예산제도나 다년도 예산제도를 도입하였다. 신성과주의예산이나 총괄예산은 구체적인 항목별 지출에 대한 통제 대신 지출총액에 대한 통제를 강화하고 조직운영상의 신축성과 자율성을 부여하면서도 조직운영 결과에 대한 책임을 함께 강화하는 것이 핵심이다.

선지분석

② 선진국의 최근 예산제도개혁은 예산집행의 자율성과 재량권을 확대하는 한편, 그에 대한 반대급부로 절약에 대한 통제를 강화하기 위하여 매년 일정 비율로 절약된 예산을 국고에 반납하도록 하는 효율성 배당제도를 운영하고 있다.

③ 선진국의 재정당국은 각 부처에 예산편성 권한을 위임하고, 예산운영의 융통성을 부여하기 위하여 운영예산제도를 도입하고 총액으로 예산을 결정하되 항목 간 전용권은 부처에게 위임하는 제도를 운영하고 있다.

④ 선진국들은 최근 성과를 추구하는 한편, 부채와 자산을 정확히 인식하기 위하여 발생주의 회계방식을 도입하고 있다.

답 ①

CHAPTER 4 | 예산과정

01 ☐☐☐
2013년 9급 복원

예산편성 형식의 순서로 옳은 것은?

① 세입세출예산 - 명시이월비 - 국고채무부담행위 - 총칙 - 계속비
② 총칙 - 세입세출예산 - 계속비 - 명시이월비 - 국고채무부담행위
③ 총칙 - 국고채무부담행위 - 계속비 - 세입세출예산 - 명시이월비
④ 세입세출예산 - 국고채무부담행위 - 총칙 - 명시이월비 - 계속비

02 ☐☐☐
2019년(1차) 9급 복원

우리나라 예산심의의 특징으로 옳지 않은 것은?

① 우리나라는 대통령중심제이기 때문에 의원내각제보다 예산심의 과정이 엄격하지 않다.
② 우리나라는 예산이 법률보다 하위의 효력을 가진다.
③ 본회의 중심이 아니라 상임위원회와 예산결산특별위원회를 중심으로 예산심의가 이루어진다.
④ 국회는 정부 동의 없이 정부가 제출한 지출예산 각 항의 금액을 증액할 수 없다.

---

01 예산편성 형식
난이도 ★★☆

우리나라의 예산 편성 형식은 예산총칙 → 세입세출예산 → 계속비 → 명시이월비 → 국고채무부담행위의 순으로 구성되어 있다.

답 ②

02 우리나라 예산심의
난이도 ★★☆

우리나라는 대통령중심제이기 때문에 의원이 내각을 구성하는 의원내각제보다 예산심의 과정이 엄격하다.

(선지분석)

② 세출예산은 국가기관만을 구속하나, 법률은 국가와 국민 모두를 구속한다. 예산은 법률보다 하위의 효력을 가진다.
③ 예산심의 과정에서 본회의는 형식적이며, 상임위원회와 예산결산특별위원회를 중심으로 예산심의가 이루어진다.
④ 국회는 정부 동의 없이 정부가 제출한 지출예산 각 항의 금액을 삭감할 수 있을 뿐 증액할 수 없다.

답 ①

우리나라의 예산심의에 대한 설명으로 옳지 않은 것은?

① 예비비는 총액으로 국회의 의결을 얻어야 하며, 예비비의 지출은 차기 국회의 승인을 얻어야 한다.
② 한 회계연도를 넘어 계속하여 지출할 필요가 있을 때에는 정부는 연한을 정하여 계속비로서 국회의 의결을 얻어야 한다.
③ 예산심의의 절차는 '상임위원회의 예비심사 → 예산결산특별위원회의 종합심사' 2단계로 진행된다.
④ 헌법상 정부는 회계연도마다 예산안을 편성하여 회계연도 개시 90일 전까지 국회에 제출하고, 국회는 회계연도 개시 30일 전까지 이를 의결하여야 한다.

우리나라 예산심의 과정에 대한 설명으로 옳지 않은 것은?

① 국회에서의 예산심의 기간은 헌법상 90일이다.
② 예산결산위원회는 소관 상임위원회에서 삭감한 예산금액을 증액하거나 새 비목을 설치하고자 할 경우 소관 상임위원회의 동의를 얻어야 한다.
③ 상임위원회의 예비심사를 마친 예산안은 예산결산위원회에서 종합심사를 한다.
④ 전년도 결산안은 다음 연도 예산안보다 먼저 국회로 제출된다.

---

03   **우리나라 예산심의**   난이도 ★★★

우리나라 예산심의의 절차는 '시정 연설 및 제안 설명 → 상임위원회의 예비심사 → 예산결산특별위원회의 종합심사 → 본회의의 의결'의 단계로 이루어진다.

선지분석

① 예비비는 총액으로 국회의 의결을 얻어야 하며, 예비비의 지출 시 차기 국회의 승인을 새로 얻어야 한다.
④ 헌법상 정부는 회계연도마다 예산안을 편성하여 회계연도 개시 90일 전까지 국회에 제출하도록 되어 있으나, 「국가재정법」은 120일 전까지 제출하도록 규정하고 있다.

답 ③

04   **우리나라 예산심의**   난이도 ★★★

대한민국 헌법 제54조 제2항에 정부는 회계연도마다 예산안을 편성하여 회계연도 개시 30일 전까지 이를 의결하여야 한다고 명시되어 있다. 정부가 회계연도 개시 90일 전까지 국회에 예산안을 제출하고, 국회는 회계연도 개시 30일 전까지 이를 의결하여야 하므로 60일의 예산심의 기간이 보장되는 것이다. 그러나 「국가재정법」에서는 정부의 예산제출 기간을 회계연도 개시 120일 전으로 규정함으로써 「국가재정법」상 예산심의 기간은 90일이다.

선지분석

② 예산결산위원회는 소관 상임위원회의 동의 없이 소관 상임위원회에서 삭감한 예산금액을 추가로 삭감하거나 그 비목을 폐지할 수는 있으나, 그 금액을 증액하거나 새 비목을 설치하고자 하는 경우에는 소관 상임위원회의 동의를 얻어야 한다.
③ 예산안은 상임위원회의 예비심사, 예산결산위원회의 종합심사, 본회의 순으로 진행된다.
④ 전년도 결산안은 5월 31일까지 국회로 제출되고 다음 연도 예산안은 9월 2일까지 국회로 제출된다.

답 ①

05 ☐☐☐

2012년 9급 복원

총액배분 자율편성예산제도의 특징에 대한 설명으로 옳지 않은 것은?

① 주어진 지출한도 내에서 각 부처는 자율적으로 정책과 사업을 구상한다.
② 상향적 편성의 흐름을 지닌다.
③ 전략적 배분과 사전적 통제를 중시한다.
④ 성과와 책임을 중시하는 예산편성제도이다.

---

06 ☐☐☐

2020년 9급

예산집행의 신축성을 확보하기 위한 제도에 대한 설명으로 옳지 않은 것은?

① 총괄예산제도
② 예산의 이용
③ 예산의 전용
④ 예산의 재배정

---

05 총액배분 자율편성예산제도 · 난이도 ★★☆

총액배분 자율편성예산제도는 중앙예산기관(재정당국)이 예산 총액을 사전에 결정해주므로 상향적 의사결정이 아니라 하향적 의사결정이다. 각 부처는 주어진 지출한도 내에서 예산을 편성하게 된다.

(선지분석)

① 총액배분 자율편성예산제도에서는 재정당국이 결정한 지출한도 내에서 각 부처는 자율적으로 정책과 사업을 구상할 수 있다.
③ 각 부처는 지출한도 내에서 자율적으로 정책과 사업을 구상할 수 있으므로 부처 내의 예산배분이 전략적으로 이루어지는 한편, 총액에 대해서는 재정당국이 사전적 통제를 하는 방식이다.
④ 각 부처의 자율성을 제고하여 부처의 성과를 증진시키는 한편, 그 성과에 대하여 책임을 지도록 하는 예산편성제도이다.

답 ②

---

06 예산집행의 신축성 확보방안 · 난이도 ★☆☆

예산의 재배정은 각 중앙관서의 장이 기획재정부장관에게 배부받은 예산액의 범위 내에서 다시 산하기관에 일정기간 사용할 수 있는 예산액을 배분하는 것으로, 부처차원의 예산을 위한 제도이다.

(선지분석)

① 총괄예산제도는 예산 총액만 재정당국(기획재정부)이 결정하고 한도 내에서 각 부처에게 재정 자율권을 부여하는 제도로, 예산집행의 신축성 확보방안이다.
② 예산의 이용은 입법과목(장, 관, 항) 간의 융통으로, 예산집행의 신축성 확보방안이다.
③ 예산의 전용은 행정과목(세항, 목) 간의 융통으로, 예산집행의 신축성 확보방안이다.

답 ④

PART 5

2021 해커스공무원 15개년 기출복원문제집 쉬운 행정학

07 □□□

예산집행의 신축성 유지방안으로 옳지 않은 것은?

① 총괄예산제도와 추가경정예산
② 이용과 전용
③ 배정과 재배정
④ 계속비와 예비비

08 □□□

예산집행과정에서의 신축성 유지방안으로 옳지 않은 것은?

① 배정 · 재배정
② 총괄예산
③ 긴급배정
④ 추가경정예산

---

07 예산집행의 신축성 유지방안
난이도 ★☆☆

기획재정부가 각 부처에게 예산을 배정하고, 각 부처는 산하기관에게 예산을 재배정한다. 배정과 재배정은 대표적인 재정 통제방안이다.

👍 이것도 알면 **합격!** 예산집행의 재정 통제방안과 신축성 유지방안

재정 통제방안	신축성 유지방안
• 예산의 배정과 재배정	• 예산의 이용과 전용
• 지출원인행위의 통제와 내부통제	• 예산의 이체
• 정원 및 보수의 통제	• 예산의 이월
• 국고채무부담행위의 통제	• 예비비
• 예비타당성조사제도	• 계속비
• 총사업비관리제도	• 국고채무부담행위
	• 수입대체경비
	• 총액계상예산제도
	• 예산의 긴급배정

답 ③

08 예산집행의 신축성 유지방안
난이도 ★☆☆

배정은 기획재정부가 타 부처에, 재배정은 각 부처가 산하기관에게 예산을 배정하는 것으로, 대표적인 재정 통제방안이다.

(선지분석)
② 총괄예산은 예산을 총액으로만 편성하고 세부 내역은 부처에게 자율권을 부여하는 방식으로, 신축성 유지방안이다.
③ 긴급배정은 회계연도 개시 전에 외국에서 지급하는 경비, 선박의 운영수리 등에 속하는 경비 등에 예산을 배정하는 것으로, 신축성 유지 방안이다.
④ 추가경정예산은 이미 성립된 예산에 변경을 가할 필요가 있을 때 편성하는 예산으로, 신축성 유지방안이다.

답 ①

재정운용의 융통성(신축성)을 부여하고자 하는 제도로 옳지 않은 것은?

① 예비비
② 이월과 계속비
③ 이용과 전용
④ 예산의 재배정

신축성을 유지하기 위한 예산집행 장치로 옳지 않은 것은?

① 총괄예산제도
② 예산의 이용과 전용
③ 계속비와 예비비
④ 예산의 배정과 재배정

---

09   예산집행의 신축성 유지방안   난이도 ★★☆

예산의 재배정은 각 중앙관서의 장이 배정받은 예산액의 범위 내에서 산하기관에 집행할 수 있는 예산을 정해주는 것으로, 산하기관은 재배정된 예산액의 범위를 초과할 수 없으므로 재정을 통제하는 성격을 가진다.

(선지분석)
① 예비비는 예측할 수 없는 예산 외의 지출 또는 예산초과지출에 충당하기 위하여 계상된 경비로 재정운용의 융통성을 부여하는 제도이다.
② 예산의 이월은 연도 내에 사용하지 못한 예산을 다음 회계연도로 넘겨서 다음 연도의 예산으로 사용하는 것이며, 계속비는 집행에 수년도를 요하는 예산일 경우 회계연도를 넘어 계속하여 집행하는 것이다. 이월과 계속비 모두 재정운용에 있어서 시기적 융통성을 부여하는 방안이다.
③ 예산의 이용은 입법과목(장, 관, 항) 간에 예산액을 상호융통하는 것이며, 예산의 전용은 행정과목(세항, 목) 간에 예산액을 상호융통하는 것으로, 재정운용에 있어 질적 융통성을 부여하는 방안이다.

답 ④

---

10   예산집행의 신축성 유지방안   난이도 ★★☆

예산의 배정은 기획재정부가 각 부처에 예산을 배정하는 것이고, 재배정은 각 부처가 자신의 산하기관에 예산을 다시 배정하는 것으로 대표적인 재정 통제장치에 해당한다.

(선지분석)
① 총괄예산은 예산의 세부내역을 결정하지 않는 예산이므로 신축성 유지방안이다.
② 예산의 이용은 입법과목(장, 관, 항) 간의 융통이고 예산의 전용은 행정과목(세항, 목) 간의 융통으로 예산의 용도를 변경하는 것이므로 신축성 유지방안이다.
③ 계속비는 회계연도를 넘어 예산을 집행하는 것이며, 예비비는 예상치 못한 비용에 대비하기 위한 예산이므로 모두 신축성 유지방안이다.

답 ④

PART 5

2021 해커스군무원 15개년 기출복원문제집 쉬운 행정학

예산의 이용(移用)에 대한 설명으로 옳지 않은 것은?

① 예산의 신축성 유지를 위한 방안이다.
② 기관 간 또는 장·관·항 등의 입법과목 간의 상호융통을 말한다.
③ 사전의결의 원칙의 예외가 된다.
④ 전용과 함께 한정성 원칙의 예외를 이룬다.

예산의 집행에 대한 설명으로 옳은 것은?

① 기획재정부장관은 각 중앙관서의 장에게 예산을 배정한 때에는 감사원에 통지하여야 한다.
② 기획재정부장관은 반기별 예산배정계획을 작성하여 국회의 심의를 받은 뒤에 예산을 배정한다.
③ 중앙관서의 장에게 자금을 사용할 수 있는 권한을 부여하는 것을 예산 재배정이라고 한다.
④ 기획재정부장관은 매년 2월 말까지 예산집행지침을 각 중앙관서의 장과 국회예산정책처에 통보하여야 한다.

---

11 이용과 전용   난이도 ★★☆

예산의 이용은 기관 간 또는 입법과목 간의 상호융통을 의미하며, 국회의 승인을 요하므로 사전의결의 원칙에 해당한다. 즉, 사전의결의 원칙의 예외가 아니다.

(선지분석)
① 이용은 예산 용도의 융통을 위한 제도이므로 신축성 유지방안이다.
② 이용은 헌법상 정부기관 간 또는 장, 관, 항의 입법과목 간의 상호융통을 의미한다.
④ 전용은 세항, 목 등 행정과목 간의 상호융통을 의미하며 처음 지정된 용도(목적) 이외의 사용이므로 예산의 질적(목적적) 한정성 원칙의 예외에 해당한다.

답 ③

---

12 예산의 집행   난이도 ★★★

기획재정부장관은 각 중앙관서의 장에게 예산을 배정한 때에는 감사원에 통지하여야 한다(「국가재정법」 제43조 제2항).

(선지분석)
② 기획재정부장관은 예산배정 전 분기별 예산배정계획을 작성하여 국무회의의 심의를 거친 후 대통령의 승인을 얻어야 한다(「국가재정법」 제43조 제1항).
③ 중앙관서의 장에게 자금을 사용할 수 있는 권한을 부여하는 것을 예산 배정이라고 한다. 예산 재배정은 중앙관서의 장이 산하기관에게 자금을 사용할 수 있는 권한을 부여하는 것이다.
④ 기획재정부장관은 예산집행의 효율성을 높이기 위하여 매년 1월 말 예산집행에 관한 지침을 작성하여 각 중앙관서의 장에게 통보하여야 한다(「국가재정법」 제44조, 「국가재정법 시행령」 제18조).

답 ①

13 ☐☐☐

지출원인행위를 담당하는 공무원으로 옳은 것은?

① 지출관
② 출납공무원
③ 재무관
④ 세입징수관

14 ☐☐☐

우리나라의 결산에 대한 설명으로 옳지 않은 것은?

① 결산은 한 회계연도의 수입과 지출 실적을 확정적 계수로 표시하는 행위이다.
② 정부는 감사원의 검사를 거친 국가결산보고서를 국회에 제출하여야 한다.
③ 결산은 국회의 심의를 거쳐 국무회의의 의결과 대통령의 승인으로 종료된다.
④ 각 중앙관서의 장은 회계연도마다 소관 기금의 결산보고서를 중앙관서결산보고서에 통합하여 작성하여야 한다.

---

13 지출원인행위

난이도 ★★☆

지출원인행위란 세출예산·계속비·국고채무부담행위 및 기금운용계획에 따라 지출의 원인이 되는 계약 등을 행하는 것을 말하며, 이러한 행위를 할 수 있도록 위임받은 공무원을 재무관이라고 한다. 지방은 경리관이 담당한다.

(선지분석)
① 지출관은 재무관이 행한 지출원인행위에 대한 관계 서류를 송부받아 출납기관에 지출을 명령하는 공무원을 말한다.
② 출납공무원은 조세 기타의 세입의 수납 사무를 수행하며, 현금 또는 물품을 출납 보관하는 공무원을 말한다.
④ 세입징수관은 세입의 징수에 관한 사무를 위임받은 공무원이다.

답 ③

14 우리나라의 결산

난이도 ★★☆

결산은 국무회의의 의결과 대통령의 승인을 거쳐 국회의 최종 심의로 종료된다. 국회에 정부의 결산보고서는 다음 연도 5월 31일까지 제출하여야 하고, 국회의 결산 심의·의결은 정기회 개회 전까지 완료하여야 한다.

(선지분석)
① 예산은 예정적 수치이고, 결산은 확정적 계수이다.
④ 결산은 세입세출예산 외로 운영되지만, 각 중앙관서의 장은 회계연도마다 소관 기금의 결산보고서를 중앙관서결산보고서에 통합하여 작성하여야 한다.

답 ③

PART 6

행정환류론

PART 6

출제비중분석

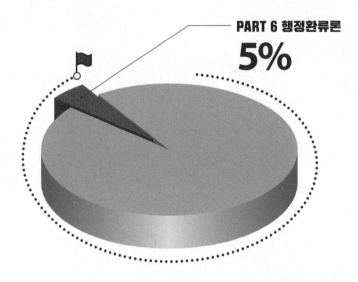

PART 6 행정환류론
5%

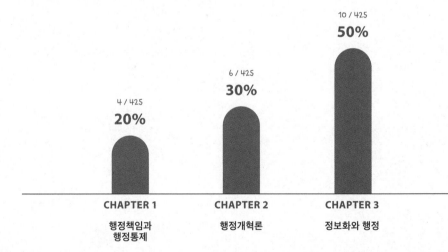

10 / 42.5
50%

6 / 42.5
30%

4 / 42.5
20%

CHAPTER 1	CHAPTER 2	CHAPTER 3
행정책임과 행정통제	행정개혁론	정보화와 행정

학습목표

☐ PART 6 행정환류론은 크게 '행정개혁론', '정보화와 행정' 두 부분으로 구성됩니다. 다른 PART 에 비해 출제비중은 낮지만 꾸준히 출제되는 PART이므로 확장된 학습보다는 기본서의 이론들 과 기출문제를 중심으로 학습하시기 바랍니다.

☐ 행정책임과 행정통제의 유형, 옴부즈만제도, 행정개혁의 접근방법, 지식정보사회, 전자정부론 을 중심으로 학습하시기 바랍니다.

출제비중분석

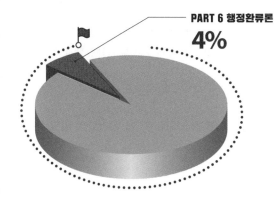

PART 6 행정환류론
4%

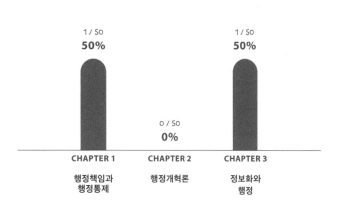

출제문항별 키워드

- 옴부즈만(Ombudsman)제도에 대한 설명으로 옳지 않은 것은? [9급]　　　　　　　　　　　　　　233p 04
  → 옴부즈만제도
- 전자정부의 역기능에 대한 설명으로 옳은 것을 모두 고르면? [7급]　　　　　　　　　　　　242p 08
  → 사이버 범죄, 전자감시, 정보격차

CHAPTER 1 | 행정책임과 행정통제

01 □□□
2019년(2차) 9급 복원

책임성에 대한 설명으로 옳지 않은 것은?

① 파이너(Finer)는 관료의 내면적 기준에 의한 내재적 책임을 강조하고 프리드리히(Friedrich)는 법률, 입법부, 사법부, 국민 등에 의한 통제 등 외부적 힘에 의한 통제로 강조되는 외재적 책임을 강조한다.

② 듀브닉(Dubrick)과 롬젝(Romzek)에 따르면 강조되는 책임성의 유형은 조직의 특성에 따라 달라진다.

③ 신공공관리론은 책임성을 확보하기 위하여 객관적·체계적 성과측정을 중시한다.

④ 책임성은 행정의 수단적 가치이다.

02 □□□
2014년 9급 복원

헌법상 독립기관에 대한 통제와 자율성에 대한 설명으로 옳지 않은 것은?

① 감사원은 입법부와 사법부에 대해 회계감사를 실시할 수 있다.

② 감사원은 입법부와 사법부의 직원에 대해 직무감찰을 실시할 수 있다.

③ 기획재정부는 입법부와 사법부의 예산을 사정하고 배정할 수 있다.

④ 감사원은 입법부와 사법부에 대해 결산을 확인할 수 있다.

---

01 책임성
난이도 ★★★

프리드리히(Friedrich)는 관료의 내면적 기준에 의한 내재적 책임을 강조하고, 파이너(Finer)는 법률, 입법부, 사법부, 국민 등에 의한 통제 등 외부적 힘에 의한 통제로 강조되는 외재적 책임을 강조한다.

(선지분석)

② 듀브닉(Dubrick)과 롬젝(Romzek)에 따르면 강조되는 책임성의 유형은 통제의 정도가 강한지 약한지, 통제의 원천이 조직 내부인지 외부인지에 따라 관료적 책임(강·내부), 전문적 책임(약·내부), 법률적 책임(강·외부), 정치적 책임(약·외부)으로 달라진다.

④ 액코프(Ackoff)에 따르면 공익, 정의, 복지, 형평(평등), 자유만이 행정의 본질적 가치이다.

02 통제와 자율성
난이도 ★★☆

감사원의 회계검사 대상에는 국회와 법원도 포함되나, 직무감찰에는 국회, 법원 및 헌법재판소에 소속된 공무원은 제외한다(「감사원법」 제24조 제3항).

(선지분석)

① 감사원은 입법부, 사법부, 지방자치단체 및 공공기관에 대하여 회계감사를 실시할 수 있다.

③ 입법부와 사법부의 예산도 기획재정부장관이 사정하고 배정한다.

④ 입법부와 사법부의 결산도 감사원이 확인한다.

답 ②

구분	객관적 책임	주관적 책임
특징	외재적·제도적	내재적·자율적
학자	파이너(Finer) -법적·공익적 책임	프리드리히(Friedrich) -재량적·기능적 책임
문책자(제재)의 존재	외재, 제재의 존재	내재 또는 부재, 제재의 부재
절차의 중요성	절차의 중시	절차의 준수와 책임완수는 별개
통제방법	공식적·제도적인 통제	비공식적·자율적인 통제
판단기준	객관적인 판단기준 있음	객관적인 판단기준 없음

👍 이것도 알면 **합격!** 객관적 책임과 주관적 책임 비교

답 ①

03 ☐☐☐

행정통제의 유형 중 외부통제가 아닌 것은?

① 감사원의 직무감찰
② 의회의 국정감사
③ 법원의 행정명령 위법 여부 심사
④ 헌법재판소의 권한쟁의심판

THEME 090 | 옴부즈만제도와 민원처리제도

04 ☐☐☐

옴부즈만(ombudsman)제도에 대한 설명으로 옳지 않은 것은?

① 스웨덴에서 처음 도입된 제도이다.
② 행정 내부통제의 한계를 보완하는 제도이다.
③ 시정을 촉구하거나 건의함으로써 국민의 권리를 구제하는 제도이다.
④ 대부분의 국가에서는 입법부에 소속되어 있다.

---

03 행정통제의 유형

난이도 ★★☆

감사원은 대통령 소속의 행정기관으로, 감사원에 의한 통제는 내부통제에 해당한다.

(선지분석)

②, ③, ④ 의회의 국정감사, 법원의 행정명령 위법 여부 심사, 헌법재판소의 권한쟁의심판 등은 외부통제에 해당한다.

👍 이것도 알면 **합격!** 통제의 유형 – 길버트(Gilbert)

구분		외부통제	내부통제
공식 통제		• 입법부에 의한 통제 • 사법부에 의한 통제 • 옴부즈만제도	• 계층제 • 감사원, 국민권익위원회 • 청와대, 국무조정실 • 교차기능조직
비공식 통제		• 시민에 의한 통제 • 정당에 의한 통제 • 이익집단에 의한 통제 • 여론, 인터넷 등	• 동료집단의 평가와 비판 • 공무원으로서의 직업 윤리

답 ①

---

04 옴부즈만제도

난이도 ★☆☆

옴부즈만(ombudsman)제도는 대부분의 국가에서 입법부에 소속되어 있으므로 행정 외부통제의 한계를 보완하는 제도이다.

(선지분석)

① 옴부즈만제도는 1809년 스웨덴에서 처음 도입된 제도이다.
③ 옴부즈만제도는 공무원의 위법·부당한 행위로 인해 권리의 침해를 받은 시민이 제기하는 민원·불평을 조사하여 관계 기관에 시정을 권고함으로써 국민의 권리를 구제하는 제도이다.

👍 이것도 알면 **합격!** 일반적인 옴부즈만과 국민권익위원회 비교

구분	일반적인 옴부즈만(스웨덴)	국민권익위원회(우리나라)
공통점	• 합법성 외 합목적성 차원의 조사가 가능함 • 직접적으로 무효로 하거나 취소할 수 있는 권한은 없으며, 간접적 권한을 보유함	
차이점	• 헌법상 기관 • 공식적·외부통제장치 • 입법부 소속 • 신청에 의한 조사 외 직권조사권이 있음	• 법률상 기관 • 공식적·내부통제장치 • 행정부 소속 • 신청에 의한 조사만 가능하며 직권조사권이 없음

답 ②

PART 6

2021 해커스공무원 15개년 기출복원문제집 쉬운 행정학

스웨덴의 옴부즈만제도에 대한 설명으로 옳지 않은 것은?

① 행정에 대한 내부통제의 수단이다.
② 직무수행의 독립성이 보장된다.
③ 법원의 재판절차와 달리 신속하게 처리되며, 비용이 저렴하다.
④ 시민의 권리구제 신청이 없어도 직권조사를 할 수 있다.

옴부즈만(ombudsman)제도의 일반적 특징에 대한 설명으로 옳지 않은 것은?

① 옴부즈만은 비교적 임기가 짧고 임기보장이 엄격하게 적용되지 않는다.
② 옴부즈만에게 민원을 신청할 수 있는 사안은 행정 관료의 불법행위와 부당행위를 포함한다.
③ 옴부즈만은 행정기관의 결정에 대해 직접 취소·변경할 수 있는 권한을 갖지 않는다.
④ 업무처리에 있어 절차상의 제약이 크지 않아 옴부즈만에 대한 시민들의 접근이 용이하다.

---

05   옴부즈만제도   난이도 ★★☆

스웨덴식 옴부즈만은 입법부 소속의 공무원이며 입법부에서 선출되므로 외부통제에 해당한다. 반면 우리나라의 옴부즈만 역할을 하는 국민권익위원회는 국무총리 소속으로, 행정부형이며 내부통제에 해당한다.

선지분석
② 옴부즈만은 입법부에 의해 선출되지만 직무수행의 독립성이 보장되어 있다.
③ 옴부즈만은 법원의 재판에 비하여 시간과 비용을 절약할 수 있다.
④ 일반적인 옴부즈만은 신청에 의한 조사가 일반적이나 신청이 없어도 직권조사를 할 수 있다. 그러나 우리나라의 국민권익위원회는 신청에 의한 조사만 가능하다.

답 ①

06   옴부즈만제도   난이도 ★★★

옴부즈만의 임기는 비교적 길고, 임기 중 임기보장이 엄격하게 적용된다.

선지분석
② 불법행위뿐만 아니라 부당행위도 조사의 대상이 된다.
③ 기존의 행정결정이나 법원의 결정·행위를 무효 또는 취소, 변경할 권한을 가지고 있지 않아 시정조치를 담당기관에 권고할 수만 있으며, 이로 인해 이빨 없는 경비견(watchdog without teeth)이라고 불린다.
④ 옴부즈만은 시간과 비용을 절약할 수 있는 장점이 있다.

답 ①

CHAPTER 2 | 행정개혁론

PART 6

2021 해커스공무원 15개년 기출복원문제집 쉬운 행정학

THEME 091 | 행정개혁의 본질

01 □□□
2014년 9급 복원

행정개혁에 대한 설명으로 옳은 것은?

① 「공직자윤리법」에는 내부고발제도를 포함한다.
② 행정개혁은 조직관리의 기술적인 속성과 함께 권력투쟁, 타협, 설득이 병행되는 사회심리적 과정을 포함한다.
③ 「국가공무원법」에는 공무원의 청렴의무를 구체적으로 규정하고 있다.
④ 행정정보공개의 제도화는 행정책임을 확보할 수 있다는 장점을 지니고 있지만, 통제비용이 증가한다는 단점이 있다.

01 행정개혁
난이도 ★★☆

행정개혁은 조직관리의 기술적인 속성과 함께 행정의 참여자 간의 권력투쟁, 타협, 설득이 병행되는 사회심리적인 과정을 포함한다.

(선지분석)
① 내부고발제도는 「부패방지 및 국민권익위원회의 설치와 운영에 관한 법률」에 규정되어 있다.
③ 「국가공무원법」에는 공무원의 청렴의무를 개괄적으로 규정하고 있다. 공무원의 청렴의무를 구체적으로 규정하고 있는 법률은 「부패방지 및 국민권익위원회의 설치와 운영에 관한 법률」, 「부정청탁 및 금품등 수수의 금지에 관한 법률」 등이다.
④ 행정정보공개의 제도화는 행정책임을 확보하고 통제비용을 감소시킬 수 있다는 장점을 지니고 있지만, 행정비용이 증가한다는 단점이 있다.

답 ②

02 □□□
2018년 9급 복원

행정개혁의 접근방법에 대한 설명으로 옳지 않은 것은?

① 행태적 접근방법에서는 행정인의 가치관, 태도, 신념을 인위적으로 변혁시켜 행정개혁을 도모한다.
② 구조적 접근방법에서는 통솔범위의 원리, 명령통일의 원리, 계층제의 원리, 조정의 원리 등을 강조한다.
③ 현대행정에서 가장 중요시되는 행정개혁의 방안은 구조, 관리기술, 인간 등의 종합적 영역에 관심을 갖고 이들의 상호융합을 시도하는 종합적 접근방법이다.
④ 구조적 접근방법은 주로 과학적 관리기법에 근거하여 업무수행과정에 중점을 두면서 관리기술의 개선을 강조한다.

02 행정개혁의 접근방법
난이도 ★★☆

과학적 관리기법에 입각하여 업무수행과정에 중점을 두면서 관리기술의 개선에 중점을 두는 방법은 관리기술적(과정적) 접근방법이다. 관리기술적 접근방법은 업무수행과정에서 능률을 향상시키기 위해 새로운 행정기술이나 장비를 도입하거나 관리과학(MS), 운영연구(OR), 체제분석(SA) 등의 계량화기법을 활용한다. 구조적 접근방법은 조직의 구조적 설계를 개선함으로써 행정개혁의 목표를 달성하는 접근방법으로, 전통적 조직이론에 입각하여 주로 공식조직의 내부 구조를 개혁하는 방법이다.

(선지분석)
① 행태적 접근방법은 행정인의 가치관, 태도, 신념 등을 변화시킴으로써 행정개혁을 도모하는 방법이다.
③ 현대행정의 행정개혁 방안은 어느 한 측면만을 고려하는 것이 아니라 구조, 관리기술, 인간 등 종합적 영역에서의 개혁을 추진한다.

👍 이것도 알면 **합격!** 행정개혁의 주요 접근방법 비교

구분	구조적 접근방법	관리기술적 접근방법	행태적 접근방법
관련 이론	• 원리접근법 • 고전적 조직론	• 과학적 관리론 • 관리과학	• 인간관계론 • 행태주의 · 행태과학
예	• 절차의 간소화 • 행정사무의 적절한 배분 • 집권화나 분권화 • 계층제	• 행정정보시스템 • 행정정보공개 • 민원절차 간소화 • 리엔지니어링	• 감수성훈련 • 태도조사 • MBO를 통한 자율적 행태 변화 유도

답 ④

행정개혁을 위한 개선의 내용 중 접근방법이 다른 하나는?

① 분권화의 확대
② 조직 내 운영과정의 개선
③ 의사결정 권한의 수정
④ 의사전달 체계의 수정

행정개혁의 성공요건으로 옳지 않은 것은?

① 정치적 리더십 확립
② 저항세력에 대한 정확한 진단
③ 여론의 지지와 의사소통의 활성화
④ 정당 등 이익집단의 활성화

---

03   행정개혁   난이도 ★★★

조직 내 운영과정의 개선은 행정개혁의 관리기술적(과정적) 접근방법이다. 이외에도 관리기술적 접근방법으로는 관리과학의 활용, 전자자료처리시스템 및 행정정보시스템의 구축, BPR(Business-Process Reengineering) 등이 있다.

(선지분석)
①, ③, ④ 분권화의 확대, 의사결정 권한과 체계의 수정은 행정개혁의 구조적 접근방법이다. 이외에도 구조적 접근방법으로는 행정기구의 간소화, 권한과 책임의 명확화, 리스트럭쳐링(restructuring) 등이 있다.

답 ②

04   행정개혁의 성공요건   난이도 ★★☆

정당 등 이익집단이 활성화 될 경우 개혁에 대한 반발이 활성화될 수 있으므로, 오히려 행정개혁에 있어 걸림돌로 작용할 우려가 있다.

(선지분석)
① 행정개혁을 추진하는 주체의 정치적 리더십이 확립될 경우 행정개혁의 성공가능성이 높아진다.
② 행정개혁에 대하여 저항하는 세력에 대한 정확한 진단은 그에 대한 대응력을 향상시킴으로써 행정개혁의 성공가능성을 제고한다.
③ 행정개혁을 지지하는 여론을 형성하고 다양한 집단과의 의사소통을 활성화할 경우 행정개혁의 성공가능성이 높아진다.

답 ④

05 ☐☐☐

1980년대 이후 주요 국가들의 예산개혁에 대한 설명으로 옳은 것은?

① 성과주의 예산제도는 재정사업에 대한 투입보다는 그 결과에 대한 관심을 강조하고 있으나, 정작 성과측정, 사업원가 산정, 성과 – 예산의 연계 등에서 여전히 많은 난관이 있다.

② 중기재정계획은 단년도 예산의 장점인 안정성과 일관성보다는 재정건전성 등 중장기적 거시 재정목표의 효과적인 추구를 위해 도입되었다.

③ 하향식 예산편성제도는 추계한 예산총량을 전략적 우선순위에 따라 먼저 부문별·부처별로 배분하여 예산의 기술적 효율성(technical efficiency)의 제고를 우선적인 목적으로 한다.

④ 총액배분 자율편성예산제도는 기획재정부가 부문별·부처별로 예산상한을 할당하는 집권화된 예산편성 방식으로, 부처의 사업별 재원배분에 대한 보다 세밀한 관리·통제 필요성에 따라 도입되었다.

06 ☐☐☐

우리나라의 행정개혁 순서로 옳게 연결된 것은?

① 행정쇄신위원회 – 정부 3.0 – 정부혁신지방분권위원회 – 열린 혁신

② 열린 혁신 – 정부 3.0 – 정부혁신지방분권위원회 – 행정쇄신위원회

③ 행정쇄신위원회 – 정부혁신지방분권위원회 – 정부 3.0 – 열린 혁신

④ 행정쇄신위원회 – 정부 3.0 – 열린 혁신 – 정부혁신지방분권위원회

---

05 주요 국가들의 예산개혁

난이도 ★★☆

공행정은 그 특수성상 성과측정, 사업원가 산정, 성과 – 예산의 연계 등에서 어려움이 있다.

선지분석

② 중기재정계획은 단년도 예산의 한계를 극복하고자 재정계획의 안정성과 일관성을 제고하고, 재정건전성 등 중장기적 거시 재정목표의 효과적인 추구를 위해 도입되었다.

③ 하향식 예산편성제도는 예산의 배분적 효율성(allocative efficiency)의 제고를 우선적인 목적으로 한다.

④ 총액배분 자율편성예산제도는 기획재정부가 부문별·부처별로 예산상한을 할당하면 그 범위 내에서 부처에서 사업별 예산배분을 하는 분권화된 예산편성방식이다.

답 ①

06 우리나라의 행정개혁

난이도 ★★★

우리나라의 행정개혁은 행정쇄신위원회(김영삼 정부), 정부혁신지방분권위원회(노무현 정부), 정부 3.0(박근혜 정부), 열린 혁신(문재인 정부) 순으로 진행되었다.

답 ③

우리나라 정부개혁에 대한 설명으로 옳지 않은 것은?

① 김대중 정부에서 공공부문 개혁은 신공공관리론에 의한 개혁이었다.

② 김대중 정부에서 노인복지 등에 전자바우처제도가 처음 도입되었다.

③ 1990년대 말 외환위기 이후 NPS(National Pension Service) 방향으로 개혁을 추진하였다.

④ 1990년대 말 외환위기 이후의 행정이론으로 신공공서비스론(New Public Service)이 대표적이다.

역대 정부의 조직개편에 대한 설명으로 옳지 않은 것은?

① 김대중 정부는 대통령 소속의 중앙인사위원회를 신설하고, 내무부와 총무처를 행정자치부로 통합하였다.

② 노무현 정부는 국무총리 소속의 국정홍보처를 신설하고, 행정자치부 산하에 소방방재청을 신설하였다.

③ 이명박 정부는 기획예산처, 국정홍보처, 정보통신부, 해양수산부, 과학기술부 등을 다른 부처와 통폐합하였다.

④ 박근혜 정부는 행정안전부를 안전행정부로 개편하고, 식품의약품안전청을 식품의약품안전처로 개편하였다.

---

07   우리나라의 정부개혁   난이도 ★★★

노인복지 등에 전자바우처제도 시스템이 처음 도입된 시기는 2007년 노무현 정부이다.

선지분석

① 김대중 정부는 외환위기를 극복하는 과정에서 책임운영기관제도 도입, 공무원 총정원상한령 등 다양한 신공공관리론적 개혁을 진행하였다.

③ 1990년대 말 이후 제도적 복지차원에서 NPS(National Pension Service, 국민연금제도)를 시행하였다.

④ 1990년대 말 이후 뉴거버넌스이론의 일종으로, 신공공서비스론이 등장하였다.

답 ②

08   역대 정부의 조직개편   난이도 ★★★

국정홍보처는 1999년 김대중 정부 때 신설되었다가 2008년 「정부조직법」 개정에 따라 문화관광부 및 정보통신부 일부와 통합하여 문화체육관광부로 개편되었다. 노무현 정부는 행정자치부 산하에 소방방재청을 신설하였다.

답 ②

CHAPTER 3 | 정보화와 행정

THEME 094 | 정보화사회와 행정

01 ☐☐☐
2014년 9급 복원

지식정보사회에 관한 설명으로 옳지 않은 것은?

① 정보의 신속한 전달과 습득은 지식정보사회의 대표적인 특징이다.
② 컴퓨터 범죄와 프라이버시 침해, 정보격차 등의 문제점이 있다.
③ 다양화 및 개방화를 통한 가치관의 변화와 정보의 원활한 유통으로 인한 사회생활 전반에서 정보의 이용 및 정보시스템의 일반화가 이루어진다.
④ 지식정보사회에서는 계층적 조직구조가 강화된다.

02 ☐☐☐
2012년 9급 복원

지식정보사회의 제반 특징으로 옳지 않은 것은?

① 소품종 대량생산체제
② 탈계층제적 구조
③ 여성 중심의 유연한 조직문화
④ 경계를 타파한 이음매 없는 조직

---

01 지식정보사회
난이도 ★★☆

계층적 조직구조(관료제, 기계적 조직구조)는 산업사회를 배경으로 등장하였고, 경직성과 신축성의 저하로 인해 환경변화에 빠르게 대응하기가 어렵다는 한계가 있다. 따라서 지식정보사회에서는 환경변화에 빠르게 대응하기 위해 계층제가 낮은 탈계층적 조직구조가 주로 나타난다.

(선지분석)

① 지식정보사회는 정보화사회로 정보의 신속한 전달과 습득이 대표적 특징이다.
② 지식정보사회에는 컴퓨터 범죄와 프라이버시 침해, 정보격차, 정보의 마타이 현상 등의 문제점이 발생할 수 있다.
③ 지식정보사회에서는 기존 산업사회의 가치관이 변화하고 정보의 원활한 유통 등으로 사회생활 전반에 걸쳐 다양한 정보의 이용이 이루어지는 한편, 이러한 정보를 이용할 수 있는 정보시스템 구축이 일반화된다.

답 ④

02 지식정보사회
난이도 ★☆☆

지식정보사회는 다품종 소량생산체제를 특징으로 한다.

(선지분석)

② 지식정보사회의 조직은 기존 관료제의 계층성을 탈피한다.
③ 지식정보사회의 조직은 남성 중심의 경직된 조직문화가 타파되고, 여성 중심의 유연한 조직문화가 지배적이다.
④ 지식정보사회는 조직 간의 경계가 타파된 이음매 없는 조직의 특징이 나타난다.

답 ①

03 □□□

기업 내에서 인사관리 등에 가장 많이 사용하는 정보공유수단으로 옳은 것은?

① 엑스트라넷
② 인터넷
③ 인트라넷
④ 지식관리시스템

04 □□□

시민중심적 e-거버넌스의 최종적 의사결정 양식에 해당하는 것은?

① 소수의 중앙집권적 의사결정
② 다수의 통합적 의사결정
③ 소수의 합의적 의사결정
④ 확산된 분권적 의사결정

03　정보화사회의 정보공유수단

난이도 ★☆☆

인트라넷은 회사나 학교와 같은 조직 내부에서만 사용하는 근거리 통신망으로, 인터넷 기술이나 통신규약 면에서는 구성이 똑같지만 외부와는 단절되어 있고, 오직 조직 내부에서만 작동한다. 즉, 기업 등 조직에서 인터넷 기술과 통신규약을 이용해 조직 내부의 업무를 통합하는 정보 시스템이다. 별도의 통신망을 구축하지 않아도 언제, 어디서든 자신이 속한 조직의 정보시스템에 접속할 수 있다.

(선지분석)

① 엑스트라넷은 외부 조직의 승인된 사용자들에게 확장된 사설 인트라넷이다. 즉, 인트라넷과 달리 특정 회사 내의 종업원들만 사용하는 시스템이 아니라 오히려 해당 회사 외부의 이해관계자들도 함께 사용할 수 있는 시스템을 의미한다.
② 인터넷은 인터넷 프로토콜 스위트를 기반으로 하여 전 세계적으로 연결된 온라인망이다.
④ 지식관리시스템은 기업의 이윤 극대화, 손실 최소화, 경쟁력 확보를 위해 개발된 관리시스템이다.

답 ③

04　e-거버넌스

난이도 ★★★

시민중심적 e-거버넌스는 1990년대의 확산된 분권적 의사결정 양식의 거버넌스가 2000년대 다수의 통합적 의사결정 양식으로 발전된 개념이다.

(선지분석)

① 소수의 중앙집권적 의사결정은 전통적인 통치방식의 의사결정 양식에 해당한다.

답 ②

전자정부에 대한 설명으로 옳지 않은 것은?

① 상호 간 행정업무를 효율적으로 재설계한다.
② 2008년 이후 행정안전부 주관으로 추진되었다.
③ UN은 전자정부의 마지막 단계를 연계(connected)로 본다.
④ 우리나라에는 아직 정보화책임관제도가 도입되지 않았다.

UN에서 제시하는 전자거버넌스로서의 전자적 참여 형태의 진화 및 발전의 순서로 옳은 것은?

① 전자정보화 → 전자자문 → 전자결정
② 전자결정 → 전자자문 → 전자정보화
③ 전자자문 → 전자정보화 → 전자결정
④ 전자자문 → 전자결정 → 전자정보화

---

05   전자정부   난이도 ★★☆

정보화책임관이란 행정사무의 전산화·정보화를 총괄적으로 책임지는 고위관리자로, 우리나라에서는 1999년 「정보화촉진 기본법」의 개정으로 도입되었다. 「정보화촉진 기본법」은 2009년 「국가정보화 기본법」으로 개정되었다.

(선지분석)
① 전자정부는 정부 상호 간의 행정업무를 효율적으로 재설계하게 한다.
② 전자정부의 소관 부처는 행정안전부이며, 국가정보화의 소관부처는 과학기술정보통신부이다.
③ UN은 전자정부의 발달단계를 착수(energing), 발전(enhanced), 전자거래(transactional), 연계(통합처리, connected)로 구분한다.

👍 **이것도 알면 합격!**   전자정부 발전지수(UN, 2003)

1단계 – 착수 (energing)	• 정책, 법령, 문서 등을 온라인으로 시민에게 제공 • 타 부처, 소속기관과 링크 • 정부부처 새 소식 및 정보목록 제공
2단계 – 발전 (enhanced)	• 시민에게 발전된 일방향·쌍방향 온라인 서비스 제공 • 민원신청 양식, 비디오 서비스, 다국어 서비스 제공 • 부분적으로는 비온라인이나, 개인정보를 우편 등으로 제공받는 서비스를 온라인으로 신청
3단계 – 전자거래 (transactional)	• 시민들이 정부정책, 프로그램, 법령 등을 온라인으로 요청하고 접수 가능한 쌍방향 서비스 제공 • 전자투표 • 거래완료를 위한 신분증명 전자양식 제공
4단계 – 연계 (통합처리, connected)	• Web 2.0 등을 이용 • 시민과 커뮤니케이션 • 다부처 통합 서비스, 생애주기를 고려한 맞춤형 서비스 • 정책결정에 시민의 의견이 반영되는 온라인 환경

답 ④

---

06   전자적 참여 형태   난이도 ★★☆

UN(2008)에서는 전자거버넌스로서의 전자적 참여의 형태에 대해 '전자정보화 – 전자자문 – 전자결정'의 세 가지 형태로 진화·발전하는 것으로 본다.

👍 **이것도 알면 합격!**   전자적 참여의 형태(UN, 2008)

전자정보화 단계 (e-Information)	• 전자적 채널(정부 웹사이트)을 통해 국민에게 정부기관의 다양한 정보를 공개하는 단계 • 일방향적인 정보의 공개가 일어나는 단계
전자자문 단계 (e-Consultation)	시민과 선출직공무원 간의 상호 의사소통(전자청원, 정책토론)과 그에 대한 환류(feedback)가 이루어지는 단계
전자결정 단계 (e-Decision)	• 시민의 의견이 정부의 정책과정에 반영되는 단계 • 어떠한 정책결정에 반영되었는지에 대한 정보를 시민들에게 제공

답 ①

07 □□□
2012년 9급 복원

전자거버넌스의 특징에 대한 설명으로 옳지 않은 것은?

① 다양한 관계 네트워크 형성
② 직접민주주의의 한계 극복
③ 충분한 정보 제공 및 상호작용
④ 다양한 이해관계자의 참여

08 □□□
2020년 7급

다음 중 전자정부의 역기능에 대한 설명으로 옳은 것을 모두 고르면?

> ㄱ. 행정의 민주화를 저해할 수 있다.
> ㄴ. 사이버 범죄가 발생할 수 있다.
> ㄷ. 전자감시의 위험이 심화될 수 있다.
> ㄹ. 정보격차가 심화될 수 있다.

① ㄱ, ㄴ
② ㄴ, ㄷ
③ ㄱ, ㄴ, ㄷ
④ ㄴ, ㄷ, ㄹ

---

07 전자거버넌스
난이도 ★★☆

전자거버넌스의 확대는 간접민주주의의 한계를 극복하기 위하여 직접민주주의적 요소가 도입된 시스템이다.

(선지분석)
① 전자거버넌스를 통하여 다양한 관계의 네트워크 형성이 가능하다.
③, ④ 전자거버넌스를 통하여 충분한 정보를 제공·활용할 수 있으며 다양한 이해관계자 간의 참여와 활발한 상호작용이 가능하다.

답 ②

08 전자정부
난이도 ★★☆

ㄴ, ㄷ, ㄹ. 사이버 범죄의 발생가능성, 전자감시의 위험 심화, 정보격차 심화는 전자정부의 역기능에 해당한다.

(선지분석)
ㄱ. 전자정부는 전자적 참여를 통한 직접민주주의 방식의 도입으로, 행정의 민주화를 제고할 수 있다.

👍 이것도 알면 **합격!** 전자정부의 긍정적 측면과 부정적 측면

긍정적 측면	• 정보접근이 편리하여 의사표현의 자유가 보장되고 시민참여 증가 • 저비용 고효율의 정치문화 창출을 통해 정책결정의 합리성 제고 • 공직자들과 시민들과의 정보 및 의견 교환 용이 • 무능한 정치인이 도태하고 정치문화 전반에 변화가 생길 수 있음
부정적 측면	• 정치의 대중조작 가능성 증가 • 정보의 부익부 빈익빈 현상(마타이효과) 심화 • 정보의 독점과 조작에 따른 감시기능 강화 • 잘못된 정보 및 정보 과다로 인한 시민들의 정치적 무력감 증가 • 사이버테러 및 개인생활을 침해할 우려가 있음

답 ④

09 ☐☐☐

우리나라 정보공개제도에 대한 설명으로 옳은 것은?

① 일부 지방자치단체의 정보공개정도는 국가의 정보공개제도보다 앞서 도입되었다.

② 국회, 법원, 헌법재판소의 정보는 공개청구의 대상에서 제외되어 있다.

③ 외국인의 명의로는 우리나라의 정보공개제도를 이용할 수 없다.

④ 지방자치단체를 포함한 공공기관은 직무상 작성, 취득하여 관리하고 있는 정보에 대해 공개의 청구가 있으면 이에 따라야 한다.

10 ☐☐☐

다음에서 설명하는 기법으로 옳은 것은?

> 각 데이터 간의 상관관계를 인공지능기법으로 자동적으로 알려 주는 기법으로서, 과거에는 알지 못했지만 축적된 데이터 속에서 유도된 새로운 데이터 모델을 발견하여 새로운 전략적 정보를 추출해내는 정보 추출 및 지식발견기법이다.

① 데이터 웨어하우스(data warehouse)

② 인트라넷(intranet)

③ 데이터 마이닝(data mining)

④ 엑스트라넷(extranet)

---

09 정보공개제도

난이도 ★★☆

1992년 청주시가 최초로 정보공개 조례를 제정한 뒤, 상당 수의 자치단체가 국가보다 앞서 정보공개제도를 도입하였다. 국가의 정보공개제도는 1996년 「공공기관의 정보공개에 관한 법률」이 제정되면서 도입되었다.

(선지분석)

② 국회, 법원, 헌법재판소의 정보는 그 규칙이 비공개로 정하고 있는 경우를 제외하고는 원칙적으로 공개청구의 대상이다.

③ 「공공기관의 정보공개에 관한 법률 시행령」 제3조에 따르면 외국인도 일정 조건을 갖출 경우 우리나라의 정보공개제도를 이용할 수 있다.

> **「공공기관의 정보공개에 관한 법률 시행령」 제3조 【외국인의 정보공개 청구】** 정보공개를 청구할 수 있는 외국인은 다음 각 호의 어느 하나에 해당하는 자로 한다.
> 1. 국내에 일정한 주소를 두고 거주하거나 학술·연구를 위하여 일시적으로 체류하는 사람
> 2. 국내에 사무소를 두고 있는 법인 또는 단체

④ 공공기관이 보유·관리하고 있는 정보는 비공개 대상 정보를 제외하고는 공개 대상이다.

답 ①

10 데이터 마이닝

난이도 ★★★

데이터 마이닝(data mining)이란 데이터 베이스로부터 과거에는 알지 못했지만 데이터 속에서 유도된 새로운 데이터 모델을 발견하여 미래에 실행 가능한 정보를 추출해 내고 의사결정에 이용하는 과정을 말한다. 이는 데이터에 숨겨진 패턴과 관계를 찾아내어 광맥을 찾아내듯이 정보를 발견해 내는 것이다. 데이터에 고급 통계분석과 모델링 기법을 적용하여 유용한 패턴과 관계를 찾아내는 과정으로, 데이터 베이스 마케팅의 핵심기술이라고 할 수 있다.

(선지분석)

① 데이터 웨어하우스(data warehouse)는 시스템의 데이터 베이스에 축적된 데이터를 공통의 형식으로 변환하여 일원적으로 관리하는 데이터 베이스를 말한다. 데이터 웨어하우스는 데이터의 수용이나 분석방법까지 포함하여 조직 내 의사 결정을 지원하는 정보관리 시스템으로 이용된다.

② 인트라넷(intranet)은 회사나 학교와 같은 조직 내부에서만 사용하는 근거리통신망으로, 인터넷 기술이나 통신규약 면에서는 구성이 똑같지만 외부와는 단절되어 있고 오직 조직 내부에서만 작동한다. 즉, 기업 등 조직에서 인터넷 기술과 통신규약을 이용해 조직 내부의 업무를 통합하는 정보시스템이다. 별도의 통신망을 구축하지 않아도 언제, 어디서든 자신이 속한 조직의 정보시스템에 접속할 수 있다.

④ 엑스트라넷(extranet)은 외부 조직의 승인된 사용자들에게 확장된 사설 인트라넷이다. 즉, 인트라넷과 달리 특정회사 내의 종업원들만 사용하는 시스템이 아니라 오히려 해당 회사 외부의 이해관계자들도 함께 사용할 수 있는 시스템을 의미한다.

답 ③

PART 7

지방행정론

PART 7

출제비중분석

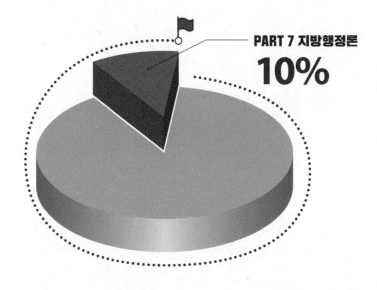

PART 7 지방행정론
10%

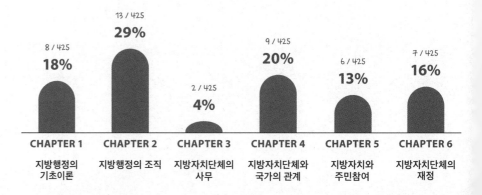

8 / 425	13 / 425	2 / 425	9 / 425	6 / 425	7 / 425
18%	**29%**	**4%**	**20%**	**13%**	**16%**
CHAPTER 1	CHAPTER 2	CHAPTER 3	CHAPTER 4	CHAPTER 5	CHAPTER 6
지방행정의 기초이론	지방행정의 조직	지방자치단체의 사무	지방자치단체와 국가의 관계	지방자치와 주민참여	지방자치단체의 재정

학습목표

☐ PART 7 지방행정론에서는 지방자치의 특수성과 우리나라의 지방자치제도를 다루고 있습니다.
실무와 관련된 법령 문제가 매우 빈번하게 출제되고, 관련 법령의 제·개정이 잦으므로 최신 법령에 주의하여 학습하는 것이 중요합니다.

☐ 지방자치, 중앙집권과 지방분권, 지방행정의 조직, 특별지방행정기관, 주민참여제도, 지방재정의 체계를 중심으로 학습하시기 바랍니다.

2020년 더 알아보기

출제비중분석

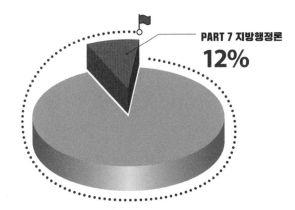

PART 7 지방행정론
12%

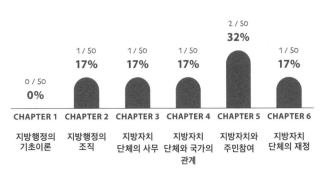

	CHAPTER 1	CHAPTER 2	CHAPTER 3	CHAPTER 4	CHAPTER 5	CHAPTER 6
	0 / 50	1 / 50	1 / 50	1 / 50	2 / 50	1 / 50
	0%	**17%**	**17%**	**17%**	**32%**	**17%**
	지방행정의 기초이론	지방행정의 조직	지방자치 단체의 사무	지방자치 단체와 국가의 관계	지방자치와 주민참여	지방자치 단체의 재정

출제문항별 키워드

- 지방자치단체에 대한 설명으로 옳지 않은 것은? [7급]   252p 01
  → 특별지방행정기관, 특별지방자치단체, 보통지방자치단체
- 지방자치단체의 사무배분에서 특례가 적용되는 경우로 옳지 않은 것은? [9급]   259p 01
  → 지방자치단체의 사무배분
- 시·군 통합의 긍정적 효과에 대한 설명으로 옳지 않은 것은? [9급]   265p 10
  → 시·군 통합, 광역행정
- 우리나라 「지방자치법」이 인정하는 주민직접참여제도로 옳은 것은? [9급]   266p 02
  → 주민직접참여제도
- 주민참여예산제도에 대한 설명으로 옳지 않은 것은? [7급]   267p 03
  → 주민참여예산제도, 지방자치와 주민참여
- 지방재정의 사전예산관리제도로 옳지 않은 것은? [7급]   269p 01
  → 지방재정투융자심사, 성별영향평가제도, 지방채

CHAPTER 1 | 지방행정의 기초이론

01 □□□
2019년(1차) 9급 복원

지방자치의 장점이 아닌 것은?

① 다양성 존중
② 효율성 제고
③ 형평성 제고
④ 대응성 제고

02 □□□
2012년 9급 복원

지방자치의 긍정적인 측면으로 옳지 않은 것은?

① 지방정부 간 경쟁 촉진
② 정책의 실험 및 혁신 추진 용이
③ 지역별 개성이나 특성에 맞는 발전 추구
④ 지역 간 형평성 강화

---

01 지방자치
난이도 ★★☆

지방자치는 각 지방이 스스로의 자치권을 행사하여 행정을 집행하므로 국가 전체적인 차원에서의 지역 간 형평성은 저하되는 측면이 있다.

(선지분석)
② 지방자치는 기계적 효율성은 다소 저하될 수 있으나, 사회적 효율성은 제고할 수 있다.
④ 지방자치는 지역주민 의사에 대한 행정의 대응성을 제고할 수 있다.

👍 이것도 알면 **합격!** 중앙집권과 지방분권의 장점

중앙집권	지방분권(지방자치)
• 국가위기의 신속한 대응	• 지역설정에 맞는 행정으로 지역사회의 성장에 기여
• 행정통제에 유리	• 행정 대응성 제고
• 행정의 통일성을 확보하여 전국적·광역적인 계획행정이 용이	• 민주주의 발전에 도움이 됨
• 규모의 경제 실현	• 정책의 지역적 실험 가능
• 지역 간 형평성 제고	• 신속한 업무처리
• 기능적 전문화에 따른 능률성 제고	• 정보처리 능력향상
• 기계적 효율성 향상	• 지방공무원의 사기 제고
	• 사회적 효율성 향상

답 ③

02 지방자치
난이도 ★★☆

지방자치로 인해 지방정부 간의 경쟁과 지방정부의 재정력 격차로, 지역 간의 형평성은 오히려 저하된다.

(선지분석)
① 지방자치는 지방정부 간 경쟁을 촉진한다.
② 지방자치는 거시적 규모의 중앙정부에서 실시하기 곤란한 정책을 실험하거나 기존 정책의 혁신을 추진하기 용이하다.
③ 지방자치는 각 지방의 지역별 개성이나 특성에 맞는 발전을 추구하기 용이하다.

답 ④

우리나라 지방자치단체의 자치권에 대한 설명으로 옳지 않은 것은?

① 지방자치단체의 권한으로 자치입법권이 있지만 제약이 많다.
② 조례를 제정할 때, 상위법령에서 금지한 사항을 조례로 허용하는 규정을 둘 수 없다.
③ 지방자치단체는 지방세의 세목, 과세대상, 과세표준, 세율, 그 밖에 부과·징수에 필요한 사항을 정할 때에는 지방세기본법 또는 지방세관계법에서 정하는 범위에서 조례로 정하여야 한다.
④ 지방자치단체의 장이 행정기구를 설치할 때에는 대통령의 확인을 받아야 한다.

다음 중 주민자치의 특징으로 옳은 것을 모두 고르면?

> ㄱ. 독립세주의
> ㄴ. 중앙정부와 지방정부 간 기능적 상호협력
> ㄷ. 정치적 의미의 자치
> ㄹ. 지방분권주의 사상
> ㅁ. 영미계에서 발달

① ㄱ, ㄷ, ㄹ
② ㄴ, ㄷ, ㅁ
③ ㄱ, ㄴ, ㄷ, ㄹ
④ ㄱ, ㄴ, ㄷ, ㄹ, ㅁ

---

03 지방자치단체의 자치권   난이도 ★★★

지방자치단체는 그 사무를 분장하기 위하여 필요한 행정기구와 지방공무원을 둔다. 행정기구의 설치와 지방공무원의 정원은 인건비 등 대통령령으로 정하는 기준에 따라 그 지방자치단체의 조례로 정한다(「지방자치법」 제112조 제1항, 제2항).

(선지분석)

①, ② 지방자치단체의 권한으로 조례를 제정할 수 있는 자치입법권이 있지만 법령을 위반할 수 없으므로 그 제약이 많다.
③ 지방세도 조세법률주의에 의한 통제를 받는다.

👍 이것도 알면 **합격!** 자치권의 종류

자치입법권	• 조례와 규칙(자치입법)을 제정할 수 있는 권한 • 조례: 헌법과 법률의 범위 내에서 지방의회가 제정 • 규칙: 법령과 조례의 범위 내에서 지방자치단체의 장이 제정
자치행정권	자신의 사무를 자주적으로 처리할 수 있는 권한
자치조직권	지방자치단체가 지방자치의 행정을 수행하기 위하여 필요한 조직을 스스로 형성·변경·폐지할 수 있는 권한
자치인사권	필요한 인력을 채용하고 관리할 수 있는 권한
자치재정권	재원을 자주적으로 조달하고 관리할 수 있는 권한

답 ④

---

04 주민자치   난이도 ★★★

ㄱ~ㅁ 모두 주민자치의 특징이다.
ㄱ. 주민자치는 독립세주의, 단체자치는 부가세주의이다.
ㄴ. 주민자치는 중앙정부와 지방정부 간 기능적 상호협력관계로 파악하며, 단체자치는 중앙정부와 지방정부를 감독관계로 파악한다.
ㄷ. 주민자치는 정치적 의미, 단체자치는 법률적 의미의 자치이다.
ㄹ. 주민자치는 지방분권주의 사상을 기반으로 한다.
ㅁ. 주민자치는 영미계에서, 단체자치는 대륙계에서 발달하였다.

👍 이것도 알면 **합격!** 주민자치와 단체자치 비교

구분	주민자치	단체자치
의미	정치적 의미(민주적 성격)	법률적 의미(법률적 위임)
자치의 중점	지방정부와 주민의 관계 (주민참여)	지방자치단체와 국가의 관계 (지방분권)
사무의 구분	사무구별 없음	자치사무와 위임사무 구별
권한배분 방식	개별적 수권주의	개괄·포괄적 수권주의
기관의 형태	기관통합형	기관대립형
지방세	독립세 (자치단체가 과세주체)	부가세 (국가가 과세주체)
자치권	고유권설	전래권설
자치단체	순수한 자치단체 (독립적 지위)	이중적 지위 (지방자치단체+하급기관)
통제의 중점	주민통제	중앙통제
중앙통제 방식	입법적·사법적 통제(약), 중앙정부와 기능적 협력관계	행정적 통제(강), 중앙정부와 권력적 감독관계
주요 국가	영국, 미국 등 (영미계)	프랑스, 독일, 일본, 우리나라등(대륙법계)

답 ④

05 ☐☐☐

신중앙집권화에 대한 설명으로 옳지 않은 것은?

① 분권화의 필요성이 약화되면서 등장하였다.
② 영국과 미국을 중심으로 등장하였다.
③ 중앙정부와 지방정부의 기능적 협력을 추구한다.
④ 능률화와 민주화의 조화를 도모하였다.

06 ☐☐☐

신중앙집권화 현상의 의미에 대한 설명으로 가장 옳은 것은?

① 지방분권화가 지니고 있는 문제점에 대한 반발로서 대두된 현상이다.
② 민주화된 정부가 개혁을 위하여 취하는 국가발전 전략의 일환이다.
③ 관료적·권력적 집권이 아니라 비권력적·지식적·기술적 집권이다.
④ 전통적인 중앙집권화보다 그 범위가 훨씬 확대된 것이다.

---

05 신중앙집권화

난이도 ★★☆

신중앙집권화는 분권화의 필요성이 약해지면서 등장한 것이 아니다. 중앙정부의 역할이 증대됨에 따라 중앙정부와 지방정부 간에 새로운 협력관계가 요구되면서 나타났다.

(선지분석)
② 신중앙집권화는 지방분권화가 충분히 진행된 영국과 미국을 중심으로 등장하였다.
③ 신중앙집권화는 전통적 중앙집권화와 달리 중앙정부와 지방정부의 기능적 협력을 추구한다.
④ 신중앙집권화는 단순히 능률성만을 추구하는 것이 아니라 능률화와 민주화의 조화를 도모한다.

👍 이것도 알면 **합격!** 중앙집권화와 신중앙집권화 특징

중앙집권화	신중앙집권화
• 권력적	• 비권력적
• 수직적	• 수평적
• 윤리적	• 기술적
• 후견적	• 지도적

답 ①

06 신중앙집권화

난이도 ★☆☆

신중앙집권화 현상은 행정국가의 등장과 관련하여 등장한 중앙집권화 현상으로, 과거의 중앙집권에 비해 지식적·기술적 집권이다.

(선지분석)
① 신중앙집권화 현상은 전통적 중앙집권과 달리 지방분권화에 대한 반발로서 대두된 현상이 아니다.
② 전통적 중앙집권이 관료적·권력적인 집권이라면 신중앙집권은 비권력적·지식적·기술적인 집권이므로 민주화된 정부의 개혁을 위한 집권으로 볼 수 있다.
④ 신중앙집권은 교통과 통신이 고도로 발달함에 따라 전통적인 중앙집권화보다 그 범위가 훨씬 확대되었다.

답 ③

지방분권 촉진을 위해 2000년대 이후 우리 정부가 새로 실시한 정책으로 옳지 않은 것은?

① 지방양여금 폐지 및 증액교부금 인상
② 주민소송 및 주민소환제의 도입
③ 지방교부세 및 지방교육재정 교부금의 법정교부율 인상
④ 부동산교부세 신설

「지방자치분권 및 지방행정 개편에 관한 법률」에 대한 설명으로 옳지 않은 것은?

① 특별시와 광역시의 구가 일정한 인구나 규모 이하일 경우 적정한 규모로 통합한다.
② 통합된 읍·면·동의 경우 풀뿌리자치의 활성화와 민주적 참여의식 고양을 위해 주민자치회를 설립한다.
③ 특별시, 광역시는 지방자치단체로서 존치한다.
④ 도는 지방자치단체로서 존치하되, 도의 지위 및 기능 재정립에 관하여는 따로 법률로 정한다.

---

07   지방분권   난이도 ★★★

지방양여금제도는 2005년 폐지되었고, 지방교육재정교부금의 구성요소 중 하나였던 증액교부금제도는 2004년 교부세율을 인상하면서 보통교부금으로 통합하였다. 2021년 현재 지방교육재정교부금은 보통교부금과 특별교부금으로 구성된다.

선지분석

② 주민소송제는 2006년, 주민소환제는 2007년부터 도입되었다.
③ 지방교부세 및 지방교육재정교부금의 법정교부율은 2000년대 이후 꾸준히 인상되고 있다.
④ 부동산교부세는 2006년에 신설되었다.

👍 이것도 알면 **합격!** 우리나라 지방분권 관련 법률 및 추진기구의 변화

구분	근거법률	추진기구
김대중 정부 (국민의 정부)	「중앙행정권한의 지방이양 촉진 등에 관한 법률」(1998)	지방이양추진위원회
노무현 정부 (참여정부)	「지방분권특별법」(2004)	정부혁신 지방분권위원회
이명박 정부	「지방분권촉진에 관한 특별법」 (2008)	지방분권촉진위원회
박근혜 정부	「지방분권 및 지방행정체제 개편에 관한 특별법」(2013)	지방자치발전위원회
문재인 정부	「지방자치분권 및 지방행정체제 개편에 관한 특별법」(2018)	자치분권위원회

답 ①

---

08   「지방자치분권 및 지방행정 개편에 관한 법률」   난이도 ★★★

풀뿌리자치의 활성화와 민주적 참여의식 고양을 위하여 읍·면·동에 해당 행정구역의 주민으로 구성되는 주민자치회를 둘 수 있다(「지방자치분권 및 지방행정체제개편에 관한 특별법」 제27조).

선지분석

①, ③ 특별시 및 광역시는 지방자치단체로서 존치하되, 특별시 및 광역시의 관할구역 안에 두고 있는 구 중에서 인구 또는 면적이 과소한 구는 적정 규모로 통합한다(「지방자치분권 및 지방행정체제개편에 관한 특별법」 제19조).
④ 도는 지방자치단체로서 존치하되, 도의 지위 및 기능 재정립에 관련하여 도의 지위 및 기능 재정립 등을 포함한 도의 개편방안을 마련하여야 하고, 도의 지위 및 기능 재정립에 관하여는 따로 법률로 정한다(「지방자치분권 및 지방행정체제개편에 관한 특별법」 제21조).

답 ②

CHAPTER 2 | 지방행정의 조직

01 □□□
2020년 7급

지방자치단체에 대한 설명으로 옳지 않은 것은?

① 특별지방행정기관은 지방자치단체가 특별 업무를 수행하기 위해서 설립한 기관이다.
② 지방환경청은 특별행정기관이다.
③ 우리나라에서는 「지방자치법」에서 특별지방자치단체의 설치 및 운영에 관하여 필요한 사항을 대통령령으로 정하도록 규정하고 있다.
④ 특별자치시와 특별자치도는 보통지방자치단체에 속한다.

01 지방자치단체
난이도 ★☆☆

특별지방행정기관은 중앙부처가 해당 지역에서 중앙부처의 업무를 수행하기 위해서 설립한 기관이다.

(선지분석)
② 지방환경청은 환경부의 특별지방행정기관이다.
③ 특별지방자치단체의 설치·운영에 관하여 필요한 사항은 대통령령으로 정한다(「지방자치법」 제2조 제4항).
④ 세종특별자치시와 제주특별자치도는 보통지방자치단체인 광역지방자치단체이다.

👍 이것도 알면 **합격!** 보통지방자치단체와 특별지방자치단체 비교

구분	보통지방자치단체	특별지방자치단체
사무처리	일반적·종합적 사무 처리	특정적 사무처리 또는 사무의 공동처리
구성원	주민	지방자치단체
변경	법률에 의한 폐치 분합	지방의회의 의결과 감독기관의 승인으로 설립 및 해산

답 ①

02 □□□
2019년(1차) 9급 복원

지방자치단체의 계층구조 중 중층제와 비교할 경우 단층제의 장점으로 옳지 않은 것은?

① 중앙정부와 지역주민들과의 의사소통 거리가 단축된다.
② 행정책임을 명확하게 한다.
③ 중앙정부의 비대화를 억제할 수 있다.
④ 자치권과 지역의 특수성 및 개별성을 더 존중한다.

02 지방자치단체의 계층구조
난이도 ★★★

단층제는 광역자치단체가 존재하지 않기 때문에 기초자치단체에 대한 중앙정부의 직접적인 지시와 감독으로 중앙정부의 집권화가 강화되고 비대화가 심화될 우려가 있다.

(선지분석)
① 단층제는 중간단계인 광역자치단체가 없기 때문에 중앙정부와 지역주민들과의 의사소통 거리가 단축될 수 있다.
② 단층제는 광역자치단체가 없기 때문에 기초자치단체와 광역자치단체 간의 행정책임소재의 모호성을 방지하여 자치단체의 행정책임을 명확하게 한다.
④ 광역자치단체가 존재하지 않기 때문에 기초자치단체의 자치권과 지역의 특수성 및 개별성을 더 존중할 수 있다.

👍 이것도 알면 **합격!** 단층제와 중층제의 장·단점

구분	단층제	중층제
장점	• 신속한 행정 가능 • 낭비의 제거 • 행정의 능률성 증진 • 권한과 책임의 명확화 • 자치권 및 지역적 특수성 인정	• 민주주의의 원리 확산에 기여 • 국가의 감독기능 유지에 용이 (중간자치단체에 감독권 부여) • 중간자치단체가 기초자치단체의 기능을 보완 • 국가와 기초간의 원활한 관계 유지 가능 • 공공기능의 분업적 수행 가능
단점	• 국토가 넓거나 인구가 많으며 적용이 곤란 • 중앙집권화의 우려가 있음 • 광역사무처리에 부적합함 • 중앙정부의 비대화 발생 • 중앙정부의 통솔범위가 너무 넓어 오히려 비효율적일 수 있음	• 기능 중첩으로 인한 이중행정의 폐단 • 행정책임의 모호성 • 행정의 지체와 낭비로 인한 불합리성 • 지역적 특성이 무시될 우려 (광역자치단체가 주도할 경우) • 의사전달의 왜곡 우려

답 ③

03 □□□

지방자치단체의 계층구조에 대한 설명으로 옳지 않은 것은?

① 단층제는 행정수행상 낭비를 제거하고 능률을 증진시킨다.
② 중층제는 주민의 접근성이 낮다.
③ 단층제는 지역의 특수성 및 개별성을 존중할 수 있다.
④ 중층제는 기능의 배분이 명확하지 않을 경우 행정책임이 모호해질 수 있다.

04 □□□

우리나라의 지방자치계층에 대한 설명으로 옳지 않은 것은?

① 제주특별자치도는 자치계층 측면에서 단층제로 운영되고 있다.
② 자치계층은 주민공동체의 정책결정 및 집행의 단위로서 정치적 민주성 가치가 중요시된다.
③ 세종특별자치시의 관할구역으로 자치구를 둘 수 있다.
④ 자치계층으로 군을 두고 있는 광역시가 있다.

---

03 지방자치단체의 계층구조
난이도 ★★☆

중층제의 경우 하위지방자치단체는 단층제에서의 지방자치단체에 비해 그 규모가 작기 때문에 주민의 접근성이 높은 편이다.

선지분석

① 단층제는 행정수행상의 중복과 낭비를 제거하고 능률을 증진시킨다.
③ 중층제의 경우 광역자치단체가 지방행정을 주도하면 지역의 특수성이 무시될 수 있으나, 단층제는 각 지역의 특수성 및 개별성이 존중된다.
④ 중층제의 경우 광역자치단체와 기초자치단체 간 기능의 배분이 명확하지 않을 경우 행정책임이 모호해질 수 있다.

답 ②

04 지방자치단체의 계층구조
난이도 ★★☆

세종특별자치시의 관할구역에는 자치구를 둘 수 없다. 「지방자치법」의 규정만 놓고 보았을 때에는 옳은 지문이지만, 「세종특별자치시 설치 등에 관한 특별법」에 의하여 옳지 않은 지문에 해당한다. 보통법과 특별법이 충돌할 경우 특별법이 보통법에 우선한다.

> 「지방자치법」 제3조 【지방자치단체의 법인격과 관할】 ② 자치구는 특별시와 광역시, 특별자치시의 관할구역 안에 둔다.
> 「세종특별자치시 설치 등에 관한 특별법」 제6조 【설치 등】 ② 세종특별자치시의 관할구역에는 「지방자치법」 제2조 제1항 제2호의 지방자치단체를 두지 아니한다.

「세종특별자치시 설치 등에 관한 특별법」 제6조 제2항에서 말하는 지방자치단체는 '시, 군, 구'이며 이에 특별법상 규정에 따라 세종특별자치시에는 관할구역으로 자치구를 둘 수 없다. 세종특별자치시는 제주특별자치도와 같이 단층제로 운영되고 있다.

답 ③

우리나라의 지방자치에 대한 설명으로 옳지 않은 것은?

① 서울특별시의 지위·조직 및 운영에 대하여는 수도로서의 특수성을 고려하여 법률로 정하는 바에 따라 특례를 둘 수 있다.

② 세종특별자치시와 제주특별자치도는 자치계층과 행정계층이 일치한다.

③ 우리나라는 절충적 방안으로 포괄적 예시주의를 채택하고 있다.

④ 특별시·광역시 및 특별자치시가 아닌 인구 50만 이상의 시에는 자치구가 아닌 구를 둘 수 있고, 군에는 읍·면을 두며, 시와 구(자치구 포함)에는 동을, 읍·면에는 리를 둔다.

2021년 현행 법령상 우리나라 지방자치단체가 아닌 것은?

① 제주특별자치도

② 대전광역시 서구

③ 경기도 수원시 팔달구

④ 전라남도 화순군

---

05   **우리나라의 지방자치**   난이도 ★★★

세종특별자치시와 제주특별자치도의 자치계층은 단층제로 일치하나, 행정계층은 일치하지 않는다. 세종특별자치시의 행정계층은 시, 읍·면·동의 2계층이고, 제주특별자치도의 행정계층은 도, 시, 읍·면·동의 3계층이다.

(선지분석)

① 「지방자치법」 제174조에 규정되어 있다.

③ 우리나라는 포괄적 수권주의와 개별적 수권주의의 절충형인 포괄적 예시주의를 채택하고 있다.

답 ②

06   **지방자치단체**   난이도 ★★☆

경기도 수원시 팔달구는 특별시나 광역시에 설치된 자치구가 아닌 행정구에 속한다. 행정구는 특별시 또는 광역시가 아닌 시 중에서 인구 50만 이상의 시에 설치할 수 있다. 행정구는 단순히 행정사무 처리의 편의를 위하여 설치된 행정구획에 지나지 않는다. 충청북도 청주시 서원구, 경기도 안양시 동안구, 전라북도 전주시 덕진구 등이 있다.

(선지분석)

① 제주특별자치도는 광역자치단체이다.

② 대전광역시 서구는 기초자치단체이다.

④ 전라남도 화순군은 기초자치단체이다.

답 ③

07 □□□

지방자치단체장이 중앙정부나 행정안전부장관 승인 없이도 자유롭게 할 수 있는 것은?

① 자치단체 간 경계 변경
② 대통령령이 정한 범위 내 지방채 발행
③ 감사를 청구할 수 있는 주민의 수 변경
④ 시·도를 달리하는 시·군·자치구 간 지방자치단체조합의 설립

08 □□□

지방자치단체의 기관구성 중 기관통합형과 대비되는 기관분리형의 특징으로 옳지 않은 것은?

① 기관통합형에 비해 집행기관 구성에서 주민의 대표성을 확보할 수 있고 주민자치 정신에 더 부합된다.
② 의결기관과 집행기관 간의 견제와 균형의 원리에 의해 권력의 남용을 방지하고 비판·감시 기능을 할 수 있다.
③ 지방의회와 지방자치단체의 장을 주민이 직선함으로써 지방행정에 대한 주민통제가 보다 용이하다.
④ 기관통합형에 비해 행정부서 간 분파주의를 배제하는 데 유리하다.

---

07 지방자치단체장의 권한　　　　　　난이도 ★★★

대통령령이 정한 범위 내에서의 지방채 발행은 행정안전부장관과의 협의 없이 지방의회의 의결만 있으면 가능하다.

(선지분석)
① 자치단체 간 경계 변경은 대통령령으로 정하므로 중앙정부의 승인이 필요하다.
③ 감사를 청구할 수 있는 주민의 수는 대통령령으로 정하므로 중앙정부의 승인이 필요하다.
④ 시·도 간의 조합은 행정안전부장관의 승인을 필요로 하고 시·군·구 간의 조합은 시도지사의 승인을 받으면 되나, 시·도를 달리하는 시·군·구 간 지방자치단체조합의 설립은 행정안전부장관의 승인이 필요하다.

답 ②

---

08 지방자치단체의 기관구성　　　　　　난이도 ★★☆

기관분리형은 집행기관의 장도 주민이 직접 선출하기 때문에 집행기관 구성에서 주민의 대표성을 확보할 수 있고 주민자치 정신에 더 부합된다.

(선지분석)
② 기관분리형은 의결기관과 집행기관이 분리되어 견제와 균형을 유지하는 방식으로, 대통령중심제와 유사하다. 기관분리형은 의결기관과 집행기관 간의 균형의 원리에 의해 권력의 남용을 방지하고, 비판·감시 기능을 할 수 있다는 장점이 있다.
③ 기관분리형은 지방의회와 지방자치단체의 장도 주민이 모두 직선함으로써 지방행정에 대한 주민통제가 보다 용이하다.
④ 기관통합형은 지방행정이 행정부서에 대응하는 상임위원회별로 이루어지기 때문에 분파주의가 발생할 우려가 있으나, 기관통합형은 지방자치단체의 장이 행정집행의 최종책임자로 행정부서 간 분파주의를 배제하는 데 유리하다.

답 ①

지방자치단체의 기관구성 중 기관통합형의 특징으로 옳지 않은 것은?

① 권력의 견제와 균형
② 책임행정의 구현
③ 소규모 자치단체에 적합
④ 집행의 통일성 저해

우리나라 지방행정제도 및 재정제도의 문제점으로 옳지 않은 것은?

① 지방세와 관련된 것은 법률로써 규제하고 있어서 재원조달에 제한을 받는다.
② 소수만의 독점과 참여로 인해 주민들이 무관심한 경향이 있다.
③ 근본적으로 지방재정이 중앙정부에 과도하게 의존하는 경향이 있다.
④ 기관구성방식이 기관통합형이므로 견제와 균형이 잘 이루어지지 않는다.

---

09   지방자치단체의 기관구성   난이도 ★★☆

권력의 견제와 균형은 기관대립형의 장점이다.

선지분석

② 기관통합형은 민주정치로 인한 책임행정의 구현이 가능하다는 장점이 있다.
③ 기관통합형은 소규모 자치단체에 적합하고, 자치단체의 규모가 커지면 기관대립형의 필요성이 증대된다.
④ 기관통합형은 집행의 통일성과 종합성을 저해한다.

👍 이것도 알면 **합격!** 기관통합형과 기관대립형의 장·단점		
구분	기관통합형	기관대립형
장점	·민주정치와 책임정치 가능 ·의결 및 집행기관의 갈등 감소 ·신중하고 공정한 행정 가능 ·정책결정과 정책집행의 연결로 행정의 안정성·능률성 제고	·견제와 균형 ·행정의 전문성 확보 ·행정의 종합성과 통일성 ·집행의 분파주의 방지
단점	·견제와 균형의 곤란 ·행정의 전문성 저해 ·집행의 종합성과 통일성 저해 ·책임소재의 모호성	·의결 및 집행기관의 마찰 ·인기영합주의 ·집행의 독단성

답 ①

---

10   지방행정제도 및 재정제도   난이도 ★☆☆

우리나라 지방자치단체의 기관구성은 기관대립형이다. 기관대립형은 의결기관인 의회와 집행기관인 지방자치단체의 장이 분리되어 있어 견제와 균형이 잘 이루어진다.

선지분석

① 우리나라는 지방세도 조세법정주의에 의하여 통제받기 때문에 재원조달에 제한을 받는다.
② 지방행정에 실질적으로 참여하는 집단이 소수의 선출직공직자와 시민단체에 불과한 경향이 있다.
③ 국세와 지방세의 비율, 지방재정의 재정력 부족 등으로 지방재정이 중앙정부에 과도하게 의존하는 경향이 있다.

답 ④

11 □□□

지방의회의 의결사항으로 옳지 않은 것은?

① 조례의 제정·개정 및 폐지
② 결산의 승인
③ 국무총리령으로 정하는 공공시설의 설치와 처분
④ 기금의 설치·운용

12 □□□

지방자치제도에 대한 설명으로 옳지 않은 것은?

① 지방자치제도의 실시에 따라 세수입을 효과적으로 사용할 수 있다.
② 조례는 지방자치단체가 법령의 범위 안에서 그 권한에 속하는 사무에 관하여 지방의회의 의결로써 제정하는 규범이다.
③ 조례로 정할 사항을 규칙으로 정하거나 규칙으로 정할 사항을 조례로 정할 경우 무효가 된다.
④ 예산, 회계, 계약, 재산관리, 지방세, 사용료, 공금의 부과 등에 관한 위법한 행위에 대해서는 주민투표로만 시정할 수 있다.

---

11 지방의회의 의결사항   난이도 ★★★

대통령령으로 정하는 공공시설의 설치·처분이 지방의회의 의결사항에 해당한다(「지방자치법」 제39조 제1항 제7호).

> **「지방자치법」 제39조 【지방의회의 의결사항】** ① 지방의회는 다음 사항을 의결한다.
> 1. 조례의 제정·개정 및 폐지
> 2. 예산의 심의·확정
> 3. 결산의 승인
> 4. 법령에 규정된 것을 제외한 사용료·수수료·분담금·지방세 또는 가입금의 부과와 징수
> 5. 기금의 설치·운용
> 6. 대통령령으로 정하는 중요 재산의 취득·처분
> 7. 대통령령으로 정하는 공공시설의 설치·처분
> 8. 법령과 조례에 규정된 것을 제외한 예산 외의 의무부담이나 권리의 포기
> 9. 청원의 수리와 처리
> 10. 외국 지방자치단체와의 교류협력에 관한 사항
> 11. 그 밖에 법령에 따라 그 권한에 속하는 사항
> ② 지방자치단체는 제1항의 사항 외에 조례로 정하는 바에 따라 지방의회에서 의결되어야 할 사항을 따로 정할 수 있다.

답 ③

12 지방자치제도   난이도 ★★★

예산, 회계, 계약, 재산관리, 지방세, 사용료, 공금의 부과 등 위법한 재무행위에 대해서는 주민투표가 아니라 주민감사청구를 거쳐 주민소송을 통하여 시정이 가능하다.

선지분석

① 지방자치제도의 실시에 따라 지방세수입을 지방자치단체 목표달성을 위하여 효과적으로 사용할 수 있다.
② 조례는 지방자치단체가 법령의 범위 안에서 그 권한에 속하는 사무에 관하여 지방의회의 의결로 제정한다.
③ 조례로 정할 사항을 규칙으로 정하거나 규칙으로 정할 사항을 조례로 정할 경우 그 법규는 효력이 없다.

답 ④

13 ☐☐☐

지방의회의 권한 중 자율권의 내용으로 옳지 않은 것은?

① 내부조직권
② 의사자율권
③ 집행기관의 결산보고에 대한 승인권
④ 의원신분 사정권

---

13 **지방의회의 권한** 난이도 ★★★

지방의회의 권한 중 자율권이란 의사자율권, 의원의 자격심사권, 내부 징계권 등 지방의회의 조직과 운영에 있어서 스스로 규율하는 권한을 의미한다. 집행기관의 결산보고에 대한 승인권은 지방의회의 자율권이 아니라 집행기관에 대한 지방의회의 승인권에 해당한다.

(선지분석)
① 지방의회는 지방의회 조직을 자율적으로 결정할 수 있다.
② 지방의회는 지방의회의 의사자율권을 보유한다.
④ 지방의회는 지방의원을 징계할 수 있다.

답 ③

---

14 ☐☐☐

지방자치단체장의 권한에 대한 설명으로 옳지 않은 것은?

① 임시회의 소집 요구권을 가진다.
② 지방자치단체를 대표하고, 그 사무를 총괄한다.
③ 소속직원을 지휘·감독하고 법령과 조례·규칙으로 정하는 바에 따라 그 임면·교육훈련·복무·징계 등에 관한 사항을 처리한다.
④ 지방의회가 재의결한 내용이 법령에 위반된다고 인정되면, 그 집행을 일시정지할 수 있다.

---

14 **지방자치단체장의 권한** 난이도 ★★★

지방자치단체의 장은 지방의회에서 재의결된 사항이 법령에 위반된다고 인정되면 일시정지가 아니라 대법원에 소(訴)를 제기할 수 있다.

(선지분석)
① 지방자치단체장은 임시회의 소집 요구권을 가지고 있다(「지방자치법」 제45조).
② 지방자치단체장은 지방자치단체를 대표하고, 그 사무를 총괄한다(「지방자치법」 제101조).
③ 지방자치단체장은 소속직원을 지휘·감독하고 법령과 조례·규칙으로 정하는 바에 따라 그 임면·교육훈련·복무·징계 등에 관한 사항을 처리한다(「지방자치법」 제109조).

답 ④

CHAPTER 3 | 지방자치단체의 사무

THEME 099 | 지방자치단체의 사무

01 ☐☐☐
2020년 9급

지방자치단체의 사무배분에서 특례가 적용되는 경우로 옳지 않은 것은?

① 자치구
② 인구 30만 이상의 도시
③ 인구 50만 이상의 도시
④ 특별자치도

02 ☐☐☐
2012년 9급 복원

조례제정권에 대한 설명으로 옳지 않은 것은?

① 단체위임사무와 기관위임사무 모두에 대해 규정이 가능하다.
② 조례의 내용은 법령에 위반되면 안 된다.
③ 벌칙제정은 법률의 위임이 반드시 있어야만 한다.
④ 주민의 권리와 의무에 관한 사항을 정할 경우에는 반드시 법률의 위임이 있어야 한다.

---

01 지방자치단체의 사무배분
난이도 ★★☆

인구 30만 이상의 도시에는 특례가 적용되는 경우가 없다.

(선지분석)

① 자치구의 자치권의 범위는 법령으로 정하는 바에 따라 시·군과 다르게 할 수 있다(「지방자치법」 제2조 제2항).
③ 인구 50만 이상의 시에는 자치구가 아닌 구를 둘 수 있다(「지방자치법」 제3조 제3항).
④ 제주도는 특별자치도로 「제주특별자치도 설치 및 국제자유도시 조성을 위한 특별법」의 적용을 받는다.

답 ②

02 조례제정권
난이도 ★★☆

기관위임사무는 지방자치단체장이 국가의 하급기관으로서 수행하는 사무이기 때문에 이에 대해서는 지방자치단체장이 제정하는 규칙으로만 제정할 수 있고 지방의회가 제정하는 조례로는 규정할 수 없다.

(선지분석)

② 조례의 내용은 대한민국의 법령에 위반되면 안 된다.
③, ④ 주민에게 의무를 부과하거나 권리를 제한하는 것이므로 반드시 법률의 위임이 있어야 하며, 벌칙을 제정하는 것은 권리를 제한하거나 의무를 부과하는 사항이므로 법률의 위임이 있어야 한다.

답 ①

03 □□□

단체위임사무와 기관위임사무에 대한 설명으로 가장 옳지 않은 것은?

① 단체위임사무는 법령에 의하여 국가 또는 상급 지방자치 단체로부터 지방자치단체에 위임된 사무이고, 기관위임사무는 법령 등에 의하여 국가 또는 상급 지방자치단체로부터 지방자치단체의 장에게 위임된 사무이다.
② 단체위임사무의 경비는 지방자치단체와 위임기관이 공동으로 부담하며, 기관위임사무의 경비는 그 전액을 위임기관이 부담하는 것이 원칙이다.
③ 단체위임사무는 지방의회가 관여하는 것이 불가능하고, 기관위임사무는 지방의회가 관여할 수 있다.
④ 단체위임사무의 예로는 예방접종, 보건소의 운영 등이 있고, 기관위임사무의 예로는 국민투표 사무, 선거 사무 등이 있다.

04 □□□

단체위임사무와 기관위임사무에 대한 설명으로 옳지 않은 것은?

① 지방의회는 기관위임사무에 대해 조례제정권을 행사할 수 없다.
② 보건소의 운영업무와 병역자원의 관리업무는 대표적인 기관위임사무이다.
③ 중앙정부는 단체위임사무에 대해 사전적 통제보다 사후적 통제를 주로 한다.
④ 기관위임사무의 처리를 위한 비용은 국가가 부담한다.

---

03 단체위임사무와 기관위임사무

난이도 ★★☆

기관위임사무는 지방의회가 관여하는 것이 불가능하고, 단체위임사무는 지방의회가 관여할 수 있다.

구분	자치사무	단체위임사무	기관위임사무
이것도 알면 합격! 지방자치단체의 사무 비교			
개념	지방자치단체가 자기의 책임과 부담으로 처리하는 지방적 공공사무	법령에 의하여 국가 또는 상급 지방자치단체로부터 그 지방자치단체에 위임된 사무	법령에 의하여 국가 또는 상급 지방자치단체로부터 지방자치단체의 집행기관에 위임된 사무
결정 주체	지방의회 (본래의 사무)	지방의회 (지방자치단체에 위임)	국가 (지방자치단체 개입 불가)
사무처리 주체	지방자치단체	지방자치단체	지방자치단체장 (일선행정기관의 성격)
조례 제정권	○	○	×
국가의 감독	합법성 중심의 사후·교정적 감독	합법성과 합목적성의 교정적 감독	사전·예방적· 교정적 감독
경비의 부담	지방자치단체 (보조금=장려적 보조금)	국가와 지방자치단체 공동부담 (보조금=부담금)	국가 전액부담 (보조금=교부금)

답 ③

04 단체위임사무와 기관위임사무

난이도 ★★☆

보건소의 운영업무는 단체위임사무이고, 병역자원의 관리업무는 기관위임사무이다.

(선지분석)

① 지방의회는 자치사무와 단체위임사무에 대해서는 조례제정권을 행사할 수 있으나, 기관위임사무에 대해서는 조례제정권을 행사할 수는 없다.
③ 중앙정부는 단체위임사무에 대해 사전적 통제보다는 사후적 통제를 주로 하며, 기관위임사무에 대해서는 사전적 통제가 가능하다.
④ 기관위임사무는 본래 중앙정부의 사무를 지방자치단체장에게 위임한 사무이므로 그 처리를 위한 비용은 국가가 부담한다.

답 ②

CHAPTER 4 | 지방자치단체와 국가의 관계

THEME 100 | 정부 간 관계론(IGR)

01 ☐☐☐
2008년 9급 복원

라이트(Wright)의 정부 간 관계모형(IGR) 중 가장 이상적 모형으로 옳은 것은?

① 분리권리형
② 포괄권위형
③ 중첩권위형
④ 동반자모형

---

02 ☐☐☐
2016년 9급 복원

지방자치단체의 갈등해결에 대한 설명으로 옳은 것은?

① 중앙정부와 지방정부 간 인사교류의 활성화는 소모적 갈등의 완화에 기여한다.
② 지방자치단체 상호 간은 행정협의조정위원회, 국가와 지방자치단체 간은 분쟁조정위원회에서 다투는 것이 옳다.
③ 지방자치단체와 주민의 갈등을 해결하는 방법에는 협의회와 협약, 공청회, 공람 등이 있다.
④ 행정협의조정위원회의 결정은 구속력이 있다.

01　라이트(Wright)의 정부 간 관계모형(IGR)
난이도 ★★☆

라이트(Wright)는 중앙정부와 지방정부 간의 관계모형으로 분리권위형, 중첩권위형, 포괄권위형을 제시하였다. 중첩권위형은 중앙정부와 지방정부가 상호의존적인 관계에서 정치적 타협과 협상을 벌이는 형태로, 라이트(Wright)는 중첩권위형을 가장 이상적 모형으로 제시하였다.

(선지분석)
① 분리권위형은 중앙정부와 지방정부의 관계가 완전하게 분리되어 있어 서로 독립적으로 운영되는 형태이다.
② 포괄권위형은 지방정부가 중앙정부에 전적으로 종속하는 계층적 관계를 갖는 형태로, 이 경우 지방정부는 국가의 재량권으로 창조될 수도 폐지될 수도 있다.
④ 동반자모형은 엘콕(Elcock)의 중앙과 지방관계 분류에 따른 모형이다. 동반자모형은 지방이 고유한 권능을 가지고 독자적인 결정을 내릴 수 있기 때문에 중앙정부와 상하관계에 있다고 보지 않는다.

답 ③

02　지방자치단체의 갈등해결
난이도 ★★☆

인사교류의 활성화를 통해서 중앙정부와 지방정부 간의 소모적 갈등을 완화할 수 있다.

(선지분석)
② 지방자치단체 간은 분쟁조정위원회, 국가와 지방자치단체 간은 행정협의조정위원회에서 다투는 것이 옳다.
③ 지방자치단체와 주민의 갈등을 해결하는 방법에는 공청회, 공람 등이 있다. 협의회와 협약은 지방자치단체 간의 갈등을 해결하는 방법에 해당한다.
④ 국가와 지방자치단체 간 갈등의 해결을 위해 설치된 국무총리실의 행정협의조정위원회의 결정은 구속력이 없다.

답 ①

PART 7　2021 해커스군무원 15개년 기출복원문제집 쉬운 행정학

03 □□□

「지방자치법」상 지방정부에 대한 중앙정부의 관여·감독에 관한 설명으로 옳지 않은 것은?

① 지방자치단체의 사무에 관한 그 장의 명령이나 처분이 법령에 위반되거나 현저히 부당하여 공익을 해친다고 인정되면 시·도에 대하여는 주무부장관이, 시·군 및 자치구에 대하여는 시·도지사가 기간을 정하여 서면으로 시정할 것을 명하고, 그 기간에 이행하지 아니하면 이를 취소하거나 정지할 수 있다.

② 중앙정부는 위법·부당한 명령·처분의 시정명령 및 취소·정지를 할 수 있고, 지방자치단체의 장은 이에 이의가 있을 때에는 행정법원에 소를 제기할 수 있다.

③ 지방자치단체의 장이 법령의 규정에 따라 그 의무에 속하는 국가위임사무나 시·도위임사무의 관리와 집행을 명백히 게을리 하고 있다고 인정되면 시·도에 대하여는 주무부장관이, 시·군 및 자치구에 대하여는 시·도지사가 기간을 정하여 서면으로 이행할 사항을 명령할 수 있다.

④ 행정안전부장관이나 시·도지사는 지방자치단체의 자치사무에 관하여 보고를 받거나 서류·장부 또는 회계를 감사할 수 있으며, 이 경우 감사는 법령위반사항에 대하여만 실시한다.

04 □□□

우리나라의 중앙정부와 지방정부 간 관계에 대한 설명으로 옳지 않은 것은?

① 중앙정부와 지방정부 간의 인사교류 활성화는 소모적 갈등의 완화에 기여할 수 있다.

② 특별지방행정기관과 지방정부 간 기능이 유사·중복되어 갈등이 발생하기도 한다.

③ 중앙정부와 지방정부 간 재원 및 재정 부담을 둘러싼 갈등이 심화되고 있다.

④ 중앙정부와 지방정부 간 갈등을 해결하기 위하여 설치된 행정협의조정위원회의 결정은 강제력을 가진다.

---

03 중앙정부와 지방정부

난이도 ★★☆

중앙정부는 위법·부당한 명령·처분의 시정명령 및 취소·정지를 할 수 있고, 지방자치단체의 장은 이에 이의가 있을 때에는 대법원에 소를 제기할 수 있다(「지방자치법」 제169조 제2항).

(선지분석)
① 「지방자치법」 제169조 제1항에 규정되어 있다.
③ 「지방자치법」 제170조 제1항에 규정되어 있다.
④ 「지방자치법」 제171조 제1항에 규정되어 있다.

답 ②

04 중앙정부와 지방정부

난이도 ★★☆

행정협의조정위원회의 결정은 지방자치단체의 장이 그 협의·조정 사항을 이행해야 하는 의무가 생기지만, 직무이행명령권과 대집행권이 없어 실제적으로 약한 강제력을 가지고 있다.

(선지분석)
① 중앙정부와 지방정부의 소속 공무원의 인사교류 활성화는 상호 이해를 증진시켜 소모적 갈등의 완화에 기여할 수 있다.
② 특별지방행정기관은 중앙정부의 소속기관으로 그 기능이 지방정부와 유사·중복될 경우 그 권한과 책임에 관하여 갈등이 발생할 수 있다.
③ 중앙정부와 지방정부가 공동으로 사업을 시행하는 경우가 증가하는 한편, 중앙정부의 사무가 지방정부로 이행되었지만 재정적 뒷받침이 이루어지지 않아 재원 및 재정 부담을 둘러싼 갈등이 심화되고 있다.

답 ④

특별지방행정기관에 대한 설명으로 옳지 않은 것은?

① 우리나라에는 특별지방행정기관이 없다.
② 주로 국가업무의 효율적·광역적 추진을 위해 설치된다.
③ 지역주민의 의사를 반영시키는 제도적 연결장치가 결여되어 있다.
④ 현장의 정보를 중앙정부에 전달하거나 중앙정부와 지방자치단체 사이의 매개 역할을 수행하기도 한다.

특별지방행정기관의 문제점에 대한 설명으로 옳지 않은 것은?

① 특별지방행정기관은 국가의 일선기관으로서 중앙통제를 강화시킨다.
② 특별지방행정기관은 지역종합행정을 저해한다.
③ 특별지방행정기관은 주민들의 불편과 혼란을 야기한다.
④ 특별지방행정기관의 확대는 국가사무의 효율적이고 광역적인 추진을 저해한다.

05　특별지방행정기관　　　　　　　　　　난이도 ★☆☆

특별지방행정기관은 중앙행정기관이 지방에서의 그 소관 사무를 처리하기 위하여 그 하부기관으로서 지방에 설치한 행정기관으로, 국가업무 수행을 위해 국가의 지방사무소 역할을 하는 기관을 말한다. 세무서, 경찰서, 세관, 지방통계청, 지방보훈청 등이 이에 해당한다.

(선지분석)
② 특별지방행정기관은 국가업무의 효율적·광역적인 추진을 위해 설치되었다.
③ 특별지방행정기관은 지역주민이 참여할 수 있는 방안이 결여되어 있다.
④ 특별지방행정기관은 각 지방 현장의 정보를 중앙정부에 전달하거나 중앙정부와 지방자치단체 사이의 매개 역할을 수행하기도 한다.

답 ①

06　특별지방행정기관　　　　　　　　　　난이도 ★★☆

특별지방행정기관은 국가의 일선기관으로서 지방의 고유 사무를 위해 설치한 기관이 아니라 국가업무의 효율적이고 광역적인 추진을 위해 설치된 기관으로, 중앙부처의 손발과 같은 역할을 담당한다.

(선지분석)
① 특별지방행정기관은 국가의 일선기관이므로, 중앙통제를 강화하고 집권화를 촉진한다.
② 특별지방행정기관은 중앙정부의 집권성을 강화하므로 지역종합행정을 저해한다.
③ 특별지방행정기관은 이중행정의 문제점을 야기하여, 지역주민들의 불편과 혼란을 야기할 수 있다.

답 ④

PART 7　2021 해커스군무원 15개년 기출복원문제집 쉬운 행정학

특별지방행정기관의 효용으로 옳지 않은 것은?

① 통일성
② 전문성
③ 현지성
④ 수직적 기능 분담

특별지방행정기관의 특징으로 옳지 않은 것은?

① 유사하거나 중복된 업무로 인한 비효율성
② 행정의 민주성 제고
③ 지방행정의 종합성 제약
④ 기관 상호 간 수평적 조정의 곤란

---

07   특별지방행정기관   난이도 ★★☆

특별지방행정기관은 국가의 사무를 일선에서 처리하는 일선기관으로, 지방행정의 현지성을 저해하며 보통지방행정기관인 지방자치단체와 갈등이 있을 수 있다.

(선지분석)

① 특별지방행정기관은 중앙부처 소속기관이므로 전국적으로 행정의 통일성을 기할 수 있다.
② 특별지방행정기관은 각 중앙부처의 전문적인 업무를 다루는 기관으로, 세관, 세무서, 경찰서, 지방병무청, 지방통계청 등이 이에 해당한다.
④ 특별지방행정기관은 중앙부처의 기능을 하급기관으로서 수직적으로 분담하여 수행한다.

답 ③

08   특별지방행정기관   난이도 ★★☆

특별지방행정기관(일선기관)은 중앙행정기관의 손발과 같은 역할을 할 뿐 지방자치단체가 아니므로 지역 주민들의 직접적인 통제와 참여가 불가능하며, 자치행정이나 책임행정을 저해할 우려가 있다.

(선지분석)

① 특별지방행정기관은 지방자치단체인 보통지방행정기관과 유사하거나 중복된 업무를 수행함으로써 비효율성을 발생시킬 수 있다.
③ 특별지방행정기관은 보통지방행정기관의 행정업무의 종합성을 제약할 수 있다.
④ 특별지방행정기관은 수직적 성격이 강한 형태의 기관이다.

답 ②

09 ☐☐☐

우리나라의 광역행정 방식으로 옳지 않은 것은?

① 사무의 위탁
② 행정협의회
③ 지방자치단체조합
④ 민영화

10 ☐☐☐

시·군 통합의 긍정적 효과에 대한 설명으로 옳지 않은 것은?

① 행정의 대응성 제고
② 규모의 경제 실현
③ 생활권과 행정권의 일치
④ 광역적 문제의 효과적 해결

---

09 광역행정 방식 난이도 ★★☆

민영화는 광역행정 방식이 아니다. 민영화는 정부실패에 대한 대응방식
이다.

(선지분석)

① 지방자치단체나 그 장은 소관 사무의 일부를 다른 지방자치단체나 그
 장에게 위탁하여 처리하게 할 수 있다(「지방자치법」 제151조 제1항).
② 지방자치단체는 2개 이상의 지방자치단체에 관련된 사무의 일부를
 공동으로 처리하기 위하여 관계 지방자치단체 간의 행정협의회를
 구성할 수 있다(「지방자치법」 제152조 제1항).
③ 2개 이상의 지방자치단체가 하나 또는 둘 이상의 사무를 공동으로
 처리할 필요가 있을 때에는 규약을 정하여 그 지방의회의 의결을 거쳐
 시·도는 행정안전부장관의, 시·군 및 자치구는 시·도지사의 승인을
 받아 지방자치단체조합을 설립할 수 있다(「지방자치법」 제159조
 제1항). 지방자치단체조합은 법인으로 한다(「지방자치법」 제159조
 제2항).

답 ④

10 시·군 통합 난이도 ★★☆

시·군 통합은 지방행정의 광역행정의 일종으로 집권화를 야기한다. 따
라서 행정의 대응성은 저해된다. 행정의 대응성 제고는 분권성을 강화
할 때 효과적이다.

(선지분석)

②, ④ 시·군 통합으로 광역적인 행정문제를 효과적으로 해결할 수 있
 고 대규모 행정서비스 및 규모의 경제 실현이 가능하다.
③ 기존 시·군이 사실상 하나의 생활권인 점을 감안할 때 생활권과 행
 정권의 일치를 이룰 수 있다.

답 ①

CHAPTER 5 | 지방자치와 주민참여

01 ☐☐☐
2008년 9급 복원

시민참여를 조작, 치료, 정보제공, 자문, 회유, 공동협력, 권한위임, 시민통제의 8단계로 구분한 학자로 옳은 것은?

① 샤흐터(Schachter)
② 아른슈타인(Arnstein)
③ 프레드릭슨(Frederickson)
④ 로젠블럼(Rosenbloom)

01 시민참여
난이도 ★☆☆

주민참여 8단계설로, 아른슈타인(Arnstein)이 주장하였다.

(선지분석)
① 신공공서비스론자인 샤흐터(Schachter)는 정부기관의 성과를 효과적으로 제고하기 위하여 시민들이 행정의 주체로서 능동적 참여하여야 한다고 주장하였다.
③ 프레드릭슨(Frederickson)은 신행정론을 주장한 학자이다.
④ 로젠블럼(Rosenbloom)은 행정학의 접근방법을 관리적 접근법, 정치적 접근법, 법적 접근법으로 분류하였다.

👍 이것도 알면 **합격!** 아른슈타인(Arnstein)의 주민참여 8단계설		
비참여	1. 조작	• 관료들의 일방적 지시나 전달 • 주민들이 수동적으로 대응함
	2. 치료	• 행정기관이 책임 회피를 위하여 행하는 조치 • 주민은 실제적으로 정책결정에 참여하지 못하고 책임만을 부여받음
명목적 참여	3. 정보제공	• 행정기관의 일방적인 정보전달 • 환류를 통한 협상과 타협에 연결되지 못함
	4. 자문(상담)	주민이 정책 관련에 관해 권고하는 정도의 채널은 열려 있지만, 행정기관은 주민의사의 수렴보다 요구된 과정을 거치는 형식에 더 큰 비중을 둠
	5. 회유(유화)	각종 위원회에서 의견 제시 등의 단계가 이루어지지만 영향력이 높지 않음
주민 권력	6. 협력관계 (공동협력)	행정기관이 최종결정권을 갖고 있지만, 행정기관과 주민이 위원회 등을 구성하고 주민이 필요하다고 판단될 경우 행정기관에 맞서서 주장을 내세울 만큼의 영향력을 갖고 있음
	7. 권한위임	주민들이 정책의 결정·실시에 우월한 권력을 가지고 참여함
	8. 주민통제 (자주관리)	주민이 위원회 등을 통하여 행정을 실제로 지배하고 있음

답 ②

02 ☐☐☐
2020년 9급

우리나라 「지방자치법」이 인정하는 주민직접참여제도로 옳은 것은?

① 주민발안, 주민소환
② 주민소환, 주민참여예산
③ 주민투표, 주민감사청구
④ 주민소송, 주민총회

02 주민직접참여제도
난이도 ★★★

① 「지방자치법」은 주민발안과 관련된 제도로 제15조에서 조례의 제정과 개폐 청구에 관한 규정을 두고 있으므로 주민발안도 「지방자치법」이 인정하는 주민직접참여제도로 보는 것이 일반적이다. 한편, 제20조에서는 주민소환에 관하여 따로 법률로 규정한다고 명시하고 있다.
③ 「지방자치법」 제14조에서 주민투표에 관한 사항은 별도로 법률로 규정한다고 명시하고 있으며, 주민감사청구는 제16조에서 규정하고 있다.

(선지분석)
② 주민참여예산은 「지방재정법」에서 인정하고 있다.
④ 「지방자치법」 제17조에서 주민소송에 관하여 규정하고 있으나, 주민총회는 규정하고 있지 않다.

답 ①, ③

03 □□□

주민참여예산제도에 대한 설명으로 옳지 않은 것은?

① 「지방재정법」에 근거조항이 마련되어 있다.
② 주민참여예산기구의 구성·운영과 그 밖에 필요한 사항은 해당 지방자치단체의 조례로 정한다.
③ 지방자치단체의 장은 주민참여예산제도를 통하여 수렴한 주민의 의견서를 지방의회에 제출하는 예산안에 첨부하여야 한다.
④ 지방자치단체의 장은 지방의회의 의결사항을 포함하여 예산 과정에 주민참여예산제도를 마련하여 시행하여야 한다.

04 □□□

다음 중 2021년 현행 법상 일정한 자격을 갖춘 외국인에게 허용되는 것은 모두 몇 개인가?

> ㄱ. 주민투표
> ㄴ. 조례의 제정과 개폐 청구권
> ㄷ. 주민소송
> ㄹ. 주민소환
> ㅁ. 주민감사청구
> ㅂ. 정보공개청구

① 3개
② 4개
③ 5개
④ 6개

---

03 주민참여예산제도

난이도 ★★☆

지방자치단체의 장은 지방의회의 의결사항을 제외하고 예산과정에 주민참여예산제도를 마련하여 시행하여야 한다(「지방재정법」 제39조 제1항).

선지분석

① 주민참여예산제도는 「지방재정법」 제39조에 근거조항이 마련되어 있다.
② 주민참여예산기구의 구성·운영과 그 밖에 필요한 사항은 해당 지방자치단체의 조례로 정한다(「지방재정법」 제39조 제5항).
③ 지방자치단체의 장은 주민참여예산제도를 통하여 수렴한 주민의 의견서를 지방의회에 제출하는 예산안에 첨부하여야 한다(「지방재정법」 제39조 제2항 제2호).

답 ④

04 주민참여제도

난이도 ★★★

ㄱ~ㅂ 모두 허용된다.

ㄱ. 출입국관리 관계 법령에 따라 대한민국에 계속 거주할 수 있는 자격을 갖춘 외국인으로서 지방자치단체의 조례로 정한 사람은 주민투표권이 있다(「주민투표법」 제5조 제1항).
ㄴ. 「출입국관리법」 제10조에 따른 영주의 체류자격 취득일 후 3년이 경과한 외국인으로서 같은 법 제34조에 따라 해당 지방자치단체의 외국인등록대장에 올라 있는 사람은 해당 지방자치단체의 장에게 조례를 제정하거나 개정하거나 폐지할 것을 청구할 수 있다(「지방자치법」 제15조 제1항).
ㄷ. 공금의 지출에 관한 사항, 재산의 취득·관리·처분에 관한 사항, 해당 지방자치단체를 당사자로 하는 매매·임차·도급 계약이나 그 밖의 계약의 체결·이행에 관한 사항 또는 지방세·사용료·수수료·과태료 등 공금의 부과·징수를 게을리한 사항을 감사청구한 주민은 그 감사청구한 사항과 관련이 있는 위법한 행위나 업무를 게을리 한 사실에 대하여 해당 지방자치단체의 장(해당 사항의 사무처리에 관한 권한을 소속 기관의 장에게 위임한 경우에는 그 소속 기관의 장을 말한다. 이하 이 조에서 같다)을 상대방으로 하여 소송을 제기할 수 있다(「지방자치법」 제17조 제1항).
ㄹ. 19세 이상의 외국인으로서 「출입국관리법」 제10조의 규정에 따른 영주의 체류자격 취득일 후 3년이 경과한 자 중 같은 법 제34조의 규정에 따라 당해 지방자치단체 관할구역의 외국인등록대장에 등재된 자에 해당하는 자는 주민소환투표권이 있다(「주민소환에 관한 법률」 제3조 제1항).
ㅁ. 지방자치단체의 조례로 정하는 19세 이상의 주민(「출입국관리법」 제10조에 따른 영주의 체류자격 취득일 후 3년이 경과한 외국인으로서 같은 법 제34조에 따라 해당 지방자치단체의 외국인등록대장에 올라 있는 사람 포함)수 이상의 연서(連署)로, 시·도에서는 주무부장관에게, 시·군 및 자치구에서는 시·도지사에게 그 지방자치단체와 그 장의 권한에 속하는 사무의 처리가 법령에 위반되거나 공익을 현저히 해친다고 인정되면 감사를 청구할 수 있다(「지방자치법」 제16조).
ㅂ. 외국인의 정보공개 청구에 관하여는 대통령령으로 정한다(「공공기관의 정보공개에 관한 법률」 제5조).

답 ④

「지방자치법」에 규정된 내용으로 옳지 않은 것은?

① 다른 기관에서 감사하였거나 감사 중인 사항도 주민감사청구 대상에 포함된다.
② 주민은 그 지방자치단체의 장 및 지방의회의원(비례대표 지방의회의원은 제외)을 소환할 권리를 갖는다.
③ 지방자치단체의 장은 주민에게 과도한 부담을 주거나 중대한 영향을 미치는 지방자치단체의 주요 결정사항 등에 대하여 주민투표에 부칠 수 있다.
④ 주민은 지방자치단체 장의 지방재정 관련 행정처분의 취소나 변경을 요구하거나 그 행위의 효력 유무 또는 존재 여부의 확인을 요구하는 주민소송을 제기할 수 있다.

우리나라의 주민투표에 대한 설명으로 옳은 것은?

① 대한민국 국적을 취득하기 전에는 외국인은 주민투표권자가 될 수 없다.
② 주민투표에 부치는 사항은 당해 지방자치단체의 주요 결정사항에 한한다.
③ 주민투표의 발의는 지방자치단체의 장만이 할 수 있다.
④ 주민투표권자의 2분의 1 이상이 투표하지 않으면 개표를 하지 않는다.

---

05 「지방자치법」　　　　　　　　　　　　　난이도 ★★☆

다른 기관에서 감사하였거나 감사 중인 사항은 「지방자치법」 제16조 제1항 제3호에 따라 감사청구의 대상에서 제외되는 사항이다. 다만 새로운 사항이 발견되거나 중요 사항이 감사에서 누락된 경우와 주민소송의 대상이 되는 경우에는 그러하지 아니하다.

선지분석
② 비례대표 지방의회의원은 소환할 수 없다.
③ 지방자치단체의 장은 직권으로 주민투표를 실시할 수 있으나, 지방의회 재적의원 과반수의 출석과 출석의원 과반수의 동의가 필요하다.
④ 감사청구한 주민은 감사청구에 불복할 경우 지방자치단체 장의 지방재정 관련 사항에 대하여 주민소송을 제기할 수 있다.

답 ①

06 주민투표　　　　　　　　　　　　　　난이도 ★★★

지방자치단체의 장, 주민, 지방의회 등이 주민투표를 청구할 수는 있으나 주민투표의 발의는 지방자치단체의 장만이 할 수 있다. 지방자치단체의 장은 주민에게 과도한 부담을 주거나 중대한 영향을 미치는 지방자치단체의 주요 결정사항 등에 대하여 주민투표에 부칠 수 있다(「지방자치법」 제14조 제1항).

선지분석
① 출입국관리 관계 법령에 따라 대한민국에 계속 거주할 수 있는 자격을 갖춘 외국인으로서 지방자치단체의 조례로 정한 사람은 주민투표권자가 될 수 있다(「주민투표법」 제5조 제1항 제2호).
② 주민에게 과도한 부담을 주거나 중대한 영향을 미치는 지방자치단체의 주요 결정사항으로서 그 지방자치단체의 조례로 정하는 사항은 주민투표에 부칠 수 있다(「주민투표법」 제7조 제1항).
④ 전체 투표수가 주민투표권자의 총수의 3분의 1에 미달되는 때에는 개표를 하지 아니한다(「주민투표법」 제24조 제2항).

답 ③

CHAPTER 6 | 지방자치단체의 재정

THEME 103 | 지방재정의 개요

01 ☐☐☐
2020년 7급

지방재정의 사전예산관리제도로 옳지 않은 것은?

① 지방재정위기 사전 경보 시스템
② 지방재정투융자심사
③ 성별영향평가제도
④ 지방채발행

02 ☐☐☐
2019년(2차) 9급 복원

2021년 현행 법령상 지방교부세에 대한 설명으로 옳은 것은?

① 경기도는 주민들에게 소방안전교부세를 부과할 수 있다.
② 울산광역시는 특별교부세가 교부될 수 없다.
③ 인천광역시는 부동산교부세가 교부될 수 없다.
④ 세종특별자치시는 주민들에게 분권교부세를 부과할 수 없다.

---

01 지방재정의 사전예산관리제도
난이도 ★★★

지방재정위기 사전 경보 시스템은 행정안전부장관의 지방자치단체에 대한 재정분석 결과와 재정진단 결과 등을 토대로 지방자치단체의 재정 위험 수준에 따라 재정위기단체 또는 재정주의단체 등으로 지정하여 지방자치단체의 재정위기를 관리하는 시스템이다. 이는 현(現) 재정 분석 및 진단 결과에 따른 관리 시스템이므로 사전예산관리제도로 보기 어렵다.

(선지분석)
② 지방재정투융자심사는 지방자치단체의 투자 및 융자에 관하여 사전에 지방자치단체 장이 그 타당성에 대하여 심사하는 제도이다.
③ 성별영향평가제도는 지방자치단체의 예산이 여성과 남성에 미치는 영향이 어떠한지를 사전에 평가하는 제도이다.
④ 지방자치단체장은 재정투자사업, 재해예방 및 복구사업, 지방채의 차환 등을 이유로 자금조달이 필요할 때 지방채를 발행할 수 있다.

답 ①

02 지방교부세
난이도 ★★★

부동산교부세는 국세인 종합부동산세를 재원으로 마련하여 기초지방자치단체에 전액 교부하는 지방교부세이다. 따라서 광역자치단체인 인천광역시는 부동산교부세가 교부될 수 없다. 단, 기초지방자치단체가 없는 세종자치시와 제주특별자치도는 광역자치단체라도 교부될 수 있다.

(선지분석)
① 소방안전교부세는 「개별소비세법」에 따라 담배에 부과하는 개별소비세 중 45/100를 재원으로 한다. 따라서 경기도는 주민들에게 소방안전교부세를 부과할 수 없다.
② 특별교부세는 기준재정수요액으로는 산정할 수 없는 특별한 재정수요 발생 시, 재난 복구 및 안전관리를 위한 특별한 재정수요 발생 시, 국가적 사업의 장려, 국가와 지방 간 시급한 협력, 재정운용실적 우수 시 지방자치단체에 교부한다. 따라서 울산광역시에 위의 사유가 발생할 경우 특별교부세가 교부될 수 있다.
④ 분권교부세는 2014년 폐지되었다.

답 ③

03 □□□

다음 중 2021년 현재 세금을 납부할 의무가 있는 납세의무자와 세금을 최종적으로 부담할 담세자가 일치하지 않는 국세에 해당하는 것은 모두 몇 개인가?

ㄱ. 재산세	ㄴ. 부가가치세
ㄷ. 담배소비세	ㄹ. 주세
ㅁ. 개별소비세	ㅂ. 종합부동산세

① 1개
② 2개
③ 3개
④ 4개

04 □□□

우리나라 현행 헌법이나 법률의 규정으로 옳지 않은 것은?

① 지방세의 종목과 세율은 조례로 정하는 것이 원칙이다.
② 주민참여예산제도가 인정되고 있다.
③ 일정한 요건을 갖춘 외국인도 정보공개청구권이 인정된다.
④ 예산안이 새로운 회계연도가 개시될 때까지 성립되지 못할 경우 준예산을 편성·집행할 수 있다.

---

03 국세

난이도 ★★★

세금을 납부할 의무가 있는 납세의무자와 세금을 최종적으로 부담할 담세자가 일치하지 않는 세금은 간접세이다. 국세이면서 간접세에 해당하는 것은 ㄴ. 부가가치세, ㄹ. 주세, ㅁ. 개별소비세이다.

(선지분석)

ㄱ. 재산세는 지방세이며 직접세이다.
ㄷ. 담배소비세는 지방세이며 간접세이다.
ㅂ. 종합부동산세는 국세이며 직접세이다.

👍 이것도 알면 **합격!** 지방세와 국세의 체계

1. 지방세의 체계(11종)

구분	광역자치단체		기초자치단체	
	특별시·광역시	도	자치구	시·군
보통세	취득세, 주민세, 자동차세, 담배소비세, 레저세, 지방소비세, 지방소득세	취득세, 등록면허세, 레저세, 지방소비세	등록면허세, 재산세	주민세, 재산세, 자동차세, 담배소비세, 지방소득세
목적세	지방교육세, 지역자원 시설세	지방교육세, 지역자원 시설세	–	–

2. 국세의 체계(13종)

내국세	• 직접세: 소득세, 법인세, 상속세와 증여세, 종합부동산세 • 간접세: 부가가치세, 개별소비세, 주세, 인지세, 증권거래세
목적세	교육세, 교통·에너지·환경세, 농어촌특별세

답 ③

---

04 헌법과 법률상의 지방세 규정

난이도 ★☆☆

우리나라는 조세법률주의에 따라 지방세의 세목과 세율에 대해서는 법률로서 정해야 한다. 따라서 조례에 의한 세목의 설치를 허용하지 않는다.

(선지분석)

② 우리나라는 주민참여예산제도가 의무화되어 있다.
③ 국내에 일정한 주소를 두고 거주하거나 학술연구를 위하여 일시적으로 체류하는 경우와 국내에 사무소를 두고 있는 법인 또는 단체인 외국인은 정보공개청구권이 인정된다.
④ 우리나라는 제2공화국부터 예산안이 새로운 회계연도가 개시될 때까지 성립되지 못할 경우를 대비하여 준예산제도를 마련하고 있다.

답 ①

05 □□□

지방재정의 세입항목 중 자주재원에 해당하는 것은?

① 지방교부세
② 재산임대수입
③ 조정교부금
④ 국고보조금

---

06 □□□

국고보조금의 특징에 대한 설명으로 옳지 않은 것은?

① 지방자치단체의 자율성을 강화시켜 중앙정부에의 예속을 막아준다.
② 수직적 재정조정이다.
③ 국가시책을 장려하기 위한 경우도 있다.
④ 외부효과를 치유하는 수단이 되기도 한다.

---

05 지방재정 난이도 ★★★

재산임대수입은 지방자치단체의 자체 세입원으로, 경상세외수입(규칙적인 세외수입)이므로 자주재원에 해당한다.

(선지분석)
① 지방교부세는 지방재정의 부족 등 지방적 필요에 따라 국가가 조정을 위해 지급하는 재원으로 의존재원에 해당한다.
③ 조정교부금은 광역자치단체가 관할 기초지방자치단체 간의 재정력 격차를 조정하기 위해 교부하는 재원으로 의존재원에 해당한다.
④ 국고보조금은 국가시책을 장려하기 위해 국가가 자치사무에 대한 경비를 지원하는 것으로 의존재원에 해당한다.

답 ②

---

06 국고보조금 난이도 ★★☆

우리나라의 국고보조금은 지나치게 통제 위주로 운영되어, 지방자치단체의 행정적·재정적 자율성이 저해되고 중앙정부에 예속되는 결과를 야기할 수 있다.

(선지분석)
② 국고보조금은 국가로부터 지방자치단체로 수직적으로 내려가는 수직적 재정조정이다.
③ 국고보조금은 국가시책을 장려하기 위하여 지방자치단체의 고유사무의 보조금으로 지급되기도 한다.
④ 국고보조금은 정부개입이므로, 시장실패의 결과 발생하는 부정적 외부효과를 치유하는 수단으로 활용되기도 한다.

답 ①

07 □□□

국고보조금에 대한 설명으로 옳지 않은 것은?

① 중앙정부와 지방정부 간의 수평적 재정조정제도이다.
② 의존재원 및 특정재원으로서의 성격을 지닌다.
③ 국고보조금은 그에 대한 반대급부가 수반되지 않는 보조금이다.
④ 우리나라의 국고보조금은 지나치게 통제 위주로 운영되어 지방자치단체의 자율성을 저해하는 측면이 존재한다.

08 □□□

지방재정의 효율적 관리제도 중 사후적 재정관리제도로 옳은 것은?

① 중기지방재정계획
② 재정분석진단제도
③ 재정투·융자심사제도
④ 기채승인제도

---

07 국고보조금
난이도 ★★☆

국고보조금은 수직적 재정조정제도에 해당한다. 지방재정조정제도가 수직적 재정조정제도이자, 수평적 재정조정제도이다.

(선지분석)
② 국고보조금은 국가로부터 교부되는 의존재원이면서 국고보조금의 사용 용도를 지정하는 특정재원이다.
③ 국고보조금은 보조금의 교부에 대한 반대급부를 요구하지 않기 때문에 무상재원이다.
④ 우리나라의 국고보조금은 지나치게 통제 위주로 운영되어 지방자치단체의 행정적·재정적 자율성을 저해하는 측면이 존재한다.

답 ①

08 재정관리제도
난이도 ★★★

재정분석진단제도는 「지방재정법」 제55조에 의하여 시행되고 있는 제도로 중앙정부가 지방재정운영에 대하여 사후적으로 평가하고 관리하는 제도이다.

(선지분석)
① 중기지방재정계획은 다음 회계연도로부터 5회계연도 이상의 기간에 대한 지방재정계획으로 사전적 관리제도에 해당한다.
③ 「지방재정법」에 따라 재정투·융자사업에 대한 예산안을 편성하기 위해서는 사전에 투·융자심사를 거쳐야 한다.
④ 기채승인제도란 지방자치단체가 지방채를 발행하고자 할 때, 행정안전부장관의 사전승인을 먼저 얻어야 하는 제도를 말한다. 2006년 이전의 「지방재정법」상에는 모든 지방채 발행에 있어서 중앙정부의 승인을 받아야 했으나, 2006년 1월 1일부터 시행된 「지방재정법」에서 해당제도는 폐지되었다. 현재는 외채의 발행, 지방자치단체조합의 지방채 발행 등 일부 경우에 한하여 행정안전부장관의 승인을 요구한다.

답 ②

합격을 위한 확실한 해답!

해커스군무원 교재 시리즈

기본서 시리즈

해커스군무원
경영학

해커스공무원
국어 (세트)

해커스공무원
현 행정학 (세트)

해커스공무원
神행정법총론 (세트)

해커스공무원
명품 행정학 (세트)

해커스공무원
쉬운 행정학

해커스공무원
局경제학 (세트)

핵심정리

해커스공무원
단권화 핵심정리
국어

필기노트

해커스공무원
신민숙 국어 어법
합격생 필기노트

넘겨서 해커스군무원 교재 시리즈 더 보기 ▶

합격을 위한 **확실한 해답!**
해커스군무원 교재 시리즈

기출문제집 시리즈

해커스군무원
15개년
기출복원문제집
국어

해커스군무원
15개년
기출복원문제집
쉬운 행정학

해커스군무원
15개년
기출복원문제집
행정법

해커스공무원
7개년
기출문제집
국어

해커스공무원
14개년
기출문제집
현 행정학

해커스공무원
14개년
기출문제집
神행정법총론 (세트)

해커스공무원
14개년
기출문제집
명품 행정학

해커스공무원
11개년
기출문제집
쉬운 행정학 (세트)

해커스공무원
해설이 상세한
기출문제집
局경제학

영역별 문제집

해커스공무원
국어 비문학
독해 333

적중문제집

해커스공무원
적중 700제
국어

실전동형모의고사 시리즈

해커스공무원
실전동형모의고사
국어 1, 2

해커스공무원
실전동형모의고사
행정학 1, 2

해커스공무원
실전동형모의고사
행정법총론 1, 2

해커스공무원
실전동형모의고사
局경제학

면접마스터

해커스공무원
면접마스터

◀ 넘겨서 해커스군무원 교재 시리즈 더 보기

해커스군무원

15개년
기출복원문제집

쉬운 행정학

2021 대비 최신판

2020년 7·9급 군무원 기출문제

해커스공무원 | gosi.Hackers.com

· 공무원 인강 (할인쿠폰 수록)
· 기출분석 무료특강

특별
제공

· 무료 회독 학습 점검표 · 회독용 답안지
· 해커스 회독증강 콘텐츠 (할인쿠폰 수록)

해커스공무원

2020년 7월 18일 시행
군무원 공개경쟁채용 필기시험

응시번호	
성 명	

행정직
9급

【시 험 과 목】

과목명	소요시간	문항수	점 수
행정학	20분	25문항	100점

🏛 해커스공무원

gosi.Hackers.com

행정학

1. 행정학의 기술성과 과학성에 대한 설명으로 옳지 않은 것은?

① 왈도(D. Waldo)가 'practice'란 용어로 지칭한 기술성은 정해진 목표를 어떻게 효율적으로 달성하는가 하는 방법을 의미한다.
② 윌슨(W. Wilson) 등 초기 행정학자들은 관리기술이나 행정의 원리 등을 발견하려는 데 초점을 두고 행정학의 기술성을 강조하였다.
③ 행태주의 학자들은 행정학 연구에서 처방보다는 학문의 과학화에 역점을 두고 가설의 경험적 검증 등을 강조했다.
④ 현실 문제의 해결은 언제나 과학에만 의존할 수 없으므로 행정학은 기술성과 과학성을 동시에 고려하여야 한다.

2. 디목(M. Dimock)의 사회적 능률에 대한 설명으로 가장 적절하지 않은 것은?

① 사회적 형평성을 보장하기 위한 개념이다.
② 행정의 사회 목적 실현과 관련이 있다.
③ 경제성과 연계될 수 있는 개념이다.
④ 최소의 투입으로 최대의 산출을 추구한다.

3. 레비트(H. Levitt)가 제시하는 조직혁신의 주요 대상 변수로 옳지 않은 것은?

① 업무
② 인간
③ 구조
④ 규범

4. 지방자치단체의 사무배분에서 특례가 적용되는 경우로 옳지 않은 것은?

① 자치구
② 인구 30만 이상의 도시
③ 인구 50만 이상의 도시
④ 특별자치도

5. 행정학에서 가치에 관한 연구가 본격적으로 관심을 끌기 시작한 학문적 계기로 옳은 것은?

① 신행정론의 시작
② 발전행정론의 대두
③ 뉴거버넌스 이론의 등장
④ 공공선택론의 태동

6. 사이먼(H. A. Simon)의 정책결정만족모형에 대한
   설명으로 옳지 않은 것은?

① 사이먼(H. A. Simon)은 합리모형의 의사결정자를
   경제인으로, 자신이 제시한 의사결정자를 행정인으
   로 제시한다.
② 경제인은 목표달성의 극대화를, 행정인은 만족하는
   선에서 그친다.
③ 경제인은 합리적 분석적 결정을, 행정인은 직관, 영
   감에 기초한 결정을 한다.
④ 경제인은 복잡하고 동태적인 모든 상황을 고려하지
   만, 행정인은 실제 상황을 단순화시키고, 무작위적이
   고 순차적으로 대안을 탐색한다.

7. 민영화에 대한 문제점으로 가장 옳지 않은 것은?

① 공공성의 침해
② 서비스 품질의 저하
③ 경쟁의 심화
④ 행정책임확보의 곤란성

8. 조세지출예산제도에 대한 설명으로 옳지 않은 것은?

① 비과세, 감면 등의 세제혜택을 통해 포기한 액수를
   조세지출이라 한다.
② 지방재정에는 지방세지출제도가 도입되지 않았다.
③ 조세지출의 내용과 규모를 주기적으로 공표해 관리
   하는 제도이다.
④ 「국가재정법」에 따라 조세지출예산서를 작성해 국가
   에 보고한다.

9. 에치오니(A. Etzioni)의 조직목표 유형으로 옳지
   않은 것은?

① 질서 목표
② 문화적 목표
③ 경제적 목표
④ 사회적 목표

10. 테일러(F. W. Taylor)의 과학적 관리론에 대한 설명
    으로 옳지 않은 것은?

① 테일러(F. W. Taylor)는 과학적 관리의 핵심을 개인
   적 기술에 두고, 노동자가 발전된 과학적 방법에 따
   라 작업이 되도록 한다.
② 어림식 방법을 지양하고 작업의 기본 요소 발견과 수
   행방법에 대해 과학적 방법을 발전시킨다.
③ 과업은 일류의 노동자만이 달성할 수 있는 충분한 것
   이어야 한다.
④ 노동자가 과업을 완수하는 경우 높은 보상, 실패하
   는 경우 손실을 받게 된다.

11. 매트릭스조직에 대한 설명으로 옳지 않은 것은?

① 이중의 명령 및 보고체제가 허용되어야 한다.
② 기능부서의 장과 사업부서의 장이 자원 배분권을 공유할 수 있어야 한다.
③ 조직구성원 간 원만한 인간관계 형성에 기여한다.
④ 조직의 성과를 저해하는 권력투쟁이 발생하기 쉽다.

12. 파슨스(T. Parsons)의 조직유형 중 조직체제의 목표 달성기능과 관련된 유형으로 옳은 것은?

① 경제적 생산조직
② 정치조직
③ 통합조직
④ 형상유지조직

13. 통상적인 근무시간보다 짧은 시간(주 15~35시간)을 근무하는 공무원으로서 일반 공무원처럼 시험을 통해 채용되고 정년이 보장되는 공무원으로 옳은 것은?

① 시간선택제전환공무원
② 시간선택제임기제공무원
③ 시간선택제채용공무원
④ 한시임기제공무원

14. 정부조직 개편으로 예산을 조직간 상호 이용하는 것으로 예산의 원칙 중 목적 외 사용 금지 원칙의 예외인 것으로 옳은 것은?

① 예산의 전용
② 예산의 이체
③ 예산의 이월
④ 예산의 이용

15. 현대적 행정이념에 가장 적절하지 않은 것은?

① 민주성
② 가외성
③ 신뢰성
④ 성찰성

16. 윈터(S. Winter)가 제시하는 정책집행성과를 좌우하는 주요 변수로 옳지 않은 것은?

① 정책형성과정의 특성
② 일선관료의 행태
③ 조직 상호 간의 집행형태
④ 정책결정자의 행태

17. 시·군 통합의 긍정적 효과에 대한 설명으로 옳지 않은 것은?

① 행정의 대응성 제고
② 규모의 경제 실현
③ 생활권과 행정권의 일치
④ 광역적 문제의 효과적 해결

18. 진보주의 정부에서 선호하는 정책으로 가장 적절하지 않은 것은?

① 조세 감면 확대
② 정부규제 강화
③ 소득재분배 강조
④ 소수민족 기회 확보

19. 옴부즈만(Ombudsman)제도에 대한 설명으로 옳지 않은 것은?

① 스웨덴에서 처음 도입된 제도이다.
② 행정 내부통제의 한계를 보완하는 제도이다.
③ 시정을 촉구하거나 건의함으로써 국민의 권리를 구제하는 제도이다.
④ 대부분의 국가에서는 입법부에 소속되어 있다.

20. 공무원의 임용에 대한 설명으로 옳지 않은 것은?

① 신규채용은 공개경쟁 채용시험을 통해 채용하지만 퇴직 공무원의 재임용의 경우에는 경력경쟁채용시험에 의한다.
② 전입은 국회·행정부·지방자치단체 등 서로 다른 기관에 소속되어 있는 공무원의 인사이동을 의미한다.
③ 고위공무원단이나 그에 상응하는 계급으로의 승진은 능력과 경력을 고려하며, 5급으로의 승진은 별도의 승진시험을 거쳐야 한다.
④ 국가직은 고위공무원단을 포함한 1급~2급에 해당하는 직위 모두를 개방형 직위로 간주한다.

21. 예산집행의 신축성을 확보하기 위한 제도에 대한 설명으로 옳지 않은 것은?

① 총괄예산제도
② 예산의 이용
③ 예산의 전용
④ 예산의 재배정

22. 우리나라 「지방자치법」이 인정하는 주민직접참여제도로 옳은 것은?

① 주민발안, 주민소환
② 주민소환, 주민참여예산
③ 주민투표, 주민감사청구
④ 주민소송, 주민총회

23. 엽관주의 인사제도가 필요한 이유로 가장 옳은 것은?

① 행정의 안정성과 계속성 확보
② 행정의 공정성 확보
③ 국민의 요구에 대한 관료의 대응성 향상
④ 유능한 인재 등용

24. 정책유형별 사례의 연결이 옳지 않은 것은?

① 구성정책: 국경일의 제정, 정부기관 개편
② 보호적 규제정책: 최저임금제, 장시간 근로제한
③ 추출정책: 조세, 병역
④ 분배정책: 보조금, 사회간접자본

25. 「공직자윤리법」상 재산등록 및 공개에 대한 설명으로 가장 옳지 않은 것은?

① 공직유관 단체에는 공기업이 포함된다.
② 재산등록의무자는 5급 이상의 국가공무원 및 지방공무원과 이에 상당하는 보수를 받는 별정직공무원이다.
③ 등록할 재산에는 본인의 직계존속 것도 포함된다.
④ 등록할 재산에 혼인한 직계비속인 여성 것은 제외된다.

풀이시간	분
점　수	점

행정학 9급

문제번호	1	2	3	4	5
정답	①	①	④	②	①
해설찾기	18p. 06	57p. 06	147p. 11	259p. 01	39p. 12
문제번호	6	7	8	9	10
정답	③	③	②	④	①
해설찾기	86p. 12	131p. 39	217p. 10	104p. 02	34p. 02
문제번호	11	12	13	14	15
정답	③	②	③	②, ④	모두 정답
해설찾기	117p. 11	104p. 01	165p. 05	202p. 17	55p. 01
문제번호	16	17	18	19	20
정답	④	①	①	②	③, ④
해설찾기	91p. 04	265p. 10	21p. 12	233p. 04	167p. 10
문제번호	21	22	23	24	25
정답	④	①, ③	③	①	②
해설찾기	223p. 06	266p. 02	152p. 02	70p. 10	185p. 04

2020년 7월 18일 시행
군무원 공개경쟁채용 필기시험

응시번호		행정직
성 명		7급

【시 험 과 목】

과목명	소요시간	문항수	점 수
행정학	20분	25문항	100점

해커스공무원

gosi.Hackers.com

행정학

1. 지방재정의 사전예산관리제도로 옳지 않은 것은?

① 지방재정위기 사전 경보 시스템
② 지방재정투융자심사
③ 성별영향평가제도
④ 지방채발행

2. 전자정부의 역기능에 대한 설명으로 옳은 것을 모두 고르면?

> ㄱ. 행정의 민주화를 저해할 수 있다.
> ㄴ. 사이버 범죄가 발생할 수 있다.
> ㄷ. 전자감시의 위험이 심화될 수 있다.
> ㄹ. 정보격차가 심화될 수 있다.

① ㄱ, ㄴ
② ㄴ, ㄷ
③ ㄱ, ㄴ, ㄷ
④ ㄴ, ㄷ, ㄹ

3. 윌리엄스와 앤더스(Williams & Anderson)에 의해 주장되는 조직에 대한 조직시민행동(OCB-O)으로 옳지 않은 것은?

① 신사적 행동(sportsmanship)
② 성실행동(conscientiousness)
③ 시민의식행동(civic virtue)
④ 이타적 행동(altruism)

4. 우리나라 시보제도에 관한 설명으로 옳은 것은?

① 시보기간이 종료되고 정규공무원으로 임용되기 위해서는 보직을 부여받아야 한다.
② 시보공무원은 공무원법상 공무원에 해당하기 때문에 시보기간 동안에도 직위를 맡을 수 있다.
③ 시보기간 중에 직권면직이 되면, 향후 3년간 다시 공무원으로 임용될 수 없는 결격사유에 해당한다.
④ 시보기간 동안 신분이 보장되지 않기 때문에 공무원의 경력에도 포함되지 아니한다.

5. 분배정책과 재분배정책에 대한 설명으로 옳지 않은 것은?

① 분배정책이 효율성을 추구한다면 재분배정책은 형평성을 추구한다.
② 분배정책은 정책순응도가 높은 반면에 재분배정책은 정책순응도가 낮다.
③ 분배정책은 불특정 다수가 비용부담자라면 재분배정책은 고소득층이 비용부담자다.
④ 분배정책은 대통령이 주요행위자라면 재분배정책은 관료나 하위정부가 주요행위자다.

6. 신공공서비스론의 주요 주장에 대한 설명으로 옳지 않은 것은?

① 책임성은 단순한 것이 아니라는 점을 인식해야 한다.
② 집합적이고 공유된 공익개념을 구축하려는 노력이 필요하다.
③ 전략적으로 생각하고 민주적으로 행동해야 한다.
④ 관료역할의 중요성은 사회의 새로운 방향을 잡고 시민을 지원하는 데 있다.

7. 켈리(Kelly)의 귀인이론에서 주장하는 귀인의 성향으로 옳지 않은 것은?

① 개인이 동일한 사건에서 다른 사람들과 동일하게 행동하는 정도가 높다면, 그 행동의 원인을 외적 요소에 귀인하려는 경향이 나타난다.
② 개인이 다른 사건에서 달리 반응하는 정도가 높다면, 그 행동의 원인을 외적 요소에 귀인하려는 경향이 나타난다.
③ 개인이 다른 사건에서 미래에 동일하게 반응하는 정도가 높다면, ⊥ 행동의 원인을 내적 요소에 귀인하려는 경향이 나타난다.
④ 개인이 동일한 사건에서 과거와 동일하게 반응하는 정도가 높다면, 그 행동의 원인을 내적 요소에 귀인하려는 경향이 나타난다.

8. 행정재정립운동(refounding movement)에 대한 설명으로 옳은 것은?

① 직업공무원의 재량권을 축소하고 정치적으로 임명하는 공무원의 수를 상대적으로 증가시키는 것이다.
② 기존의 정치행정이원론을 재해석하여 정책과정에서 공무원의 적극적인 역할을 옹호하였다.
③ 정부를 재구축하고 민간부문이 공공서비스 공급에 참여할 필요가 있다고 강조하였다.
④ 고객중심적 행정을 주요 대상으로 하는 새로운 연구 경향이다.

9. 민자유치 사업방식에 대한 설명으로 옳은 것을 모두 고르면?

ㄱ. BTO방식 - 민간투자기관이 민간자본으로 공공시설을 건설하고 시설완공과 동시에 소유권을 정부에 이전하는 대신, 민간투자기관이 일정기간 시설을 운영하여 투자비를 회수하는 방식
ㄴ. BOT방식 - 민간투자기관이 민간자본으로 공공시설을 건설하고 시설완공 후 일정기간 동안 민간투자기관이 소유권을 가지고 직접 운영하여 투자비를 회수하는 방식
ㄷ. BOO방식 - 민간투자기관이 민간자본으로 공공시설을 건설하고 시설완공 후 일정기간 동안 민간투자기관이 소유권을 가지고 직접 운영하여 투자비를 회수한 다음, 기간만료 시 소유권을 정부에 이전하는 방식
ㄹ. BTL방식 - 민간투자기관이 민간자본으로 공공시설을 건설하고 완공 시 소유권을 정부에게 이전하여 정부가 소유권과 운영권을 가지고, 대신 민간투자기관에게 임대료를 지급하도록 하여 시설투자비를 회수하는 방식
ㅁ. BLT방식 - 민간의 투자자본으로 건설한 공공시설을 정부가 사업을 운영하며 민간에 임대료를 지불하는 방식으로 운영종료 시점에 정부가 소유권을 이전받는 방식

① ㄱ, ㄹ, ㅁ
② ㄴ, ㄷ, ㄹ
③ ㄱ, ㄷ, ㄹ, ㅁ
④ ㄴ, ㄷ, ㄹ, ㅁ

10. 지방자치단체에 대한 설명으로 옳지 않은 것은?

① 특별지방행정기관은 지방자치단체가 특별 업무를 수행하기 위해서 설립한 기관이다.
② 지방환경청은 특별행정기관이다.
③ 우리나라에서는 「지방자치법」에서 특별지방자치단체의 설치 및 운영에 관하여 필요한 사항을 대통령령으로 정하도록 규정하고 있다.
④ 특별자치시와 특별자치도는 보통지방자치단체에 속한다.

11. 상황론적 조직이론에 대한 설명으로 옳지 않은 것은?

① 경험적 조직이론으로서 관료제이론과 행정원리론에서 추구한 보편적인 조직원리를 비판하면서 등장하였다.
② 중범위라는 제한된 수준 내에서 일반성과 규칙성의 발견을 추구한다.
③ 상대적인 입장을 취해 조직설계와 관리방식의 융통성을 꾀한다.
④ 독립변수나 상황적 조건들을 한정하거나 유형화 하지 않는 유연한 분석을 통해 문제에 대한 처방을 추구한다.

12. 「국가공무원법」에 규정된 공무원의 의무에 대한 설명으로 옳지 않은 것은?

① 공무원은 소속 상관의 허가 또는 정당한 사유가 없으면 직장을 이탈하지 못한다.
② 공무원은 공무 외에 영리를 목적으로 하는 업무에 종사하지 못하며 소속 기관장의 허가 없이 다른 직무를 겸할 수 없다.
③ 공무원이 외국 정부로부터 영예나 증여를 받은 경우에는 소속 기관장의 허가를 받아야 한다.
④ 사실상 노무에 종사하는 공무원으로서 노동조합에 가입된 자가 조합업무에 전임하려면 소속 장관의 허가를 받아야 한다.

13. 슈나이더와 잉그램(Schneider & Ingram)의 사회구성주의(Social Consturction)에서 정책대상집단에 대한 설명으로 옳은 것을 모두 고르면?

ㄱ. 수혜집단(Advantaged) – 과학자, 퇴역한 군인, 중산층이 대표적이다.
ㄴ. 경쟁집단(Contender) – 권력은 상대적으로 많지만 이미지는 부정적이다.
ㄷ. 의존집단(Dependents) – 권력은 상대적으로 적지만 이미지는 긍정적이다.
ㄹ. 이탈집단(Deviants) – 강력한 제재가 허용되지만 제재에 대하여 강력이 저항한다.

① ㄱ, ㄴ
② ㄴ, ㄷ
③ ㄱ, ㄴ, ㄷ
④ ㄴ, ㄷ, ㄹ

14. 조직의 분권화가 필요한 상황으로 옳지 않은 것은?

① 지식공유가 원활하고 구성원의 전문성이 높은 경우
② 부서 간 횡적 조정이 어려운 경우
③ 기술과 환경변화가 역동적으로 이루어지는 경우
④ 고객에게 신속하고 상황 적응적인 서비스를 제공하여야 하는 경우

15. 예산과목의 분류체계에 대한 설명으로 옳지 않은 것은?

① 세입예산과 세출예산 모두 장·관·항·세항·목으로 구분한다.
② 예산과목 중에서 장·관·항은 입법과목이며, 세항·목은 행정과목이다.
③ 세입세출예산은 필요한 때에는 계정으로 구분이 가능하다.
④ 세입세출예산은 독립기관 및 중앙관서의 소관별로 구분한 후 소관 내에서 일반회계·특별회계로 구분한다.

16. 대리정부(proxy government)의 특징에 대한 설명으로 옳지 않은 것은?

① 정보의 왜곡현상이 발생할 수 있다.
② 분권화 전략에 의해서 자원의 낭비와 남용을 줄일 수 있다.
③ 대리정부의 형태가 다양하므로 행정관리자의 전문적 리더십이 중요하다.
④ 시민 개개인의 행동이 정부정책의 성과를 결정하기 때문에 높은 시민의식하에 대리정부에 대한 시민의 통제가 중요하다.

17. 민영화에 대한 설명으로 옳지 않은 것은?

① 면허(franchise) – 경쟁이 약하면 이용자의 비용부담이 과중하게 될 수 있다.
② 바우처(vouching) – 소비자가 재화의 선택권을 갖는다.
③ 보조금(subsidy) – 신축적 인력운영이 가능하고 서비스 수준을 개선하는 효과가 크다.
④ 자조활동(self-help) – 정부의 서비스 생산 업무를 대체하기 보다는 보조하는 성격을 갖는다.

18. 주민참여예산제도에 대한 설명으로 옳지 않은 것은?

① 「지방재정법」에 근거조항이 마련되어 있다.
② 주민참여예산기구의 구성·운영과 그 밖에 필요한 사항은 해당 지방자치단체의 조례로 정한다.
③ 지방자치단체의 장은 주민참여예산제도를 통하여 수렴한 주민의 의견서를 지방의회에 제출하는 예산안에 첨부하여야 한다.
④ 지방자치단체의 장은 지방의회의 의결사항을 포함하여 예산과정에 주민참여예산제도를 마련하여 시행하여야 한다.

19. 공공정책갈등에서 각 프레임과 그에 대한 설명으로 가장 적절하지 않은 것은?

① 정체성 프레임 – 갈등 당사자는 스스로에게 정책의 피해자라는 일정한 특징을 부여하여 자신들을 범주화한다.
② 사회적 통제 프레임 – 권력의 정당성에 대한 갈등 해결 당사자들의 인식을 의미한다.
③ 손익 프레임 – 문제 상황이 자신에게 어떤 이익과 손해를 가져오는지에 대한 당사자의 평가에 달려있다.
④ 특징부여 프레임 – 갈등이슈와 관련된 위험 수준과 유형에 대한 당사자의 평가를 의미한다.

20. 정부업무평가에 대한 설명으로 옳지 않은 것은?

① 정부업무평가위원회는 대통령 직속하에 설치한다.
② 행정안전부장관은 평가의 객관성 및 공정성을 위해서 지방자치단체의 평가를 지원한다.
③ 중앙행정기관장은 성과관리의 전략계획에 기초하여 연도별 시행계획을 수립 및 시행한다.
④ 중앙행정기관장과 지방자치단체장은 매년 자체평가위원회를 통해 자체평가를 실시한다.

21. 행정학의 접근방법에 대한 설명으로 옳은 것은?

① 생태론적 접근방법은 행정조직을 개방체제로서 파악하는 입장이며, 발전도상국의 행정현상을 설명하는 데 유용하게 도입되었다.

② 행태론적 접근방법은 인접과학의 협동연구를 중시하는 입장에서 인간행태의 의도에 관심을 가진다.

③ 공공선택론적 접근방법은 방법론적 개체주의 입장에서 공공재의 수요자들 간의 공평한 자원 배분에 관심을 가진다.

④ 역사적 접근방법은 각종 행정제도의 성격과 그 형성에 있어서 보편적인 방법을 인식하는 수단을 제공한다.

22. 총체주의적 예산결정모형에 대한 설명 중 옳지 않은 것은?

① 집권적이며 하향식으로 자원을 배분한다.

② 품목별 예산제도를 바람직한 예산편성방식으로 인식한다.

③ 목표와 수단 간 연계관계를 명확히 밝혀 합리적 선택을 모색한다.

④ 연역법적 방법론에 의하며 가치와 사실을 구분한다.

23. 경합가치모형(CVM: Competing Values Model)에 대한 설명으로 옳지 않은 것은?

① 내부과정모형은 안정성을 강조해 의사소통을 중시한다.

② 합리목표모형은 조직의 성장과 자원 확보를 목표로 정보관리와 능률성을 중시한다.

③ 인간관계모형은 조직구성원들의 응집력과 사기를 높이는 것을 중시한다.

④ 개방체제모형은 조직유연성과 환경적응성을 중시한다.

24. 정책평가의 타당성과 신뢰성에 대한 설명으로 옳은 것은?

① 신뢰성이 없는 측정은 항상 타당성이 없다.

② 타당성은 척도 또는 측정도구가 얼마나 일관성 있게 작용하는가에 영향을 받는다.

③ 타당성이 있는 측정은 신뢰성이 있을 수도 있고 없을 수도 있다.

④ 신뢰성은 척도 또는 측정도구가 측정하고자 하는 것을 얼마나 정확히 반영하는가에 영향을 받는다.

25. 대표관료제에 대한 설명으로 가장 적절하지 않은 것은?

① 소극적 대표성이 적극적 대표성으로 연결되지 않을 수 있다.

② 실적주의와 조화되어 행정능률 향상에 기여한다.

③ 할당제 등으로 인한 역차별의 문제가 발생한다.

④ 공무원의 적극적 대표성은 민주주의에 반할 위험도 존재한다.

풀이시간		분
점 수		점

행정학 7급

문제번호	1	2	3	4	5
정답	①	④	④	②	④
해설찾기	269p. 01	242p. 08	134p. 05	176p. 03	71p. 11
문제번호	6	7	8	9	10
정답	④	③	②	①	①
해설찾기	52p. 37	137p. 11	49p. 31	130p. 38	252p. 01
문제번호	11	12	13	14	15
정답	④	③	③	②	①
해설찾기	138p. 02	184p. 02	68p. 06	113p. 03	206p. 26
문제번호	16	17	18	19	20
정답	②	③	④	④	①
해설찾기	121p. 20	129p. 36	267p. 03	142p. 02	96p. 03
문제번호	21	22	23	24	25
정답	①	②	②	①	②
해설찾기	43p. 19	210p. 02	59p. 09	96p. 04	158p. 13

해커스군무원

15개년
기출복원문제집

쉬운 행정학

해커스공무원 gosi.Hackers.com

공무원학원 · 공무원인강 · 기출분석 무료특강 ·
무료 회독 학습 점검표 · 무료 회독용 답안지 · 해커스 회독증강 콘텐츠

절취선

해커스공무원